LES PREMIERES OEVVRES DE PHILIPPES DES PORTES,

AV ROY DE FRANCE
ET DE POLOGNE.

Reueuës, corrigees & augmentees outre
les precedentes impressions.

A ROVEN,
Chez Raphaël du Petit Val, deuant
la grand' porte du Palais.

M. D. XCIIII.
AVEC PRIVILEGE DV ROY.

AD HENRICVM POLONIÆ REGEM,

IN POEMA PORTÆI
G. VALENS GVELLIVS.

ISTA tibi genióque tuo monumenta
   reponit
  Regna Dei pharetram volucris mo-
   dulatus & arcum
PORTAEVS, primæ attollens hinc omina famæ,
Et Phœbo & mentem iuuenilē afflatus Amore,
Vt tantis, HENRICE, tuis proluderet actis,
Antè tubam & gracili horrente molliret auena:
Arma virumque Maro sic post Amaryllyda dixit,
Nec Veneri dominæ Mars tantum inuidit ho-
   norem,
In capta hæserunt sic Teucrûm fata puella,
Principiū & lento dedit illa morámq; duello.
Scilicet ille tuus vates noua regna petentem
Te sectans, tardi & fœlicia plaustra Bootæ
Te domino, & nostro longùm fruitura dolore,
Hæc eadem laribus patrijs anathemata liquit
Pignora grata sui, tu sceptra oblata capessis,
Deserta externas patria & moliris habenas,

                ã ij

Hic desiderium, hic lacrymas, hic mentibus
  æquis
Indigenûm mixtim confundens gaudia luctu.
Moscouon aduentu ergo tuo iam contrahit
  horror,
Cæruleos Istérque sinus iam pandit, & ingens
Assurgit rapidis toto tibi corpore ab vndis,
Populeæ vita comptos dans frondis honores,
Stipat & Herculeæ lauro tibi texta coronæ.
Verticeq́ue arrecto venientem prospicit arctos,
Semper & vt videat, semper fugit æquore tingi.
Audijt hac famámque tuam, comitísque poëte
Elysium vaga per magnum Nasonis vt vmbra,
Sarmaticum exlilium dixit solata Corinnæ
Delitias, lingua HANRICI fauitque trophæis.

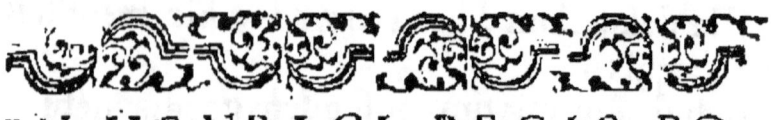

IN HENRICI REGIS POLONIÆ INVICTISSIMI,

ET

PORTÆI EIVS POETÆ
ELEGANTISSIMI E GALLIA
digressum, Io. AVRATVS
Poëta Regius.

Gallia quem genuit, quem omni per-
     fecit alumnum
Virtute HENRICVM: cuius nutricia
     quondam
Premia magna quidem cepit, maiora sed
   olim
Sperabat: regni sceptra ad moderanda Poloni
Dimittit lacrymans, Thetis vt pia mater Achillem
Expugnanda viris quæsitum ad Pergama Graijs:
Huncque secuta foret Chironis amica fidelis
Testudo AVRATI, seros nisi (vtilis) per annos
Ægra neget maris & terræ tolerare labores.
Non ita tu PORTÆE senex cui cesserit ille
Semifer & pulsa e fides, & dicere versus
Iam iuueni: æqualem tu penè æqualis Achillem
Prosequeris, cunctis caput obiectare periclis
Intrepidus, rebus presens & adesse gerendis
Assiduus, noua mox scribatur vt Ilias à te
In res HENRICI quas non vetus æquet Achilles.
Tu velut Argiuæ classis comes Orpheus alter,
Bistonia fretus cithara, sectaris euntem
Æoniden: tu, dum gelidi petit ostia Ponti,
Lenibisque vias cantu, & Symplegadis iras
Mulcebis fidibus figetque natantia saxa,
Transuolet incolumis dum classis Iasona portans.

ã iiij

IANI ANTONII BAIFII IN PHILIPPI PORTII CARMINA.

Qvi properat charo patriam pro Principe linquens
   Inter Sauromatas omnia dura pati,
Portivs hos tibi dat primos, ô Francia, flores,
   Quos iuuenis campis legit in Aonijs.
Accipite hos desiderio communue leuamen
   Túque tui ciuis túque tuæ patriæ.
Dúmque tuis absens gratus celebrabere Porti,
   Gallia carminibus gaudeat aucta nouis.

In eiusdem Poëma.

Si tantùm antiquis Coüs laudatur Apelles
   Idaliæ incœptam Matris ob effigiem.
Quantos, ingenio super æthera notus, honores
   Æuo Portævs posteriore feret?
Hic cui perfectâ quacunque ex parte tabellâ
   Tam doctâ Idalius pingitur arte Puer.
Pinguntur Puero, Matrique innata venustas,
   Risus, deliciæ, gratia blanda, iocus:
Cumque arcu quas felle linit, quas melle sagittas,
   Ira, venena, dolus, vincula, flamina, faces:
Viderit vt quisquis Portæi carmen, Amoris
   Et vultum, & mores ipse videre putet.
Nec tanquam vidisse satis, simul ipsa profundo
   Numina cum flammis pectore fixa gerat.

                                  I. GROIANVS.

SONNET.

PLACE place à ces vers, ces courriers de la gloire
Du plus beau, du plus clair, du plus divin esprit
Que la Muse iamais en son escole apprit,
Pour chanter ses honneurs au temple de Memoire.
C'est luy qui seul d'ass remporta la victoire
De tous ceux qui le mieux en la France ont escrit,
Et qui si iennes dans cest ouurage ent eprit,
Que quand l'Esprit y pense il a peine a le croire.
Ouurage qui seul peut d'vn vol audacieux
Porter de son Autheur le beau nom dans les Cieux,
Pour auec le Soleil combattre de lumiere:
Aussi combien cest Oeuure en beautez est parfait,
Le temps pour le conter faudroit à la matiere:
C'est assez le louer que DESPORTES l'ait fait.

FR. CHOVAYNE.

A MONSIEVR DES PORTES.

Toy qui pour t'affranchir de l'ombre du tombeau
Suiuis les pas d'Amour guidé de son flambeau,
Donnant jour à tes jours & lustre à ta memoire,
Encor d'vn roide vol n'irois-tu dans les Cieux
Si la Muse asseurant ton audace & tes yeux,
N'attachoit à ton dos les ailes de la Gloire.
Amour en t'esclairant les tenebres chassa,
Et la Muse ton ame à l'Olympe adressa,
La Gloire te feit voir les choses inconnuës,
Le flambeau de l'Amour fut suiui de ton los,
Et ton esprit poussa tant de beaux vers esclos,
Que leurs ailes ont peu s'auoisiner des nuës.
La nuict chasse le jour, le jour chasse la nuict,
Par contraires effets toute chose se suit,
Mille morts en amour te donnent mille vies,
Et la Mort pour tribut du labeur de nos ans
Fait mourir par tes vers tous les vers de ce temps,
Et le temps sur tes vers fait naistre mille enuies.

BIARD.

SVR LES AMOVRS DE PH. DES PORTES,

SONNET.

Q'EVSSES tu fait, Amour? ta flamme
  estoit esteinte,
Ton arc vaincu du temps s'en alloit tout
  vsé,
Et ton doré carquois de fleches espuisé
Nous faisoit desormais moins de mal que de crainte.
Si lon monstroit d'aimer ce n'estoit que par feinte,
  Pour tromper seulement quelque esprit peu rusé:
  Car tu n'auois vn traict qui ne feust tout brisé,
  Ny cordage qui peust rendre vne ame contrainte.
Par ces vers seulement tu as repris naissance,
  Ils t'ont armé de traits, d'attraits, & de puissance,
  Et te font derechef triompher des vainqueurs.
Et d'autant plus, Amour, ils surpassent ta gloire,
  Que tu n'acquiers sans eux vne seule victoire,
  Et qu'ils peuuent sans toy surmonter mille cœurs.

        M. D. L.

ET FLORIDA PVNGVNT.

Extraict du Priuilege.

PAR lettres patentes du Roy données à Paris le dixiéme de Iuin, M. D. LXXXVII. Signées. Par le Roy en son Conseil, DE LEVEILLÉ, & seellées du grand seau en cire iaune sur simple queuë: Il est permis au sieur des Portes de faire imprimer par tel Imprimeur ou Libraire que bon luy semblera, toutes & chacunes les Oeuures qu'il a faictes, composées, reueuës & augmentées, & pourra cy apres faire, composer, reuoir & augmenter, iusques au temps & terme de dix ans, à conter du iour qu'elles seront acheuées d'imprimer. Auec defenses tres expresses à toutes personnes de quelque qualité qu'elles soyent, d'imprimer, ou faire imprimer vendre ne distribuer lesdites œuures, ou extraire d'icelles aucunes poësies pour les imprimer separément, ou pour les inserer & adiouster à d'autres liures, sans le vouloir & congé dudit sieur des Portes, ou de ceux ausquels il aura baillé ledit congé: Sur peine d'amende arbitraire, despens, dommages & interests. En outre veut ledict Seigneur, que mettant au commencement ou à la fin desdits liures vn extraict sommaire desdites presentes, elles soyent tenues pour suffisamment notifiées & venues à la cognoissance particuliere de tous Libraires, Imprimeurs, ou autres, sans qu'ils en puissent pretendre cause d'ignorance.

Nous Philippes des Portes Abbé de Thiron, suyuant le priuilege à nous accordé, Auons permis à Raphaël du Petit Val, Libraire & Imprimeur demeurant à Rouen, d'imprimer toutes nos œuures, la version des Pseaumes de Dauid, les Prieres & autres œuures Chrestiennes que nous auons composees ou traduittes, sans qu'aucun autre les puisse imprimer que ledit Raphaël coniointement auec Mamert Patisson Imprimeur demourant à Paris. Fait à Rouen le vingt septiesme de Iuillet, mil cinq cens quatre vingts vnze.

PHILIPPES DES PORTES.

Le contenu de ce Volume.

DIANE, PREMIERES AMOVRS
LIV. II.

AMOVRS D'HIPPOLYTE.

CLEONICE, DERNIERES AMOVRS.

ELEGIES LIV. II.

IMITATIONS DE L'ARIOSTE.

MESLANGES contenans les { DIVERSES AMOVRS. BERGERIES. MASQVARADES. EPITAPHES.

LE PREMIER LIVRE
DES AMOVRS
DE DIANE.

PAR PHILIPPES DES PORTES.

SONNET.

I.

IE vous offre ces vers qu'Amour m'a fait escrire,
   De vos yeux ses flambeaux ardemment agité,
   Nō pour me courōner d'vne immortalité;
Car à si haut loyer ma ieunesse n'aspire.
C'est le but de mes vœux que ie vous puisse dire
   Comme en vous adorant Amour m'aura traitté,
   M'esgayant quelquefois en ma felicité,
   Et m'escriant d'angoisse au fort de mon martyre.
Vous ne me verrez point par mille inuentions
   Déguiser ma fortune & vos perfections,
   Ou rendre en soupirant mon amitié plus forte.
Aussi ie n'escry pas pour gloire en acquerir:
   Ie me plains seulement au mal que ie supporte,
   Ainsi qu'vn patient qui languist sans mourir.

A.

XX.

Le penser qui m'enchante, & qui le plus souuent
 Selon ses mouuemens me retient ou me pousse,
 Me rauissant au monde, vn iour d'vne secousse
Iusqu'au troisiéme ciel m'alloit haut esleuant:
Et comme ie taschoy de voller plus auant,
 Amour qui m'apperçoit contre moy se courrouce,
 Et choisit de vos yeux la flamme heureuse & douce
Pour m'empescher l'entree, & se mettre au deuant.
Ie ne peu passer outre, empesché de la flame,
 Qui de ses chauds rayons brusla toute mon ame,
 Qui m'esblouit la veuë, & me fit trebucher.
Mais bien que de vos yeux ce malheur me procede,
 Tousiours ie les desire, & m'en veux approcher,
 En la cause du mal recherchant mon remede.

XXI.

Voicy du gay Printemps l'heureux aduenement,
 Qui fait que l'Hiuer morne à regret se retire.
 Desia la petite herbe au gré du doux Zephyre
Naurè de son amour branle tout doucement.
Les forests ont repris leur verd accoustrement,
 Le Ciel rit, l'air est chaud, le vent mollet soupire,
 Le Rossignol se plaint, & des accords qu'il tire
Fait languir les esprits d'vn doux rauissement.
Le Dieu Mars & l'Amour sont parmi la campagne,
 L'vn au sang des humains, l'autre en leurs pleurs se
 L'vn tient le coutelas, l'autre porte les dars. (bagne:
Suiue Mars qui voudra, mourant entre les armes,
 Ie veux suiure l'Amour, & seront mes allarmes
 Les courroux, les soupirs, les pleurs & les regars.

DIANE, LIV. I.

IIII.

Dés le iour que mon ame auparauant rebelle,
    Se rangea sous les loix de vos perfections,
    Sans crier i'ay souffert mille punitions,
    Et porté coup sur coup quelque charge nouuelle.
I'ars, ie brusle, ie meurs d'vne mort eternelle,
    Qui ne meurtrit pourtant mes viues passions:
    Et ce qui plus m'outrage en tant d'afflictions,
    Quelque douleur que i'aye il faut que ie la cele.
Ie la celeray donc. Car i'ay bien merité
    D'endurer ce tourment pour ma temerité:
    Si i'ay trop entreprins i'en feray penitence.
Las donc sans nul espoir seray-ie ainsi viuant?
    Aumoins si ie pouuoy mourir en vous seruant,
    Par ma mort de mon mal vous donnant cognoissance.

V.

O Lict, s'il est ainsi que tu sois inuenté
    Pour prēdre vn doux repos quand la nuit est venuë,
    D'où vient que dedans toy ma douleur continuë,
    Et que ie sens par toy mon tourment augmenté?
Ie ne fay que tourner d'vn & d'autre costé,
    Ie choisi tous tes coings, ie cherche & me remuë,
    Et mon cœur qui resemble à la marine esmeuë,
    D'ennuis & de pensers est tousiours agité:
I'assemble bien souuent mes paupieres lassees,
    I'inuoque le Sommeil pour guarir mes pensees,
    Mais il fuit de mes yeux & n'y veut demeurer.
D'vn seul bien, ô mon Lict, mes langueurs tu consoles,
    Ie m'ouure tout à toy, cœur, pensers, & paroles,
    Et ie n'ose autre part seulement respirer.

VI.

Ie me laisse brusler d'vne flamme couuerte,
Sans pleurer, sans gemir, sans en faire semblant:
Quand ie suis tout en feu, ie feins d'estre tremblant,
Et de peur du peril ie consens à ma perte.
Ma bouche incessamment aux cris d'amour ouuerte,
N'ose plaindre le mal qui mes sens va troublant,
Bien que ma passion sans cesser redoublant
Passe toute douleur qu'autrefois i'ay soufferte.
Amans qui vous plaignez de vostre ardant vouloir,
D'aimer en lieu trop haut, de n'oser vous douloir,
N'egalez vostre cendre à ma flamme incogneuë.
Car ie suis tant, par force, ennemy de mon bien,
Que ie cache ma peine à celle qui me tuë,
Et quand elle me plaint ie dy que ce n'est rien.

VII.

Le iour que ie fu né l'impitoyable archer
Amour, à qui le Ciel rend humble obeissance,
Se trouua sur le poinct de ma triste naissance,
Tenant son arc bandé tout prest à décocher.
Aussi tost qu'il me veit, il se mit à lascher
Vn trait enuenimé de toute sa puissance,
Et m'attaignit au cœur de telle violence,
Qu'il eust peu de ce coup percer tout vn rocher.
M'ayant ainsi blessé, tout ioyeux il s'adresse
A la Crainte, aux Regrets, au Dueil, à la Tristesse
Qui m'assisterent tous à ce malheureux poinct.
Voila (dit-il) pour vous, ie vous le recommande,
Suiuez-le tout par tout, ne l'abandonnez point,
Et faites que tousiours il soit de vostre bande.

VIII.

Du bel œil de Diane est ma flamine empruntee,
   En ses nœuds blon-dorez, mon cœur est arresté,
   Sa belle main guerriere à pris ma liberté,
   Et sa douce parolle a mon ame enchantee:
Son œil rend la splendeur des astres surmontee,
   Ses cheueux du Soleil ternissent la beauté,
   Sa main passe l'iuoire, & la diuinité
   De ses sages discours à bon droit est vantee:
Son bel œil me rauit, son poil doré me tient,
   La rigueur de sa main mes douleurs entretient,
   Et par son doux parler ie sens croistre ma flame.
Voila quelle est ma vie, & n'ay plus de repos
   Depuis l'heure qu'Amour m'engraua dedans l'ame
   Son œil, son poil, sa main, & ses diuins propos.

IX.

Las ie sçay bien qu'il ne faut que i'espere,
   En vous seruant, de me voir alleger!
   Et toutesfois ie ne puis m'estranger
   De vos beaux yeux, ainçois de ma misere.
Ie suy l'obiet qui m'est le plus contraire,
   Ie voy le gouffre & ie m'y vay plonger:
   Et me pouuant garantir du danger
   (Fol que ie suis!) ie ne le veux pas faire.
Ne trouuant rien qui me face esperer,
   De vous seruir ne me puis retirer,
   Bien que la mort pour loyer me menasse.
Helas voyez où l'Amour m'a reduit!
   ,, Ie voy mon bien, & le mal qui me nuit:
   ,, Ie fuy mon bien, & mon mal ie pourchasse.

X.

Amour, oiseau vollant, arreste ma guerriere,
 Qui fuit si vistement: car helas ie ne puis!
 Ma course est trop tardiue: & plus ie la poursuis,
Et plus elle s'auance en me laissant derriere.
Choisis l'vn de ces deux: exauce ma priere,
 Ou ne me laisse plus en l'estat que ie suis:
 Rens moy comme i'estois, sans Dame & sans ennuis,
Et deliure ma vie en ses yeux prisonniere.
Si tu es iuste, Amour, tu me dois deslier,
 Ou par vn doux effort ceste dure plier:
 Mais las que mon attente est vaine & miserable?
Ie prie vn fier tyran qui de nos maux se plaist,
 Qui s'abreuue de pleurs, qui d'ennuis se repaist,
 Et plus il est prié, moins il est pitoyable.

XI.

Durant les grands chaleurs i'ay veu cent mille fois
 Qu'en voyant vn esclair flamboyer en la nuë.
 Soudain comme transie & morte deuenuë
Tu perdois tout à coup la parole, & la voix:
De pouls ny de couleur tant soit peu tu n'auois:
 Et bien que de l'effroy tu fusses reuenuë,
 Si n'osois-tu pourtant dresser en haut la veuë,
Voire vn long temps apres parler tu ne pouuois.
Donc si quand vn propos deuant toy ie commence,
 Tu me vois en tremblant changer de contenance,
 Demeurer sans esprit, palle & tout hors de moy,
Ne t'en estonne point, belle & cruelle Dame,
 C'est lors que les esclairs de tes beaux yeux ie voy,
 Qui m'esblouissent tout de leur luisante flame.

XII.

Vn iour l'aueugle Amour, Diane, & ma Maistresse,
　Ne pouuans s'accorder de leur dexterité,
　S'essayerent de l'arc à vn but limité,
　Et mirent pour le prix leur plus belle richesse.
Amour gaigea son arc, & la chaste Deesse
　Qui commande aux forests, sa diuine beauté
　Ma Maistresse gaigea sa fiere cruauté,
　Qui me fait consommer en mortelle tristesse.
Las! Madame gaigna, remportant pour guerdon
　La beauté de Diane, & l'arc de Cupidon,
　Auec le dur rocher dont son ame est couuerte.
Pour essayer ses traits elle a percé mon cueur,
　Sa beauté m'eblouit, ie meurs par sa rigueur:
　Ainsi sur moy chetif tombe toute la perte.

XIII.

On ne voit rien qui soit si solitaire,
　Comme ie suis lors que ie ne puis voir
　Ces deux beaux Yeux, ma gloire & mon pouuoir,
　Absent desquels nul flambeau ne m'éclaire.
Tout esperdu ie ne sçauroy rien faire
　Que souspirer, que me plaindre & douloir,
　Blasmant la nuict, qui me fait receuoir
　Par sa rigueur, tant de peine ordinaire:
Et dis ainsi, Las ce n'est pas à tort
　Que l'on te nomme, ô Nuict, fille de Mort,
　M'ostant le bien nourricier de ma vie!
Durant le iour ie m'estime viuant,
　Mais aussi tost que tu es arriuant
　De plus languir ie pers toute l'enuie.

A iiij

XIIII.

VALLON, ce Dieu tyran, qui me fait endurer
Tant de viuantes morts qu'immortel ie supporte,
Nous a tous deux rangez presque en la mesme sorte,
Et presque vn mesme mal nous contraint soupirer.
Aimant comme tu fais, tu ne dois esperer
Qu'aucun allegement tes ennuis reconforte.
Aimant comme ie fay, mon esperance est morte:
Car ce n'est aux mortels d'y penser aspirer.
Tous deux nous endurons mille & mille destresses,
Tous deux nous adorons en esprit nos Maistresses,
N'osans leur découurir nos soucis rigoureux.
Console toy, VALLON, comme ie me console:
,, Encor est-ce vn confort à l'homme malheureux
,, D'auoir vn compagnon au malheur qui l'affole.

XV.

Si la foy plus certaine en vne ame non feinte,
Vn honneste desir, vn doux languissement,
Vne erreur variable, & sentir viuement,
Auec peur d'enguarir, vne profonde atteinte.
Si voir vne pensée au front toute depeinte,
Vne voix empeschee, vn morne estonnement,
De honte ou de frayeur naissant soudainement,
Vne palle couleur de lis & d'amour teinte:
Bref, si se mespriser pour vne autre adorer,
Si verser mille pleurs, si tousiours soupirer,
Faisant de sa douleur nourriture & bruuage.
Si de loing se veoir flamme, & de pres tout transi,
Sont cause que ie meurs par defaut de merci,
L'offense en est sur vous, & sur moy le dommage.

XVI.

L'aspre fureur de mon mal vehement
Si hors de moy m'estrange & me retire,
Que ie ne sçay si c'est moy qui soupire,
Ny sous quel ciel m'a ietté mon tourment.
Suis-ie mort? Non, i'ay trop de sentiment,
Ie suis trop vif & passible au martyre,
Suis-ie viuant? las ie ne le puis dire
Loin de vos yeux par qui i'ay mouuement!
Seroit-ce vn feu qui me brusle ainsi l'ame?
Ce n'est point feu: i'eusse esteint toute flame
Par le torrent que mon dueil rend si fort.
Comment, BELLEAV, faut-il que ie l'appelle?
Ce n'est point feu que ma peine cruelle,
Ce n'est point vie, & si ce n'est point mort.

XVII.

Ny les dédains de son ieune courage,
Moqueur d'Amour & de sa deité:
Ny mon desir trop hautement porté,
Ny voir ma mort escrite en son visage:
Ny mon vaisseau prest à faire naufrage,
Le mast rompu, sans voile & sans clairté,
Ny les soucis dont ie suis agité,
Ny la fureur du feu qui me saccage:
Ny tant de pleurs sans profit respandus,
Ny ses propos qui me sont defendus,
Ny de mon mal auoir la cognoissance,
Ny la rigueur d'vn triste esloignement
Me sortiront de son obeissance.
Belle est la fin qui vient en bien aimant.

XVIII.

Las ! qui languit iamais en si cruel martyre,
   En si penibles nuicts, en si malheureux iours?
   Qui iamais trauersa tant de fascheux destours
Auec si grands trauaux qu'ils ne se peuuent dire?
Ie souffre vn mal present, i'en doute encor vn pire:
   Ie voy renfort de guerre, & n'attens nul secours:
   Mes maux sõt grãds et fors,mes biẽs foibles & cours,
Et plus ie vais auant, plus ma douleur s'empire.
A toute heure en tous lieux, de tout ie me déplais,
   La nuict est mon soleil, le discord est ma pais,
   Ie cours droit au naufrage, & fuy ce qu'il faut suiurez
Ie me fasche en faschãt les hõmes & les Dieux,
   Ie suis las de moymesme & me suis odieux,
   Bref ie ne puis mourir & si ie ne puis viure.

XIX.

Ayant brulé d'amour, gemi, crié, pleuré,
   Sans que vostre froideur s'en peust voir attiedie,
   I'innoquay tant la mort qu'vne aspre maladie,
S'offre à me deliurer du martyre enduré.
I'auoy l'œil & le teint haue & defiguré,
   I'auoy perdu l'esprit, la parole & l'ouye,
   Et m'estimois heureux que la fin de ma vie,
Donnast fin aux rigueurs d'vn mal si déploré.
Mais vous, belle tyranne, aux Nerons comparable,
   Feignant vn œil piteux de me voir miserable.
   Me rendistes l'esprit pour reuiure au tourment.
Las ! si quelque pitié peut en vous trouuer place,
   Consentez à ma mort, ie la requiers pour grace:
   Le tyran est benin qui meurtrit promtement,

XX.

Ie suis chargé d'vn mal qui sans fin me trauaille,
   Quelque part que ie tourne il me suit obstiné:
   Tout conseil, tout secours sans profit m'est donné:
Car tousiours plus au vif sa rigueur me tenaille.
Le lict à mes pensers est vn camp de bataille,
   Si ie saute du lict i'en suis plus mal mené:
   Si ie sors, le tyran, qui me tient enchaisné,
A toutes les fureurs pour conduite me baille.
Icy l'ardent desir m'anime à bien aimer,
   Plus pres le desespoir me veut faire abysmer:
   Ie suis en mesme temps tout de flamme & de glace,
Sans fin me smes discours ie refais & desfais,
   O miserable esprit! quel Amour, quelle Paix
   D'vn chaos si confus desbroüillera la masse?

CHANSON.

CEVX qui peignent Amour sans yeux,
   N'ont pas bien sa force cogneuë,
Il voit plus clair qu'aucun des Dieux
   Las! i'ay trop essayé sa veuë.
Souuent en pensant me sauuer,
   Ie m'égare aux lieux solitaires:
Mais il ne faut à me trouuer
   Dans les plus sauuages repaires.
Quoy que ie coure incessamment
   Par deserts, montaignes, & plaines,
Il ne m'eslongne aucunement,
   Et me fait souffrir mille peines.
Helas! a til mauuais regard?
   De cent mille traits qu'il m'adresse,
Il ne me frappe en nulle part.

Qu'au cœur où tousiours il me blesse.
Il ha donc des yeux, & voit bien
   A quelque but qu'il vueille atteindre:
   Mais il est sourd, & n'entend rien,
   On a beau soupirer & plaindre.
S'il eust ouy tant de regrets,
   De cris, de sanglots & de plaintes,
   Que ie lasche aux lieux plus secrets,
   Tesmoins de mes dures attaintes:
Quand il n'eust point eu d'amitié,
   Et qu'il eust tout bruslé de rage,
   Ie suis seur qu'il eust eu pitié,
   Et qu'il eust changé de courage.
Que me faut-il donc esperer
   Suiuant ce Dieu plein de furie?
   Il voit bien pour me martyrer,
   Et n'entend rien quand ie le prie.

XXI.

Eloignant vos beautez, ie vous laisse en ma place
   Mon Cœur, qui comme moy ne vous delaissera:
   Car plus vostre rigueur sur luy s'exercera,
   Plus il sera captif de vostre bonne grace.
Ne vous attendez point qu'vn desespoir le chasse:
   Car pour vos cruautez moins vostre il ne sera,
   Et suis tout asseuré qu'il ne pourchassera
   De reuenir vers moy, quelque mal qu'on luy face.
Si vous le traitez bien, vostre en sera l'honneur:
   Si vous le traitez mal, qu'il blasme son malheur,
   Sans iamais se douloir de si chere Maistresse.
Déloge donc, mon Cœur, ie ne veux retenir
   Vn qui si volontiers pour vn autre me laisse,
   Et ne pense au malheur qui luy doit aduenir.

XXII.

Or' que mon beau Soleil loin de moy se retire,
  Que verrez-vous, mes yeux, qui vous puisse éclairer
  Il vous faudra tousiours aueuglez demeurer,
  Soit que le iour s'abaisse, ou qu'il commence à luire,
Or' que le Ciel malin pour assouuir son ire
  Me rauit mon espoir, que pourray-ie esperer?
  A nul contentement ie ne veux aspirer,
  Et veux que tout malheur à l'enui me martyré.
On me verra seulet par les bois écarter,
  Pour en mille hauts cris tristement m'éclater,
  Guidé de desespoir & d'amoureuse rage.
Si vous pouuiez, mes yeux, me fournir tant de pleurs,
  Que ie peusse noyer ma vie & mes douleurs,
  Helas i'auroy tiré profit de mon dommage!

XXIII.

Las! que me sert de voir ces belles plaines
  Pleines de fruicts, d'arbrisseaux & de fleurs,
  De voir ces prez bigarrez de couleurs,
  Et l'argent vif des bruyantes fontaines?
C'est autant d'eau pour reuerdir mes peines,
  D'huile à ma braise, à mes larmes d'humeurs,
  Ne voyant point celle pour qui ie meurs
  Cent fois le iour de cent morts inhumaines.
Las! que me sert d'estre loin de ses yeux
  Pour mon salut, si ie porte en tous lieux
  De ses regars les sagettes meurtrieres?
Autre penser dans mon cœur ne se tient:
  Comme celuy qui la fiéure soustient,
  Songe tousiours des eaux & des riuieres.

XXIIII.

Pour estre absent du bel œil qui me tuë,
   Las mon desir ne va diminuant,
   Mais dedans moy tousiours continuant,
   Plus il me ronge, & plus il s'esuertuë.
Vn vain obiet se presente à ma veuë,
   De cent pensers m'affolant & tuant,
   Et sans Amour perçant & remuant,
   Mon cœur sanglant de sa griffe pointuë.
Misericorde, Amour, ie te supply:
   Fay tant pour moy que ie mette en oubly,
   Ceste beauté dont ma douleur procede.
Las qu'ay-ie dit ? Amour, garde t'en bien:
   I'aime trop mieux ne m'alleger en rien.
   Le mal est grand mais pire est le remede.

XXV.

Las ! que me sert quand la douleur me blesse,
   Et que mon feu me cuist plus viuement,
   Que ie promette & iure incessamment,
   De iamais plus ne reuoir ma Maistresse.
Veu qu'aussi tost que ses beaux yeux ie laisse,
   Yeux inhumains, si promts à mon tourment,
   Ie me despite, & tout soudainement,
   Ie romps le nœu du serment qui me presse?
L'enfant Amour, sorcier trop rigoureux,
   Tient en ces yeux quelque charme amoureux,
   Qui de les voir malgré moy me conuie:
Et sans trouuer que ie doiue esperer,
   Ie suis contraint de suyure & d'adorer
   Contre mon gré les meurtriers de ma vie.

XXVI.

Lors que le trait par vos yeux decoché
  Rompit le roc de ma poitrine dure,
  Ce mesme trait, dont vous m'auiez touché,
  Dans mon esprit graua vostre figure.
Vous n'auez rien de rare & de caché,
  De beau, de sainct, du ciel & de nature,
  Qu'Amour subtil n'ait par tout recherché,
  Pour faire en moy vostre viue peinture:
Bref, mon esprit ardant d'affections,
  Est vn miroir de vos perfections,
  Où vous pouuez vous voir toute depeinte.
Si ma foy donc ne vous peut enflammer,
  A tout le moins vous me deuez aymer
  Pour le respect de vostre image sainte.

XXVII.

Mon Dieu mon Dieu que i'aime ma Deesse,
  Et les vertus qui l'eleuent aux cieux!
  Mon Dieu mon Dieu que i'aime ses beaux yeux,
  Dont l'vn m'est doux, l'autre plein de rudesse!
Mon Dieu mon Dieu que i'aime la sagesse
  De ses propos qui rauiroyent les Dieux:
  Et la douceur de son ris gracieux,
  Qui me remplit d'vne heureuse allegresse!
Mon Dieu que i'aime à l'ouir deuiser,
  Et tout raui baiser & rebaiser
  Sa blanche main lors que moins elle y pense!
Mais quel sorcier me sçauroit mieux charmer
  Que cest esprit, qui la fait estimer
  Mesme de ceux qui n'ont sa cognoissance?

XXVIII.

Elle pleuroit toute palle de crainte,
 Lors que la mort sa moitié menaſſoit,
 Et tellement l'air de cris rempliſſoit,
 Que la Morbmeſine à pleurer euſt contrainte.
Helas mon Dieu que ſa grace eſtoit ſainte!
 Que beau ſon teint qui les lis effaçoit!
 Plus de cryſtal des yeux elle verſoit,
 Et plus mon ame au vif eſtoit atteinte.
L'Air en pleurans ſa douleur teſmoigna,
 Le beau Soleil de pitié s'eſloigna,
 Les Vens eſmeus retenoyent leurs haleines:
Et ſur la terre où tomberent les pleurs
 De ſes beaux yeux, amoureuſes fontaines,
 Tout s'eſmailla de verdure & de fleurs.

XXIX.

Ie ne me plains de voſtre cruauté,
 A mes deſirs entierement contraire:
 Ie ne me plains de ce que ie n'eſpere
 Que deſeſpoir pour ma fidelité:
Ie ne me plains de ma temerité,
 Ie ne me plains que ma foy perſeueres
 Au pis aller ce me ſera ſalaire,
 Quand ie mourray ſeruant telle beauté.
Ie ne me plains qu'en mon mal vehement
 Ne m'eſt permis voir vos yeux librement:
 Ie ne me plains que tout me face craindre.
Mais en ſouffrant tant de punitions,
 De deſeſpoirs, de morts, de paſſions,
 Las ie me plains que ie ne m'oſe plaindre.

XXX.

Si c'est aimer que porter bas la veuë,
   Que parler bas, que soupirer souuant,
   Que s'égarer solitaire en resuant,
Bruslé d'vn feu qui point ne diminuë.
Si c'est aimer que de peindre en la nuë,
   Semer sur l'eau, ietter ses cris au vant,
   Chercher la nuict par le Soleil leuant,
Et le Soleil quand la nuict est venuë.
Si c'est aimer que de ne s'aimer pas,
   Cent fois le iour souhaiter son trespas,
   Et ne sçauoir dont sa douleur procede:
Las! on peut voir que i'aime ardentement,
   Et toutesfois cognoissant mon tourment,
   Apres ma mort vous gardez mon remede.

XXXI.

Ie le confesse, Amour, ie te suis redeuable,
   M'ayant fait auiourd'huy de tant d'heur iouissant:
   Et si tu m'as trouué ferme en t'obeissant,
I'en suis recompensé d'vn heur incomparable.
Sur la plus grand' chaleur de ce iour desirable,
   La beauté qui me blesse & me tient languissant,
   Nonchalamment sus moy son beau chef abaissant,
S'est laissée assoupir d'vn sommeil agreable.
Ah Dieu que de beautez en son front reluisoyent!
   Que les lis blanchissans de son sein me plaisoyent!
   Que de fleurs, que d'œillets, que de roses vermeilles,
Que de cœurs prisonniers en ses dorez cheueux!
   Tu deuois faire, Amour fauorable à mes vœux,
   Que ie fusse tout œil pour voir tant de merueilles.

XXXII.

Marchans, qui recherchez tout le riuage More
  Du froid Septentrion, & qui sans reposer
  A cent mille dangers vous allez exposer
  Pour vn gain incertain qui vos esprits deuore:
Venez seulement voir la beauté que i'adore,
  Et l'obiet dont ie sens ma ieunesse embraser,
  Et ie suis seur qu'apres vous ne pourrez priser
  Le plus riche thresor, dont l'Afrique se dore.
Voyez les filets d'or de ce chef blondissant,
  L'esclat de ces rubis, ce coral rougissant,
  Ce crystal, cest ebene, & ces graces diuines,
Cest argent, cest yuoyre, & ne vous contentez
  Qu'on ne vous monstre encor mille autres raritez,
  Mille beaux diamans, & mille perles fines.

XXXIII.

Si tost qu'au plus matin ma Diane s'eueille
  (O Dieux iugez mon heur!) ie suis à son leuer,
  Et voy tout le plus beau qui se puisse trouuer
  Depuis les Indiens iusqu'où Phebus sommeille.
Ce n'est rien que le teint de l'Aurore vermeille,
  Ce n'est rien que de voir aux longues nuits d'hiuer
  Parmi le firmament mille feux arriuer,
  Et n'est vray que le Ciel cache plus de merueille.
Ie la voy quelquefois s'elle se veut mirer,
  Esperdue, estonnee, & long temps demeurer
  Admirant ses beautez, dont mesme elle est rauie:
Et ce pendant (chetif!) immobile & poureux,
  Ie pense au beau Narcis de soymesme amoureux,
  Craignant qu'vn sort pareil mette fin à sa vie.

XXXIIII.

Celuy que l'Amour range à son commandement,
  Change de iour en iour de façon differente :
  Helas i'en ay bien fait mainte preuue apparente,
Ayant esté par luy changé diuersement,
Ie me suis veu muer pour le commencement,
  En Cerf, qui porte au flanc vne fleche sanglante :
  Apres ie deuins Cygne, & d'vne voix dolente
Ie presagé ma mort me plaignant doucement.
Apres ie deuins fleur languissante & panchee,
  Puis ie fu fait fontaine aussi soudain seichee,
  Espuisant par mes yeux toute l'eau que i'auois :
Or ie suis Salemandre, & vy dedans la flame,
  Mais i'espere bien tost me voir changer en Voix,
  Pour dire incessamment les beautez de Madame.

XXXV.

Par vos graces, Madame, & par le dur martyre
  Qui me rend en aimant triste & desesperé,
  Par tous les lieux secrets où i'ay tant soupiré,
Et par le plus grand bien qu'vn amoureux desire.
Par ces beaux traits qu'Amour dedans vos yeux retire,
  Par les lis de vos mains, par vostre poil doré,
  Et où rien de plus grand pourroit estre iuré,
Ie l'appelle à tesmoin de ce que ie veux dire.
Iamais d'autres beautez mon œil ne sera pris,
  Doux espoir de mes maux, cher feu de mes esprits,
  Vous serez ma recherche & premiere & derniere :
Et mon cœur cessera d'idolatrer vos yeux,
  Lors qu'on ne verra plus au Soleil de lumiere,
  D'eaux en mer, d'herbe aux prez, & d'estoiles aux
      Cieux.

XXXVI.

Pour me recompenser de tant de passion,
   Que supporte mon cœur deuot à ton seruice,
   Te l'offrant pour victime en piteux sacrifice,
   Et me rendant pour toy compagnon d'Ixion:
Non, ne paye ma foy d'aucune affection,
   Puis que c'est ton vouloir il faut que i'obeïsse,
   Paye moy de rigueur, paye moy d'iniustice,
   Ie n'en puis estre moins à la deuotion.
Preste moy seulement ceste œillade diuine,
   Qui me remplit d'amour le cœur & la poitrine,
   Et qui d'vn feu cuisant m'embrasa les esprits,
Afin qu'en me iouant soudain ie te regarde,
   Et que cent mille amours dans le sein ie te darde,
   Alors tu seras prise au ieu que tu m'as pris.

XXXVII.

Amour, quand fus-tu né? Ce fut lors que la terre
   S'esmaille de couleurs, & les bois de verdeur.
   De qui fus tu conceu? D'vne puissante ardeur,
   Qu'oisiueté lasciue en soymesmes enserre.
Qui te donne pouuoir de nous faire la guerre?
   Les diuers mouuemens d'Esperance & de Peur.
   Où te retires-tu? Dedans vn ieune Cœur,
   Que de cent mille traits cruellement i'enserre.
De qui fus-tu nourry? D'vne douce Beauté,
   Qui eut pour la seruir Ieunesse & Vanité.
   Dequoy te repais-tu? D'vne belle lumiere.
Crains-tu point le pouuoir des ans & de la Mort?
   Non: car si quelquefois ie meurs par leur effort,
   Aussi tost ie retourne en ma forme premiere.

XXXVIII.

Celle à qui i'ay sacré ces fleurs de ma ieunesse
  Mes vers, (enfans du cœur) mon seruice, & ma foy,
  En qui seule i'espere, en qui seule ie croy,
  DESIARDINS, c'est ma Cour, ma Royne &
  ma princesse.
Ceux qui sont alterez d'honneurs, ou de richesse,
  Importuns feront presse à la suyte du Roy:
  Les biens & la grandeur que ie brigue pour moy,
  C'est de finir ma vie en seruant ma Maistresse.
Tout ce qui vit au monde aux destins se rangeant,
  Est serf de la Fortune, ou serf de son argent,
  La peur le tyrannise, ou quelque autre manie:
C'est vne loy forcee. Or quelle autre prison
  Pouuoit plus dignement captiuer ma raison,
  Qu'vne ieune deesse en beautez infinie?

XXXIX.

Doncques sera-til vray que l'ennuy qui me ronge,
  A l'enuy de ma foy viue eternellement?
  Et que mon feu cruel s'embrase mesmement
  Dans la mer des Pensers où mon ame se plonge?
Me payra-l'on tousiours d'vne vaine mensonge,
  Qui fait que ma douleur s'accroisse incessamment?
  Seray-ie tousiours veu pour aimer ardemment,
  Discourir à par moy comme vn homme qui songe?
Ne sentiray-ie plus au dedans de mon cœur
  Qu'vn debat obstiné d'esperance & de peur,
  Qui mille fois le iour s'entredonnent la chasse?
Helas! ie croy que non. Car que puis-ie esperer
  Si ie voy ton secours de moy se retirer,
  Estans mes ennemis les maistres de la place?

XL.

Puis-je pas à bon droit me nommer miserable,
  Et maudire l'aspect sous lequel ie fu né,
  A tant d'ennuis diuers me voyant condamné,
  Sans que i'attende rien qui me soit fauorable?
Si ie suis trauaillé d'vn mal insupportable,
  Sans relasche il me presse & me suit obstiné:
  Et si quelque plaisir (peu souuent) m'est donné,
  Il auorte en naissant & n'est iamais durable.
I'estimoy que le Sort qui m'est si rigoureux,
  Las de sa cruauté me vouloit rendre heureux
  Par l'obiet tant aimé de ma seule Deesse:
Mais ce trait de bonheur comme vn songe est passé,
  Apprenant à mon cœur en tenebres laissé,
  Qu'apres vn peu de ioye on sent mieux la tristesse.

XLI.

S'il est vray que le ciel ait sa course eternelle,
  Que l'air soit inconstant, la mer sans fermeté,
  Que la terre en Hiuer ne resemble à l'Esté,
  Et que pour varier la Nature soit belle.
S'il est vray que l'esprit d'origine immortelle,
  Cherchât tousiours d'apprendre aime la nouueauté,
  Et si mesme le corps pour durer en santé
  Change auec les saisons de demeure nouuelle:
D'où vient qu'estant forcé par la rigueur des cieux
  A changer non de cœur, mais de terre & de lieux,
  Ie ne guarisse point de ma viue pointure?
D'où vient que tout me fasche & me déplaise tant?
  Helas c'est que ie suis seul au monde constant,
  Et que le changement est contre ma nature.

XLII.

Or que bien loing de vous ie languy soucieux,
  Fuyant tout entretien ie pense à mon martyre,
  Et ne sçauroy rien voir quelque part que ie tire,
  Qui ne blesse aussi tost mon esprit par mes yeux.
Quand ie voy ces hauts monts qui voisinent les cieux,
  Ie pense à la grandeur du bien que ie desire:
  Et pense oyant les vents en leur caverne bruire,
  Aux vents de mes soupirs & sanglots furieux.
Quand ie voy des rochers les sources distilantes,
  Il me va souvenir de mes larmes bruslantes,
  Qui ruissellent d'vn cours tousiours s'entresuiuant:
Et le fueillage sec dont la terre est couverte,
  Semble à mon esperance en autre tans si verte:
  Mais qui seche à present sert de iouet au vant.

XLIII.

Solitaire & pensif dans vn bois escarté,
  Bien loing du populaire & de la tourbe espesse
  Ie veux bastir vn temple à ma chaste Deesse,
  Pour appendre mes vœux à sa diuinité.
Là de iour & de nuict par moy sera chanté
  Le pouuoir de ses yeux, sa gloire & sa hautesse:
  Et, deuot, son beau nom i'inuoqueray sans cesse,
  Quand ie seray pressé de quelque aduersité.
Mon œil sera la lampe, & la flamme immortelle,
  Qui m'ard incessamment, seruira de chandelle:
  Mon corps sera l'autel, & mes soupirs les vœux.
Par mille & mille vers ie chanteray l'office,
  Puis espanchant mes pleurs, & coupât mes cheueux,
  I'y feray tous les iours de mon cœur sacrifice.

XLIIII.

O Songe heureux & doux! où fuis-tu si soudain
    Laissant à ton depart mon ame desolee?
    O douce vision, las! où es-tu volee,
    Me rendant de tristesse & d'angoisse si plein?
Helas Somme trompeur, que tu m'es inhumain!
    Que n'as-tu plus long temps ma paupiere sillee?
    Que n'auez-vous encor, ô vous troupe estoillee,
    Empesché le Soleil de commencer son train?
O Dieux permettez-moy que tousiours ie sommeille,
    Si ie puis receuoir vne autre nuict pareille,
    Sans qu'vn triste resueil me debande les yeux!
Certes on dit bien vray: Le bien qui nous contente,
,, Tousiours traine à sa queuë vn regret ennuyeux:
,, Et n'y a chose aucune en ce monde constante.

XLV.

Ie me trauaille assez, pour ne faire apparoir
    La douleur qui me rend si triste & si debile,
    Mais helas ie ne puis! Il est trop difficile,
    De porter vn grand feu sans qu'on le puisse voir.
Ie cache mes ennuis, ie contrains mon vouloir,
    Et tasche à le couurir d'vne façon subtile:
    Mais mon vague penser ou mon œil qui distile,
    Découurent malgré moy ce qui me fait douloir.
Ne m'en accusez point, ma mortelle Deesse,
    Cil qui n'aime pas bien, d'vne sage finesse,
    Pourra bien deguiser, & se monstrer discret:
Mais celuy qui a l'ame au vif d'amour atteinte,
    Sçachant & confessant qu'il faut estre secret,
    Si ne peut-il s'aider de chose qui soit feinte.

Quand

XLVI.

Quand i'approche de vous, & que ie prens l'audace
   De regarder vos yeux rois de ma liberté,
   Vne ardeur me saisit, ie suis tout agité,
Et mille feux ardens en mon cœur prennent place.
Helas! pour mon salut que faut-il que ie face,
   Sinon vous esloigner contre ma volonté?
   Ie le fay: toutesfois ie n'en suis mieux traitté:
Car si i'estois en feu, ie suis tout plein de glace.
Ie ne sçauroy parler, ie deuiens palle & blanc,
   Vne tremblante peur me gele tout le sang,
   Le froid m'estreint si fort que plus ie ne respire.
Hé donc puis-ie pas bien vous nommer mon Soleil,
   Si ie sens vn Hiuer m'esloignant de vostre œil,
   Puis vn Esté bouillant lors que ie le voy luire?

XLVII.

Malheureux fut le iour, le mois, & la saison,
   Que le cruel Amour ensorcela mon ame,
   Versant dedans mes yeux par les yeux d'vne Dame,
Vne trop dangereuse & mortelle poison.
Helas! ie suis tousiours en obscure prison:
   Helas! ie sens tousiours vne bruslante flame:
   Helas! vn trait mortel sans relasche m'entame,
Serrant, bruslant, naurant, esprit, ame, & raison.
Que sera-ce de moy? le mal qui me tourmente,
   En me desesperant d'heure en heure s'augmente,
   Et plus ie vais auant, plus ie suis malheureux.
Que maudite soit donc ma dure destinee,
   L'heure, le iour, le mois, la saison & l'annee,
   Que le cruel Amour me rendit amoureux.

XLVIII.

Les premiers iours qu'Amour range sous sa puissance
  Vn cœur qui cherement garde sa liberté,
  Dans des filets de soye il le tient arresté,
  Et l'émeut doucement d'vn feu sans violence:
Mille petits Amours luy font la reuerence,
  Il se bagne en liesse & en felicité,
  Les Ieux, la Mignardise, & la douce Beauté
  Vollent tousiours deuāt quelque part qu'il s'auance.
Mais las! presque aussi tost cest heur se va perdant,
  La prison s'est recisist, le feu deuient ardant,
  Les filets sont changez en rigoureux cordage.
Venus est vne rose espanie au Soleil,
  Qui contente les yeux de son beau teint vermeil,
  Et qui cache vn Aspic sous vn plaisant fueillage.

XLIX.

Ces eaux qui sans cesser coulent dessus ma face,
  Les tesmoins découuerts des couuertes douleurs,
  Diane, helas! voyez, ce ne sont point des pleurs.
  Tāt de pleurs dedās moy ne sçauroyēt trouuer place.
C'est vne eau, que ie fay de tout ce que i'amasse
  De vos perfections, & de cent mille fleurs
  De vos ieunes beautez, y meslant les odeurs,
  Les roses & les lis de vostre bonne grace.
Mon amour sert de feu, mon cœur sert de fourneau,
  Le vent de mes soupirs nourrit sa vehemence:
  Mon œil sert d'alambic par où distile l'eau.
Et d'autant que mon feu est violant & chaud,
  Il fait ainsi monter tant de vapeurs en haut,
  Qui coulent par mes yeux en si grand' abondance.

DIANE, LIV. I.

L.

Helas! de plus en plus le malheur qui m'outrage
  Renforce sa furie, & me va poursuinant:
  Ie sens en pleine mer les ondes & le vant,
  A l'heure que ie pense estre pres du riuage.
Dieux soyez moy benins! destournez ce presage,
  Faites que ma frayeur ne marche plus auant,
  Ou ne permettez pas que ie reste vinant,
  Pour reseruer mon ame à si piteux naufrage.
La nuict qui me souloit de songes contenter,
  Ores m'est inhumaine, & me vient tourmenter,
  Repassant par mes yeux vne mort effroyable:
Dont ie tremble de crainte & ne sçay que penser.
  Car veu que la beauté n'est pas long temps durable,
  Ie crains pour les beaux yeux qui me font trespasser.

LI.

Heureux anneau de ma belle Inhumaine,
  Que ie t'estime & combien tu me plais!
  C'est toy, mignon, qui mes ennuis desfais,
  Par les vertus dont ta pierre est si plaine.
A ton obiet mon œil se rassereine,
  La peur me fuit, d'Espoir ie me repais:
  Toute ma guerre est conuertie en paix,
  Et ne connois ny tristesse ny paine.
Tu es tout rond: parfaite est la rondeur,
  Tu es tout d'or, pour moustrer la grandeur
  De mon amour epuré par la flame.
Du Lydien l'aneau tant renommé,
  Qui le fist Prince & iouïr de sa Dame,
  S'il estoit mien ne seroit mieux aymé.

LII.

Quand la fiere beauté qu'vniquement i'admire,
  Faisoit luire à Paris les Soleils de ses yeux,
  On ne voyoit par tout qu'vn Printemps gracieux,
  Et tousiours mollement soupiroit vn Zephyre.
Mais depuis que son œil autre part alla luire,
  La France n'a rien veu qu'vn Hyuer soucieux,
  Tout noirci de broüillas, obscur & pluuieux,
  Et les fiers Aquilons furieusement bruire.
Or' les monts où elle est, qui souloyent parauant
  En l'Esté plus ardant estre battus du vant,
  De frimas, de gelee, & de glace eternelle,
Sont au mois de Ianuier doucement euentez,
  Les eaux parlent d'Amour, & de tous les costez
  On ne voit rien que fleurs, & verdure nouuelle.

LIII.

Ie recerche à toute heure auec la souuenance
  Ceste vnique beauté, qui l'esprit m'a rauy,
  Et qui fait que loing d'elle aussi triste ie vy
  Comme i'eu de liesse en sa douce presence.
Pour tenir verte en moy la peine & l'esperance,
  Et faire que mon cœur soit plus fort asseruy,
  Amour qui n'est iamais de mes pleurs assouui,
  Par mille inuentions refraichit ceste absence.
A mes yeux languissans il fait voir tout exprés
  Les vulgaires beautez, & les foibles attraits
  De celles que nostre aage entre toutes reuere.
Lors ie cognoy ma perte en voyant leurs defauts,
  Et combien de vos yeux les rayons sont plus chauds:
  Car rien qui ne soit vous à mõ cœur ne peut plaire.

LIIII.

Ie te l'auois bien dit, pauure Cœur desolé,
   Que tu ne deuois pas si laschement te rendre,
   Mais oncq à mes propos tu ne voulus entendre:
Car vn espoir pipeur t'auoit ensorcelé.
Tu vois comme il t'en prend, ton heur s'est enuolé,
   Tu demeures captif, ton bien est mis en cendre,
   Contre tes ennemis tu ne te peux defendre:
Car Amour te retient & te rend tout brussé.
Et vous, mes pauures Yeux conuertis en fontaines,
   Las! que vous faites bien d'ainsi pleurer vos peines,
   Et la dure prison où ie suis retenu:
Vous ne verrez plus rien desormais qui vous plaise:
   Mais ce m'est grand cõfort de vous voir en mal-aise:
   Car pour vostre plaisir ce mal m'est aduenu.

LV.

Helas! chassez ce vouloir obstiné,
   Helas! changez ceste estrange nature,
   Et ne soyez si rebelle & si dure
Au pauure cœur qui vous est destiné.
N'est-il pas temps que ie sois guerdonné?
   N'est-il pas temps qu'vne heureuse aduenture
   Bannisse au loin la douleur que i'endure,
Et de chetif me rende fortuné?
Si vous sçauez que ma foy soit certaine,
   Si vous voyez la grandeur de ma peine,
   Si vous pouuez mes langueurs secourir,
Que vous sert-il que ie sois miserable?
   Las hastez-vous de m'estre fauorable,
   Ou vous hastez de me faire mourir.

B iij

LVI.

Si la pitié trouue en vous quelque place,
  Si voſtre cœur n'eſt en roche endurci,
  Faites-en preuue, ayez de moy merci,
  Et m'octroyez le bien que ie pourchaſſe.
Ma fermeté, qui toute autre ſurpaſſe,
  Ne deſſert pas que ie languiſſe ainſi
  Sous le pouuoir d'vn rigoureux ſouci,
  Qui me tourmente & iamais ne ſe laſſe.
Si vous trouuez quelque contentement
  En ma douleur, dites-le librement,
  A l'aduenir ie prendray patience.
Car ſi mon mal ſert à vous contenter,
  Ce m'eſt plus d'heur de me voir tourmenter,
  Que vous diſplaire, & auoir allegence.

LVII.

Si i'aime iamais plus pour viure mal-content,
  Et ne rapporter rien de ma pourſuite vaine
  Que les poignans refus d'vne Dame inhumaine,
  Et pour languir touſiours, que ie meure à l'inſtant.
Hé qui fait ſuiure Amour, ſi ce n'eſt pourautant
  Qu'on penſe en recueillir quelque faueur certaine?
  Car cil qui ſeroit ſeur de n'en auoir que peine,
  Seroit-ce pas vn ſot s'il s'en trauailloit tant?
Ce qui nous fait trouuer le trauail agreable,
  C'eſt quand nous eſperons quelque fin deſirable,
  Qui doit donner repos à nos longues douleurs.
Pourquoy donc vainement veux-ie par ma conſtance,
  Par regrets, par ſoupirs, trauaux, flammes & pleurs
  Acheter des refus pour toute recompanſe?

LVIII.

J'ay long temps voyagé courant tousiours fortune
  Sus vne mer de pleurs, à l'abandon des flots
  De mille ardans soupirs & de mille sanglots,
  Demeurant quinze mois sans voir soleil ny lune.
Ie reclamois en vain la faueur de Neptune,
  Et des astres iumeaux sourds à tous mes propos:
  Car les vents irritez, combatans sans repos,
  Au vent iuré ma mort sans esperance aucune.
Mon desir trop ardant ainsi qu'il luy plaisoit,
  Sans voile & sans timon la barque conduisoit,
  Qui couroit incertaine au vouloir de l'orage.
Mais durant ce danger vn écueil ie trouuay,
  Qui brisa ma nacelle, & moy ie me sauuay
  A force de nager euitant le naufrage.

LIX.

Puis que ie ne fay rien en vous obeissant,
  Qui vous donne plaisir, & vous soit agreable:
  Puis que vous estimez, que mon cœur soit muable,
  Bien qu'aux flots des malheurs il s'aille endurcissant:
Puis que vostre rigueur d'heure en heure accroissant
  Se plaist à me gesner, & me voir miserable:
  Puis que ma passion ne vous sert que de fable,
  Et que mieux ie vous sers plus ie suis languissant:
Puis que comme ma foy vostre orgueil continuë,
  Puis que le chemin croist & le iour diminuë,
  Et que ie ne voy rien qui me promette mieux,
Adieu, Madame, adieu, aussi bien ie confesse
  Qu'il faudroit pour seruir vne telle Deesse
  Non vn homme mortel, mais le plus grand des dieux.

LX.

Ie suis repris, helas ! ie suis repris,
   Plus que iamais vne ardeur me consume :
   Ie suis tout cuit du venin que ie hume,
   Qui boit mon sang, & trouble mes esprits.
Aussi mes Yeux c'estoit trop entrepris.
   Comment ? desia vous en faisiez coustume
   De vous mirer au feu qui vous allume.
   Hé ! pensiez-vous n'en estre point surpris ?
Puis que par vous i'ay receu ce dommage,
   Ie ne me plains que soyez en seruage :
   Seruage ? non, ains douce liberté.
Mais mon esprit qui n'a point fait d'offense,
   Meritoit-il d'estre ainsi tourmenté,
   Et que mon cœur pour l'œil fist penitence ?

LXI.

Amour brusle mon cœur d'vne si belle flame,
   Et suis sous son pouuoir si doucement traitté,
   Que languissant ainsi captif & tourmenté
   Ie beny la prison, & le feu de mon ame.
Vous autres prisonniers, que son ardeur enflame,
   Souhaitez moins de peine, & plus de liberté :
   De moy ie veux mourir en ma captiuité,
   Consomné par le feu des beaux yeux de Madame.
Les trauaux, les rigueurs, la peine & le malheur
   Embellissent ma gloire, & n'ay plus grand' douleur,
   Que quand cest œil felon autre que moy tourmente.
Ie n'ay pas toutesfois perdu le iugement :
   Car on dit bien-heureux celuy qui se contente,
   Et ie trouue à l'aimer mon seul contentement.

LXII.

Madame, apres la mort c'est chose manifeste
  Que nous irons tous deux à l'infernal tourment:
  Vous, pour vostre rigueur: moy pour trop hardiment
  Auoir presumé voir vne chose celeste.
Mais d'autant pour le moins que ie vous suis moleste,
  Vostre mal, me voyant, sera plus vehement:
  Et moy qui de vous voir fay mon contentement,
  Ie beniray ce lieu que si fort lon deteste.
Car mon ame rauie en l'obiet de vos yeux,
  Au milieu des Enfers establira les Cieux,
  De la gloire eternelle heureusement pourueuë.
Et quand tous les damnez se voudront esmouuoir
  Pour empescher ma gloire, ils n'auront le pouuoir,
  Pourueu qu'estant là bas ie ne perde la veuë.

LXIII.

Las! on dit que l'espoir nourrist l'affection,
  Et que c'est luy qui donne à l'Amour accroissance:
  Et i'aime (malheureux!) n'ayant nulle esperance
  Qu'en la mort qui m'attend pour ma punition.
Le triste desespoir, chef de ma passion,
  Ne me peut démouuoir de ma perseuerance:
  Mais ce qui plus me trouble, & qui croist ma souf-
  C'est que ie suis contraint d'vser de fiction. (france
Las! ie remarque assez qu'en ma haute entreprise,
  La discretion chaste est bien propre & requise:
  Mais mon sens esgaré n'entend pas ce secret.
Car puis que ie vous aime, & que rien ie n'espere,
  I'ay bien perdu le sens. Or se pourroit-il faire,
  Qu'ayant perdu le sens ie peusse estre discret?

LXIIII.

Comme vn pauure malade en la couche arresté,
 Qui pour sa guarison prẽd maint & maint bruuage,
 Herbes, charmes, billets, mais tout à son dommage:
Car son mal incurable en est plus irrité.
En fin perdu d'espoir, quand il a tout tenté,
 Remet à Dieu sa vie, & n'a plus de courage
 D'attendre aucun secours, ny que rien le soulage
Que celle qui des maux est le but limité.
De mesme, en mes douleurs i'auois pris esperance
 Que l'oubly, la raison, les dédains, ou l'absence
 Me pourroyent alleger ou du tout me guarir:
Mais voyant que sans fruict mon attente se treuue,
 I'obeis au destin, & sans faire autre preuue,
 Des beaux traits de vos yeux ie consens de mourir.

LXV.

Amour a mis mon cœur comme vn rocher à l'onde,
 Cõme enclume au marteau, comme vne tour au vent,
 Et comme l'or au feu, dont ie pleure souuent,
Et crie à haute voix sans qu'aucun me responde.
Las! tes yeux sont luisans, & ta tresse m'est blonde
 Seulement pour mon mal: car ie vay receuant
 Les flots, les coups, l'haleine, & le feu trop viuant
Sans varier ma foy qui plus ferme se fonde.
L'onde c'est ton orgueil, le marteau mon tourment,
 Le vent ta volonté tournant legerement,
 Qui pourtant ne m'émeut, ne me rompt, ne m'encline.
Puis ton ardant courroux plein de froide rigueur,
 Cõme vn feu deuorant veut consommer mon cœur,
 Mais tout ainsi que l'or dans la braise il s'affine.

LXVI.

I'ay par long temps sous l'amoureux pouuoir
   Suyui ton œil, seul Soleil qui m'éclaire:
   Et ne pouuoy, quoy que ie sceusse faire,
Me retenir vne heure sans le voir.
De plus grand heur ie ne voulois auoir:
   Mais quand ie voy que tu veux le contraire,
   Ie m'en esloigne, & tasche à m'en distraire,
Pour obeir à ton cruel vouloir.
En t'esloignant i'esloigne aussi ma vie,
   Et toutesfois pour te rendre seruie
Ie ne me plains de mourir en ce poinct.
Las! ie te rens entiere obeïssance,
   Fors que tu veux que ie ne t'aime point:
Mais ie n'ay pas de t'obeïr puissance.

LXVII.

I'accompare Madame au serpent furieux,
   Que le diuin Thebain surmonta par la flamme:
   Ce serpent eut sept chefs, & ma cruelle Dame
Ha sept moyës vainqueurs des humains et des Dieux:
Le teint, le front, la main, la parole, & les yeux,
   Le sein, & les cheueux qui retiennent mon ame.
   Auec ces sept beautez les rochers elle entame,
Et tousiours son pouuoir reuient victorieux.
De chacun de ces chefs, sept autres nouueaux sortent,
   La mort, les traits, le feu, les desirs qui transportent,
L'espoir, la deffiance, & l'aspre deconfort.
Ils sont de ce seul poinct differens de nature,
   C'est qu'auecque du feu l'Hydre fut mis à mort,
Et l'autre de mon feu prend vie, & nourriture.

LXVIII.

I'ay tant fuyui l'Amour sans auoir recompense,
   I'ay tant pour l'adoucir vainement soupiré,
   Que le recognoissant contre moy coniuré,
Ie dois iusqu'au tombeau luy faire resistance.
Laschement toutesfois sans me mettre en defense
   Ie me rens pour vn trait que vos yeux m'ont tiré:
   Bien que ie voye à l'œil mon malheur preparé,
Et que le desespoir soit ma seule esperance.
Mais qui pourroit fuir le desastre ordonné?
   L'vn meurt dedans son lict, l'autre est predestiné
   Pour mourir au combat, l'autre au milieu de l'onde:
De moy, par les effets on peut voir clairement
   Que le Ciel arresta, quand ie vins en ce monde,
   Que ie deuoy mourir pour aimer constamment.

LXIX.

Ma nef passe au destroit d'vne mer courroucee:
   Toute comble d'oubli, l'hiuer à la mi-nuict.
   Vn aueugle, vn enfant, sans soucy la conduit,
Desireux de la voir sous les eaux renuersee.
Elle ha pour chaque rame vne longue pensee,
   Coupant au lieu de l'eau l'esperance qui suit:
   Les vents de mes soupirs effroyables de bruit,
Ont arraché la voile à leur plaisir poussee.
De pleurs vne grand' pluye, & l'humide nuage
   Des dedains orageux destendent le cordage,
   Retors des propres mains d'Ignorance & d'Erreur,
De mes astres luisans la flamme est retiree,
   L'art est vaincu du temps, du bruit & de l'horreur:
   Las! puis-ie donc rien voir que ma perte asseuree?

LXX.

Puis qu'on veut que l'image en mon cœur si bien peinte
   S'efface auec le temps contre ma volonté,
   Ie prens congé de vous, ô diuine Beauté,
   Qui reteniez mon ame heureusement contrainte.
En moy toute autre ardeur desormais soit esteinte,
   Tout espoir, tout desir, toute felicité:
   Arriere, ô foible Amour, qui fais place à la crainte,
   Adieu flambeaux & traits, adieu captiuité:
Adieu Lut compagnon de mes tristes pensees,
   Adieu nuicts en discours comme vn songe passees,
   Desirs, soupirs, regards si gracieux & doux:
Douleurs, soucis, regrets susiront vostre place.
   Car puis que mon amour par la crainte s'efface,
   O plaisirs, pour iamais ie prens congé de vous.

DIALOGVE.

D.

Amour, ame des cœurs, esprit des beaux
   esprits,
Ie te coniure, Enfant, par ta mere Cypris,
Par ton arc, par tes traits, par ta plus che-
   re flame,
Par ces yeux où si fier tu siez en maiesté,
Par les cris & les pleurs, fruicts de ma loyauté,
De dire à ce depart vn Adieu à Madame.

AMOVR.

Que veux-tu que ie die? Hé te vaut-il pas mieux
Toy mesme en distilant ta douleur par tes yeux,

La baiser doucement, & prendre congé d'elle?
Tes pleurs, ta contenance, & la triste langueur
Qui se list sur ton front, contraindront sa rigueur,
Si son cœur n'est cruel autant comme elle est belle.

D.

Las Amour, ie ne puis! le coup que ie reçoy
M'esloignant de ses yeux me met si hors de moy,
Que ma langue ne peut former vne parolle:
Ie ne fay que crier, gemir, & soupirer.
Les petites douleurs se peuuent declarer,
Mais non le desespoir qui rend mon ame folle.

AMOUR.

Bien donc, puis qu'il te plaist, ie m'en vay la trouuer:
Mais ie me veux armer, à fin de n'esprouuer
Ses yeux, qui tant de fois m'ont ia pensé contraindre.
Tes tourmens me font peur d'essayer leur effort:
Conte moy ce pendant, quel est ton deconfort,
Et de quelles rigueurs pour toy ie me doy plaindre.

D.

Amour, Roy des esprits à ton gré flechissans,
Qui luy peut mieux conter les douleurs que ie sens
Que toy, qui les fais naistre en mon ame captiue?
Qui luy peut mieux monstrer ma constance & ma foy,
Que ta rigueur extreme? Et qui peut mieux que toy
Amollir ceste Dame, ains ceste roche viue?
Dy luy le desespoir où ie me voy reduit
Or' qu'vn depart forcé loing d'elle me conduit,
Et qu'vne mort prochaine est ma seule esperance.
Apres coniure-la par ma ferme amitié,
Et par ses doux regars qui promettent pitié,
Qu'elle ait aucunefois de mon dueil souuenance.

Comme aussi de ma part ie ne veux rien penser,
Entreprendre, inuenter, parfaire, ou commencer,
Exilé de ses yeux, qu'en sa seule memoire:
N'escriuant vn seul vers, qui n'ait pour argument
Mes desirs sans espoir, ma constance au tourment,
Sa vertu, ses beautez, sa fortune, & sa gloire.

Amour tu luy diras pour mes maux enchanter,
Qu'elle a mille moyens de se representer
Quelle sera ma vie en tenebres laissee:
Soit en voyant le ciel, l'air, la terre, ou les eaux,
Soit oyant dans vn bois le doux chant des oiseaux,
L'image de ma peine en tous lieux est tracee.

Est-elle en vn taillis à l'escart quelquefois?
Qu'elle pense me voir au plus secret d'vn bois
Decouurant mes ennuis aux buissons & aux arbres.
Voit-elle vn haut rocher, ou vn vieux bastiment?
Qu'elle pense me voir par mon dueil vehement
Attendrir de pitié les rochers & les marbres.

S'il pleut aucunefois, pense aux eaux de mes pleurs:
Et quand l'Esté bouillant nous cuira de chaleurs,
Pense au feu plus ardant qui me brusle & saccage.
Si le Ciel de tonnerre ou d'orage est noirci,
Pense que mon cœur trouble est esmeu tout ainsi
D'ennuy, de desespoir, de tempeste & d'orage.

Bref que ses yeux si clairs ne puissent plus rien voir
Qu'aussi tost ma douleur ne la vienne esmouuoir,
Et n'arrache vn soupir de son ame cruelle:
Car si par son depart ie doy tant endurer,
Quel bien pour mon salut puis-ie helas desirer,
Fors qu'elle ait sentiment du mal que i'ay pour elle?

AMOVRS DE

CHANSON.

Vs sus mon Lut, d'vn accord pitoyable
Plains la douleur qui me rend miserable :
Plains mon desastre, & plus haut t'éclatant
Dy le depart qui me va tourmentant.
Pleurez, mes Yeux, & d'vne longue trace
   L'eau de mes pleurs coule dessus ma face :
   Et que iamais n'en tarisse le cours
   Qu'en tarissant ma vie & mes amours.
Il ne faut plus que i'aye aucune attente
   De voir iamais chose qui me contente :
   Retirez-vous tous mes plaisirs passez,
   Et mille ennuis pour garde me laissez.
Car à quel bien faut-il plus que i'aspire ?
   Mon beau soleil loing de moy se retire,
   Et le flambeau qui souloit m'esclairer
   Fuit de ma veue, & me laisse esgarer.
Ces doux attraits pleins de chaste rudesse,
   Ces viues fleurs d'vne belle ieunesse,
   L'œil de la Court, son printemps gracieux,
   O ciel cruel ! se desrobe à mes yeux.
Iniuste Amour, aueugle à ma souffrance,
   As-tu donc fait que i'aye eu connoissance
   De ses beautez, pour rendre en m'en priuant
   Mon cœur aux maux plus sensible & viuant ?
Toute rigueur m'estoit douce aupres d'elle,
   De ce seul trait la playe estoit mortelle :
   Ie ne crains plus Iupiter courroucé,
   Le ciel sur moy tout son pis a versé.
Le triste iour qu'elle me fut rauie

Il falloit bien que ie fuſſe ſans vie,
Et que ce coup m'euſt d'eſprit deſnué:
Car autrement la douleur m'euſt tué.
Las ne viuant qu'en des nuicts ſolitaires,
A quoy mes yeux m'eſtes vous neceſſaires?
Et n'oyant plus vn langage ſi doux
Oreilles, las! dequoy me ſeruez-vous?
Heureux oiſeau dont l'Inde eſt renommee,
L'œil au Soleil ta vie eſt conſommee:
Pourquoy du Ciel n'eu-ie vn deſtin pareil,
Mourant aux rais de mon diuin ſoleil.

COMPLAINTE.

PVIS que le Ciel cruel trop ferme en mes malheurs,
S'obſtine à me pourſuiure & iamais n'a de ceſſe:
Donnons à ſa rigueur des ſanglots & des pleurs,
Les pleurs & les ſanglots ſont fleurs de la triſteſſe.

Puis que i'eſprouue tant de diuers changemens
Et qu'vn ſeul à mes maux n'apparoiſt fauorable,
Pourquoy veux-ie languir dauantage aux tourmens?
Il vaut mieux n'eſtre point que d'eſtre miſerable.

Puis que mon clair ſoleil ſur moy plus ne reluit
Et que le plus beau iour m'eſt couuert d'vne nuë,
Fermons nos triſtes yeux en l'eternelle nuict,
Auſſi bien tout plaiſir eſt faſcheux à ma veuë.

Puis que mes vrais ſoupirs n'ont iamais ſceu mouuoir
Les Cieux à diuertir ceſte cruelle abſence,
Las! croiray-ie qu'Amour dans le Ciel ait pouuoir,
Et qu'il range les Dieux ſous ſon obeiſſance?

En vain deçà delà ie vay tournant mes pas,

Mon œil ne choisist rien qu'obiets qui le tourmentent,
Ie me cherche en moymesme, & ne me trouue pas,
Et plus ie vais auant plus mes malheurs s'augmentent,

Comme celuy qui voit au Printemps esmaillé
Vn iardin bigarré de diuerse peinture,
Ne le recognoist plus quand il est despouillé
Par l'Hyuer mal-plaisant, de grace & de verdure.

De mesme en ne voyant, ainsi que ie soulois,
Tant de douces beautez de ma chere Maistresse,
Ie ne recognoy plus tous ces lieux où ie vois,
Et m'égare en resuant sans voye & sans addresse.

I'erre seul, tout pensif, ignorant qui ie suis,
Ma face estrange à voir d'eaux est tousiours couuerte:
Tous les ieux de la Court me sont autant d'ennuis,
Seruans de refraichir ma douleur & ma perte.

Regardant ces combats de plaisir seulement,
A l'espee, à la hache, à la picque, à la lance,
Las (ce dy-ie) qu'Amour me bat bien autrement!
D'vn mortel contre vn Dieu foible est la resistance.

Tout ce qui s'offre à moy ne me fait qu'offenser,
Et redoubler l'ennuy, dont mon ame est attainte,
Seulement ie me plais me mettant à penser
Que iusqu'à ton oreille Amour porte ma plainte.

O Dieu s'il est ainsi, comme ie croy qu'il est,
Que i'estime ma peine vn repos agreable!
Que mon souci n'est doux, que mon trespas me plaist!
La mort en bien aimant est touſiours honorable.

Chanson, cesse ta plainte, & sors d'auecque moy,
Pour trouuer la beauté dont ie pleure l'absence:
Dy luy que le malheur ne peut rien sur ma foy,
Et que i'ay plus d'amour quand i'ay moins d'esperance.

DIALOGVE.

D.

AH Dieu que c'est vn estrange martyre,
   Que d'endurer vn ennuy sans le dire:
   Et quand il faut tellement se contraindre,
   Qu'il n'est permis en mourant de se plaindre!

L.

Le feu couuert ha plus de violence
   Que n'ha celuy qui ses flammes élance:
   L'eau qu'on arreste en est plus irritee,
   Et bruit plus fort plus elle est arrestee.

D.

Vous qui sçauez la fureur qui me donte,
   S'il n'est permis que mon mal ie vous conte,
   Helas iugez si ie suis en mal-aise
   Quand vous voyant il faut que ie me taise!

L.

Vous qui sçauez l'amour que ie vous porte,
   N'estimez point ma peine estre moins forte:
   Mais puis qu'Amour nos deux ames assemble,
   C'est bien raison que nous souffrions ensemble.

D.

O vain penser! ô folle outrecuidance!
   D'auoir espoir qu'vne humaine defense
   Change deux cœurs, & forte desracine
   Vne amitié, dont l'essence est diuine.

L.

Ceste rigueur nous peut bien interdire
   Les doux propos que nous nous soulions dire,
   Et de nos sens desguiser l'apparence:

Mais sur nos cœurs ne s'estend sa puissance.
D.
Au moins, Mignonne, au lieu de la parolle,
Consolez-moy d'vn regard qui m'affolle,
Et d'vne œillade en secret élancee,
Donnez confort à ma triste pensee.
L.
Et vous, mon Cœur, vsez-en de la sorte,
Ressuscitant mon esperance morte,
Chassez ma peine, & par la douce flame
De vos regards, donnez vie à mon ame.

COMPLAINTE.

OR que ie suis absent des beaux yeux de Madame,
Or que ie vy sans cœur, sans esprit & sans ame,
Et que les plus clairs iours me sont obscures nuicts,
Afin que tout le monde estonné la revere
Iusqu'au moindre arbrisseau de ce bois solitaire,
Ie veux chanter sa gloire, & pleurer mes ennuis.
O sommets orgueilleux des montagnes cornues
Portez, portez son nom iusqu'au plus haut des nuës,
Mais il est toutesfois assez cogneu aux cieux.
Car dés l'eternité les troupes immortelles
La firent au patron des Graces les plus belles,
Afin qu'elle embellist ce monde vicieux.
Le Dieu qui dans le Ciel a fondé son empire
Ne voit par tout là haut, lors que Phebus retire
Ses chevaux du labeur, vn astre si divin:
Hardy ie l'en desfie, & ne crains qu'il y mette

DIANE, LIV. I.

Celle qu'il changea d'Ourse en luisante planette,
Et sert aux mariniers de guide en leur chemin.
Qu'on vante du Soleil la chevelure blonde,
De ce qu'elle esiouit tout l'enclos de ce monde,
Et l'enflamme au dedans de desir & d'amour:
Ie dy que ce n'est rien, si la nuict coustumiere
Empesche les effets de sa belle lumiere,
Et la moitié du temps luy desrobe le iour.
Où Madame tousiours tousiours dure en sa gloire,
Soit que le iour se monstre, ou la nuict la plus noire,
Le feu de ses beaux yeux heureusement reluit:
Elle ne disparoist pour vne obscure nuë:
Ains peut en se iouant d'vn seul trait de sa veuë
Allumer vn beau iour au plus fort de la nuict.
Quelque part qu'elle arriue il y croist des fleurettes,
Et de ses doux regards naissent les amourettes,
Qui de leurs aiguillons peuuent tout esmouuoir:
La terre sous ses pieds s'émaille de verdure,
Le ciel se plaist en elle, & louans la nature
Les mortels bien-heureux s'égayent de l'auoir.
Si tost que ie la vey si diuine & si belle,
Mon ame incontinent recogneut bien en elle
Le parfait qu'autrefois elle auoit veu aux cieux:
C'est pourquoy du depuis saintement ie l'adore
Pour la diuinité qui la fait & l'honore,
Et croy qu'en l'adorant ie fais honneur aux Dieux.
On dit que nous auons vne estoille pour guide,
Qui, forte, nous arreste, ou nous lasche la bride,
Et qui tient de nos iours le terme limité:
Mais ma deesse seule est mon astre prospere,
C'est la loy de ma vie, & ne pourroy rien faire,

AMOVRS DE

Ny ne voudrois auſſi, contre ſa volonté.
Tous les aſtres divins, qui dans le ciel ont place,
Sont nourris des vapeurs de ceſte terre baſſe,
Et de là puis apres ils cauſent nos humeurs.
C'eſt tout ainſi de moy. Car ma belle planette
Se repaiſt des ſoupirs & des pleurs que ie iette,
Puis m'inſpire au dedans tant d'ardantes chaleurs.

Et quand aucuneſois ſa clairté ſe retire
De deſſus moy, chetif, rien plus ie ne voy luire:
Vne ombre eſpeſſe & noire obſtinément me ſuit,
Mes yeux cõme aueuglez, demeurent ſans conduitte
Ie n'ay rien que triſteſſe & malheur à ma ſuitte,
Et ſi ie fais vn pas toute choſe me nuit.

Ie me pers bien ſouuent, penſant perdre ma peine,
De rocher en rocher, de fontaine en fontaine,
Cõme il plaiſt au deſtin qui me rend malheureux:
Mais ie pers ſeulement mes pas & mon eſtude.
Car parmi le ſilence & par la ſolitude
I'ay touſiours à l'oreille vn chaos amoureux.

Si ie ſuis par les champs ie reçoy faſcherie,
Si ie ſuis par les prez ie huy l'herbe fleurie,
Si ie ſuis dans vn bois ie n'y puis demeurer.
Car ſa belle verdeur accroiſt ma doleance,
Et vay diſant, Le verd eſt couleur d'Eſperance,
Mais loin de mon eſpoir que ſçaurois-ie eſperer?

En hyuer que ie voy les montagnes deſertes,
Blanchiſſantes par tout & de neiges couuertes.
Ie ſouſtiens que Madame ha le teint tout parei
Mais helas que mon ſort à la neige eſt contrair
Car la neige ſe fond quand le Soleil éclaire,
Et ie me fonds ſi toſt que ie pers mon Soleil.

Quand ie voy les torrens qui des roches déscendent,
  Et d'vn cours furieux en fuyant se répandent,
  Ils me font souuenir de mes pleurs abondans,
  Et dis en soupirant: Toutes ces eaux ensemble,
  Ny tout ce que la mer de riuieres assemble,
  N'éteindroyent pas le feu qui m'embrase au dedans.
I'ay mille autres pensers, & mille & mille & mille,
  Qui font qu'incessamment mon esprit se distile.
  Mais cesse, ô ma chanson, vainement tu pretens:
  Conte plustost la nuict les troupes estoilees,
  Le grauier & les flots des campagnes salees,
  Les fruitages d'Automne, & les fleurs du Printemps.

CHANT D'AMOVR.

Vis que ie suis espris d'vne beauté diuine:
  Puis qu'vn Amour celeste est roy de ma
    poitrine,
  Puis que rien de mortel ie ne veux plus
  Il faut à ma Diane eriger ce trofee,   (sonner,
  Et faut qu'à ce grãd Dieu, qui m'a l'ame eschaufee,
  Ie consacre les vers que ie veux entonner.
Escriuant de l'Amour, Amour guide ma plume:
  En parlant de Beauté, la beauté qui m'allume
  Vienne seule à ce coup mon courage esmouuoir:
  De deux grand's deïtez la faueur ie desire,
  Aussi les deïtez qu'en ces vers ie veux dire,
  N'ont rien qui soit egal à leur diuin pouuoir. (ble,
C'est vn grand Dieu qu'Amour, il n'a point de sembla-
  De luy mesme parfait, à luy-mesme admirable,
  Sage, bon, cognoissant, & le premier des dieux:
  Sa puissance inuincible en tous lieux est cognuë.

Son feu prompt & subtil, qui transperce la nuë,
Brusle enfer, la marine, & la terre & les cieux:
S'c'est vn dieu puissant, la Beauté n'est moins grande,
La Beauté comme Amour en la terre commande,
Son pouuoir regne au ciel sur la diuinité,
L'homme s'en esmerueille, & l'angelique essence
Se rauit bien-heureuse en voyant sa presence:
Aussi l'Amour n'est rien qu'vn desir de Beauté.
Durant le grand debat de la masse premiere,
Que l'air, la mer, la terre, & la belle lumiere,
Meslez confusément faisoyent vn pesant corps:
Amour qui fut marry de leur longue querelle,
De la matiere lourde en bastit vne belle,
Rangeant les elemens en paisibles accords.
D'vne chose sans forme il en fit vne ronde,
Que pour son ornement on appelle le Monde,
Entretenu d'Amour, dont il est tout rempli,
Car cet Amour tousiours par la Beauté l'attire,
Et suiuant la Beauté belle forme il desire:
Voila comme l'Amour rend le Monde accompli.
S'il a formé le monde il luy donne duree,
Et rend par bonne paix sa matiere asseuree,
En discordans accords toute chose vnissant.
Tout ce qui vit icy recognoist sa puissance:
Car en entretenant ce qui est en essence,
Fait que ce qui ha fin n'est iamais finissant.
En la grandeur des cieux, en l'air, & en la terre,
Et en toutes les eaux que l'Ocean enserre,
Il ne se trouue rien qui n'en soit agité.
Le poisson au printemps le sent dessous les ondes,
Les Ours & les Lyons aux cauernes profondes,
Et l'oi-

Et l'oiseau mieux volant n'a son trait cuité.
Les plus lourds animaux parmi les gras herbages,
Sentans cest aiguillon qui leur poind les courages,
Bondissent, furieux, pleins d'amoureux desir:
Le Toreau suit la Vache à travers les montagnes,
Le Cheual la Iument par bois & par campagnes,
Conseruans leur espece auec heureux plaisir.
Iupiter par luymesme ayant l'ame enflammee
Coule dedans le sein de son espouse aimee,
Ioyeuse de sentir vn tel embrassement:
Dont grosse puis apres orgueilleuse elle enfante
Cent mille & mille fleurs qu'elle nous represente,
Resiouissant nos yeux de son riche ornement.
C'est donc, Amour, par toy que les bois reuerdissent,
C'est par toy que les blez és campagnes iaunissent,
C'est par toy que les prez se bigarrent de fleurs,
Par toy le doux Printemps suiui de la Ieunesse,
De Flore & de Zephyre, estalle sa richesse,
Peinte diuersement de cent mille couleurs.
Nos ancestres grossiers qui vinoyent aux bocages,
Hideux, velus & nus comme bestes sauuages,
Errans deçà delà sans police & sans loix,
Se sont par ton moyen assemblez dans les villes,
Ont policé leurs mœurs par coustumes ciuiles,
Ont fait les deitez, puis ont eleu des Rois.
Les lettres & les arts te doiuent leur naissance,
Tu nous as fait aimer la coulante Eloquence,
La haute Astrologie, & la Iustice aussi:
Mesme encor à present l'accord de la Musique,
En te recognoissant, est tout melancholique,
S'il ne plaint la rigueur de ton poignant souci.

G

AMOVRS DE

Tout rit par où tu passe, & ta veuë amoureuse
  Qui brusle doucement, rend toute chose heureuse:
  La Grace quand tu marche est tousiours au deuant,
  La Volupté mignarde en chantant t'enuironne,
  Et le Soing deuorant qui les hommes tallonne,
  Quand il te sent venir s'enfuit comme le vent.
Par toy le Laboureur en sa loge champestre,
  Par toy le Bergerot menant ses brebis paistre,
  Se plaist en sa fortune & benit ton pouuoir:
  Et d'vne vilanelle en chantant il essaye
  D'amollir Galatee, & de guarir sa playe,
  Moderant la chaleur qui le fait émouuoir.
Les Rois par ta douceur animez d'allegresse,
  Donnent quelquefois tresue au souci qui les presse:
  Des graues magistrats les pensers tu desfais,
  Tu te prens, courageux, aux plus rudes gendarmes,
  Et souuent au milieu des combats & des armes
  Tu chasses la querelle & nous donnes la paix.
Bien que tu sois premier de la bande celeste
  En aage & en pouuoir, tu as pourtant le geste
  D'vn enfant delicat, gracieux & seant:
  Tu es plaisant & beau, tu as le corps agile,
  Prompt, allegre & dispost, à se courber facile,
  Subtil, gaillard, volage, & tousiours remuant.
Tu delectes les bons, tu contentes les sages,
  Tu bannis, valeureux, les frayeurs des courages,
  Rendant l'homme craintif, hautain & genereux,
  Tu es le seul autheur de toute courtoisie,
  Et sans toy ne peut rien la douce poësie:
  Car vn parfait Poëte est tousiours amoureux.
O Dieu puissant & bon, seul suiet de ma Lyre,

Si iamais que de toy ie n'ay rien voulu dire,
Et si ton feu divin m'a tousiours allumé,
Donne moy pour loyer qu'vn iour ie puisse faire
Vn œuure à ta loüange esloigné du vulgaire,
Et qui ne suiue point le trac accoustumé.
Purge moy tout par tout, le cœur, l'esprit & l'ame,
Et m'eschauffe si bien de ta diuine flame
Que ie puisse monstrer ce que ie vay suiuant:
Et que l'Amour ailé qui iusqu'au ciel me porte
Apres la Beauté sainte, est bien d'vne autre sorte
Que l'aueugle appetit qui nous va decenant.

PROCEZ CONTRE AMOVR
AV SIEGE DE LA RAISON.

Chargé du desespoir qui trouble ma pensée,
Entre mille douleurs, dont mon ame est pressée
Par la rigueur d'Amour dãs sa dure prison,
Vn iour ne pouuant plus supporter ses allarmes,
Ayant l'œil & le cœur gros d'ennuis & de larmes,
Ie le fey conuenir au siege de Raison:
Là ie me presentay si changé de visage,
Que s'il n'eust eu le cœur d'vne fere sauuage
Ie pouuoy l'émouuoir & le rendre adouci:
Puis confus & tremblant auec la contenance
D'vn pauure criminel prest d'oüir sa sentense,
Parlant à la Raison ie me suis plaint ainsi.
ROYNE, qui tiens en nous la diuine partie
Qui nous rameine au Ciel, lieu dont tu es sortie,

A toy de ce Cruel i'oze me lamanter
Afin qu'ayant ouy quelle est sa tyrannie,
Et comme estrangement ses sugets il manie,
Par ton iuste support ie m'en puisse exanter.

 Sur l'Auril gracieux de ma tendre ieunesse
Que i'ignorois encor que c'estoit de tristesse,
Et que mon pié volloit quand & ma volonté,
Ce trompeur que tu vois, ialoux de ma franchise,
Masquant de deux beaux yeux sa cruelle entreprise,
Auec vn doux accueil deceut ma liberté.

 Mais qui se fust gardé de se laisser surprendre,
Et qui de son bon gré ne se fust venu rendre
Voyant au cques luy tant de douces beautez?
Qui ne se fust promis vn bien-heureux voyage
Ayant la mer paisible, estant pres du riuage,
Et les petits Zephyrs soufflans de tous costez?

 Il se monstroit à moy sur tout autre aimable,
Il ne me faisoit voir qu'vn Printemps desirable,
Son visage estoit doux, doux estoyent ses propos,
Et l'œil qui receloit tous les traits de sa trousse
Me perça l'estomach d'vne façon si douce
Que i'estimoy ma peine vn desiré repos.

 Mais il ne dura guere en ceste douce sorte:
Car si tost que mon cœur luy eut ouuert la porte,
Et que mes sens craintifs eurent receu sa loy,
Il despouilla soudain sa feinte couuerture,
M'enseignant mon erreur d'auoir fait ouuerture
Ainsi legierement à plus puissant que moy.

 Il troubla mon esprit d'vne guerre immortelle,
Il esmeut mes pensers, il les mit en querelle,
Et fist pour me laisser en eternel tourment

De mon cœur son fourneau ses charbons de mes veines,
Mes poulmons ses soufflets, de mes yeux ses fontaines,
Qui sans iamais tarir coulent incessamment.
   Il bannit mes plaisirs & leur donna la fuitte,
Dont le libre repos que i'auois à ma suitte
M'abandonna soudain de frayeur tout surpris:
Le trauail print sa place, & la tristesse extréme,
Les veilles, les soucis, le mespris de soymesme,
Qui ne m'ont point laissé depuis que ie fu pris.
   Ie quittay tout soudain ce qui me souloit plaire,
Ma façon se changea, ie deuins solitaire,
Ie portay bas les yeux, le visage & le front:
I'entretins mon desir d'vne esperance vaine,
Ie discours tout seul, & moymesme pris peine
De nourrir les douleurs que deux beaux yeux me font.
   Ie mouru dedans moy pensant trouuer ma vie
Au cœur de la beauté qui me l'auoit rauie:
Mais depuis ie n'ay peu, dont i'ay souffert la mort.
Et si ie semble vif, las! ne t'en émerueille,
Le tyran fait en moy ceste estrange merueille,
Pour monstrer clairement qu'il est puissant & fort.
   Il me fait voir assez d'autres faits admirables,
Rentamant sans cesser mes playes incurables,
Bruslant mon triste cœur sans qu'il soit consommé,
Me donnant pour repas le venin qui me tue,
Et faisant que mon feu dedans l'eau continue
Sans que pour tant de pleurs il soit moins allumé.
   Il croist de iour en iour sans espoir mon martyre,
Il me fait voller haut sur des ailes de cire,
Puis me fait trebuscher quand ie vay m'eleuant,
Il me rend si pensif que ie me trouue estrange,

C iij

Et fait que ma couleur en plus palle se change,
Seiche comme la fleur qui a senty le vent.

Helas ie change assez de teint, & de risage,
Mais ie ne puis changer cest obstiné courage
Qui me rend pour aimer tristement esperdu!
L'amoureuse poison tous mes sens ensorcelle,
Et ce que i'ay du ciel que mon esprit recelle,
Est en pleurs & en cris pauurement despendus.

Soit de iour, soit de nuict iamais ie ne repose,
Ie ronge mon esprit, ie resue, ie compose,
I'enfante des pensers qui me vont deuorant.
Quand le iour se depart la clairté ie desire,
Ie souhaitte la nuict lors qu'elle se retire.
Puis attendant le iour ie languis en mourant.

Dés que l'Aube apparoist ie me pers aux valees,
Et dans le plus espais des forests recelees,
Pour sans estre entendu plaindre ma passion,
I'emeus l'air & le ciel de ma douleur profonde:
Et bref en me lassant ie lasse tout le monde,
Sans que cest inhumain en ait compassion.

En ce lieu ie mey fin à mon triste langage:
Car mille gros soupirs qui gardoyent le passage
Par où couloit ma voix, l'empeschoyent de sortir:
Puis ie fremissoy tout de voir mon aduersaire,
Qui trepignoit des piés, qui boüilloit de colere,
Me menaçant tout bas d'vn tardif repentir.

Raison, disoit Amour, enten l'autre partie,
Et ne conclu deuant qu'estre bien aduertie:
Il faut balancer tout pour iuger droitement.
Doncques sans t'émouuoir de complaintes si vaines,
Ecoute entierement l'histoire de ses paines,

Et voy que cest ingrat m'accuse iniustement.
　　Ingrat est-il vrayment, & sans recognoissance,
De me rendre à present si pauure recompense
Pour cent mille biens-faicts qu'il a receus de moy.
I'ay purgé son esprit par ma diuine flame,
L'enleuant iusqu'au ciel, & remplissant son ame
D'amour, de beaux desirs, de constance & de foy.
　　I'ay forcé son desir trop ieune & volontaire,
Qui suit le plus souuent ce qui luy est contraire,
Et contre son vouloir ie l'ay favorisé :
D'vn de mes plus beaux traits i'ay son ame entamee,
I'ay fait luire en cent lieux sa viue renommee,
Et des meilleurs esprits ie l'ay rendu prisé.
　　Ie l'ay fait ennemy du tumulte des villes,
Ie l'ay purifié de passions seruiles,
Compagnon de ces Dieux qui sont parmi les bois :
I'ay chassé loing de luy l'ardente Conuoitise,
L'Orgueil, l'Ambition, l'Enuie, & la Feintise,
Cruels bourreaux de ceux qui font la cour aux Rois.
　　I'ay fait par ses escrits admirer sa ieunesse,
I'ay reueillé ses sens engourdis de paresse,
Hautain & genereux ie l'ay fait deuenir :
Ie l'ay separé loing des sentiers du vulgaire,
Et luy ay enseigné ce qu'il luy falloit faire,
Pour du mont de Vertu seurement paruenir.
　　Ie luy ay fait dresser & la veuë & les ailes
Au bienheureux seiour des choses immortelles,
Ie l'ay tenu captif pour le rendre plus franc.
　　Or si quelque douleur luy a liuré la guerre,
Hé qui sans passion pourroit viure sur terre
Ayant des os, des nerfs, des poulmons, & du sang ?

C iiij

L'inuincible Thebain nompareil en proüesse,
Le preux fils de Thetis lumiere de la Grece,
Aiax, Agamemnon peuuent mieux se douloir:
Car ie les ay rendus serfs de leurs prisonnieres,
Et leur ay fait aimer de simples chambrieres,
Rabaissant leur orgueil par mon diuin pouuoir.

Où cestuy, qui se plaint de sa peine cruelle,
Ie le tiens sous le ioug d'vne deité telle,
Qu'il se doit estimer entre tous bien-heureux.
Car de si grand' beauté son amour i'ay fait naistre,
Que moy qui suis des dieux & des hommes le maistre,
I'atteste mon pouuoir que i'en suis amoureux.

Pense vn petit, Raison, aux thresors desirables,
Graces, beautez, douceurs, & clartez admirables
Que tu as veu là haut au cabinet des Cieux:
Ie ne sçay quoy de plus qui ne se peut bien dire,
Reluit dedans ses yeux où ie tiens mon empire:
Car ie n'ay peu choisir siege plus precieux.

Or de ces yeux diuins naist sa peine obstinee,
Dans eux sa liberté demeure emprisonnee,
D'eux viennent les tourmens si fascheux à sintir.
Si c'est vne prison, prisonniere est mon ame:
Car ie fay ma demeure aux beaux yeux de sa Dame,
Et si n'ay pas vouloir de iamais en sortir.

Voyla de ses pensers la grand' troupe mutine,
Voyla les chauds soupirs qui bruslent sa poitrine,
Voyla l'ardant fourneau dont il est consommé,
C'est de son triste cœur le sanglant sacrifice.
,, Mais qui à l'homme ingrat fait quelque benefice,
,, Recueille mauuais fruict de ce qu'il a semé.

Ainsi parloit Amour auec grand' violence:

DIANE, LIV. I.

Puis nous teusmes tous deux, attendant la sentence
De Raison, qui vers nous son regard adressa.
VOSTRE debat (dit-elle) est de chose si grande,
Que pour le bien iuger plus long terme il demande,
Et finis ces propos en riant nous laissa.

COMPLAINTE.

Depuis l'aube du iour ie n'ay point eu de cesse
De pleurer, de crier, & de me tourmenter,
Maudissant l'inhumain qui iamais ne me
laisse.
Et semble que mon mal serue à le contenter.
Helas! ie n'en sens point mon ame estre allegee:
Les pleurs ne rendent point mon cœur plus deschargé:
Ma fureur par despit s'en fait plus enragee,
Et plus cruel l'amour dans mon sang hebergé.
Le iour s'est retiré, voicy la nuict venuë,
Qui soulage les cœurs des hommes trauaillez:
Mais plus fiere tousiours ma douleur continuë,
Et vainqueurs du sommeil mes maux sont esueillez.
Si i'ay souffert le iour quelque angoisse pressante,
Quelque ialoux penser en fureur conuerty,
La nuict propre aux soucis fait que mieux ie les sente,
N'estant plus mon esprit des obiets diuerty.
Le iour ne m'est pas iour puis que ie ne voy chose
Qui me donne liesse & me face esperer:
La nuict ne m'est pas nuict puis que ie ne repose,
Et que ie sens la nuict ma douleur s'empirer.
Ah Dieu, que de pensers tournent dedans ma teste!
Que i'en voy sans repos voller deuant mes yeux!
Que ie suis agité d'orage & de tempeste,

Et si ie ne voy rien qui me promette mieux!
　I'auois eu d'autresfois la poitrine allumee
Des bluettes qu'Amour lance au commencement:
Mais helas! ce n'estoit qu'vne simple fumee
Aupres du feu couuert qui me va consumant.
Car ce faux enchanteur pour nous donner courage
Et nous rendre des siens, se monstre gracieux:
Puis si tost qu'il nous tient il change de visage,
Et s'il faisoit le doux il fait l'audacieux.
　Comme le simple oiseau qui ne se peut defendre
De la douceur du chant dont il est abusé:
Et comme le poisson trop goulu se va prendre,
Voulant prendre l'appast du Pescheur plus rusé,
Ainsi ie me suis pris dans l'embusche traistresse
Qu'Amour auoit tenduë afin de m'attraper,
L'amorçant des regars d'vne belle Deesse,
Dont le plus grand des Dieux n'eust sçeu libre eschaper.
　Si tost que ie la vey mon ame en fut esmeuë,
Et ma pauure Raison soudain m'abandonna:
Mille petits esprits qui sortoyent de sa veuë,
Passerent par mes yeux dont mon cœur s'estonna,
Et vey tant de beautez, que sans faire defense
Vaincu ie me rendi, ne pouuant mesurer
Comme ie me perdois, & que pour ma souffrance
Ie ne trouueroy rien qui me fist esperer.
　Las que depuis ce temps i'ay supporté de peine!
Que i'ay perdu de iours, que i'ay veillé de nuicts,
Poursuiui sans cesser d'vne rage inhumaine,
Qui de la fin d'vn mal fait naistre mille ennuis!
Sa rigueur toutesfois me seroit agreable
Si i'auoy quelque espoir d'alleger ma douleur:

,, Mais c'est vn trop grand mal de languir miserable,
,, Et n'esperer ny paix ny trefue à son malheur.
   Si la fleche d'Amour dont mon ame est blessee,
Ne m'eust touché qu'vn bras, ie l'eusse separé,
I'eusse coupé d'vn coup la partie offensee
Pour finir le tourment trop long temps enduré :
Mais las! ceste poison tout par tout espanduë
M'enuenime le sang, l'ame & l'entendement,
Mon cœur en est saisi. C'est donc peine perduë
D'esperer que le temps m'y trouue allegement.
   Ce qui plus me tourmente, & qui croist mon mal-
     aise,
C'est qu'encor en souffrant tant d'aspres passions,
(O cruauté du ciel!) il faut que ie me taise,
Et feigne vne liesse en mes afflictions.
Car durant mes trauaux ie prendroy patience,
Et me tiendrois heureux de beaucoup endurer,
Si celle que ie sers en auoit cognoissance :
Et si ie luy pouuoy librement declarer.
   Ma Diane mon cœur, ma lumiere, & mon ame,
Clef de tous mes pensers, source de mon souci,
Helas! sentez vous point que ma cuisante flame
S'allume de vos yeux & s'en nourrist aussi?
Ils font que mon ardeur tousiours viue demeure:
Ils font que mes desirs ne sont iamais lassez,
Et feront que bien tost il faudra que ie meure,
Bien-heureux toutesfois si vous le cognoissez.

COMPLAINTE.

LAS! ie me meurs en presence de celle
   Qui en est cause, & si ne le sçait pas:
   Et ce qui m'est plus grief que le trespas,
   Il faut (ô Dieux) que mon mal ie luy cele!
Elle s'enquiert de mon cruel martyre,
   En me voyant si prochain de la mort:
   Mais i'aime mieux mourir sans reconfort,
   Qu'ouurir la bouche & ma douleur luy dire.
Las! ie pensoy pource qu'elle est diuine,
   Que mes ennuis luy seroyent euidens:
   Et que son œil penetrant au dedans,
   En peust soudain découurir l'origine.
Vn feu couuert me deuore & saccage,
   Il cuit mon sang, il dessseche mes os:
   Las ie le cache & le veux tenir clos,
   Mais sa fureur me paroist au visage!
Il n'y a point de gesnes si cruelles,
   De feux si chauds, ny de si durs tourmens
   Dans les Enfers pleins de gemissemens
   Pour tourmenter les ames criminelles.
S'il est permis aux Enfers de se plaindre
   En endurant les tourmens rigoureux,
   Esprits damnez, vous estes bien-heureux,
   Vous ne sçauriez à ma douleur attaindre.
O cieux cruels si i'auoy fait offense
   Osant aimer vne diuinité,
   Auois-ie bien tant de mal merité?
   Las i'en reçoy trop dure penitence!
O durs rochers, ô deserts solitaires,

Qu'on me pardonne, & vous riues & bois,
De ce qu'encor' ainsi que ie soulois
De mes ennuis ne vous fais secretaires!
Ma passion est d'vne telle sorte,
 Qu'en la souffrant ie crains de soupirer:
 Sans me douloir il me faut endurer,
 Ma peine est viue & ma parolle est morte.
Aussi l'espoir où ie me veux attendre,
 C'est que le feu dans mon sang allumé
 En peu de iours me rendra consumé,
 Et que mon corps sera reduit en cendre.
Mais il est temps de finir ma complainte:
 Car i'auroy peur qu'en faisant ces regrets,
 Mon triste Lut entendist mes secrets,
 Où me plaignant de moymesme i'ay crainte.

COMPLAINTE.

IE veux maudire Amour, Dieu de sang & de flame,
 Et le Ciel contre luy par contrainte esmouuoir,
Outré des passions qui trauersent mon ame,
Depuis qu'elle est reduitte aux fers de son pouuoir:
Son pouuoir! qu'ay-ie dict? helas i'ay faict offense!
C'est le vostre, Diane, auquel ie suis soumis,
Et ne recognoy plus Amour n'y sa puissance
Puis que ie voy qu'Amour est de vos ennemis.

 Vostre œil seul me commande, & mon cœur tributaire
Ne connoist autre amour, autre empire, autre loy:
Ie supporte ce ioug comme vn mal necessaire,
Et plus i'en suis contraint plus s'augmente ma foy:

Pour tant d'assauts diuers, dont mon ame oppressee
S'est veuë en vous seruant sans pitié recharger,
Iamais ie ne changeay ceste ferme pensee:
La mort mesme & le temps ne la pourroyent changer.

Ie ne déguise point, mon cœur n'est point volage,
Vous sçauez la grandeur de ma fidelité:
Les rayons de vostre œil passent dans mon courage:
Puis on ne peut tromper vne diuinité.

Si donc vous le sçauez, & qu'ayez cognoissance
Que ie n'espere rien pour ma ferme amitié,
Aumoins faites semblant pour toute recompense
Que vous plaignez ma peine & qu'en auez pitié.

Las ie sçay que le mal dont mon ame est saisie
Vient de m'estre à vos yeux follement hazardé,
I'en ay perdu la veuë ainsi que Tiresie:
Le decret de Saturne est pour moy trop gardé.

Toutesfois ie ne puis, ny ne veux me distraire
De ces flambeaux diuins, mon aimable tourment,
Et me plais de languir en si belle misere,
Trouuant au malheur mesme vn vray contentement.

Vous pouuez bien iuger mon amour estre extréme,
Puis que le desespoir ne la peut offenser:
Et que pour vous aimer ie fay guerre à moy-méme,
Secondé seulement de mon triste penser.

Celuy qui bien aimant d'espoir se reconforte,
Ne se peut dire aimer s'il m'est accomparé:
Veu que sans reconfort ma douleur ie supporte,
Et que ie suis constant estant desesperé.

Les herbes que l'on voit au Printemps desirable,
Ont leurs effets diuers & leur proprieté:
Et de tant d'animaux l'vn est doux & traitable,

L'autre se bagne au sang & à la cruauté.
Or la propriété que le ciel m'a donnee,
C'est d'adorer vos yeux, leur faueur poursuiuant:
Et la vostre au contraire est de m'estre obstinee
Et croistre en cruautez, mieux i'iray vous seruant.

 De vous donc ie ne puis iustement me complaindre,
Mais du ciel inhumain & du malheureux sort,
Qui iusqu'à vn tel poinct m'ont bien voulu côtraindre,
Qu'aimant vos yeux diuins ie dois aimer ma mort.
Vrayment ie l'aime aussi. Car prompt & volontaire
Voire auecque plaisir, ie volle à mon trespas,
Et lors que la Raison me remonstre au contraire
Et m'en veut retirer, ie ne l'escoute pas.

 Si croy-ie aucunefois qu'il est bon que i'euite,
Pour adoucir mon mal, le feu de vos beaux yeux:
Ie le fay, mais en vain. Car rien ne me profite,
Et pour vous esloigner ie ne m'en trouue mieux.
Le Cerf qui sent d'vn trait sa poitrine entamee,
Esloignant le Chasseur n'amoindrit sa douleur:
Aussi pour vous fuir, l'ardeur trop allumee
Qui fait boüillir mon sang, n'a pas moins de chaleur.

 Si donc ie ne voy rien qui me soit secourable,
Que ne fais-ie dessein de mourir malheureux,
Sans espoir que le ciel quelque iour fauorable
Change en benin aspect mon astre rigoureux?
Voila tout le loyer où il faut que i'aspire,
Pour auoir si long temps serui fidellement:
Toutesfois c'est loyer, quoy que lon vueille dire.
Car il meurt bien-heureux qui meurt en bien aimant.

AMOVRS DE CHANSON.

L'Amour qui loge en ma poitrine,
Qui mes sens diuise & mutine,
Et bande mon cœur contre moy,
Le traistre est de l'intelligence,
De ceux qui reuoltent la France,
Ennemis de leur ieune Roy.
Comme eux il est grand en cautelle,
Il dresse vne guerre immortelle
A moy qui l'ay si bien receu:
Et d'vne couuerte feintise
Toutes ses façons il déguise,
C'est ainsi comme il m'a deceu.
Il m'a faict changer de pensee,
I'ay ma foy premiere laissee,
Et la loy des bons peres vieux:
Or' pour toute deité sainte
I'adore en honneur & en crainte
La belle clairté de vos yeux.
Les mutins saccagent les villes,
Et par leurs discordes ciuiles,
Comblent tout de sang & de feu:
Et ce Dieu de mauuais courage
Ma riche liberté saccage,
Et bruste mon cœur peu à peu.
Comme il luy plaist il me transporte,
Et me rend esmeu de la sorte
De ces gens, qui trop follement
Enyurez d'vne erreur nouuelle,
Ne craignent point la mort cruelle,

DIANE, LIV. I.

Ny le plus rigoureux tourment.
Comme eux ie suis troublé de rage,
 Comme eux ie cause mon dommage
 Pour plaire à mon opinion:
Comme eux mon mal mesme i'ordonne,
 Et pour vous ie me passionne,
 Comme eux pour leur religion.
L'vn d'eux des honneurs se propose,
 L'vn des biens, l'autre plus grand'chose,
 L'autre vn paradis bien-heureux:
Les biens, les honneurs, & l'empire,
 Et le paradis où i'aspire,
 C'est d'estre tousiours amoureux.

CHANSON.

Helas que me faut il faire,
 Pour adoucir la rigueur
D'vn tyran, d'vn aduersaire,
 Qui tient fort dedans mon cueur?
Il me brusle, il me saccage,
 Il me perce en mille pars,
Et puis me donne au pillage
 De mille outrageux soldars.
L'vn se loge en ma poitrine,
 L'autre me succe le sang:
Et l'autre qui se mutine,
 De traits me pique le flanc.
L'vn a ma raison troublee,
 L'autre a volé mes esprits,
Laissant mon ame comblee,
 De feux, d'horreur, & de cris.

Tous les moyens que i'essaye,
 Au lieu de me profiter
 Ne font qu'enaigrir ma playe,
 Et ces cruels irriter.
En vain ie respan des larmes
 Pour les penser esmouuoir:
 Et n'y puis venir par armes,
 Car ils ont trop de pouuoir.
Puis ils ont intelligence
 A mon cœur qui s'est rendu:
 Cil où i'auoy ma fiance
 M'a vilainement vendu.
Mais ce qui me reconforte
 En ce douloureux esmay,
 C'est que le mal que ie porte,
 Luy est commun comme à moy.

CHANSON.

Quand ie pense aux plaisirs qu'on reçoit en aimant,
Et que le feu d'Amour est vne viue fla-
 me   (l'ame,
Qui fait mouuoir l'esprit & qui reueille
Rien ne me plaist si fort que l'estat d'vn amant.
Mais quand ie voy qu'Amour ses suiets tyrannise,
 Qu'il les tiét prisonniers, qu'il les paist de douleurs,
 Quãd i'oy tãt de regrets, quãd ie voy tant de pleurs,
 I'estime bien-heureux qui garde sa franchise.
O Dieu! que de douceur de croire asseurément
 Que l'vnique beauté qui nostre ame a rauie,
 Aupres de nostre amour n'estime rien sa vie,

Lors il n'est rien si doux que l'estat d'vn amant.
Mais si l'on trouue apres que c'est toute feintise,
Et que son cœur vollage ailleurs est departi,
Tout ce premier plaisir en rage est conuerti:
Il est donc bien-heureux qui garde sa franchise,
C'est pourtant vn grand heur que d'aimer hautement.
Car vn esprit diuin tend aux choses hautaines,
Puis mille beaux pensers adoucissent les peines:
Il n'est donc rien si doux que l'estat d'vn amant.
Ouy, mais le grand peril suit la grand' entreprise:
Et qui monte bien haut, peut bien bas trebuscher:
Et puis en se bruslant il faut son feu cacher:
Il est donc bien-heureux qui garde sa franchise.
Celuy qui tout raui contemple incessamment
La royne de son cœur, que le Ciel a fait telle
Qu'il y trouue tousiours quelque beauté nouuelle,
N'estime rien plus doux que l'estat d'vn amant.
Mais quand il voit apres que la belle se prise,
Ou qu'elle est fantastique & se plaist à changer,
Il maudit la fureur qui le fait enrager,
Et nomme bien-heureux qui garde sa franchise.
Si est-ce vn grand plaisir apres vn long tourment
D'adoucir à la fin la rigueur de sa Dame,
Baiser son frõt, sa bouche, & ses yeux pleins de flame:
Non, il n'est rien si doux que l'estat d'vn amant.
Mais si durant le temps qu'elle nous fauorise
Vn rigoureux depart nous force à la laisser,
Quelle extreme douleur peut la nostre passer?
Il est donc bien-heureux qui garde sa franchise.
Encor on se contente en cet esloignement:
Car l'esprit s'entretient de douces souuenances,

On pense à la reuoir, on se paist d'esperances:
Il n'est donc rien si doux que l'estat d'vn amant.
Mais apres le retour trouuer sa place prise,
　Luy voir le cœur changé, n'estre plus recognu,
　Et se voir delaisser pour vn nouueau venu,
　Est-il pas plus heureux qui garde sa franchise?
Vous qui goustez d'Amour le doux contentement,
　Chantez qu'il n'est rien tel que l'estat d'vn amant:
Vous qui la Liberté pour Deesse auez prise,
　Chantez qu'il n'est rien tel que garder sa franchise.

CONTR'AMOVR.

LE malheureux Amour, ce tyran plein de rage,
　Qui s'est faict si long temps Seigneur de mon courage,
　Qui m'a troublé les sens, qui m'a fait égarer
Qui rebaignoit sa plume aux ruisseaux de mes larmes,
Est contraint, tout confus, de me quitter les armes,
　Et chercher autre nyd propre à se retirer.
Ma Raison s'est renduë à la fin la maistresse,
　Et pour ne faire voir ma faute, & la finesse
De ce traistre enchanteur m'a debandé les yeux:
Ce qui fait qu'à par moy ie rougisse de honte,
Voyant vn petit nain, dont i'ay tant faict de conte,
Et que i'ay reueré comme vn des plus grands Dieux.
Ie cognoy mon erreur, ie cognoy la folie,
　Qui profonde a tenu mon ame enseuelie,
　Ie cognoy les flambeaux dont ie fus embrasé,
　Ie cognoy le venin qui troubla ma pensee,
　Et regrette en pleurant ma ieunesse passee,

DIANE, LIV. I.

Maudissant le pipeur qui m'a tant abusé.
Que mon cœur, que ma voix, que mon esprit se change
Au lieu de tant d'esprits sacrez, à sa loüange,
Ce pendant qu'un chaud mal me rendoit insensé:
Que mon vers desormais deteste sa puissance,
Afin que pour le moins chacun ait cognoissance
Que ie n'ay pas grand peur qu'il en soit offensé.
Amour tyran cruel, monarque de martyre,
La seule occasion qui fait que l'on soupire,
Oracle de mensonge, ennemi de pitié,
Large chemin d'erreur, barque mal-asseuree,
Temple de trahison, foy de nulle duree,
Bref en tous tes effets contraire à l'amitié.
Amour, Roy des sanglots, prison cruelle & dure,
Meurtrier de tout repos, monstre de la Nature,
Breuuage empoisonné, serpent couuert de fleurs,
Sophiste iniurieux, artisan de malice,
Passagere fureur, exemple de tout vice,
Plaisir meslé d'ennuis, de regrets, & de pleurs.
Amour, que dis-ie Amour? mais inimitié forte,
Appetit desreiglé, qui les hommes transporte,
Racine de malheur, source de desplaisir,
Labyrinthe subtil, passion furieuse,
Nid de deception, peste contagieuse,
Entretenu d'espoir, de crainte & de desir.
Si tost que nostre esprit s'abandonne à te suiure,
Helas! presqu'aussi tost nous delaissons de viure:
Nous mourons sans mourir, nous perdons la raison,
Nous changeons à l'instant nostre forme premiere:
Nos yeux chargez d'erreur sont priuez de lumiere,
Et n'auons pour logis qu'vne obscure prison.

Tu romps l'heur de la vie auec mille trauerses,
   Tu rechanges nos cœurs de cent sortes diuerses,
   Bouillans & refroidis, craintifs & genereux:
   Or' nous vollons au ciel sans partir de la terre,
   Or' nous auons la paix, or' nous auons la guerre,
   Et n'auons rien de seur que d'estre malheureux.
S'il aduient quelquefois que parmy nos destresses
   Tu mesles finement quelques faulses liesses,
   Ce n'est pas que tu vueille' alors nous contenter,
   Ce n'est pas q̃ nos pleurs plus doux t'ayẽt peu rẽdre:
   Mais à fin que la peine en nous venant reprendre
   Nous soit plus difficile & forte à supporter.
Tout ce qu'on peut apprendre en tes vaines escoles,
   Ce sont des trahisons, des feintes, des paroles,
   Escrire dessus l'onde, errer sans iugement,
   Suiure en la nuict trompeuse vne idole fuytiue,
   Faire guerre à son ame & la rendre captiue,
   Et pour se retrouuer se perdre follement.
Les fruicts qu'on en reçoit pour toûte recompense,
   C'est d'vn long temps perdu la vaine repentence
   Vn regret deuorant, vn ennuyeux mespris:
   Helas! i'en puis parler, ie sçay comme on s'en treuue,
   I'en ay fait à ma honte vne trop longue espreuue,
   Honte, le seul loyer des trauaux que i'ay pris.
Ie ne me puis tenir de remettre en memoire
   Le temps que cest aueugle, enemi de ma gloire,
   Possedoit mon esprit yure de son erreur:
   Et pensant à mes faicts & à ma frenaisie
   Presque il ne peut entrer dedans ma fantasie
   Que i'aye esté troublé d'vne telle fureur,
Ores i'estoy craintif, ores plein d'asseurance:

D'IANE, LIV. I.

Ores i'estoy constant, ore plein d'inconstance:
Ores i'estoy contant, or' plein de passions:
Or' ie desesperoy d'vne chose asseuree,
Puis ie me tenoy seur d'vne desesperee,
Peignant en mon cerueau mille conceptions.
Quantesfois par les prez, les bois, & les riuages
Ay-ie conté ma peine aux animaux sauuages,
Comme s'ils eussent peu mes douleurs secourir!
Les antres pleins d'effroy, les rochers solitaires,
Les deserts separez, estoyent mes secretaires,
Et leur contant mon mal ie pensoy me guarir.
Quantesfois plus ioyeux ay-ie allegé ma peine
Me laissât endormir d'vne esperance vaine,
Qui s'enuollant en songe augmentoit mon tourment?
Combien de mes deux yeux ay-ie versé de pluye?
Et combien de bon cœur ay-ie maudit ma vie
Me forgeant sans raison vn mescontentement?
Celuy qui veut conter les douloureuses peines,
Les regrets, les soucis, les fureurs inhumaines,
Les remors, les frayeurs qu'on supporte en aimant,
Qu'il conte du Printemps la richesse amassee,
Les vagues de la mer quand elle est courroussee,
Et par les longues nuicts les yeux du firmament.
Le Forçat enchaisné quelquefois se repose,
Le pauure prisonnier dedans sa prison close
Clost quelquefois les yeux & soulage ses maux:
Au soir le laboureur met ses bœufs en l'estable,
Et doucement forcé d'vn sommeil agreable
Remet iusques au iour sa peine & ses trauaux.
Seulement le chetif qui porte en la pensee
Le poignant aiguillon d'vne rage insensee,

Ne sent point de relasche entre tant de malheurs:
Si le iour le faschoit, la frayeur solitaire
Et le silence coy rentament sa misere,
Renueniment sa playe & r'ouurent ses douleurs.
Est il dedans le lict? les pensers qui l'assaillent,
Mutins & furieux sans repos le trauaillent:
L'vn çà, l'autre delà, chacun à qui mieux mieux,
De ses cuisans regrets le Ciel il importune,
Il resue, il se despite, il maudit sa fortune.
Noyant toute esperance au torrent de ses yeux.
S'il s'endort quelquefois, aggraué de tristesse,
Helas par le dormir sa douleur ne prend cesse,
Mais plus fort que deuant il se sent trauailler.
Car au premier sommeil les songes l'espouuantent,
Et mille visions à ses yeux se presentent
Qui le font en sursaut rudement esueiller.
Où si le corps vaincu du trauail & du somme
Ne se reueille point, & qu'vn dormir l'assomme,
Le cœur qui n'ha repos ne fait que soupirer,
L'esprit tremble & fremist de la frayeur horrible,
L'ame crie & se plaint pour sa douleur terrible,
Et les yeux tout baignez ne cessent de pleurer.
Le iour est-il venu? sa douleur recommence,
Il deteste le bruit, il cherche le silence,
La clairté luy desplaist, & la voûte des cieux,
Le murmure des eaux, la fraischeur des ombrages,
Herbes, riues & fleurs, forests, prez & bocages,
Et ne sçauroit rien voir qui contente ses yeux.
Amour, quiconque fut qui te mit de la race
De ce debat confus, lourde & pesante masse,
Il parloit sagement & disoit verité:

Car las! qui voit iamais confusion si grande
Qu'aux miserables lieux où ta dextre commande,
Touſiours teinte de ſang, d'ire & de cruauté?
C'est pitié que d'ouïr les estranges merueilles,
Les miracles confus, les douleurs nompareilles,
Et les cris differens des malheureux amans:
L'vn par vn doux propos aura l'ame bleſſee,
L'autre gemiſt d'auoir la poitrine percee
Par le trait d'vn bel œil, cauſe de ſes tourmens.
L'vn ſera captiué par vne larme feinte,
Et à l'autre vn beau teint donne mortelle atteinte:
L'vn tranſira de froid, l'autre mourra de chaud:
L'vn compare aux rochers celle qui le tourmente,
L'autre aux vẽs plus legers ſa maiſtreſſe inconſtãte:
L'vn ſe plaint d'aimer bas, l'autre d'aimer trop haut.
Ainſi dans les Enfers les Ombres criminelles
Se plaignent vainement de leurs peines cruelles,
Et des tourmens diuers qu'il leur faut ſupporter:
Mais las! ie croy qu'Amour plus de tourmẽs aſſemble
Dãs vn cœur amoureux qu'on n'en voit tout enſẽble
Au plus creux des Enfers les eſprits tourmenter.
Ie n'auray iamais fait ſi ie veux entreprendre
De ce bourreau cruel les rigueurs faire entendre,
Rigueurs qui chacun iour ſe font aſſez ſentir:
Il eſt aſſez cogneu, ſa rage eſt manifeſte,
Mais helas! c'eſt le pis qu'vn chacun le deteſte,
Et ne peut, ou ne veut, de luy ſe garantir.
Or de moy qui le puis, & qui me delibere
D'eſtre franc pour iamais d'vne telle miſere,
Ie pren congé d'Amour, & de ſes feux cuiſansz.
Adieu Amour, adieu enfant plein de malice,

D.

Adieu l'Oysiueté, ta mere & ta nourrice,
Adieu tous ces escrits où i'ay perdu mes ans.
Ie pren congé de vous, amoureuses pensees,
Ie pren congé de vous, nuicts vainement passees,
Discours, propos, sermens, l'vn sur l'autre amassez:
Et vous tristes sanglots de ma poitrine cuitte,
Plaintes, pleurs & regrets ie vous donne la fuitte,
Bien marri que plustost ie ne vous ay laissez.
Bien-heureuse Raison, guide de mon courage,
Pour m'auoir deliuré de l'amoureux naufrage,
Lors que i'estoy priué de tout humain secours,
Ie t'appens en ce lieu ma robe dépouillee,
Des flots de la tempeste encor toute moüillee,
Ayant à l'aduenir deuers toy mon recours.

RYMES TIERCES.

SI iamais plus ma liberté i'engage
Au faux Amour, iadis Roy de mon cueur,
Que ie languisse en eternel seruage.
Si iamais plus son feu brusle mon ame,
Que ie n'esprouue en aimant que rigueur,
Et que mes pleurs facent croist.e ma flame.
Si iamais plus vne beauté mortelle
Tient mon esprit en la terre arresté,
Que mon mal serue à la rendre plus belle.
Si iamais plus pour ses yeux ie soupire,
Que mes soupirs croissent sa cruauté,
Et de mes cris ne se face que rire.
Qu'elle soit folle, inconstante & vollage,

Que i'en enrage, & qu'en me desspitant
  De la laisser ie perde le courage.
Que de l'aimer ie rougisse de honte,
  Et toutesfois que ie luy sois constant
  En luy voyant d'vn vallet faire conte.
Que toute nuict à son huis ie lamente,
  Et qu'elle soit à se mocquer de moy,
  Aux bras d'vn autre heureusement contente.
Qu'vn chaud martel, qu'vne aspre ialousie
  De cent fureurs recompensent ma foy,
  Et que tousiours mon ame en soit saisie.
Que mon teint palle & mon visage blesme,
  De tant d'ennuis maigre & desfiguré
  Me soit horrible & m'estonne moy mesme.
Que le Soleil à regret me regarde,
  Bref, que le Ciel contre moy coniuré
  Pour mon salut ma mort mesme retarde.
Mais si d'Amour la sagette meurtriere
  Ne me peut plus desormais entamer,
  O iustes Dieux accordez ma priere:
Qu'en peu de iours cest œil mon aduersaire,
  Flambeau d'Amour qui m'a fait consumer,
  Perde sa flamme & sa lumiere claire.
Que ses cheueux dont mon ame fut prise,
  Laissent son chef, apres auoir changé
  Leur couleur d'or en vne couleur grise.
Que de ses mains son miroir elle rompe
  Voyant sa face & que ie sois vangé
  De ce crystal qui maintenant la trompe.
Qu'elle ait regret à sa ieunesse folle,
  Et qu'elle apprenne, helas! trop cherement,

Que la beauté comme le vent s'envolle.
Lors sans danger, sans douleur & sans crainte,
Ie me riray d'auoir si longuement
A la seruir ma liberté contrainte.
Puis ie prendray sa vaine repentance,
Et ses soupirs pour heureux payement
De mes douleurs, & de son arrogance.

LXX.

Les sanglots continus, l'ardeur, l'impatience,
Dont iamais vostre cœur ne peut estre touché,
Le grand feu qu'en l'esprit iusqu'ici i'ay caché,
Et qui ne s'esteignoit pour temps ny pour absence:
Vos iniustes courroux, vostre mescognoissance,
Par qui ie me suis veu tout espoir retranché,
Et ces longues froideurs qui mon aage ont seché
Ne me pouuoyent sortir de vostre obeissance.
Tant de vœux faits au ciel n'esteignoyet point mon feu,
La force ou le conseil y seruoyent aussi peu,
Tout appareil rendoit ma playe enuenimee:
Mais en fin les desdains l'vn sur l'autre amassez,
M'ont si bien garanti des martyres passez,
Qu'à peine il me souuient de vous auoir aimee.

VOEV AV DESDAIN.

LXXII.

Puis que par ton secours mon brasier est esteint,
  Et qu'auec la raison ma volonté ie domte,
  Desdain, maistre d'Amour le dieu qui tout surmōte,
I'appen ces hameçons deuant ton temple saint.
I'appen ces traits brisez, dont mon cœur fut attaint:
  I'appen ces nœuds dorez, dont i'ay tant fait de conte,
  I'appen ces tristes vers messagers de ma honte:
I'appen ces pesans fers, qui long temps m'ont estreint.
Plus libre à l'aduenir ie viuray pour moy mesme,
  Ie n'auray l'œil piteux, ny le visage blesme,
  Semant tout mon seruice & mes soupirs au vent:
La volonté d'autruy ne regira ma vie,
  Ie ne brusleray plus d'vne ialouse ennie,
  Et ne changeray plus de pensers si souuent.

FIN DV PREMIER LIVRE
DES AMOVRS DE DIANE.

LE SECOND LIVRE
DES AMOVRS
DE DIANE.

PAR PHILIPPES DES PORTES.

SONNETS.

I.

Mour, trie & choisi les plus beaux de
 ces vers,
Et raye à ton plaisir ceux de moindre
 merite:
Qu'à ce fascheux labeur ta loüange
 t'excite,
C'est dessous ton beau nom qu'ils vont par l'vniuers.
Ils sont naiz de ta flamme & des tourmens diuers,
Dont tu me fis present quand ie vins à ta suitte:
Ma prise & ta victoire au vray s'y voit descrite,
C'est le papier iournal des maux que i'ay souffers.
Ceux qui ne t'ont connu sinon par ouïr dire,
Ne doiuent curieux s'arrester à les lire:
Aux seuls vrais amoureux ce liure est reserué.
Les autres ne croiront tant d'estranges allarmes:
Las! si n'ay-ie rien dit que ie n'aye esprouué,
Et chacun de ces vers me couste mille larmes.

Dialogue.

I

Arreste vn peu, mon Cœur, où vas-tu si courant?
   Ie vay trouuer les yeux qui sain me peuuent rendre,
   Ie te prie atten moy. Ie ne te puis attendre,
Ie suis pressé du feu qui me va deuorant.
Helas mon pauure Cœur que tu es ignorant,
   Tu ne sçaurois encor ta misere comprendre!
   Ces yeux d'vn seul regard te reduiront en cendre;
Ce sont tes ennemis, t'iront-ils secourant?
Enuers ses ennemis si doucement on n'vse:
   Ces yeux ne sont point tels. Ah c'est ce qui t'abuse:
   Le fin Berger surprend l'oiseau par des appas.
Tu t'abuses toymesme, ou tu me porte enuie:
   Car l'oiseau malheureux s'enuolle à son trespas,
   Moy ie volle à des yeux qui me donnent la vie.

III

Si ie me sieds à l'ombre, aussi soudainement
   Amour, laissant son arc, s'assiet & se repose:
   Si ie pense à des vers, ie le vay qu'il compose:
Si ie plains mes douleurs, il se plaint hautement.
Si ie me plais au mal, il accroist mon tourment:
   Si ie respan des pleurs, son visage il arrose:
   Si ie monstre la playe en ma poitrine enclose,
Il defait son bandeau l'essuyant doucement.
Si ie vay par les bois, aux bois il m'accompagne:
   Si ie me suis cruel, dans mon sang il se bagne:
   Si ie vais à la guerre, il deuient mon soldart:
Si ie passe la mer, il conduit ma nacelle:
   Bref, iamais l'inhumain de moy ne se depart,
   Pour rendre mon amour & ma peine eternelle.

IIII.

Las! trop iniuste Amour, veux-tu iamais cesser?
 N'as-tu point d'autre but qu'vn cœur plein d'inno-
 Ie recognois assez ta diuine puissance, (cence
 Et suis tousiours tremblant craignant de t'offenser.
Ay-ie vn seul lieu sur moy qui te reste à percer?
 Suis-ie pas tout couuert des traits que tu m'élances?
 Et tu laisses, couard, ceux qui font resistance,
 Pour sus moy ton suget ta colere passer?
Ie sors d'vne prison, tu renchaisnes mon ame,
 Ie suis guary d'vn trait vn autre me rentame,
 Eschapé du peril i'entre en plus grand danger.
Quand ie pense estre seur des flots & de l'orage,
 Que ie suis pres du port, que ie voy le riuage,
 Tu repousses ma nef & la fais submerger.

V.

O mon petit Liuret, que ie t'estime heureux!
 Seul tu cueilles le fruict de mon cruel martyre,
 Ton contentemẽt croist quand mon tourmẽt empire,
 Et ton heur est plus grand plus ie suis douloureux.
Tu retiens doucement ces beaux yeux rigoureux,
 Dont il faut qu'à regret sans cœur ie me retire:
 Tu vois tous les tresors de l'amoureux empire,
 Et reçois tous les biens dont ie suis desireux.
Tu couches tous les soirs aupres de ma Deesse,
 Mais las! en y pensant ce souuenir me blesse,
 Ie suis de ialousie ardemment allumé.
Car hé! que sçay-ie moy si l'Amour par cautelle
 S'est point ainsi luymesme en Liure transformé,
 Pour luy baiser le sein, & coucher auec elle?

VI.

Priué des doux regars qui mon ame ont rauie,
 Et la vont nourrissant de mille & mille appas,
 Ie vy trop malheureux : Mais non ie ne vy pas,
 Ou ie vy d'vne vie à cent morts asseruie.
Las ie vy voirement, mais c'est mourant d'enuie
 De voir mourir mes maux qui iamais ne sont las!
 Aussi bien puis-ie viure entre tant de trespas,
 Sás cœur, sans mouuemēt, sans lumiere & sans vie?
Ie ne vy point: si fay. Car s'il n'estoit ainsi,
 Sentirois-ie estant mort tant d'amoureux souci,
 Tant de feux, tāt de traits, qui tourmētent mon ame?
Quoy donc? ie vy sans cœur contre l'humaine loy!
 Non non ie ne vy point, ie suis mort dedans moy:
 Helas! si fais, ie vy, mais c'est en vous Madame.

CHANSON.

EN quel desert, quel bois, ou quel riuage,
 Oiseau leger, me pourray ie sauuer,
 Pour t'empescher de me venir trouuer,
 Et m'affranchir de ton cruel seruage?
Las ie pensois eloignant la presence
 De ces beaux yeux aux rayons si luizans,
 Que mes liens s'en feroyent moins pezans,
 Et que mon feu perdroit sa violence
Mais c'est en vain : car lors que ie m'absente,
 Ie laisse helas! mon cœur emprisonné,
 Et mon esprit de flame enuironné,
 N'emportant rien que ce qui me tourmente.

Plus ie suis loin, plus mon desir s'allume,
　　Ie ne puis plus ses efforts endurer:
　　Helas voyez, si ie dois esperer!
　　Plus loin du feu plus fort ie me consume.
Ie ne voy plus que des nuicts eternelles
　　Pleines d'horreurs, de silence, & d'effroy,
　　Et la frayeur qui me rend hors de moy
　　Me fait souffrir mille angoisses mortelles.
Rien ne s'egale à ma dure souffrance,
　　Belle Diane, & i'atteste vos yeux,
　　Que mon trespas me plairoit beaucoup mieux
　　Aupres de vous que viure en vostre absence.
On ne meurt point d'vne extreme tristesse,
　　Bien que l'esprit soit du corps separé:
　　S'il estoit vray ie n'eusse tant duré,
　　Et par ma mort ma douleur eust pris cesse.
Tu as beau faire, ô Soleil, ta reueüe,
　　Enflammant l'air d'vne belle clairté,
　　Tu ne sçaurois chasser l'obscurité
　　Qui m'accompagne, & qui couure ma veüe.
Tu luis par tout, fors que dedans mon ame,
　　Mais dedans moy tu n'as point de pouuoir:
　　Nulle clairté ie ne puis receuoir,
　　S'elle ne vient des beaux yeux de Madame.
Comme la nuict les ombrages se leuent
　　Quand le Soleil cache son poil doré:
　　Lors que ie voy mon Soleil retiré
　　Ie sens leuer les ennuis qui me greuent.
Le Desespoir de mon cœur se rend maistre,
　　Rien ne sçauroit contre luy m'asseurer:
　　Et les soucis qui me font souspirer,
　　De mes pensers d'autres pensers font naistre.

Helas! chassez ceste rage importune,
    Tristes pensers pleins de seuerité:
    Ne suffit-il que ie sois tourmenté
    De Desespoir, d'Amour, & de Fortun.?
Le Desespoir iamais ne me delaisse,
    L'Amour cruel se plaist en mon tourment,
    Et du malheur vient cest esloignement,
    Gesnant mon cœur d'vne angoisseuse presse.
Et vous encor importunes Pensees,
    Comme ennemis par tout vous me suiuez:
    Mon mal vous plaist, de ma mort vous viuez
    Et me lassant vous n'estes point lassees.
Soit que Phebus enuironne la terre,
    Soit que la nuict mette fin à son cours,
    Obstinément vous me pressez tousiours,
    Et me troublez d'vne immortelle guerre.
L'vne poursuit l'espoir dont ie me flatte,
    L'autre combat ma constance & ma foy,
    L'autre soustient que ie ne suis plus moy,
    M'estant perdu pour seruir vne ingratte.
Ie n'en croy rien, il ne se sçauroit faire,
    Ie suis trop seur de son ferme vouloir,
    Et que le temps ne l'en peut desmouuoir,
    Ny tout effort aux amours plus contraire.
Mais toutesfois quand pleine d'inconstance
    De moy chetif son cœur s'estrangeroit,
    Iamais pourtant le mien ne changeroit,
    Ie veux mourir sous son obeissance.

D vj

AMOVRS DE

VII.

Ie me veux rendre Hermite, & faire penitence
De l'erreur de mes yeux pleins de temerité,
Dressant mon hermitage en vn lieu deserté,
Dont nul autre qu'Amour n'aura la cognoissance.

D'ennuis & de douleurs ie feray ma pitance,
Mon breuuage de pleurs: & par l'obscurité
Le feu qui m'ard le cœur seruira de clairté,
Et me consommera pour punir mon offense.

Vn long habit de gris le corps me couurira,
Mon tardif repentir sur mon front se lira,
Et le poignant regret qui tenaille mon ame.

D'vn espoir languissant mon baston ie feray,
Et tousiours pour prier deuant mes yeux i'auray
La peinture d'Amour, & celle de Madame.

Response par Passerat.

VIII.

Vous voulez estre Hermite, Hermite allez vous rendre,
Cachez-vous dans les bois pour fuir Cupidon:
Et pour monstrer qu'en vous est esteint son brandon,
Habillez-vous de gris, c'est la couleur de cendre.

Viuez de patience, il le vous faut apprendre,
Vostre espoir mensonger soit changé en bourdon,
Le dédain du refus à requerir pardon
D'auoir plus demandé que ne deuiez attendre.

Mais sur tout que l'Amour en ce lieu ne soit peint,
Pour guarir du chaud mal c'est vn dangereux sainct:
S'il r'allume vne fois vos flammes amorties,

Ne pouuant supporter ceste tentation,
Vous sortirez des bois & de deuotion,
Et ietterez bien tost vostre froc aux orties.

IX.

Madame, Amour, Fortune, & tous les Elemens
  Animez contre moy sont bandez pour me nuire:
  Sans plus le doux Sommeil de leurs fers me retire,
  Et fait peur à mes maux par ses enchantemens,
O Songe, ange divin, sorcier de mes tourmens,
  Ie voy par ta faueur ce que plus ie desire:
  Tu me fais voir ces yeux, qui font que ie soupire,
  Et fais naistre en mon cœur mille contentemens.
Mais la rage d'Amour qui point ne diminuë,
  Auec tous ses efforts empesche ta venuë,
  Et ne sens pas souuent ton doux allegement.
Donc puis qu'il est ainsi, lors que tu me visites
  Helas! Songe amoureux, dure plus longuement,
  Afin que tes faueurs ne soyent pas si petites.

X.

Ne suffit-il pas qu'Amour trop animé
  Tiéne mó cœur en feu qui s'accroist d'heure en heure,
  Sans que mes chauds soupirs sortás de leur demeure,
  Donnent force à l'ardeur dont ie suis consommé?
O vent impetueux, excessif, enflammé,
  Tu es cause en soufflant que ma flamme ne meure,
  Laisse faire à mes yeux: ces ruisseaux que ie pleure
  Esteindront le fourneau dans mon cœur allumé.
Mais c'est trop vainement qu'en espoir ie me fonde,
  L'eau n'estaint pas l'amour: Neptune au creux de l'onde
  S'est trouué mille fois amoureux & bruslát.
Sus donc, ardans soupirs, monstrez vostre puissance,
  Rendez mon feu plus chaud, croissez sa vehemence,
  Il en durera moins s'il est plus violant.

XI.

Si le mari ialoux de la belle Cypris,
  Qui forge à Iupiter le tonnerre & l'orage,
  Forgeoit les traits d'Amour, il eust maudit l'ouurâ-
  Et quitté, tout lassé, son labeur entrepris.
Car ce cruel volleur des cœurs & des esprits,
  Nourri d'vne Tigresse en quelque lieu sauuage,
  De mille coups mortels ne contente sa rage,
  Et fait tousiours des cœurs sa victoire & son prix.
On perd temps contre luy de se mettre en defense:
  Vn homme n'est pour faire à vn Dieu resistance,
  Mesme vn Dieu si puissât qu'il surmonte les Dieux.
Maudits soyent tous ses traits & leur puissance forte,
  Helas! i'en suis couuert en tant & tant de lieux,
  Que le maudit archer pour sa trousse me porte.

XII.

Ie sçay qu'ell' ont des yeux les autres damoiselles,
  Pour rêdre en regardât maint & maint amoureux:
  Mais non pas des Soleils ardens & vigoureux,
  Qui remplissent les cœurs de flammes immortelles.
I'aime & veux penser qu'il y en a de belles
  Assez pour trauailler vn esprit desireux:
  Mais quelle autre a ces traits si doux & rigoureux,
  Qui font gouster la vie entre cent morts cruelles?
Quelle autre a cest esprit qui le mien a charmé?
  Ces propos, ces discours, dont ie fu transformé?
  Où sont tant d'hameços, d'amours, de feux, de glaces?
Souffrons donc sans blaspheme vn extreme tourment,
  Croyant qu'on ne sçauroit aimer qu'extrememens
  Celle qui est extreme en beautez & en graces.

D'vn portraict.
XIII.

Amour de sa main propre a portraict cest image,
  Afin qu'vn païs froid, lourd, barbare, indompté,
  Qui demeuroit rebelle à sa diuinité,
  Fust contraint de se rendre, & de luy faire hommage:
Il choisit le parfait d'vn si diuin ouurage
  Dans le ciel, sur le vray de la mesme Beauté,
  Vaquant à son labeur d'esprit tant arresté
  Que sur la Beauté mesme on voit quelque auantage.
Les Amours luy seruoyent: l'vn brassoit les couleurs,
  L'autre les destrempoit en l'argent de mes pleurs,
  L'autre plus curieux admiroit l'artifice.
Quand il eut acheué, luy-mesme en fut épris,
  En deuint idolatre, & soudain ie fu pris,
  Afin que de mon cœur il luy fist sacrifice.

XIIII.

Malheureux que ie suis! ie vous soulois descrire
  Mon naturel leger iamais ne s'arrestant,
  Prenant à grand honneur que ie fusse inconstant,
  Et tel comme i'estois me plaisant à le dire.
Maintenant que vostre œil sans pitié me martyre,
  Ma nouuelle douleur d'heure en heure augmentant,
  Ie maudy mon offense, honteux & repentant,
  Et trop tard pour mon bien ie cherche à m'en dédire.
Quel confort? quel remede? Amour, conseille moy.
  Pourra-telle iamais s'asseurer de ma foy,
  M'ayant connu deuant si leger de courage?
Helas mon inconstance à sa gloire a esté!
  Car quel plus grand honneur que d'auoir arresté
  Celuy qui s'asseuroit d'estre tousiours volage?

Priere au Sommeil.

SOmme, doux repos de nos yeux,
L'aimé des hommes & des Dieux,
Fils de la Nuict & du Silence,
 Qui peux les esprits delier,
 Qui fais les soucis oublier,
 Et le mal plein de violence:
Approche, ô Sommeil desiré,
 Las! c'est trop long temps demeuré,
 La nuict est à demy passee,
 Et ie suis encore attendant
 Que tu chasses le Soing mordant,
 Hoste importun de ma pensee.
Clos mes yeux, fay moy sommeiller
 Ie t'atten sur mon oreiller,
 Où ie tiens la teste appuyee:
 Ie suis dans mon lict sans mouuoir
 Pour mieux ta douceur receuoir,
 Douceur dont la peine est noyee.
Haste toy, Sommeil de venir:
 Mais qui te peut tant retenir:
 Rien en ce lieu ne te retarde.
 Le Chien n'abbaye icy autour,
 Le Coq n'annonce point le iour,
 On n'entend point l'Oye criarde.
Vn petit ruisseau doux-coulant
 A dos-rompu se va roulant,
 Qui t'inuite de son murmure:
 Et l'obscurité de la nuict
 Moitte, sans chaleur & sans bruit,
 Propre au repos de la nature.

Chacun, fors que moy seulement,
  Sent ore quelque allegement
  Par le doux effort de tes charmes:
  Tous les animaux trauaillez,
  Ont les yeux fermez & sillez,
  Seuls les miens sont ouuerts aux larmes.
Si tu peux selon ton desir,
  Combler vn homme de plaisir
  Au fort d'vne extreme tristesse,
  Pour monstrer quel est ton pouuoir,
  Fay moy quelque plaisir auoir
  Durant la douleur qui m'oppresse.
Si tu peux nous representer
  Le bien qui nous peut contenter,
  Separé de longue distance,
  O Somme doux & gracieux,
  Represente encor à mes yeux
  Celle, dont ie pleure l'absence.
Que ie voye encor ces soleils,
  Ces lys, & ces boutons vermeils,
  Ce port plein de maiesté sainte:
  Que i'entr'oye encor ces propos,
  Qui tenoyent mon cœur en repos.
  Raui de merueille & de crainte.
Le bien de la voir tous les iours,
  Autrefois estoit le secours
  De mes nuicts alors trop heureuses:
  Maintenant que i'en suis absent,
  Rens-moy par vn songe plaisant
  Tant de delices amoureuses.
Si tous les songes ne sont rien,
  C'est tout vn, ils me plaisent bien,

J'ayme vne telle tromperie.
Haste toy donc pour mon confort:
On te dit frere de la Mort,
Tu seras pere de ma vie.
Mais las! ie te vais appelant,
Tandis la Nuict en s'ennolant
Fait place à l'Aurore vermeille:
O Amour tyran de mon cœur,
C'est toy seul qui par ta rigueur
Empesches que ie ne sommeille.
Hé quelle estrange cruauté!
Ie t'ay donné ma liberté,
Mon cœur, ma vie, & ma lumiere,
Et tu ne veux pas seulement
Me donner pour allegement
Vne pauure nuict toute entiere.

XV.

Yeux, qui guidez mon ame en l'amoureux voyage,
  Mes celestes flambeaux, benins & gracieux,
  C'est vous qui fournissez de traicts victorieux
Amour, le iuste archer, seul Dieu de mon courage.
C'est vous qui me rendez content en mon seruage,
  C'est vous qui m'enseignés le beau chemin des cieux:
  Vous purgez mon esprit de pensers vicieux,
Et retenez mon cœur autrefois si volage.
Vous pouuez d'vn clin d'œil faire viure & mourir,
  Faire au mois de Ianuier vn doux Printemps fleurir,
  Et au fort de la nuict la lumiere nous rendre.
Vous estes le Soleil qui me donnez le iour,
  Et ie suis le Phenix qui se brusle alentour,
  Puis quand ie suis bruslé ie renais de ma cendre.

XVI.

Au saint siege d'Amour, des grãds dieux le vainqueur,
   I'ay fait venir plaider ceste Beauté rebelle,
   Et l'accuse, en pleurant, comme vne criminelle,
   De vol, d'ingratitude, & de trop de rigueur.
Helas! Amour (ce dy-ie) elle a vollé mon cœur,
   Et ne recognoist point mon seruice fidelle,
   Elle m'a trauersé d'vne fleche mortelle,
   Et me fait consommer en cruelle langueur.
Ie ne te puis prouuer comme elle me tourmente,
   Mon cœur en est tesmoin, qu'elle le represente,
   Tu verras, le voyant, sa rigueur & son tort.
Et si tu crains trop fort les traits de son visage,
   Ne donne pas sentence à son desauantage:
   Mais fay tãt qu'elle & moy nous demeuriõs d'accord.

XVII.

Si vous voulez que ma douleur finisse,
   Et que mon cœur qui vous est destiné,
   Soit de son mal doucement guerdonné,
   Mal, le seul prix de mon humble seruice.
Si vous voulez qu'à iamais ie benisse
   L'heure & le poinct qu'à vous ie me donné,
   Et que l'ennuy qui me suit obstiné,
   Comme vn ombrage en l'air s'euanouisse:
Sans grand trauail soudain vous le pouuez,
   La guarison en vos mains vous auez,
   Du mal d'Amour qui iusqu'au cœur me touche.
Car s'il vous plaist de le faire cesser,
   Il ne vous faut seulement prononcer
   Qu'vn doux Ouy du cœur & de la bouche.

CHANSON.

Vn doux traict de vos Yeux, ô ma fiere
  Deesse,
Beaux Yeux mon seul confort,
Peut me remettre en vie, & m'oster la tri-
Qui me tient à la mort.   (stesse

Tournez ces clairs Soleils, & par leur viue flame
  Retardez mon trespas:
Vn regard me suffit : le voulez-vous, Madame?
  Non, vous ne voulez pas.

Vn mot de vostre bouche à mon dam trop aimable,
  Mais qu'il soit sans courroux,
Peut changer le destin d'vn amant miserable,
  Qui n'adore que vous.
Il ne faut qu'vn Ouy meslé d'vn doux sous-rire
  Plein d'amours & d'appas,
Mon Dieu que de longueurs ! le voulez-vous point
Non, vous ne voulez pas.   (dire?

Roche sourde à mes cris, de glaçons toute pleine,
  Ame sans amitié,
Quand i'estoy moins bruslant tu m'estois plus hu-
Et plus prompte à pitié.   (maine,
Cessons donc de l'aimer, & pour nous en distraire
  Tournons ailleurs nos pas:
Mais peut-il estre vray que ie le vueille faire?
  Non, ie ne le veux pas.

DIALOGVE.
CHANSON.

Ie ne veux iamais plus penser
De voir vn iour recompenser
Le mal qu'en aimant ie supporte,
Puis que celle qui tient mon cueur
Me monstre vne extreme rigueur
Parmi l'amour qu'elle me porte.
Mais pourrois-ie esperer aussi
Qu'elle eust iamais de moy merci,
Veu qu'à soymesme elle est cruelle,
Se priuant des plus doux plaisirs,
Meurtrissant ses propres desirs,
Et perdant sa saison nouuelle?
Cruelle, où auez vous les yeux?
Voyez ce Printemps gracieux,
Voyez ceste belle verdure,
Vn iour des prochaines chaleurs
Fera languir toutes ces fleurs,
Ores beautez de la nature.
Si le temps leger & coulant
Deuore tout en s'enuolant,
S'il rend toute chose effacee,
Est-ce pas trop de cruauté
De laisser perdre vne beauté
Si chere, & si soudain passee?
Si c'est la peur qui vous retient,
Pensez que la crainte ne vient
Qu'à faute d'amitié parfaite.
Amour est vne viue ardeur,
Et la crainte est vne froideur,

Soudain par vraye amour desfuite.
Si vous m'aimez, faites le voir,
 Payant mon fidelle devoir
 De la plus seure recompense:
 Ou bien si vous ne m'aimez pas,
 Ordonnez qu'vn soudain trespas,
 Finisse ma longue souffrance.

XX.

Depuis que sous vos loix mon ame est retenuë
 L'an desia quatre fois s'est veu recommencer,
 Et ma foy, que le temps n'a iamais sceu faulsir,
 Mieux que le premier iour n'est de vous reconnuë.
Si pour voir vostre sein i'abbaisse vn peu la veuë,
 Si i'ose vostre main de la mienne presser,
 Ou baiser vostre gant, ie vous voy courrousser:
 A tel heur en quatre ans ma fortune est venuë.
Les propos plus communs qu'il vous plaist m'afferimer,
 C'est que vous n'aimez rien, ny ne pouuez aimer,
 Et qu'il ne faut de vous attendre autre asseurance.
Donc si par vostre aduis ie prens de moy pitié,
 Changeant mon amour forte en commune amitié,
 A sçavoir si ion peut m'accuser d'inconstance?

XXI.

Que trop d'amour me seiche & me deuore ainsi
　Deuant vos yeux cruels embellis de ma peine:
　Que ie m'aille appastant d'vne esperance vaine,
　Plus pour aigrir mon mal que le rendre adouci:
Que ie ne trouue en vous ny pitié ny mercy,
　Que ie meure de soif au bord de la fontaine:
　Non il n'en sera rien, Beauté trop inhumaine,
　I'ay soin de mon salut, dont vous n'auez souci.
Par vos feintes douceurs ne sortans point de l'ame,
　Quãd vous m'auez rẽdu tout de soulfre & de flame,
　Vous pensez-vous moquer d'Amour & de ma foy:
Mais vos desguisemens forcent ma patience,
　Vostre froid mon ardeur, les tourmens ma constance,
　Ie ne puis estre à vous si vous n'estes à moy.

XXII.

Encore aucunefois cest Archer deceuant,
　Au combat me desfie, & tasche à me reprendre,
　Auec des yeux trompeurs, qui sous ma vieille cendre,
　Font reuiure des feux brulans comme deuant:
Mais la nuict solitaire à mon aide arriuant,
　Fait qu'en moy ie retourne, & me mets à comprẽdre
　Le mal qui m'est prochain: parquoy sãs plus attẽdre
　Tous ces brasiers ie plonge en Lethés bien auant.
Comme vn petit oyseau i'approche de la proye,
　Puis la peur des gluaux me fait prendre autre voye,
　I'y reuien, ie la laisse, & fay maint & maint tours:
I'ose & ie n'ose pas, ie m'arreste & galope,
　Bref i'ourdis vne toile ainsi que Penelope,
　Dont ie desfay la nuict ce que i'ay fait le iour.

XXIII.

Vous le voulez, & i'ay trop de coustume
  De vous seruir, pour ne le faire pas,
  Sors, traistre Amour, tourne arriere tes pas,
  Tu me bruslois, le desdain te consume.
Si iamais plus vostre beauté m'allume,
  Yeux qui pleurez des traits & des apas,
  Ma flamme esteinte, & qui seulement fume
  Reuiue encor par mon cruel trespas.
Malgré Madame, & malgré que i'en aye
  Qu'à chauds bouillons tousiours saigne la playe,
  Qu'elle me feit à ses pieds estendu.
Ie sens ma braise en glaçons conuertie,
  Mon cœur tout sien comme elle elle a rendu.
,, Tousiours le Tout se suit de sa partie.

XXIIII.

Puisque mon plus bel âge en seruant despensé,
  Puisque ma loyauté, mon ardeur, ma tristesse,
  Mõ teint palle & ma voix, mõ œil pleurãt sans cesse
  N'ont sçeu domter vn cœur qui se disoit forcé:
Espoir, que tant de fois loin de moy i'ay chassé
  Comme vne idole feinte & vaine & tromperesse,
  Vers quelque autre abusé desormais trouue addresse,
  Ie ne puis en tes rets estre plus enlacé.
Les Cieux ny les Enfers n'ont de toy cognoissance,
  Les humains seulement sont ioug sous ta puissãce
  Qui desseins sur desseins ne cessent d'enfiler:
Tu n'es qu'vn songe faux des veillans miserables,
  Tu repais les esprits de chansons & de fables,
  Et te cuidant tenir on te voit enuoler.

XXV.

Ie ne suis point ialoux, ny ne le veux point estre
  Quand vn plus fortuné sera de vous receu,
  M'appercevant trop tard que ie me suis deceu,
  Ie cesseray de suiure vn Enfant pour mon maistre:
Bien que vostre beauté mon desir ait fait naistre,
  Il fust mort toutesfois aussi tost que conceu
  Sans l'espoir tout riant qu'en vos yeux i'apperceu,
  Qui ma flâme a nourrie & l'a faite ainsi croistre:
I'ay sur vostre constance assis mon bastiment,
  C'est vne eternité s'il ha bon fondement,
  Sinon au premier vent adieu l'architecture:
Si ce malheur m'aduient, sainctement ie promets
  Qu'aux sermens & aux pleurs ie ne croiray iamais,
  Ny qu'au cœur d'vne femme vne seule amour dure.

XXVI.

Belle & guerriere Main apprise à la victoire,
  Iamais de l'arc d'Amour vn seul trait ne perdant:
  Mais qui de son beau char les resnes vas guidant,
  Quãd il retourne en Cypre orgueilleux de ta gloire.
Main, dont le blanc esclat obscurcist toute yuoire,
  Qui fais de ta froideur naistre vn desir ardant,
  Qui le sceptre & l'estat des Amours vas gardant,
  Qui m'escris en l'esprit la loy que ie veux croire.
Main, qui sur tes beautez as fait l'œil enuieux,
  Main, qui sçais triompher des plus audacieux,
  Et qui rens de mon cœur les tempestes sereines:
Las! ne t'oppose point, ô belle & blanche Main,
  Quãd ie cherche, embrasé, le secours de mes peines,
  Qu'vne ingrate me cache en la bouche & au sein.

E

XXVII.

Chassez de vostre cœur l'iniuste cruauté,
  Qui vous rend contre Amour fierement obstinée,
  Et n'estimez iamais qu'une Dame bien née
Puisse auoir sans aimer quelque felicité.
Mais ouyez qui seruira ceste fleur de beauté,
  [...] richement couronnée,
  [...] elle deuient fannee,
[...] belle & chere nouueauté.
  [...] un champ gras & fertile,
  [...] n'est labouré c'est un riche inutile,
[...] deuient dure & ne rapporte rien.
[...] se sert de sa belle ieunesse,
  Tout comme un usurier qui cache sa richesse,
Et se laisse mourir sans user de son bien.

XXVIII.

Si vous m'aimez, Madame, helas! si vous m'aimez,
  Et si le trait d'Amour comme moy vous entame,
  Donc ainsi comme moy vous sentez dedans l'ame,
Aux esprits & au cœur cent fourneaux allumez.
Hé! pourquoy souffrez-vous que soyons consumez,
  Seruans de nourriture à l'amoureuse flame?
  N'est-ce une grand' rigueur, si vous pouuez, Madame,
Moderer ceste ardeur qui nous tient enflammez?
Nous sentons bien tous deux une égale souffrance,
  Mais de nous en sortir seule auez la puissance,
  Encor vous ne voulez nos langueurs secourir.
[...] est estre en mesme temps cruelle & miserable
  De nourrir un tourment dont on se peut guarir,
  Et pour n'aider autruy ne s'estre secourable.

SONGE.

Celle que i'aime tant, lasse d'estre cruelle,
　Est venuë en songeant la nuict me consoler:
　Ses yeux estoyent rians, doux estoit son parler,
　Et mille & mille amours voloyent alentour d'elle.
Pressé de ma douleur i'ay pris la hardiesse
　De me plaindre à hauts cris de son cœur endurci:
　Et d'vn œil larmoyant luy demander merci,
　Et que mort ou pitié mist fin à ma tristesse.
Ouurant ce beau Coral qui les baisers attire,
　Me dist ce doux propos : Cesse de soupirer,
　Et de tes yeux meurtris tant de larmes tirer,
　Celle qui t'a blessé peut guarir ton martyre.
O douce illusion! ô plaisante merueille!
　Mais combien peu durable est l'heur d'vn amoureux!
　Voulant baiser ses yeux, helas moy malheureux!
　Peu à peu doucement ie sens que ie m'esueille.
Encor long temps depuis d'vne ruse agreable
　Ie tins les yeux fermez, & feignois sommeiller:
　Mais le songe passé, ie trouue au resueiller
　Que ma ioye estoit faulse, & mon mal veritable.

RYMES TIERCES.

Leurs & soupirs ie vous ouure la porte,
Allez trouuer la beauté que i'admire,
Plaignez sa peine, et ma douleur trop forte:
Faites luy voir ce que ie n'ose dire,
Puis que le Ciel enuieux & contraire

Ne me permet ce que plus ie desire.
Plaignez l'ennuy qui fait que ie n'espere
  Pour tout salut qu'vne mort souhaittee,
  Heureux repos de ma longue misere.
Las! quand mon ame est plus fort tourmentee,
  C'est quand ie suis ioyeux en apparance,
  Couurant mon dueil d'vne ioye empruntee:
Et toutefois auec sa violance,
  Bien que ma peine en ma face soit peinte,
  Aucun pourtant n'en a la cognoissance.
Helas! ie n'ose alleger d'vne plainte
  Ny d'vn souspir mes malheurs déplorables,
  Que ie retiens d'vne force contrainte.
Cessez vos cris, Amoureux miserables,
  Tous les tourmens de l'amoureuse flame
  A mes tourmens ne sont point comparables.
C'est vn grand mal de porter dedans l'ame
  Le chaud desir & la viue estincelle,
  Qui se nourrit des beaux yeux d'vne Dame.
C'est vn grand mal de la seruir cruelle,
  Et toutefois pour le mal qu'on supporte,
  On a plaisir quand on la voit si belle.
C'est vn grand mal d'aimer de telle sorte
  Qu'on n'ose pas découurir son martyre,
  Pour vn respect que la grandeur apporte.
C'est vn grand mal & qui ne se peut dire,
  Que d'estre serf d'vne Dame volage,
  Qui sans repos la nouueauté desire.
C'est vn grand mal, voire vne extreme rage,
  Quand Ialousie auec Amour s'assemble,
  Troublant les cœurs d'vn violant orage.

Et toutefois tous ces maux mis ensemble
   N'approchent point de ma griefue tristesse,
   Qui seulement à soy seule resemble.
Las! ma douleur seulement ne me blesse,
   L'ire du Ciel n'en seroit assouuie,
   Mais la douleur de ma belle Maistresse.
Celle qui m'est plus chere que la vie,
   Est (ô regret!) durement affligee
   D'vn faux ialoux qui la tient asseruie.
Et ce qui rend mon ame plus chargee,
   C'est que son mal de mon malheur procede,
   Sans que ie puisse en la rendant vangee,
   Vanger ma mort, & luy donner remede.

CHANSON.

LA terre naguere glacee
   Est ores de verd tapissee,
   Son sein est embelli de fleurs,
   L'air est encore amoureux d'elle,
   Le Ciel rit de la voir si belle:
   Et moy i'en augmente mes pleurs.
Les bois sont couuerts de fueillage,
   De verd se pare le bocage,
   Ses rameaux sont tous verdissans:
   Et moy, las! priué de ma gloire,
   Ie n'aime que la couleur noire,
   Conforme aux ennuis que ie sens.
Des oiseaux les bandes legeres
   Auec leurs chansons ramageres,
   Rendent tous les bois animez:

Leur voix mes douleurs renouuelle,
Et la plainte de Philomelle
Rend mes soupirs plus enflamez.
Les oiseaux cherchent la verdure:
Moy ie cherche vne sepulture,
Pour voir mon malheur limité
Vers le Ciel ils ont leur volee,
Et mon ame trop desolee
Suit l'ombrage & l'obscurité.
Ores l'Amant sent dedans l'ame
L'effort des beaux yeux de sa Dame,
Le comblant d'amoureux desirs,
Et l'œil dont ie pleure l'absance,
A banny de moy l'Esperance,
Ny laissant que les desplaisirs.
Ores les animaux sauuages
Courent les champs, bois & riuages,
Rendus par Amour furieux:
Mais le regret qui me transporte,
D'vne pointe encores plus forte,
Cruel me poursuit en tous lieux.
Or' on voit la Rose nouuelle,
Qui se découure & se fait belle,
Monstrant au iour son teint vermeil:
Où las! mon pallissant visage
Se seiche en l'auril de mon aage
Priué des rais de mon Soleil.
Or' on voit d'vne tiede haleine
Zephyre esmouuoir par la plaine
Doucement les bleds verdoyans:
Et moy l'amasse en mon courage

Des soupirs qui font vn orage
De cent mille flots ondoyans.
Du Soleil la face cachée
En hyuer, or' est approchee
Et moustre vn regard gracieux:
Mais ie fuy la clarté diuine,
Puis que l'astre qui m'illumine
Est or' esloigné de mes yeux.
Que me sert ceste saison gaye,
Sinon de refraischir ma playe,
Quand ie voy les autres contens:
Puis que le Ciel m'est si seuere,
Qu'au milieu de la prime-vere
Ie suis priué de mon printemps?
Quand ie voy tout le monde rire,
C'est lors que seul ie me retire
A part en quelque lieu caché:
Comme la chaste Tourterelle
Perdant sa compagne fidelle
Se branche sur vn tronc seiché.
Le beau iour iamais ne m'éclaire,
Tousiours vne nuict solitaire
Couure mes yeux de son bandeau,
Ie ne voy rien que des tenebres,
Ie n'entens que des chants funebres,
Seurs augures de mon tombeau.
La France en deux parts diuisee
De guerres n'aguere embrasee,
Sent or' le doux fruict d'vne paix:
Mais las! nul fruict ie n'en rapporte.
Car la guerre est tousiours plus forte

E iiij

Entre mes penſers que iamais:
Penſers qui font dedans ma teſte
Vn bruit eſtrange, vne tempeſte,
Et dreſſent cent mille combats,
Mais tout à mon deſauantage:
Car ſeul ie porte le dommage
Et la perte de leurs debats.
Las qu'Amour me rend miſerable!
Las que le bien eſt peu durable!
Las que le ſort m'eſt rigoureux!
Las que les Dieux me ſont contraires
De m'accabler ſous les miſeres
Quand ie penſe eſtre bien-heureux!
Ah Ciel, cauſe de ma ſouffrance,
Hé! que n'ay-ie aumoins la puiſſance
De me changer diuerſement
En Cygne, ou en humeur dorée
Pour voir ma belle Cytherée,
Qu'vn Vulcan garde eſtroittement?
Mais le Ciel en vain i'importune,
Le Ciel chef de mon infortune,
Qui par vne trop dure loy
Me priue en viuant de mon ame,
Car quand ie ſuis loin de Madame,
Mon ame eſt abſente de moy.

XXIX.

Iunon Royne des Dieux, de courroux toute pleine
 Ainsi que le despit la faisoit enrager,
 Alla iusqu'aux Enfers les Fureurs desloger
 Allumant leurs brandons contre Inon la Thebaine:
Vne Deesse helas! beaucoup plus inhumaine
 Sans descendre aux Enfers pour de moy se vanger,
 Me poursuit, me tourmente, & mon ame mal-saine
 Par cent & cent Fureurs elle fait outrager.
La miserable Inon d'Athamas pourchassee,
 Portant son fils d'vn bras, esperduë, insensee
 S'eslança dans la mer & noya ses douleurs:
Et moy de vos courroux fuyant la violance,
 Et portant sous le bras ma debile esperance,
 Troublé ie me submerge en la mer de mes pleurs.

XXX.

Puis que pour mon malheur ceste vnique beauté,
 L'espoir de mon amour, fait aimer tout le monde,
 Il ne faut pas penser que la douleur profonde,
 Si viue en mon esprit, perde sa cruauté.
Ie suis transi de froid au plus chaud de l'Esté,
 Tât la crainte en mon cœur d'vn pié ferme se fonde:
 Le Soleil me fait peur, le Ciel, la terre & l'onde,
 Les vents, les fleurs, les bois, l'ombrage, & la clairté.
Las! si pour la voir telle, vne aspre ialousie
 Doit posseder mon cœur comblé de frenaisie,
 Faites pour mon salut (ô pitoyables Dieux)
Afin que la fureur de ce mal diminuë,
 Que tout ce qui la voit soit priué de la veuë,
 Ou pour ne les voir point que ie perde les yeux.

E v

AMOVRS DE

DE LA IALOVSIE.

AMour à petit feu fait consommer mon ame,
Et m'attaint si souuent des regars de Madame,
Que ie n'ay pas vn lieu qui n'en soit tout percé.
Helas! ce n'est pas tout : la froide Ialousie
M'enuenime l'esprit, trouble ma fantaisie,
Et me poursuit si fort que i'en suis insensé.

Amour est bien cruel, sa pointure est mortelle,
Mais l'aspre Ialousie est beaucoup plus cruelle,
Tout autre mal n'est rien aupres de ce tourment.
Amour aucunefois se lasse de nos peines,
Et soulage nos maux par des liesses vaines,
Mais ceste autre fureur nous presse incessamment.

Las! quand quelque faueur en aimant me contente,
C'est quand la Ialousie en mon esprit s'augmente,
Tous les plaisirs d'Amour viennent pour ma douleur:
Quand ie doy m'esgayer ie renforce ma plainte,
Quand ie doy m'asseurer ie soupire de crainte,
Et fay lire mon mal sur ma palle couleur.

En vain ie veux flechir par pleurs ceste furie,
En vain i'essaye aussi, quelque part que ie fuye,
A me garantir d'elle, elle conte mes pas.
En vain i'ay mon recours aux fortes medecines:
Ce mal ne se guarist par ius ny par racines,
Ains nous fait sans mourir souffrir mille trespas.

Amour, tu es aueugle & d'esprit & de veuë
De ne voir pas comment ta force diminuë,
Ton empire se perd, tu reuoltes les tiens,
Faute que tu ne chasse vne infernale peste,
Qui fait que tout le monde à bon droit te deteste,

Pour ne pouuoir ioüir seurement de tes biens.

 C'est de ton doux repos la mortelle ennemie,
C'est vne mort cruelle au milieu de la vie,
C'est vn Hyuer qui dure en la verte saison,
C'est durant ton Printemps vne bize bien forte,
Qui fait seicher tes fleurs, qui tes fueilles emporte,
Et parmi tes douceurs vne amere poison.

 Car bien que quelque peine en aimãt nous tourmẽte,
Si n'est-il rien si doux, ne qui plus nous contente
Que de boire à longs traits le breuuage amoureux:
Les refus, les trauaux, & toute autre amertume
D'absence ou de courroux font que son feu s'allume,
Et que le fruit d'Amour en est plus sauoureux.

 Mais quand la Ialousie enuieuse & despite
Entre au cœur d'vn Amant, rien plus ne luy profite,
Son heur s'euanoüist, son plaisir luy desplaist,
Sa clairté la plus belle en tenebres se change:
Amour dont il chantoit si souuent la louange,
Est vn monstre affamé qui de sang se repaist.

 Helas! ie suis conduit par ceste aueugle rage,
Mon cœur en est saisi, mon ame & mon courage:
Elle donne les loix à mon entendement,
Elle trouble mes sens d'vne guerre eternelle,
Mes propos, mes pensers, mes regrets viennent d'elle,
Et tous mes desespoirs sont d'elle seulement.

 Elle fait que ie hay les graces de Madame,
Ie veux mal à son œil qui les astres enflame,
De ce qu'il est trop plein d'attraits & de clairté:
Ie voudrois que son front fust ridé de vieillesse,
La blancheur de son teint me noircist de tristesse,
Et despite le Ciel voyant tant de beauté.

E 10

AMOVRS DE

Ie veux vn mal de mort à ceux qui s'en approchent
Pour regarder ses yeux qui mille amours decochent,
A ce qui parle à elle, & à ce qui la suit:
Le Soleil me desplaist, sa lumiere est trop grande,
Ie crains que pour la voir tant de rais il espande,
Mais si n'aimay-ie point les ombres de la nuict.

Ie ne sçaurois aimer la terre où elle touche,
Ie hay l'air qu'elle tire & qui sort de sa bouche,
Ie suis ialoux de l'eau qui luy lave les mains,
Ie n'aime point sa chambre, & i'aime moins encore
L'heureux miroir qui voit les beautez que i'adore,
Et si n'endure pas mes tourmens inhumains.

Ie hay le doux Sommeil qui luy clost la paupiere,
Car il est (s'ay-ie peur) ialoux de la lumiere
Des beaux yeux que ie voy, dont il est amoureux.
Las! il en est ialoux & retient sa pensee,
Et sa memoire aussi de ses charmes pressee,
Pour luy faire oublier mon souci rigoureux.

Ie n'aime point ce vent qui follastre se ioüe
Parmi ses beaux cheveux, & luy baise la ioüe:
Si grande priuauté ne me peut contenter.
Ie couue au fond du cœur vne ardeur ennemie
Contre ce fascheux Lict, qui la tient endormie,
Pour la voir toute nuë & pour la supporter.

Ie voudrois que le Ciel l'eust fait devenir telle,
Que nul autre que moy ne la peust trouver belle:
Mais ce seroit en vain que i'en prirois les Dieux,
Ils en sont amoureux : & le Ciel qui l'a faite,
Se plaist en la voyant si belle & si parfaite,
Et prend tāt de clairté pour mieux voir ses beaux yeux.

Tous ceux que ie rencontre en quelque part que i'erre

DIANE, LIV. I.

Sont autant d'ennemis qui me liurent la guerre:
S'ils sont vestus de noir, ie croy soudainement
Que c'est pour faire voir à la beauté que i'aime,
Qu'ils sont pleins de constance ou de tristesse extreme,
Et deuiens ennemi de leur accoustrement.

L'incarnat me fait foy de leur dure souffrance,
Le verd me fait trembler auec son esperance,
Ie cognois par le bleu les ialoux comme moy:
Le bleu c'est ialousie, & la mer en est peinte.
„ Mariniers come Amans viuent tousiours en crainte.
„ Car en mer & en femme il ne faut auoir foy.

Si quelqu'vn est pensif, soudain ie croy qu'il pense
En ce bel œil guerrier, qui comme moy l'offense:
Si ie le voy ioyeux, ie crains qu'il soit contant,
Et souhaitte en pleurant que mes yeux me deçoiuent,
Bref tous ceux que ie voy, i'estime qu'ils reçoiuent
Plus de faueurs que moy, bien qu'ils n'aiment pas tant.

Suis-ie pas malheureux de viure en telle sorte?
Ma fureur par le temps se rend tousiours plus forte,
Mille loups affamez me tiraillent le cœur:
Or' i'ay la face blesme, or' elle est enflammee,
Or' ie voudrois donner au trauers d'vne armee,
Or' ie n'ose paroistre & meurs presque de peur.

Viue source d'ennuis, Harpye insatiable,
Ennemie à toymesme, enragee, incurable,
Portant au chef cent yeux incessamment ouuerts,
Ouuerts pour nostre mal, clos pour nostre liesse,
Las! plus ie parle à toy plus tu crois ma tristesse,
Et remplis mon esprit de serpens, & de vers.

Tu rens mes yeux si clairs, qu'vne longue distance
Ne les peut empescher de veir en leur presence

La beauté que i'adore entre dix mille amans,
Ie voy sa blanche main, qui d' l'vn est touchee,
A l'autre elle sous-rit, sur l'autre elle est couchee,
Et voy qu'elle se plaist en ces contentemens.

 Tu sçais que mon esprit en cent lieux se transporte,
Mon penser ennemi sur tes ailes se porte,
Pressé d'vn aiguillon qui viuement le poind:
Tu fais trouuer mon corps où il ne sçauroit estre,
Et réueilles mes sens pour leur faire cognoistre
Ce que ie voudrois bien qu'ils ne cogneussent point.

 Vous, que comme Deesse ici bas ie reuere,
Si vous auez pitié de ma longue misere,
Et si vous desirez de me voir secourir,
Tuez ceste sorciere acharnee à ma perte,
Et de son sang tout chaud oignez ma playe ouuerte:
Ce remede tout seul est propre à me guarir.

XXXI.

Ma vie à vn Enfer peut estre comparee,
 I'ay pour mes trois fureurs maints soucis violans:
 Au lieu de noirs Serpens le venin distillans,
De ialouses poisons mon ame est deuoree.
L'esperance est de moy pour iamais separee,
 Comme elle est de ces lieux malheureux & dolants,
 Mes pleurs ont fait vn Styx, & mes souspirs bruslés
De bouillant Phlegethon l'ardeur desmesuree.
Ma bouche est vn Cerbere à toute heure abboyant:
 L'infernale valee en fumee ondoyant,
 Ressemble à mon esprit si comblé de tristesse.
Tous les tourmens d'Enfer à moy seul sont donnez,
 La iustice de Dieu tourmente les damnez,
 Et ie suis tourmenté d'vne iniuste Deesse.

XXXII.

Celle à qui mes escrits ont donné tant de gloire,
   Qu'on l'estimoit vnique en sa perfection
   A du tout, comme on dit, changé d'affection,
   Et de nos feux premiers enterré la memoire:
Non non la glace est chaude, & la blancheur est noire,
   Le Soleil tenebreux, l'air sans mutation,
   Le Ciel, la peur des Dieux, tout n'est que fiction,
   Bref, ce qui est n'est point, à rien il ne faut croire:
Ie ne croiray plus rien, ou croiray seulement
   Que les sens & l'esprit iugent tout faulsement,
   Et ne iugent de rien qui soit sans imposture:
Ie croiray que la femme, & n'en seray blasmé,
   Entre tout ce qui est, ou fut iamais formé,
   Est de la plus changeante & plus faulse nature.

XXXIII.

Iamais fidelle Amant n'eut plus douces pensees,
   Plus aimables trauaux, desirs plus esleuez,
   Que i'auoy quand vos yeux d'inconstance priuez
   Tenoyent toutes vers moy leurs lumieres dressees:
Quand vn seul traict rendoit nos deux ames blessees,
   Quand vn mesme filet nous tenoit captiuez,
   Quãd d'vn mesme cachet nos cœurs estoyent grauez,
   Ayans perdu deuant toutes marques passees.
Quels destins rigoureux, quel horrible mesfaict
   Rend vn si ferme nœud soudainement desfaict,
   Et couure vne clarté si luisante & si belle?
Ma faute & les destins à tort en sont blasmez,
   Ce sont des tours communs & tout accoustumez
   D'Amour, de la Fortune, & d'vn sexe infidelle.

XXIIII.

Voſtre cœur s'eſt changé, Maiſtreſſe, & ie l'endure,
  Non qu'vn bouillant deſpit ne me rende embraſé,
  Mais pource qu'en aimant ie me ſuis propoſé
D'accepter la Fortune ou fauorable ou dure.
Ie n'ignoray iamais l'heur de mon aduenture,
  Quand de voſtre œil diuin i'eſtoy fauoriſé,
  Mais auſſi mon eſprit n'eſt pas ſi peu ruſé,
Qu'il ne ſçache des vents l'inconſtante nature.
Ie ſuis tout plein d'amour quand vous me tenez cher,
  Quãd vous me deſdaignez, ie crain de vous faſcher,
  Et fuy de vos beaux yeux la lumiere infidelle:
Ie ne ſeray iamais importun ſi ie puis,
  I'aime mieux ſeul à part ſouſpirer mes ennuis,
,, L'amy qui m'importune ennemy ie l'appelle.

STANSE.

Vous m'auez fait ietter au plus vif de la flame
  Vn Sonnet que du cœur l'Amour m'a fait ſortir:
Si c'eſt pour appaiſer les courroux de voſtre ame,
La vengence eſt petite, il n'en peut rien ſentir.
Ah! non, vous l'auez fait pour ſauuer voſtre gloire,
Qui couroit grand peril ſans ceſt embraſement:
Car en brulant mes vers, ie brule auſſi l'hiſtoire
De voſtre tyrannie, & de mon long tourment.

XXXV.

Vous l'auiez inuenté, Rapporteurs malheureux,
　Que celle à qui ie suis auoit fait nouueau change,
　Et par ce méchant bruit contraire à sa lotinnge,
M'auiez comblé l'esprit de soucis douloureux:
Son vouloir est trop ferme, & son cœur genereux
　Amy de la franchise aisément ne se range:
　Ie n'ay que trop connu combien elle est estrange,
Et prend peu de pitié des tourmens amoureux.
Auec tant de trauaux qu'atre ans ie l'ay seruie
　Que la peine à tout autre en eust osté l'enuie,
　Voyant ses passions si mal recompenser.
Car il faut bien aimer & rien ne se promettre.
　Quiconque à ce voyage apres moy s'ose mettre
Ne fera long chemin auant que se lasser.

XXXVI.

Ne dites plus, Amans, que l'absence inhumaine
　Tourmente vostre esprit d'vn mal demesuré:
　Car qui laisse sa Dame & s'en voit separé,
N'a point de sentiment pour souffrir de la peine.
Ce n'est plus rien de luy qu'vne semblance vaine,
　Qu'vn corps qui ne sent rien, palle & defiguré,
　Son ame est autre part, son esprit esgaré
Erre de place en place où son desir le maine.
Celuy qui sent son mal & qui le cognoist bien,
　Est encore viuant: mais on ne sent plus rien
　Aussi tost que le corps est laissé de son ame.
Donc si c'est vne mort, on peut voir clairement
　Que celuy ne fut oncq esloigné de sa Dame,
Qui surnomma douleur vn tel esloignement.

AMOVRS DE

XXXVII.

Las! ie ne verray plus ces Soleils gracieux,
 Qui seruoyent de lumiere à mon ame esgaree:
 Leur diuine clairté s'est de moy retiree,
 Et me laisse esperdu, dolent & soucieux.
C'est en vain desormais, ô grand flambeau des cieux,
 Que tu sors au matin de la plaine azuree,
 Ma nuict dure tousiours, & ta tresse doree,
 Qui sert de iour au monde, est obscure à mes yeux.
Mes Yeux helas! mes Yeux sources de mon dommage,
 Vous n'aurez plus de guide en l'amoureux voyage,
 Perdant l'astre luisant qui souloit m'esclairer.
Mais si ie ne voy plus sa clairté coustumiere,
 Ie ne veux pas pourtant en chemin demeurer:
 Car du feu de mon cœur ie feray ma lumiere.

CHANSON.

Las! en vous esloignant, Madame,
 Au moins n'emportez point mon ame
 Et mon cœur que vous m'auez pris:
 Il sied mal à vne Deesse
Ieune & belle comme Cypris,
 D'estre cruelle & larronnesse.
Huguenots qui courez la France,
 De graces faites moy vengeance
 D'vne aussi mauuaise que vous:
 Sa main est apprise au pillage,
 Et ses yeux qui feignent les doux,
 N'ont plaisir qu'à faire dommage.
Guettez ceste belle meurtriere,

Qu'elle soit vostre prisonniere,
Elle qui met tout en prison:
Liez ses mains de chaisnes fortes,
Las! qui m'ont volé ma raison,
L'ayant naurée en mille sortes.
Ainsi donc, Ma fiere ennemie,
De ma mort vous serez punie,
Et des tors que vous m'auez faits:
Mais i'ay peur que l'ennemi blesme,
Voyant vos yeux armez de traits,
Se rende prisonnier luy-mesme.

XXXVIII.

En pire estat ma fortune est venuë,
O tristes yeux, helas! qu'elle n'estoit
Lors que le Ciel, benin, vous permettoit
Voir la beauté de moy tant recognuë.
Car si l'ardeur où mon ame est tenuë,
S'en approchant d'heure en heure augmentoit,
Son œil piteux mon mal reconfortoit,
Rendant ma vie en espoir maintenuë.
O temps heureux quand ie peu la seruant
Luy descouurir mes ennuis si souuent,
Pleurer, crier, blasmer sa rigueur forte!
Las maintenant ie languy sans confort,
Et de la mort qu'absent d'elle ie porte,
Rien ne me peut deliurer que la mort!

XXXIX.

D'où vient qu'vne beauté qui m'est tousiours presente
 Au cœur & en l'esprit, n'est presente à mes yeux?
 Et comment fait le ciel, de mon aise enuieux,
 Que sans vous, ma douleur, tant d'angoisses ie sente?
Plus ie suis loing du feu, plus ma flamme est cuisante,
 Et mes boüillans desirs plus chauds & furieux:
 Et n'y a bois, rocher, ny distance de lieux,
 Qui serue à me sauuer d'ardeur si violante.
Tu peux luire à ton gré, Soleil du firmament,
 Pour les autres mortels, mais pour moy nullement,
 Ma nuict dure tousiours loing de l'œil que i'adore.
Ie voudray que le Ciel me permist sommeiller
 Durant si longues nuicts qui cachent mon Aurore,
 Puis qu'apres son retour il me fist réueiller.

XL.

Cheueux, present fatal, de ma douce contraire,
 Mõ cœur plus que mon bras est par vous enchaisné,
 Pour vous ie suis captif en triomphe mené,
 Sans que d'vn si beau ret ie cherche à ma deffaire.
Ie sçay qu'on doit fuir les dons d'vn aduersaire,
 Toutesfois ie vous aime, & me tiens fortuné,
 Qu'auec tant de cordons ie sois emprisonné:
 Car toute liberté commence à me desplaire.
O Cheueux mes vainqueurs, vantez-vous hardiment
 D'enlacer en vos nœuds le plus fidelle amant,
 Et le cœur plus deuôt qui fut oncq en seruage,
Mais voyez si d'amour ie suis bien transporté,
 Qu'au lieu de m'essayer à viure en liberté,
 Ie porte en tous endroits mes ceps & mon cordage.

XLI.

Aimons-nous ma Deesse, & monstrons à l'espreuue
  Qu'vne si belle ardeur ne se peut allumer:
  Nostre amour s'en fera d'autant plus estimer
Qu'en ce temps la constance en peu d'amans se treuue.
Bien que le ciel, l'enuie, & la fortune pleuue
  Sur nous tout ce qu'ils ont d'angoisseux & d'amer,
  Iamais ils ne pourront nos cœurs desenflammer,
Les temps mesme en passant rendra nostre amour neuue.
Lisant en vostre cœur i'y verray mon vouloir,
  Ce sera mesme ennuy qui nous fera douloir,
  Et ne garderons rien que nous nous voulrons taire.
Nous n'aurons en deux corps qu'vn esprit seulement.
  Car l'amour si commune est comme vn diamant,
  Qui demeure sans prix és mains du populaire.

STANSES.

Ors qu'vn de vos rayons doucement mo
    blessa,
Et que mon ame libre en prison fut re-
    duitte,
Mon cœur rauy d'Amour aussi tost me laissa,
Et sans autre conseil se mit à vostre suitte.
Mais comme vn voyageur qui s'arreste pour voir
S'il trouue en son chemin quelque chose nouuelle,
Alors qu'il veit vos yeux de passer n'eut pouuoir,
Et demeura surpris d'vne clairté si belle.
  Puis il reprend courage, & s'asseure à la fin,
Desireux d'acheuer l'entreprise premiere:
Soit qu'Amour le guidast, ou son heureux destin,

Où que vostre œil luisant luy fournist de lumiere,
Il ne s'arreste plus, & vient iusques au lieu,
Siege de vostre cœur, qu'il embrassa sur l'heure,
Et me dist en riant vn eternel Adieu,
Ne voulant plus partir de si belle demeure.

Vostre cœur qui ne veut plein d'vn braue desir,
Souffrir vn compagnon, autre empire pourchasse:
Et delaissant le sien d'vn lieu se vient saisir,
Où nul autre que luy ne pourroit auoir place:
C'est le lieu que mon cœur plein d'amour & de foy,
Diuinement guidé delaissa pour vous suiure.
Voila donc comme Amour du depuis nous fait viure,
Mon cœur est dedans vous, le vostre est dedans moy.

XLII.

Mari ialoux qui me defens la veuë
  De la beauté si bien peinte en mon cœur,
  De tes fureurs mon desir prend vigueur,
  Et mon amour plus forte continuë.
Plus vne place est cherement tenuë,
  Plus elle acquiert de louange au vainqueur;
  Plus tu seras vers moy plein de rigueur,
  Plus ie rendray ma constance cognuë.
Quand on ne peut vn cœur froid allumer,
  Il faut sans plus luy defendre d'aimer:
  Tout aussi tost le voila plein de flamme.
Donc si tu veux viure bien asseuré,
  Ferme les yeux, ne garde point ta femme.
  Le bien permis est le moins desiré.

XLIII.

I'excuse le mari de cete qui m'a pris,
   D'estre si deffiant, de n'aller point sans elle:
   Ie voudroy deux cens yeux de peur d'estre surpris,
Si i'estoy possesseur d'une chose si belle.
Le Gouuerneur d'un fort, vigilant & fidelle,
   Iamais d'un long sommeil n'assoupit ses esprits,
   Il s'éueille en sursaut, court à la sentinelle,
Et craint tousiours qu'on ait sur sa place entrepris.
Le maudit vsurier qui sa richesse adore,
   Sent dés qu'il en est loing qu'un souci le deuore,
   Et que mille glaçons le transissent de peur.
Hé! qu'est-ce qu'un thresor, ou qu'une forteresse
   Aupres de la beauté qui fait viure mon cœur?
   Son mari fait donc bien gardant telle richesse.

XLIIII.

I'ay fait de mes deux yeux vne large riuiere,
   Que de vos fiers regards les feux estincelans,
   Et de mon estomach les brasiers violans,
Au lieu de la tarir font deuenir plus fiere.
Contre vostre rigueur ie veux (belle Meurtriere)
   Mettre auec mes soupirs ces pleurs tousiours coulans,
   Puis les ietter aux vens: les vens, courriers volans,
Les porteront en l'air d'une course legere:
Puis l'element du feu de l'air les tirera:
   Mais leur humidité pourtant ne tarira,
   Car des eaux de mes pleurs la source est eternelle.
Ils viendront iusqu'au Ciel, lors les Dieux de pitié,
   Puniront vos rigueurs, vengeans mon amitié:
   Car ils me feront sage, & vous feront moins belle.

XLV.

Vostre bouche, ô Deesse, a mal prophetisé :
(Pardonnez si l'Amour me fait vous contredire)
Car Philene a bouché ses oreilles de cire,
Et des charmes trompeurs ne l'ont point amusé.
C'est œil qui l'a rendu quelquefois embrasé
Obscurci d'un plus beau pour luy cesse de luire,
Il le voit sans danger, sans ioye & sans martyre,
,, Iamais vn bel esprit n'est deux fois abusé.
Reste donc, que Diane en voyant sa constance
Souffre qu'Amour la touche, & douce ores commence
A plaindre vn peu le mal d'vn cœur qui est tout sien.
Sinon vous iugerez si l'Amant est bien sage,
Qui fuit les doux appas d'vne Dame volage,
Pour se perdre aux rigueurs d'vne qui n'aime rien.

XLVI.

Iamais d'vn si grand coup ame ne fut attainte,
Iamais cœur ne logea desespoirs si cuisans,
Helas! tourmens d'Amour, que vous estes plaisans
Aupres du chaud regret qui fait naistre ma plainte.
Mais quels fers, quels flabeaux, quelle iniuste côtrainte,
Quel destin coniuré, quelle course des ans,
Quel furieux effort, quels propos mesdisans
Me pourroyent separer de vostre amitié sainte?
En ce malheur cruel bien-heureux i'eusse esté,
Si de nuire à moy seul il se fust contenté :
Mais il touche à Madame, ha! ie meurs quand i'y
O venimeux rapports, ô cœurs malicieux, (pense.
Ie diray, si bien tost ie n'en voy la vengence,
Qu'il n'y a dans le Ciel ny iustice ny Dieux.

Qu'on

XLVII.

Qu'on m'arrache le cœur, qu'on me face endurer
Le feu, le fer, la roüe & tout autre supplice,
Que l'ire des tyrans dessus moy s'assouuisse,
Ie pourray tout souffrir sans gemir ny pleurer:
Mais qu'on vueille en viuant de moy me separer,
M'oster ma propre forme, & par tant d'iniustice
Vouloir que sans mourir de vous ie me banniße,
On ne sçauroit, Madame, il ne faut l'esperer:
En despit des ialoux par tout ie vous veux suiure,
S'ils machinent ma mort, ie suis si las de viure
Qu'autre bien desormais n'est de moy souhaitté:
Ie beniray la main qui sera ma meurtriere,
Et l'heure de ma fin sera l'heure premiere
Que de quelque repos çà bas i'auray gousté.

Tombeau d'Amour.

CY gist l'aueugle Amour, sa puissance est esteinte,
Celle qui m'a tué l'a fait mourir aussi:
Son arc vainqueur des dieux, & ses traits sont icy,
Mais ce n'est rié que cedre, ils ne sont plus de crainte,
En fin le pauure enfant s'est laißé deceuoir,
Apres auoir cent fois tasché brusler Madame:
Car ne l'ayant peu faire, il pensa que sa flame
Iadis tant crainte au Ciel n'auoit plus de pouuoir,
Douteux, pour l'essayer il la porte à ses ailes,
Le feu leger s'y met, dont il est tout épris:
Il pleure, il voit sa faute, il remplit l'air de cris,
Mais c'est donner vigueur à ses flammes cruelles.
Amans, pardonnez-moy (disoit-il en mourant)
Ie n'eusse iamais creu ma flamme estre si forte:
Au moins que mon trespas vos ennuis reconforte,
Ie meurs du mesme feu qui vous va deuorant,

XLIIII.

Cent & cent fois le iour ie fay nouueaux discours
  Mal content, mal-payé des trauaux que i'endure,
  Et lassé de porter vne charge si dure
  Ie rebelle mon cœur du grand Roy des amours.
La Raison aussi tost s'auance à mon secours,
  Qui m'ouure les prisons & guarist ma pointure:
  Libre alors ie maudy sa meschante nature,
  Et consens que sa loy n'ait en moy plus de cours.
Mais presqu'au mesme instant sans oser me defendre
  Vn clin d'œil, vn propos mō cœur viennēt reprendre,
  Rechassent ma Raison, enserrent mes esprits:
Et l'Amour par vengence en rigueur se renforce.
  Lors comme vn pauure serf nouuellement repris,
  I'endure, & tout honteux de seruir ie m'esforce.

CHANSON.

Eluy que le Ciel tout puissant
  Fait d'vn cœur ardant en naissant,
  Veut que chacun luy obeisse:
  Mais bien que son œil vigoureux
M'ait rendu chaud & genereux,
Ie n'aime qu'à faire seruice.
Guerriers qui d'vn bras glorieux
  Grauez vos faicts victorieux
  Aux durs tableaux de la Memoire,
  Vantez vostre commandement:
  De moy ie sers si noblement
  Que ie ne chante autre victoire.
Le forçat sauué du danger,

Monstre sa chaisne à l'estranger,
Triste enseigne de son supplice:
Et moy ie monstre mon lien,
Heureuse marque de mon bien:
Car mon bien vient de mon seruice.
Hercule en tous lieux redouté,
Ayant maint trauail surmonté,
Seruant effaça ceste gloire.
Mon seruice n'est pas ainsi:
Car il rend mon nom esclairci,
Trop plus qu'vne belle victoire.
O vous furieux de soucis,
Sans repos troublez & transis
Pour renuerser vne police,
Ayans l'vniuers trauaillé,
Le prix qui vous sera baillé,
N'est rien aupres de mon seruice.
Ce bel œil qui donne le iour,
Alors qu'il chasse à son retour
La nuict marchant en robe noire,
Ne voit rien par tout l'vniuers,
Deuant, derriere, & de trauers,
Esgal au Dieu de ma victoire.
Heureux qui sert comme ie fais,
Et qui consacre tous ses faits
A chose si saincte & propce:
Aussi pour m'en recompenser,
Rien mieux ie ne sçaurois penser
Que de mourir en son seruice.

L.

Ie m'estoy dans le temple vn Dimanche rendu,
  Que de la mort de Christ on faisoit souuenance,
  Et touché iusqu'au cœur de viue repentance,
Ie souspiroy le temps que i'ay mal despendu.
O Seigneur qui des cieux en terre es descendu
  Pour guarir les pecheurs, & lauer leur offense,
  Que ton sang ruisselant en si grand' abondance
N'ait point esté pour moy vainement respandu.
Seul Sauueur des humains, sauue ta creature.
  I'acheuoy de prier, quand ie vey d'auenture
  Celle dont les beaux yeux sans pitié m'ont desfait.
Ah Dieu ! (ce dy-ie alors la voyant en priere
  Triste & l'œil abaissé) ceste belle meurtriere
  Se repent-elle point du mal qu'elle m'a fait ?

LI.

Que maudits soyent mes yeux si prompts à mon d'omage,
  Qui pour le seul plaisir de voir vostre beauté
  Ont laschement trahy ma libre volonté,
Mis mes pensers en trouble, & mon ame en seruage.
Mon mortel ennemi par eux a eu passage
  Dans mon cœur desarmé qu'or' il tient arresté :
  Et luy qui contre Amour s'estoit si bien porté,
Sent pour sa recompense vn feu qui le saccage.
Car ce Dieu sans pitié, comme vn cruel vainqueur,
  Met en feu ma despouille & se campe en mon cœur,
  Dont il ne partira iusqu'à tant que ie meure.
Mais (ô maudit Amour) tu n'as point de raison.
  Car si tu prens mon cœur pour y faire demeure,
  Es-tu pas bien enfant de brusler ta maison ?

LII.

Quand nous aurons passé l'infernale riuiere
Vous & moy pour nos maux damnez aux plus bas
Moy pour auoir sans cesse idolatré vos yeux, (lieux,
Vo° pour estre à grād tort de mō cœur la meurtriere:
Si ie puis tousiours voir vostre belle lumiere,
Les eternelles nuicts, les regrets furieux
N'estonneront mon ame, & l'Enfer odieux
N'aura point de douleur qui me puisse estre fiere.
Vous pourrez bien aussi vos tourmens moderer
Auec le doux plaisir de me voir endurer,
Si lors vous vous plaisez encore en mes trauerses:
Mais puisque nous auons failly diuersement,
Vous par inimitié, moy trop fort vous aimant,
I'ay peur qu'on nous separe en deux chābres diuerses.

LIII.

O Mort, tu pers ton temps de me poursuiure ainsi,
Me tenant miserable en fiéure continuë,
Qui trouble mon cerueau, comme la mer esmeuë
Battant de cent boüillons vn rocher endurci.
Ie n'ay plus de couleur, mon œil est tout noirci,
Ma langue ardant sans cesse est seiche deuenuë,
Mon accez violant iamais ne diminuë,
Et tu ne peux finir ma vie & mon souci.
C'est que tes coups sont vains contre vne froide lame,
Sans cœur, sans mouuemēt, sans esprit & sans ame,
Qui rebouche les traits de ta cruelle main.
Si tu veux donc (ô Mort) triompher de ma vie,
Il faut contre Madame addresser ta furie,
Blesse mon cœur qu'elle a, ie mourray tout soudain.

F iij

Sommeil, qui trop cruel au temps de mes a-
   mours
  M'as privé si souvent des plus douces pensees,
  Tenant outre mon gré mes paupieres pressees
Lorsque ie desiroy pouvoir veiller tousiours :
  Or qu'vn fiévre ardente en mon sang allumee
Change en feux mes soupirs & mon cœur en fourneau,
Trempe au fleuve d'Oubly bien avant ton rameau,
Et defsile en mes yeux ceste liqueur aimee.
  De grace hé que ie dorme, & que les troublemens
Qui font de mon esprit vne mer irritee,
Me donnent quelque trefue. Ainsi ta Pasithee
Paye ceste faueur de mille embrassemens.
  Heureux G'ix qui dormez la moitié de l'annee,
Las! qu'vn somme aussi fort né me peut-il tenir?
Mais pour plus grand repos, & pour mon mal finir
Soyent mes yeux pour iamais clos de la destinee.

LXV.

I'estoy sans cognoissance estendu dans ma couche,
  Sans pouls, tousiours resuant, mortellement atteint:
  Mes yeux estoyent cauez, de mort estoit mon teint,
  Et mon corps tout courbé comme vne vieille souche :
La fiévre auoit cueilli les roses de ma bouche,
  Et palli le vermeil sur mon visage peint :
  Mes amis desolez hautement m'auoyent pleint,
  Me voyant si debile, & mon œil si farouche.
Durant que ie mourois, le rigoureux Amour
  Collé sur mon cheuet, sans repos nuict & iour
  Me souffloit à l'oreille, & redoubloit ma flame.
Las! Amour, laisse moy mourir plus doucement.
  Ie le veux bien (dit-il) mais fay ton testament,
  Et dy qu'aprez ta mort tu me laisses ton ame.

LVI.

Ceste humeur qui m'aueugle & me bande les yeux,
    Coulant incessamment, pour mon bien est venuë:
    Car ie cesse de voir le bel œil qui me tuë,
    Et qui rend de ma prise vn enfant glorieux.
Non ce n'est pour mō biē:mais c'est quelqu'vn des dieux
    Ialoux du paradis, qui bienheur oit ma veuë
    En l'obiet des beautez, dont vous estes pourueuë,
    Qui m'a donné ce mal, de mon aise ennieux.
Quiconque sois des dieux, cesse d'auoir enuie
    Que deux si beaux soleils facent luire ma vie,
    Et que de leurs rayons procedent mes chaleurs:
Helas i'achette assez les regars de Madame,
    Qui sens pour vn trait d'œil mille pointes en l'ame,
    Et pour vn court plaisir tant de longues douleurs.

LVII.

Quel supplice infernal, quelle extréme souffrance
    Peut approcher du mal dont ie suis tourments?
    O rigoureux Amour, si ie t'ay despité
    Tu te monstres trop aigre à punir mon offense.
I'auois esté six mois pleurant pour vne absence,
    Languissant desolé, couuert d'obscurité,
    Viuant du seul espoir de reuoir la clairté,
    Qui fait fleurir mes iours par sa douce influence.
Amans iugez ma peine: or' qu'elle est de retour
    Il faut pres de ses yeux pour couurir mon amour,
    Que sans la regarder ie tourne ailleurs la veuë.
Helas! ie suis reduit iusqu'à si piteux poinct,
    Qu'à fin que mon amour à tous soit incogneuë,
    Ie feins tant qu'elle croit que ie ne l'aime point.

F iiij

LVIII.

Dieu des hommes perdus, sera-ce iamais fait?
　Seray-ie tousiours butte aux douleurs incurables?
　Mes esprits abbatus sont-ils si fort coulpables,
　Que leur peine en trois ans ne t'ait pas satisfait?
Mon cœur, mon œil, mon teint blessé, caué, desfait,
　De traits, de pleurs, d'ennuis, cruels, amers, durables
　Pourroyent faire auoier aux damnez miserables,
　Que de mes passions l'Enfer n'est qu'vn pourtrait.
De ma soif pres des eaux Tantale est la figure,
　Le vaultour de Titye est la peine où ie dure,
　Tenaillé d'vn desir qui me ronge & me poingt:
Mon trauail sans profit est le seau de Belides,
　Et mes chauds desespoirs les fieres Eumenides,
　Mais las! en mon Enfer Lethés ne passe point.

LIX.

Dressez moy sans cesser querelle sur querelle,
　Et tenez de vos yeux le beau Soleil caché
　Pour rendre mon espoir languissant & seiché,
　Et pour couurir mes iours d'vne nuict eternelle:
Que pour moy de tout poinct la pitié soit cruelle
　Et que tousiours le Ciel à mes cris soit bouché,
　La rigueur des ennuis dont ie seray touché
　N'aura iamais pouuoir de me rendre infidelle.
Mon cœur aux flots du mal semble vn roc endurci,
　Vous estes mon Soleil, ie suis vostre Souci,
　M'ouurant tant seulement aux rais de vostre veuë:
Las! vous le sçauez bien, mais pour me tourmenter
　Sans cause à tous propos vous monstrez d'en douter,
　Et c'est de tant de maux celuy seul qui me tuë.

LX.

Puis qu'il vous plaist, Madame, & qu'auez tãt d'enuie
  Que ie cesse d'aimer, d'adorer & d'auoir
  Au cœur vostre portraict, ie vous veux faire voir
  Que ie puis l'impossible en vous rendant seruie.
Vos rigueurs, vos desdains, les douleurs de ma vie,
  En vain cussent pensé ma constance esmouuoir :
  Car aux plus grãs malheurs s'augmẽtoit sõ pouuoir,
  Comme vn roc s'endurcist aux vents & à la pluye.
Mais puis que ie vous fasche, & qu'il ne vous plaist pas
  D'vn regard seulement honorer mon trespas,
  Puis que ma seruitude & ma foy vous offense,
L'ame & le cœur en feu, l'œil de pleurs tout chargé,
  Pour ne vous ennuyer par trop de patience,
  Et pour vous obeir i'accepte mon congé.

LXI.

Tant d'amour, tant de foy dont vos lettres sont pleines,
  Tant de feu que le temps n'a rendu moins viuant,
  Et tous ces beaux discours, qui m'alloyent deceuant
  Ne sont que des chansons & des paroles vaines :
Ie ne m'en paye plus : mes trauaux & mes peines
  Cerchent du bien solide au lieu d'ombre & de vent :
  N'abusez donc l'espoir d'vn fidele seruant,
  ,, Amour veut des effects & des preuues certaines.
Depuis quatre ans entiers vous m'appastez ainsi,
  Ie vieilly cependant, vous vieillissez aussi,
  Et perdons de nos ans la saison mieux aimee.
D'en taxer la fortune & les empeschemens
  C'est vne foible excuse : oncques deux vrais amans
  Ne trouuerent pour eux de porte assez fermee.

LXII.

I'ay tout souffert d'ennuis, de honte & de misere,
 Depuis qu'à vos beaux yeux mon esp it s'est rendu,
 Mon aage & mon labeur i'ay si mal despendu,
 Que i'en sers de risee, & de fable au vulgaire.
Ie veux rompre mes fers plein de iuste colere,
 Et perdre heureusement l'amour qui m'a perdu:
 L'eussé ie fait plustost i'ay bien tard attendu,
 Mais si n'est-ce pas peu de m'en pouuoir desfaire.
Loing loing bien loing de moy, Pensers fallacieux,
 Espoirs faux & trompeurs, desirs ambicieux,
 Et des trauaux passez souuenir trop durable.
I'appens à Nemesis, pour acquitter mes vœux,
 Ces traits qu'elle a rôpus ces flambeaux & ces nœus
 Esteints & déliez, par sa main secourable.

LXIII.

Le robuste animal dont l'Inde est nourriciere,
 Qui pour n'estre pollu se purge & va lauant,
 Afin que plus d'auô il puisse en arriuant
 La nouuelle Diane, adorer sa lumiere:
S'il faut monter sur mer par force ou par priere,
 Estant pres du vaisseau ne veut passer auant
 Si son maistre ne parle, & luy iure deuant
 De soin le reconduire en sa terre premiere.
Moy plus lourd mille fois & plus mal-aduisé
 Sur mer à tous perils ie me suis exposé
 Sans promesse d'Amour mon guide en ce voyage.
Donc ô belle Diane helas! asseurez moy,
 Si pour vous adorer seule ainsi que ie doy,
 De toute vieille erreur i'ay purgé mon courage.

LXIIII.

Belle & cruelle main, qui m'auez enchaisné
　Dans la prison d'Amour mon antique aduersaire,
　Estant si delicate, hé comment se peut faire
　Qu'vn coup si dangereux par vous me soit donné!
Mon cœur nouueau captif en est tout estonné,
　Mes sens tous esperdus, & mon œil temeraire
　De vous voir pour son mal ne se sçauroit distraire,
　Tant la beauté l'attire & le rend obstiné.
Par vn nouuel effort mon ame est surmontee.
　Ie sçauois bien que Mars par sa main redoutee
　Fait ses actes guerriers & se rend plus connu:
Mais que ma liberté deust estre retenuë
　Par vne main si tendre, encores toute nuë,
　Ce miracle est à moy seulement aduenu.

LXV.

Chacun iour mon esprit loin du corps se retire,
　Ie tombe en pasmoison, ie pers le mouuement,
　Ma couleur deuient palle, & tout en vn moment
　Ie n'entens, ie ne voy, ie ne sens, ny respire.
Reuenant puis apres vers le ciel ie souspire,
　I'ouure les yeux ternis, ie m'esmeus doucement
　Comme vn qui a dormi: puis sans estonnement
　I'attens ie prompt retour d'vn si lasche martyre.
Ceux qui voyent comment ce mal me met au bas,
　Comme il reuiët soudain, n'attendent qu'vn trespas,
　Qui ces petites morts d'heure à autre finisse.
Il ne m'en chaut pour moy, c'est tout mon reconfort:
　Mais pour vo⁹ ie m'en plains, qui perdrés à ma mort
　Vn cœur qui n'estoit nay que pour vostre seruice.

F vj

LXVI.

Beaux nœuds crespes & blons nonchalamment espars,
   Dõt le vainqueur des Dieux s'emprisonne & se lie:
Front de marbre vivant, table claire & polie,
   Où les petits Amours vont aiguisant leurs dars.
Espaix monceau de neige aueuglant les regars,
   Pour qui de tout obiet mon œil se desallie:
Et toy guerriere main de ma prise embellie,
   Qui peux nuë acquerir la victoire de Mars.
Yeux pleurans à la fois tant d'aise & de martyre,
   Sous-ris par qui l'Amour entretient son empire:
Voix, dont le son demeure au cœur si longuement:
Esprit par qui le fer de nostre auge se dore,
   Beautez, graces, discours, qui m'allez transformãt,
Hé cognoissez-vous point comme ie vous adore?

Dialogue.

Qvi vous rend, ô mes Yeux, vostre ioye premiere,
   Veu q̃ vous n'estiez plus qu'aux pleurs accoustu-
L'esperance de voir nostre aimable lumiere, (mez?
   Et d'adorer bien tost ses rayons tant aimez.
D'où vient que mon oreille est si prompte & soudaine,
   Et qu'elle est attentive à tout bruit qui se fait?
Il luy semble d'oüir ceste voix sur-humaine,
   Qui peut rendre mon cœur contant & satisfait.
Est ce Amour, ô mes pieds, qui vous preste ses ailes,
   Veu que les iours passez vous ne pouuiez marcher?
C'est que nous courons voir des beautez immortelles,
   Dont l'effort suffiroit pour mouuoir vn rocher.
Pourquoy donc, ô mõ Cœur, quãd cest heur nous arriue,
   Languis-tu de foiblesse, & te vas effroyant?
C'est l'extreme desir qui de force me priue,
   Puis ie crains de mourir de ioye en la voyant.

LXVII.

Quoy que vous en penſiez, ie ſuis touſiours ſemblable,
   Le temps qui change tout n'a point changé ma foy:
   Les deſtins, mon vouloir, & ce que ie vous doy
Font qu'aux flots des malheurs mõ ame eſt immuable.
Vos yeux, dont la beauté rend ma perte honorable
   N'ont iamais veu de ſerf ſi fidele que moy:
   Ie tiens des ſimples corps dont conſtante eſt la loy,
Touſiours ie vous adore & rude & fauorable.
L'abſence, & les rigueurs de cent mille accidents
   N'ont ſçeu rendre en quatre ans mes braſiers moins
   Ny les diminuer d'vne ſeule eſtincelle: (ardents,
Vous ſerez le premier & dernier de mes vœux,
   I'en iure par vos yeux, & par vos blonds cheueux,
   Et par l'eternité de ma peine cruelle.

CHANSON.

Amour grand vainqueur des vainqueurs,
   Et la Beauté royne des cœurs,
   Iadis firent vn vœu notable:
   Et pour n'y manquer nullement
Chacun iura maint grand ſerment,
   Qu'il le tiendroit irreuocable.
Premier ceſt enfant paſſager
   Iura de iamais ne loger
   En eſprit ou en fantaſie
Autant d'vn mortel que d'vn Dieu,
Qu'il n'y retinſt touſiours vn lieu
   Pres de ſoy pour la Ialouſie.
Beauté iurant apres Amour,
   Promit de ne faire ſeiour
   N'y d'arreſter iamais en place,
Sans y loger auſſi ſoudain

L'orgueil fantastique & hautain,
L'aigreur, le mespris, & l'audace.
Sermens cruels & rigoureux,
C'est par vous que les amoureux
Sont pressez d'angoisses mortelles:
L'vn rend leur esprit transporté,
L'autre fait que la cruauté
Ha tant de force au cœur des belles.
De ces vœux trop bien obseruez,
Nous auons esté reseruez,
O ma belle & chere Deesse:
Vous douces beautez & ma foy
Sont du tout exempts de la loy,
Et ne sentent point sa rudesse.
Car bien que la mesme Beauté
Ait en vous son siege arresté,
Rien de fier ne vous deshonore:
Vos yeux & vos propos sont doux,
Il est vray que ce n'est à tous,
Mais à moy seul qui vous adore.
Aussi iaçoit que vos beaux yeux
Puissent rendre iusques aux cieux
Du plus grand Dieu l'ame saisie:
Vostre foy m'a tant asseuré,
Et leur feu si bien esclairé
Que ie suis franc de ialousie.
Puissions-nous viure ainsi tousiours,
Maistresse, heureux en nos amours,
A qui nulle autre ne ressemble:
Et s'il faut sentir du malheur,
Que ce soit la seule douleur
De n'estre pas tousiours ensemble.

LXVIII.

La Foy, qui pour son temple a choisi ma poitrine,
  Iamais n'en partira, quoy qu'il puisse arriuer:
  L'effort du temps vainqueur ne l'en sçauroit priuer,
Contre tous ses assauts plus ferme elle s'obstine.
Que le Ciel courroucé contre moy se mutine,
  Il ne sçauroit pourtant vne escaille en leuer,
  Les tourmens plus cruels ne font que l'esprouuer:
Comme l'Or en la flamme aux maux elle s'affine.
Elle arreste mon cœur à cloux de diamant,
  Et pour tout artifice elle fait qu'en aimant
  Ie me serue d'Amour & de perseuerance.
Mon feu brusle tousiours & n'est point euident,
  Aussi l'amour en moy n'est point par accident,
  Il est de ma nature & ma propre substance.

LXIX.

Sur le tombeau sacré d'vn que i'ay tant aimé
  Et dont la souuenance est en vous si bien peinte,
  I'asseure & vay iurãt plein d'amour & de crainte,
Que sans plus de vos yeux mon cœur est enflammé:
Et que le temps leger au change accoustumé
  Iamais n'esbranlera ma foy constante & sainte,
  Mon ame à d'autres loix ne se verra contrainte,
Vostre nom en mes vœux sera seul reclamé.
Si ie dois quelque iour desmentir ce langage
  L'esprit qu'à haute voix i'appelle en tesmoignage,
  Qui nous aimoit tous deux, & que nous aimiõs tãt,
Toute nuict m'espouuante, & me soit aduersaire:
  Mais fussé-ie aussi seur que ma foy vº deust plaire,
  Comme ie le suis trop de vous estre constant.

LXX.

Iamais au grand iamais on ne verra changer
　La foy que ie vous ay nouuellement iuree:
　Pluſtoſt faudront les eaux en la plaine azuree,
Et l'element du feu ne ſera plus leger.
Le Ciel & mon vouloir à vous m'ont fait ranger,
　Seule vous me ſemblez digne d'eſtre adoree:
　Et cognois que ma venë eſtoit fort eſgaree,
Quand de moindre clairté ne pouuoit s'eſtranger.
Celle que i'ay long temps fidellement aimee,
　Pour retirer ſa flamme en cent lieux allumee,
Autre cœur que le mien choiſira deſormais.
Hé qui ſeroit conſtant parmi tant d'inconſtances?
　Trop ſouuent irrité i'ay perdu patience,
Et ne l'aimeray plus iamais au grand iamais.

CHANSON.

Ve vous m'allez tourmentant
　De m'eſtimer infidelle!
　Non, vous n'eſtes point plus belle,
Que ie ſuis ferme & conſtant.
Pour bien voir quelle eſt ma foy,
　Regardez moy dans voſtre ame,
　C'eſt comme i'en fay, Madame,
Dans la mienne ie vous voy.
Si vous penſez me changer,
　Ce miroir me le rapporte:
　Voyez donc de meſme ſorte
En vous, ſi ie ſuis leger.
Pour vous ſans plus ie fu né,
　Mon cœur n'en peut aimer d'autre:
　Las! ſi ie ne ſuis plus voſtre,
A qui m'auez vous donné?

LXXI.

Quand i'admire, estonné, vostre beauté parfaite,
   Que l'esprit seulement ne sçauroit conceuoir,
   Mon cœur mauuais deuin du mal qu'il doit auoir,
Croit que rien de rigueur n'y peut faire retraicte.
Sur la plus belle Idee au Ciel vous fustes faicte,
   Voulant Nature vn iour monstrer tout son pouuoir:
   Depuis vous luy seruez de forme & de miroir,
Et toute autre beauté sur la vostre est portraicte.
Beaux yeux qui rendez serfs tous ceux que vous voyez,
   Yeux qui si doucement mon espoir foudroyez,
   Sans qui du faux Amour la trousse est depourueüe:
Non, i'ai iuré en iurant vostre effort nompareil,
   Et vos douces fiertez, que ie prise ma veuë
   Plus pour vous regarder que pour voir le Soleil.

LXXII.

Que ie hay l'inconstance, & que i'estime foux
   Ceux qui chassent par tout d'vne queste incertaine:
   Quãd on n'a poït d'amour tel pourchas n'est q̃ peine,
La seule affection c'est ce qui le rend doux.
De moy ie me plais tant à n'aimer rien que vous,
   Que la plus grãd' douleur ne peut m'estre inhumaine
   Pourueu que vous croyez que ma foy soit certaine,
Et que pour bien aimer ie sois prisé de tous.
A vos yeux seulement mon esprit fait hommage,
   Et d'autre que de vous, i'en iure vostre image,
   Le ceston de Venus ne pourroit m'enflammer:
Ie suis depuis vingt ans sous vostre obeissance,
   Commençant à conter du poinct de ma naissance,
   Car le Ciel me fist naistre à fin de vous aimer.

LXXIII.

On verra defaillir tous les astres aux cieux,
　Les poissons à la mer, le sable à son riuage,
　Au Soleil ses rayons bannisseurs de l'ombrage,
　La verdure & les fleurs au Printemps gracieux.
Plustost que la fureur des rapports enuieux,
　Efface en mon esprit vn traict de vostre image:
　Elle est trop bien emprainte au roc de mon courage,
　Pour craindre que le Sort en soit victorieux.
Bien que i'aye en aimant la fortune contraire,
　Que tout soit coniuré pour de vous me distraire,
　Ie demeureray vostre en despit des ialoux.
En vous gist mon salut, ma foy, mon esperance:
　Le ciel me fit pour vous, pour vous ie pris naissance,
　Pour vous ie dois mourir, aussi ie meurs pour vous.

LXXIIII.

Si i'aime autre que vous, que l'honneste pensée,
　Qu'Amour loge en mon cœur, s'en puisse departir:
　Et que vostre beauté qui m'a rendu martyr,
　Ne me soit iamais plus que fiere & courroucee.
Si ce n'est de vostre œil que mon ame est blessée
　Iamais d'allegement ie n'y puisse sentir,
　Qu'à regret ie vous serue, & taschant de sortir
　Que de plus pesans fers ma raison soit pressee.
Si i'aime autre que vous Amour tyran des Dieux
　Les feux croisse en mõ ame, & les pleurs en mes yeux,
　Et que vostre rigueur mon seruice reiette.
Las! ie n'aime que vous, ny ne sçaurois aimer,
　Ie despite autre amour qui me sceust enflammer:
　Mon cœur est vne roche à toute autre sagette.

LXXV.

Pendant que mon esprit mille douceurs conçoit,
Et qu'en vous adorant, tout ravy, ie souspire,
Amour par vos regards mille flesches me tire,
Et captiue mon cœur qui ne s'en apperçoit.
Car voyant vos beautez, le grand heur qu'il reçoit
Fait qu'il est insensible au plus cruel martyre,
Et croit que tout le ciel n'a pouuoir de luy nuire:
Tant l'excés du plaisir quelquefois nous deçoit.
Mais quand ie suis forcé d'esloigner vostre veuë,
Trop tard ie m'apperçoy de ma perte aduenuë,
Mon œil se change en source, & mon ame en flabeau:
La mort mesme à l'instant m'oste toute puissance,
Et ie mourrois heureux si i'auois asseurance
Que mon cœur si fidelle eust vos yeux pour tombeau.

LXXVI.

Chaste sœur d'Apollon dont ie suis esclairé,
Le iour comme la nuict deité redoutable,
Que la force d'Amour a conneuë indomtable,
Amour des autres Dieux tant craint & reueré:
Voy ce pauure Acteon sans pitié deuoré
Par ses propres pensers d'vne rage incroyable,
Pour auoir offensé d'erreur trop excusable
Si le feu de ta haine estoit plus moderé.
Il fut audacieux, mais sa haute entreprise
Auec tant de rigueur ne doit estre reprise,
Ains merite plustost loyer que chastiment.
Toutesfois si ton ire autrement en ordonne,
Bien, il souffrira tout: s'escriant au tourment
Que trop douce est la mort quand Diane la donne.

LXXVII.

Aux plus rudes assaux d'vne aspre maladie
　Encor que mon esprit soit foible & languissant,
　Priué du doux obiect qui l'alloit nourrissant,
Sa chaleur toutesfois n'est en rien attiedie.
Car vostre belle image amoureuse & hardie
　Par vn portail secret au secours s'auançant
　L'alimente, l'eschaufe, & la va renforçant
Auant que sa vigueur puisse estre refroidie.
Pourtant ne doutez point, ô ma chere douleur,
　Qu'absent, troublé, malade, ou par autre malheur
　Vostre beauté diuine en mon ame s'efface:
Car tant plus le destin me combat par dehors,
　Plus mes loyaux pensers au dedans se font fors
　Resolus de mourir pour vous garder la place.

LXXVIII.

Si l'amour de ma foy rend vostre ame craintiue,
　Doutant que ce vouloir qui iadis m'a bruslé,
　Par le temps à la fin soit esteint ou gelé,
Que de si vaine erreur la verité vous priue.
Iamais en mon esprit flamme ne fut si viue,
　Ie suis tel que i'estois quand mon cœur fut volé
　Le iour qu'vn chaste amour dans vos yeux recelé
Rendit heureusement ma liberté captiue.
Ie gouste, en vous oyant, mesme rauissement,
　Ie tremble, en vous voyant, d'aise & d'estonnement,
　De vostre seul regard ma blessure s'allege.
Iamais autre que vous constant ne me rendra,
　Ie suis serf de Diane, & qui me retiendra
　Doit estre chastiee ainsi que sacrilege.

LXXIX.

Lettres, le seul repos de mon ame agitee,
　Helas! il le faut donc me separer de vous,
　Et que par la rigueur d'vn iniuste courroux
　Ma plus belle richesse ainsi me soit ostee.
Ha! ie mourray plustost, & ma dextre indomtee
　Flechira par mon sang le Ciel traistre & ialoux:
　Que ie m'aille priuant d'vn bien qui m'est si doux:
　Non, ie n'en feray rien, la chance en est iettee.
Il le faut toutesfois, elle les veut rauoir,
　Et de luy resister ie n'ay cœur ny pouuoir,
　A tout ce qu'elle veut mon ame est trop contrainte.
O Beauté sans arrest, mais trop ferme en rigueur,
　Tien, repren tes papiers & ton amitié feinte,
　Et me rens mon repos, ma franchise & mon cœur.

LXXX.

O vers que i'ay chantez en l'ardeur qui m'enflame,
　Ie deuiens à bon droict de vostre aise enuieux:
　Vous viendrez en la main, & retiendrez les yeux
　Qui retiennent ma vie en l'amoureuse flame.
Gardez-vous seulement des regards de Madame,
　Ardans flambeaux d'Amour, benins & gracieux:
　Car s'elle peut brusler les mortels & les Dieux,
　Elle vous bruslera comme elle a fait mon ame.
Ie sçay qu'il eust fallu pour monstrer son pouuoir
　Vn esprit plus diuin, plus d'art, plus de sçauoir:
　Mais estant plein d'amour, ie fuy tout artifice,
I'escry ce que ie sens, mon mal me fait chanter,
　Et le plus beau laurier que i'en veux meriter,
　C'est d'alleger ma peine, & la rendre propice.

AMOVRS DE

STANSES.

BElle & fiere Deesse, à qui ie suis voüé,
   Dont le premier regard rendit Amour
     mon maistre,
   Le ciel durant cest aage icy bas m'a fait
naistre,
A fin qu'à son honneur vostre honneur fut loüé.
Comme dans vn miroir on voit toutes les Graces
   Au clair de vostre teint, & le vainqueur des Dieux,
   Est aueugle deux fois quand vous fermez les yeux,
   Et sans vous ses brandõs seroyent changez en glaces.
Plus i'ay de cognoissance, & plus ie suis rauy
   De voir que c'est à vous que le Ciel me destine:
   Car bien que mon esprit ait celeste origine,
   Il se tient bien-heureux d'estre à vous asserui.
Aussi tous les tourmens des cœurs plus miserables
   Et ce qui plus souuent fait les hommes changer;
   Oubly, nouueau plaisir, course du temps leger
   N'ont pouuoir d'esbranler mes pensers immuables.
Ie sçay bien que tout change, & qu'il est malaisé
   Que de rien si certain l'homme donne asseurance,
   Puisque l'ordre varie & que tant d'inconstance,
   Se trouue aux Elemens, dont il est composé.
Mesme l'An qui ce iour commence & renouuelle,
   En diuerses saisons departira son cours,
   En froid, & puis en chaud, en longs & petits iours,
   Et la terre ores laide en Auril sera belle.
Ce grand flambeau du Ciel sans fin resplendissant,
   Oeil visible de Dieu, fils aisné de Nature,
   Tousiours dessous vn Signe immobile ne dure,

Ains chãge & fait chãger l'aage prõpt & glissant.
Mais sa diuersité n'esmeut mon cœur fidelle,
Car rien plus de changeant n'y sçauroit arriuer:
La Constance est ma forme, on ne m'en peut priuer,
Elle m'a donné l'estre, & ne serois sans elle.
Ce qu'est le mouuement au Ciel qui tout dispose,
La lumiere au Soleil, au plomb la grauité,
La froidure à l'Hyuer, la chaleur à l'Esté,
Vostre amour est à moy toute vne mesme chose.
Qu'on ne soit donc iamais en doute de ma foy,
Car deuant que le temps nos deux cœurs desassemble,
Vn suiet receura deux contraires ensemble,
Cessant de vous aimer ie ne seroy plus moy.

LXXXII.

I'ay couru, i'ay tourné volage & variable
Selon que la ieunesse & l'erreur m'ont poussé,
Et mon vol trop hardy iusqu'au Ciel i'ay haussé,
Dressant à mes desirs maint trophee honorable.
S'il y eut oncq amant heureux & miserable,
Fasché, contant, ialoux, bien & mal carressé,
Qui par tous les destours hazardeux ait passé,
C'est moy dont le renom doit estre memorable.
Rendu sage à la fin ie me suis retiré
A vostre œil qui de moy fut premier adoré,
Ne trouuant autre part nulle flamme assez claire.
Vous seule à l'aduenir ayez sur moy pouuoir,
Les amours de ce temps vostre foy m'ont fait voir.
,, Vn cõtraire est tousiours mieux veu par son cõtraire.

Fin du I.I. liure de Diane.

LES AMOVRS
D'HIPPOLYTE.

LES AMOVRS
D'HIPPOLYTE.

PAR PHILIPPES DES PORTES.

SONNETS.

I.

ICARE est cheut icy le ieune auda-
  cieux,
 Qui pour voler au Ciel eut assez de cou-
  rage:
 Icy tomba son corps dégarni de plumage,
Laissant tous braues cœurs de sa cheute enuieux.
O bien-heureux trauail d'vn esprit glorieux,
 Qui tire vn si grand gain d'vn si petit dommage!
 O bien-heureux malheur plein de tant d'auantage,
 Qu'il rende le vaincu des ans victorieux!
Vn chemin si nouueau n'estonna sa ieunesse,
 Le pouuoir luy faillit & non la hardiesse,
 Il eut pour le brusler des astres le plus beau.
Il mourut poursuiuant vne haute aduenture,
 Le Ciel fut son desir, la Mer sa sepulture.
 Est-il plus beau dessein, ou plus riche tombeau?

G

II.

Quand ie pouuois me plaindre en l'amoureux tourmēt,
Donnant air à la flamme en ma poitrine enclose,
Ie viuois trop heureux: las! maintenant ie n'ose
Alleger ma douleur d'vn soupir seulement.
C'est me poursuiure Amour trop rigoureusement:
I'aime, & ie suis cōtraint de feindre vne autre chose,
Au fort de mes trauaux ie dy que ie repose,
Et monstre en mes ennuis vn vray contentement.
O dure cruauté de ma passion forte!
Mais ie me plains à tort du mal que ie supporte
Veu qu'vn si beau desir fait naistre mes douleurs:
Puis i'ay ce reconfort en mon cruel martyre,
Que i'escry toute nuict ce que ie n'ose dire,
Et quand l'encre me faut ie me sers de mes pleurs.

III.

Venus cherche son fils, Venus toute en colere
Cherche l'aueugle Amour par le monde esgaré:
Mais tu le cherche en vain, ô diuine Cythere:
Car il s'est à la fin dans mon cœur retiré.
Que sera-ce de moy? Que me faudra-til faire?
Ie me voy d'vn des deux le courroux preparé:
Egalle obeissance à tous deux i'ay iuré:
Le fils est dangereux, dangereuse est la mere.
Si ie recele Amour, son feu brusle mon cueur:
Si ie decele Amour, il est plein de rigueur,
Et trouuera pour moy quelque peine nouuelle.
Amour, demeure donc en mon cœur seurement,
Mais fay que ton ardeur ne soit pas si cruelle,
Et ie te cacheray beaucoup plus aisement.

IIII.

Quand ie suis tout le iour de douleurs agité,
   Que i'eusse aumoins la nuict quelque douce allegéce!
   Certes la passion ha trop de violence,
Qui tousiours continue en son extremité.
Pensers, desirs, soucis, pleins d'importunité,
   Hé donnez-moy, de grace, vn peu de patience!
   Mais vous me trauaillez pour punir mon offense,
De ce que i'ose aimer vne diuinité.
Encor en endurant ma douleur vehemente,
   (O trop cruel destin!) celle qui me tourmente
   Ignore que ie meurs par l'effort de ses yeux.
Madame, helas! monstrez que vous estes diuine,
   Lisez dedans les cœurs ainsi que font les Dieux
   Et voyez que mon mal a de vous origine.

V.

Puis que vous le voulez, demeurez inhumaine,
   Et me faisant mourir feignez de n'en rien voir,
   Vous ne pourrez pourtant ma constance esmouuoir:
Car du feu de vos yeux mon ame est toute pleine.
Mon cœur est immuable, & mon amour certaine,
   Les plus cruels tourmens y perdent leur pouuoir:
   S'il aduient que ie meure en faisant mon deuoir,
Vous en aurez l'offense, & i'en auray la peine.
Las! mon mal me plaist tant, pource qu'il viẽt de vous,
   Que ie trouue en souffrant le martyre bien doux,
   Et de m'en deliurer ie ne prens point d'enuie.
C'est pourquoy ie craindroy de mourir en aimant,
   Non pour fuir la mort, mais de peur seulement
   De perdre mes douleurs si ie perdoy la vie.

VI.

Ie ne puis pour mal perdre la souuenance
 Du soir, soir de ma mort, que mon œil curieux
 Osa voir, trop hardi, le plus parfait des cieux,
 Et le nouueau soleil si luisant à la France.
Mon Dieu que de clairtez honoroyent sa presence,
 Que d'amours, de desirs, & d'attraits gracieux!
 Mais plustost que de morts, de soucis furieux,
 De peurs, d'aueuglemens, pour punir mon offense.
Ie voyois bien mon mal, mais mon œil desireux,
 Raui de ses beautez, s'y trouuoit bien-heureux,
 Lors qu'vn flambeau cruel trop tost l'en feit distraire.
Helas! flambeau ialoux de ma felicité,
 N'approche point d'ici, porte ailleurs ta clairté,
 Sans toy cest œil diuin rend la salle assez claire.

VII.

Amour sçeut vne fois si viuement m'atteindre,
 Qu'il me tint trois hyuers en langueurs & en cris,
 A la fin la Raison regaignant mes esprits,
 Chassa l'aigre douleur qui tant me faisoit plaindre.
Mais ainsi qu'vn flambeau qu'on ne fait que d'esteindre,
 Si le feu s'en approche est aussi tost repris:
 Dans mon cœur chaud encore vn brasier s'est épris,
 Voyant vostre bel œil qui les dieux peut côtraindre.
O que ce feu nouueau dont ie suis consumé,
 Est plus ardent que l'autre en mon sang allumé!
 Bien qu'il ne luise point, que sa flamme est cruelle!
De ma premiere amour ie me suis peu guarir,
 Mais ie n'espere plus cest autre secourir:
„ Car las! presque tousiours la rencheute est mortelle.

VIII.

Dieu qui fais de mon cœur ta victime sanglante,
   Si prestre à ton autel ieune tu m'as rendu,
   Si poursuiure ta loy mon esprit i'ay perdu,
   Et si dedans le feu tes loüanges ie chante:
Trauaille moy tousiours, ma douleur m'est plaisante,
   Cherche moy tout par tout, rien ne t'est defendu:
   Mais fay que mon tourment ne soit point entendu,
   Et que ma belle flamme ailleurs ne soit luisante.
Ayant d'vn cœur hautain iusqu'au Ciel aspiré,
   Aux plus cruels tourmens ie me suis preparé,
   Rigueurs, gesnes, prisons, fers & feux ie mesprise:
Si rien me fait pallir, c'est helas! seulement
   Que mon feu soit connu par mon embrasement,
   Et que les mesdisans troublent mon entreprise.

IX.

Amour peut à son gré me tenir oppressé,
   Et m'estre (helas à tort!) rigoureux & contraire:
   Ie veux demeurer ferme, & ne faut qu'il espere
   Qu'en adorant vos yeux ie sois iamais lassé.
Ie voy bien mon erreur, & que i'ay commencé
   (Nouueau frere d'Icare) vn vol trop temeraire:
   Mais ie le voy trop tard, & ne m'en puis distraire,
   Par la mort seulement il peut estre laissé.
Raison, arriere donc: Ta remonstrance est vaine,
   Si ie meurs en chemin ie seray hors de peine,
   Et par mon haut desir i'honore mon trespas.
Il faut continuer, quoy que i'en doiue attendre:
  ,, Ce fut temerité de l'oser entreprendre,
  ,, Ce seroit laschete de ne poursuiure pas.

X.

Amour, qui vois mon cœur à tes piés abbatu,
  Tu le vois tout couuert de sagettes mortelles,
  Pourquoy donc sans profit en pers-tu de nouuelles?
  Puis que ie suis à toy pourquoy me poursuis-tu?
Si tu veux, courageux, esprouuer ta vertu,
  Décoche tous ces traits sur les ames rebelles,
  Sans blesser, trop cruel, ceux qui te sont fidelles,
  Et qui sous ton enseigne ont si bien combatu.
Quand tu tires sur moy tu fais breches sur breches:
  Donc sans les perdre ainsi, garde ces belles fleches:
  Pour guerroyer les Dieux, & m'accorde la paix.
Ah! i'entens bien que c'est, Amour veut que ie meure:
  Ie mourray, mais au moins ce confort me demeure,
  Que la mort de moy seul luy couste mille traits.

X I.

Cesse, ô trop foible Esprit, de plus faire defense,
  Et quittons le rempart gardé si longuement,
  Aussi bien sans profit ferions-nous autrement:
  Contre vn si grand effort peu sert la resistance.
Tant plus ie vais auant, plus i'ay de cognoissance
  Du pouuoir de vos yeux qui me vont consumant,
  Et faudra qu'à la fin ie meure en vous aimant:
  Telle est de mon destin la fatale ordonnance.
En vain contre le Ciel l'homme se veut bander:
  Car que n'ay-ie essayé pour de vous me garder?
  Depuis maintes saisons contre moy ie m'obstine,
Et fay ce que ie puis de peur de me ranger:
  Car ie crains à bon droit vous voyant si diuine,
  Que plus, comme i'ay fait, ie ne puisse changer.

XII.

Celuy qui n'a point veu le Printemps gracieux
 Quand il eſtale au Ciel ſa richeſſe priſee,
 Rempliſſant l'air d'odeurs, les herbes de roſee,
 Les cœurs d'affections, & de larmes les yeux:
Celuy qui n'a point veu par vn temps furieux
 La tourmente ceſſer, & la mer appaiſee,
 Et qui ne ſçait quand l'ame eſt du corps diuiſee
 Comme on peut reioüir de la clairté des cieux:
Qu'il s'arreſte pour voir la celeſte lumiere
 Des yeux de ma D. eſſe, vne Venus premiere.
 Mais que dy-ie? ah mon Dieu qu'il ne s'arreſte pas!
S'il s'arreſte à la voir pour vne ſaiſon neuue,
 Vn temps calme, vne vie, il pourroit faire ſpreuue
 De glaçons, de tempeſte, & de mille treſpas.

XIII.

Pourquoy ſi plein d'orgueil marches-tu ſur ma teſte,
 Triomphant de l'honneur qu'vn autre a merité?
 Tes dars tant craints au ciel ne m'ont pas ſurmonté,
 Amour, c'eſt vne Dame, & non toy qui m'arreſte.
Si tu veux t'honorer du prix de ma conqueſte,
 Fay qu'elle me remette en pleine liberté,
 Puis pren pour m'aſſeruir ceſt arc tant redouté,
 Qui de Iupiter meſme accoiſe la tempeſte.
Ie n'ay point peur de toy, celle qui me retient
 Par l'effort de ſes yeux ton empire maintient,
 C'eſt elle qui te fait comme vn Dieu recognoiſtre.
Si ie t'obeïſſois, & t'ay craint parauant,
,, C'eſtoit pour l'amour d'elle. On endure ſouuent
,, D'vn mauuais ſeruiteur pour l'honneur de ſon maiſtre.

XIIII.

Ie sens fleurir les plaisirs en mon ame,
  Et mon esprit tout ioyeux deuenir,
  Pensant au bien qui me doit aduenir
  Cet heureux iour que ie verray Madame.
Plus i'en suis pres, plus mon desir s'enflame,
  Ie ne puis plus ses efforts retenir:
  Mais, ô mes Yeux, pourrez-vous soustenir
  Ses chauds regars pleins d'amoureuse flame?
Que me sert las si fort la desirer,
  Fol que ie suis! Veux-ie donc esperer
  Qu'estant pres d'elle en repos ie demeure?
Et pres & loin ie languis en tous lieux,
  Mais puis qu'il faut qu'en la seruant ie meure,
  Pour nostre honneur mourons deuant ses yeux.

X V.

Ce n'est assez que soyez si bien nee,
  Riche d'esprit, de race & de beauté,
  Que l'honneur sainct marche à vostre costé,
  Grande, admirable, aux vertus addonnee:
En peu de iours la forte destinee
  Peut rendre (helas!) vostre honneur surmonté,
  On ne sçaura que vous ayez esté,
  Ny que le Ciel vous ait tant fortunee.
Si vous voulez immortelle durer,
  Nul mieux que moy ne vous peut honorer,
  Et vos vertus à iamais faire bruire.
Ie l'entreprens, mais pour plus m'animer
  Permettez moy que i'ose vous aimer:
  L'affection me fera mieux escrire.

XVI.

Mon Dieu que de beautez, sur le front de Madame!
    Mon Dieu que de thresors qui rauissent les dieux!
    La clairté de son œil passe celle des cieux,
    Quand au plus chaud du iour le soleil nous enflame:
Mais las! de mille traits sa beauté nous entame,
    Trop sont pour les mortels ces thresors precieux:
    Et le soleil luisant qui sort de ses beaux yeux,
    Respand tant de clairté qu'il aueugle nostre ame.
Estrange effet d'amour! vn obiet à l'instant
    Me rend triste & ioyeux, malheureux & contant,
    M'esclaire & m'esbloüit, me fait viure & me tuë.
Et voila ce qui fait qu'en forçant mon vouloir
    Ie me bannis, helas! du plaisir de vous voir,
    Pour ne sentir le mal qui vient de vostre venë.

XVII.

Qu'vne secrette ardeur me deuore & saccage,
    Et que priué d'espoir i'aime, helas! vainement,
    Ie ne m'en fasche point: ie me plains seulement
    Que mõ œil n'est plus clair pour voir vostre visage.
Que ne suis-ie l'oiseau ministre de l'orage
    Qui tient l'œil au Soleil sans flechir nullement?
    Ie serois bien-heureux voyant incessamment
    La diuine beauté qui me tient en seruage.
Le malheur qui me guide est plein de grand' rigueur:
    Vn monstre horrible à voir ne me fait point de peur,
    Et ie crains les regars d'vne ieune Deesse.
C'est Amour qui le fait, qui ne s'assouuit pas,
    Le cruel, de ma mort, mais veut que mon trespas
    Soit priué de tout poinct d'honneur & de liesse.

G v

XVIII.

Pourquoy si follement croyez-vous à vn verre,
  Voulant voir les beautez que vous auez des cieux?
  Mirez-vous dessus moy pour les cognoistre mieux,
  Et voyez de quels traits vostre bel œil m'enferre.
Vn vieux Chesne ou vn Pin renuersez contre terre,
  Monstrent combien le vent est grand & furieux:
  Aussi vous cognoistrez le pouuoir de vos yeux,
  Voyant par quels efforts vous me faites la guerre.
Ma mort de vos beautez vous doit bien asseurer,
  Ioint que vous ne pouuez sans peril vous mirer:
  Narcisse deuint fleur d'auoir veu sa figure.
Craignez doncques, Madame, vn semblable danger,
  Non de deuenir fleur, mais de vous voir changer
  Par vostre œil de Meduse, en quelque roche dure.

XIX.

L'arc de vos bruns sourcils mon cœur tyrannisans,
  C'est l'arc mesme d'Amour, dont traistre il nous martyre:
  Et ne croy point qu'en nous d'autres fleches il tire
  Que les traits de vos yeux si prompts & si luisans.
De leur viue splendeur sortent les feux cuisans,
  Qui font que tout le monde a peur de son empire:
  Ses rets sont vos cheueux où toute ame il attire.
  Rauie en si beaux nœuds, si blonds & si plaisans.
C'est pourquoy ce vainqueur, qui par vous se fait craindre,
  Ne sçauroit vous blesser, vo° brusler, vous estreindre,
  Prenant de vous son feu, son cordage & ses traits.
Craignez donc seulement qu'en voyant vostre image
  Vous ne puissiés souffrir tãt d'amours & d'attraits,
  Et ne faciez, vaincue à vous-mesmes hommage.

STANSES.

LORS que i'escri ces vers il ne faut que lon
 pense
Que trop audacieux ie n'aye cognoissance
Et de vostre grandeur & de ma qualité:
Car ie iure vos yeux & leur puissance sainte,
Que ie garde en ceci le respect & la crainte,
Dont il faut reuerer vne diuinité.

Aussi tant de vertus vous font toute diuine,
Et vos douces beautez monstrent bien l'origine
Que vous auez du Ciel tout parfait & tout beau:
Vous n'auez rien d'humain, vostre grace est celeste,
Vos discours, vostre teint, vostre ris, vostre geste,
Et l'Amour sans vos yeux n'auroit point de flambeau.

I'en parle asseurément: car ie cognoy sa flame,
Qui souloit prendre vie aux beaux yeux d'vne dame,
Et qu'il me fit sentir lors que i'en fu surpris:
Las! or' à mon malheur ie l'ay mieux recogneuë,
Regardant follement les traits de vostre veuë
Qui m'ont bien sçeu punir d'auoir trop entrepris.

Or ne m'accusez point que ie sois temeraire,
Presumant vous aimer: car ie ne sçauroy faire
Qu'ailleurs tourne mon cœur qui vous est destiné:
Et quand ce seroit faute aux mortels d'entreprendre
D'aimer vne Deesse, on ne m'en peut reprendre.
Le peché fait par force est tousiours pardonné.

Las! on peut bien iuger que c'est vne contrainte,
Veu qu'au plus fort du mal dont mon ame est attainte,
Ie ne me puis garder de vous suiure en tous lieux:
Et que reuquant ma mort peinte en vostre visage,

Mon triste desespoir, ma perte & mon dommage,
Pour n'y cognoistre rien ie me ferme les yeux.
I'ay fait vn fort rampart d'Amour & de Constance
Contre le Desespoir armé de Violence,
Qui me fait mille assauts & ne me peut forcer:
Quelquefois de furie il fait breche en mon ame,
Mais presqu'au mesme instãt vostre beauté, Madame,
Accourant au secours l'engarde de passer.
Ie voudroy bien pourtant qu'il demeurast le maistre,
Il combat mon salut que ie ne veux cognoistre,
Mais las ie me repens de l'auoir desiré!
Car bien que ma douleur mortellement me blesse,
Et que de mieux auoir ie sois desesperé,
I'aime mieux viure ainsi qu'en toute autre liesse.

ELEGIE.

IE delibere en vain d'vne chose aduenuë:
Car puis qu'outre mon gré mon ame est de-
uenuë
Prisonniere d'Amour, que sert de consulter
S'il est bon de le suiure, ou s'il faut l'euiter?
L'aduis n'y vaut plus riẽ: monstrons donc de nous plaire
Au chemin qu'aussi bien par contrainte il faut faire,
Et courons la fortune. O Amour, desormais
Mon repos & ma vie en tes mains ie remets:
Toy seul comme vn grand Roy commãde en ma pensee,
La raison & la peur loin de moy soit chassee,
Et tant de vains respects, qui m'ont trop retenu,
Partissans mon esprit par vn trouble incomu.

D'HIPPOLYTE.

Celuy qui sent de Mars sa poitrine eschauffee,
Et qui veut s'honorer de quelque beau trophee,
Ne pallist, estonné, pour la peur des hazars:
Mais voit deuant ses yeux par les rangs des soldars,
La mort d'horreur couuerte & de sang toute teinte,
Et l'attend de pié coy sans frayeur & sans crainte.
Moy donc qu'vn plus grand Dieu touche si viuement,
Et qui veux que mon nom viue eternellement,
Pour auoir mon amour sur toute autre eleuee:
Moy qui ay tant de fois ma vaillance esprouuee
Craindray-ie maintenant à ce dernier assaut?
Le fait que i'entrepreus veut vn courage haut,
Constant & patient, qui souffre sans se plaindre,
Qui durant sa langueur ioyeux se puisse faindre,
Qui sente incessamment quelque nouueau trespas,
Qui se laisse brusler & ne soupire pas,
Et qui pour tout loyer des douleurs qu'il supporte
Ne puisse esperer rien qu'vne douleur plus forte.
C'est vn labeur bien grand: Mais rien n'est malaisé
Au cœur qui comme moy d'amour est embrasé.

 Ie veux donc poursuiuir sans esperance aucune,
Sans appuy, sans raison, sans conseil, sans fortune,
Et d'Amour seulement ie veux estre guidé,
Vn aueugle, vn enfant, qui desia ma bandé
Les yeux ainsi qu'à luy, pour ne voir mon offense,
Et qui de mon malheur m'oste la cognoissance:
Ou si ie le cognois, il me trouble si fort
Que ie suis le premier qui consens à ma mort.

 Appelle qui voudra Phaëthon miserable
D'auoir trop entrepris, ie l'estime louable:
Car aumoins il est cheut vn haut fait poursuiuant,

Et par son trespas mesme il s'est rendu viuant,
J'aimerois mieux courir à ma mort asseuree,
Poursuiuant courageux vne chose honoree,
Que lasche & bas de cœur mille biens receuoir
De ceux que le commun aisément peut auoir.
Mon esprit né du Ciel, au Ciel tousiours aspire,
Et ce que chacun craint c'est ce que ie desire.
,, L'honneur suit les hazars, & l'homme audacieux
,, Par son malheur s'honore & se rend glorieux.
Le ieune enfant Icare en sert de tesmoignage:
Car si volant au ciel il perdit son plumage,
Touché des chauds rayons du celeste flambeau,
Le fameux Ocean luy seruit de tombeau,
Et depuis de son nom ceste mer fut nommee.
,, Bien-heureux le malheur qui croist la renommee.
  Desia d'vn sort pareil ie me sens menacer,
Moy qui deuers le ciel mon vol ose dresser,
(Voyage audacieux) mais rien ne me retire.
Car les ailes d'Amour ne sont faites de cire,
Le plus ardent Soleil si tost ne les fondra:
Puis i'ay ce reconfort quand ma cheute aduiendra,
Que ceux qui sçauront bien où ie voulois atteindre,
Enuiront mon trespas plustost que de me plaindre.

COMPLAINTE.

Ruelle loy d'Amour & de ma destinee?
Las on voit qu'vn chacun fuit ordinaire-
ment
La cause de son mal, & mon ame obstinee
Cherche ce qui me tuë, & le suit follement!

D'HIPPOLYTE.

Ie sçay que i'entreprens vne chose trop grande,
D'aimer, homme mortel, vne diuinité:
Mais de faire autrement ie n'ay la liberté.
,, La raison ne peut rien quand la force commande.

Pour le moins en souffrant la douleur qui m'offense
Et qui blesse mon cœur, ce m'est grand reconfort
De voir que vos beautez excusent mon offense,
Et que mon haut desir eternise ma mort.

Car si ie meurs, Madame, en vous faisant seruice:
Iamais plus grand honneur ie ne puis acquerir:
Vous me recompensez en me faisant mourir,
Pourueu que ma douleur par mon trespas finisse.

Aussi ie ne me plains que me soyez cruelle,
Mais las! ie suis marri de ce qu'en me tuant,
Et payant de rigueur mon seruice fidelle,
Vostre honneur peu à peu se va diminuant.

Car si tost qu'on sçaura la perte de ma vie,
Chacun craignant son mal loin de vous se tiendra,
Et vous accusera quand il se souuiendra
Que vous m'aurez tué pour vous auoir seruie.

Si donc ma passion n'émeut vostre courage,
Si vous n'auez souci de ma ferme amitié,
Aumoins en m'offensant ne vous faites dommage,
Ayez de vostre honneur, & non de moy pitié.

PRIERE.

Rand Dieu d'Amour, enfant de Cytheree,
Au dos ailé, à la tresse dorée,
Qui peux l'Enfer & la terre émouuoir,
Vainqueur des Dieux, escoute la priere

D'vn de tes serfs, dont l'ame prisonniere
Tremblant de crainte, adore ton pouuoir.
Las! s'il est vray, comme i'ay cognoissance,
Que ie retourne en ton obeissance,
Et de rechef tu me vueilles rauir,
Ie le veux bien, mon cœur ie t'abandonne,
Encore vn coup libre ie m'emprisonne:
A plus grand Dieu ie ne puis m'asseruir.
Ie ne veux point à tes loix contredire,
Sans resister i'accours sous ton empire.
L'homme mortel doit obeïr aux Dieux,
Qui te mesprise, il confond la Nature,
Son estomach est d'vne roche dure,
Et à regret luy esclairent les cieux.
Icy ie iure à ta deïté sainte,
Qui cognoist bien que ie parle sans feinte,
Qu'à tout iamais ie veux perseuerer
Ton Prestre sainct, qui t'offre en sacrifice
Mon cœur bruslé pour te rendre propice,
Et mon esprit pour tousiours t'adorer.
O grand Amour, de puissance inuincible,
Cruel & doux, gracieux & terrible,
Qui fais marcher en triomphe les Rois,
Des ieunes cœurs le seigneur & le maistre,
Puis que pour tel ie te veux recognoistre,
Escoute, ô Dieu, ma priere & ma voix.
Si tous tes traits en mon cœur ie retire,
Si sans crier ie languis en martyre,
Si i'ay laué tes ailes de mes pleurs,
Si mes soupirs entretiennent ta flame,
Et si tu fais des cheueux de Madame

D'HIPPOLYTE.

Les forts liens qui retiennent les cœurs:
Chasse, ô grand Dieu, ceste crainte nouuelle
  Qui me poursuit, qui me serre & me gelle,
  Banny bien loin le triste Desespoir
  Aux crins retorts, à la couleur sanglante,
  Qui de regars mon esprit espouuante,
  Et qui me fait tant de peurs receuoir.
Mon cœur en tremble, & mon ame estonnee
  A la frayeur s'est toute abandonnee,
  Tant ceste nuict il m'a fait endurer:
  Ou l'vn des deux, il faut que tu le chasse,
  Ou qu'à la fin tu luy quittes la place,
  Vous ne pouuez ensemble demeurer.

CHANSON.

Douce liberté desiree,
Deesse, où t'es-tu retiree
Me laissant en captiuité?
Helas de moy ne te destourne!
Retourne, ô Liberté, retourne,
Retourne ô douce Liberté.
Ton depart m'a trop fait cognoistre
  Le bonheur où ie soulois estre,
  Quand douce tu m'allois guidant:
  Et que sans languir d'auantage
  Ie deuois, si i'eusse esté sage,
  Perdre la vie en te perdant.
Depuis que tu t'es esloignee,
  Ma pauure ame est accompagnee
  De mille espineuses douleurs:

Vn feu s'est épris en mes veines,
Et mes yeux changez en fontaines,
Versent du sang au lieu de pleurs.
Vn soin caché dans mon courage
Se lit sur mon triste visage:
Mon teint plus palle est denenu,
Ie suis courbé comme vne souche,
Et sans que i'ose ouurir la bouche
Ie meurs d'vn supplice inconnu.
Le repos, les ieux, la liesse,
Le peu de soing d'vne ieunesse,
Et tous les plaisirs m'ont laissé:
Maintenant rien ne me peut plaire
Sinon deuôt & solitaire
Adorer l'œil qui m'a blessé.
D'autre suiet ie ne compose,
Ma main n'escrit plus d'autre chose.
Là tout mon seruice est rendu,
Ie ne puis suiure vne autre voye,
Et le peu de temps que i'employe
Ailleurs, ie l'estime perdu.
Quel charme, ou quel Dieu plein d'ennuie
A changé ma premiere vie,
La comblant d'infelicité!
Et toy Liberté desiree,
Deesse, où t'es-tu retiree?
Retourne ô douce Liberté.
Les traits d'vne ieune guerriere,
Vn port celeste, vne lumiere,
Vn esprit de gloire animé,
Hauts discours, diuines pensees,

Et mille vertus amassees
Sont les sorciers qui m'ont charmé.
Las donc sans profit ie t'appelle,
Liberté precieuse & belle!
Mon cœur est trop fort arresté.
En vain apres toy ie soupire,
Et croy que ie te puis bien dire
Pour iamais adieu Liberté.

STANSES.

D'où vient qu'vn beau soleil, qui luit nou-
 uellement,
 Soit à tous fauorable, & à moy si con-
 traire?
 Il m'esblouit la veuë au lieu qu'il leur es-
clatre,
Il eschaufe les cœurs, & me va consumant.
 L'autre Soleil du Ciel n'offense aucunement
Les lieux qui sont priuez de sa flamme ordinaire:
Mais ce diuin Soleil m'ard plus cruellement,
Plus ie me trouue loing de sa lumiere claire.
 Ie t'accuse, Nature, & me plains iustement:
Car puis qu'il me deuoit porter tant de nuisance,
Allumant en mon cœur vn feu si vehement,
Que n'as-tu pour mon bien retardé sa naissance?
 Toutesfois si nostre aage heureux par sa presence,
Ne pouuoit sans mon mal voir ses yeux clairement,
Ie prens tout consolé ma mort en patience.
 Qui meurt pour le public meurt honorablement.

XX.

Vous me cachez vos yeux (las trop cruellement!)
    Apres qu'ils m'ont blessé d'vne playe inhumaine:
    Ces yeux mon seul confort en l'amoureuse peine,
    Retournez-les, Madame, & voyez mon tourment.
Quand le chef d'vne armee a courageusement
    Desfait ses ennemis estendus sur la plaine,
    Par le camp des vaincus superbe il se promeine,
    Et regarde les morts plein de contentement.
Vous donc qui par l'effort de vostre belle veuë
    De mon cœur indomté la victoire auez euë
    Laissant mon foible esprit en proye abandonné,
Si vous n'auez desir de m'estre fauorable,
    Aumoins tournez vos yeux dessus moy miserable,
    Pour voir le coup mortel que vous m'auez donné.

XXI.

Quand quelquefois ie pense à ma premiere vie
    Du temps que ie vinois seul Roy de mon desir,
    Et que mon ame libre erroit à son plaisir,
    Franche d'espoir, de crainte, & d'amoureuse ennuie:
Ie verse de mes yeux vne angoisseuse pluye,
    Et sens qu'vn fier regret mon esprit vient saisir
    Maudissant le destin qui m'a fait vous choisir,
    Pour rédre à tant d'ennuis ma pauure ame assernie.
Si ie ly, si i'escry, si ie parle, ou me tais,
    Vostre œil me fait la guerre, & ne sens point de paix
    Combatu sans cesser de sa rigueur extreme:
Bref, ie vous aime tant que ie ne m'aime pas,
    (De moymesme aduersaire) ou si ie m'aime helas!
    Ie m'aime seulement pource que ie vous aime.

D'HIPPOLYTE.

XXII.

I'ay languy malheureux quatre longues iournees,
   Sans voir les deux beaux yeux de celle à qui ie suis:
   Helas! non quatre iours, mais plustost quatre nuits
Sans clairté, sans liesse, à mon mal ordonnees.
Qu'ay-ie dit quatre nuicts? mais plustost quatre annees
   Toutes pleines d'horreurs, de soucis, & d'ennuis,
   Ou quatre mille morts que souffrir ie ne puis,
Par le Ciel rigoureux contre moy destinees.
Comme quand le Soleil nous couure sa clairté,
   On voit perdre le lustre à toute autre beauté,
   Tout se cache à nos yeux s'il retire sa flame.
Ainsi lors que vostre œil sur moy plus ne reluit,
   Tout obiet de la Court m'est vne obscure nuit:
   Car ie vous recognois pour Soleil de mon ame.

CHANSON.

   Ve ie suis redeuable aux cieux
   De ce qu'ils m'ont ouuert les yeux,
   Et si bien purgé ma poictrine,
   Que rien plus ne me satisfait,
   Qui ne soit diuin, & parfait,
Et qui n'ait celeste origine.
   Tout ce qu'Amour sçauroit trouuer
D'attraicts, pour vn cœur captiuer
Tout ce que la Beauté peut faire,
Le Destin & l'Election,
Tout s'assemble en l'affection
Qui rend mon esprit tributaire.
   La gloire de mon seul penser

Fait que rien ne peut m'offenser
Rigueur,prison,gesne, & martyre,
I'aime mieux vn de mes tourments
Que les plus chers contentements
Qu'Amour reserue en son empire.

Mes fers me contentent si fort,
Que ie ne hay moins que la mort
L'estat que Franchise on appelle:
Et si mon cœur trop arresté,
Escoute vn mot de Liberté,
Ie le punis comme rebelle.

Plustost Iuillet sera glacé
Et l'Hyuer de fleurs tapissé
Plustost sera froide la flamme
Que ie reçoiue vne autre loy:
Ce seroit cesser d'estre moy
Que de cesser d'aymer Madame.

Si ie meurs blessé de ses yeux,
Ma fin me rendra glorieux,
Donnant vie à ma renommée,
Et mourant i'auray le confort
Du soldat, qui reçoit la mort
Par la main du chef de l'armée.

XXIII.

Las que puis-ie auoir fait, ô moy pauure insensé!
  Qu'Amour de plus en plus mes douleurs renouuelle,
  Et qu'il croisse en rigueur plus ie luy suis fidelle,
Sans que de mes trauaux il soit iamais lassé?
I'en sçay bien la raison : c'est qu'il est courroucé
  De trouuer contre luy Madame si rebelle :
  Et n'estant assez fort pour s'adresser à elle,
Se descharge sur moy qui n'ay point offensé.
Il croit qu'il ne sçauroit plus d'outrage luy faire,
  Que de nuire à celuy qui l'adore & reuere,
  Et qui se plaist pour elle à mourir en langueur :
Ou c'est qu'en la voyant dedans moy si bien peinte,
  Il tire incessamment pour luy donner atteinte,
  Mais ses traits rigoureux donnent tous à mon cueur.

XXIIII.

Ma bouche à haute voix chante assez Liberté,
  Et dit que ie suis franc d'Amour mon aduersaire :
  Mais mon cœur languissant tout bas dit le côtraire,
Souspirant sous le ioug d'vne fiere beauté.
A mes plus vrays amis ie tais ma volonté,
  Et quand loing de vos yeux Amour me desespere,
  Ie feins d'estre contant, de rire & de me plaire,
Monstrant moins de douleur plus ie suis tourmenté.
Tout ce qu'Amour cruel peut songer de martyre
  Pour trauailler vn cœur rebelle à son empire,
  Il veut que ie l'esprouue en ma captiuité.
Ie ne me plains pourtant d'vne peine si dure :
  Mais helas! ie me plains de ce que ie l'endure
  Non par rebellion, mais par fidelité.

XXV.

Mettez-moy sur la mer quand elle est courroucee,
  Ou quand les vents legers soufflent plus doucement:
  Sous les eaux, en la terre, au haut du firmament,
  Vers la ceinture ardente, ou devers la glace.
Que ma fortune soit deçà delà poussee,
  Bien haute aucunesfois, quelquesfois bassement:
  Que mon nom glorieux vive eternellement,
  Ou que du temps vainqueur soit ma gloire effacee.
Ieune ou vieil, pres ou loing, contant ou malheureux,
  Que i'aye Amour propice, ou fier & rigoureux,
  Que mon ame aux enfers ou aux cieux s'achemine,
Iamais en mon esprit tant que seray vivant,
  On ne verra seicher ceste plante divine,
  Que des eaux de mes pleurs i'arrouse si souvent.

XXVI.

Grand Iupiter ministre de l'orage,
  Pardonne moy, si ie ne puis penser
  Qu'vne beauté t'ait iamais peu forcer,
  Espoinçonné de l'amoureuse rage.
S'il estoit vray, bruslant en ton courage
  Pour la beauté qui me fait trespasser,
  Ores qu'en l'air elle s'ose hausser
  Tu la prendrois, arrestant son voyage.
Mais las, Madame, où vollez-vous si haut?
  Ie n'en puis plus, vne frayeur m'assaut,
  Craignant pour vous qui me faites la guerre.
Là n'est besoin que vous montiez aux cieux:
  Car vos beautez contraindront bien les Dieux
  Pour vostre amour de descendre en la terre.

Amour

XXVII.

Amour en mesme instant m'aiguillonne & m'arreste,
  M'asseure & me fait peur, m'ard & me va glaçant,
  Me pourchasse & me fuit, me rẽd foible & puissãt,
  Me fait victorieux & marche sur ma teste.
Ores bas, ores haut, iouet de la tempeste,
  Il va comme il luy plaist ma nauire elançant:
  Ie pense estre eschapé quand ie suis perissant,
  Et quand i'ay tout perdu ie chante ma conqueste.
De ce qui plus me plaist ie reçoy desplaisir,
  Voulant trouuer mon cœur i'esgare mon desir,
  I'adore vne beauté qui m'est toute contraire,
Ie m'empestre aux filés dont ie me veux garder:
  Et voyant en mon mal ce qui me peut aider
  Las! ie l'approuue assez mais ie ne le puis faire.

XXVIII.

O beaux Yeux inhumains, pourquoy m'embrazez-vous
  Allumant d'vn regard tant d'ardeurs en mon ame?
  Helas! ie brusle assez sans accroistre ma flame:
  Pour Dieu faites moy grace & me soyez plus doux.
Bruslez vos ennemis, donnez leur mille coups,
  Et les gardez de voir les beautez de Madame:
  Mais moy qui vous adore, et qui seuls vous reclame,
  Beaux Yeux, d'vn si grand heur ne me soyez ialoux.
N'estincelez pas tant lors que ie la regarde,
  A fin que vostre effort cest heur ne me retarde:
  Baissez vos chauds regars, flambez plus doucement:
Puis quand verrez mon ame en ces douceurs rauie,
  Tournez comme vn esclair lancé soudainement,
  Ie ne sentiray pas que vous m'ostiez la vie.

H

XXIX.

Qui fait plainte d'amour en doit estre ignorant,
　Et n'ha de sa nature aucune connoissance:
　De moy pour quelque orage ou malheur qui m'offense,
　Iamais côtre ce Dieu ie ne vay murmurant.
Se faut-il estonner si Phebus en courant
　Comme il est pres ou loing des saisons fait muances,
　Si Neptune en hyuer est plein de violence?
　Si froide est la gelee, & le feu deuorant?
L'homme sage & constant qui en connoist la cause
　Ne s'esbahit de voir l'effect en chaque chose,
　Et laisse tout passer d'vn esprit arresté.
Or la cause d'Amour n'est que peine & martyre:
　Si donc cent mille ennuis en nos cœurs il retire,
　S'en faut-il estonner? c'est sa proprieté.

CHANSON.

Our vous aimer ie veux mal à mon cœur,
Ie hay mes yeux, mon esprit, & ma vie:
Et si ma mort vous peut rendre assouuie
Ce m'est plaisir de mourir en langueur.
Helas ie faux, vos yeux cruels & doux
　Par trop d'amour m'ostent la connoissance:
　Car me hayant sous vostre obeissance,
　C'est vouloir mal à ce qui est à vous.
Ie ne faux point, ie vous dois obeïr:
　Comme il vous plaist ie suis contraint de faire,
　Cognoissant donc que vous m'estes contraire
　Et me hayez, doy-ie pas me haïr?
Voila pourquoy si plein d'inimitié

D'HIPPOLYTE.

Ie me poursuy d'vne guerre immortelle,
Contre mon cœur mes desirs ie rebelle,
Et de mon mal ie n'ay point de pitié.
Les yeux ouuerts ie cours à mon trespas,
Et fuy l'aduis l'Amour mon aduersaire:
O malheureux, faut-il donc que i'espere
Que vous m'aimiez, quand ie ne m'aime pas?

CHANSON.

Qvel feu par les vents animé,
Quel mont nuict & iour consumé
Passe mon amoureuse flame?
Et quel Ocean fluctueux
Escume en flots impetueux
Si fort que la mer de mon ame?
L'Hiuer n'a point tant de glaçons,
L'Esté tant de iaunes moissons,
L'Afrique de chaudes areines,
Le Ciel de feux estintelans,
Et la Nuict de songes volans,
Que pour vous i'endure de peines.
Toute douleur qui nous suruient,
Peu à peu moins forte deuient,
Le temps comme vn songe l'emporte:
Mais il ne faut pas esperer
Que le temps puisse moderer
Le mal que vostre œil nous apporte.
Rien n'est ici bas de constant,
Et tost se change en vn instant
Dessous le cercle de la Lune,

H ij

Les saisons, les iours, & les nuicts,
Sans plus mes amoureux ennuis
Sont hors de la reigle commune.
Ce iour me fut bien malheureux,
Que ie vey vos yeux rigoureux,
Quand les miens nouueaux tributaires
Rendirent mes sens & mon cueur,
Aux chaisnes de vostre rigueur
Depuis liez comme Forçaires.
Encor le Forçaire arresté
S'allege en sa captiuité,
L'espoir luy promet deliurance:
Mais en mon emprisonnement
Ie n'attens point d'allegement,
La mort seule est mon esperance.
Comme le chasseur va suiuant
La beste qui volle deuant,
Laissant celle qui se vient rendre:
Ainsi la mort qui tout destruit,
Chasse apres celuy qui la fuit,
Et se dedaigne de me prendre.
Le iour que ie fus asseruy,
Ie vey bien, lors que ie vous vey,
Mille beautez vous faire hommage,
Mille amours, mille & mille appas
Mais (ô chetif!) ie ne vey pas
Mon mal peint en vostre visage.
Rauy de vos perfections,
Ie ne peu voir les passions
Sortans des rais de vostre venë:
Non plus que le pasteur lassé,

D'HIPPOLYTE.

Qui dessus les fleurs renuersé
Ne voit le serpent qui le tuë.
Ce qui rend mon mal plus amer,
C'est qu'en souffrant pour vous aimer,
Douleur qui ne peut estre ditte,
Ie n'en dois attendre aucun bien:
Car toute peine est moins que rien,
Eu esgard à vostre merite.
Si vous aimant i'ay trop osé,
Amour me doit rendre excusé,
C'est vn enfant sans cognoissance:
De moy, quoy qu'il faille sentir,
Ie ne me sçaurois repentir
D'auoir commis si belle offense.
Le plus souuent en vous voyant
La peur va mes sens effroyant,
Et le desespoir qui m'estonne,
Tout froid contre mon cœur se ioint:
Et douroy, pour ne vous voir point,
Le plaisir que vostre œil me donne.
D'autrefois quand tout abbatu
Ie languy foible & sans vertu,
Vostre beauté ma mort retarde:
Deuant vous mes soucis s'en vont,
Et du mal que vos yeux me font,
Ie guary quand ie vous regarde.
Le traistre ennemi de ma paix
Me voyant tomber sous le faix,
A peur que trop tost ie finisse:
Et fait comme vn bourreau cruel,
Qui donne à boire au criminel

H iij

Pour le reseruer au supplice.
Ainsi pour plus me tourmenter,
 Quelquefois il me fait gouster
 D'vn plaisir de peu de duree:
 Mais las! i'espreuue aussi soudain
 Que ce n'est qu'vn songe incertain,
 Et que ma peine est asseuree.
Mon cœur qui souloit parauant
 Voller leger comme le vent
 Au gré de mille Damoiselles,
 Volle autour de vous seulement
 Comme oiseau pris nouuellement
 Auquel on a coupé les æles.
Quelquefois lassé d'endurer
 Ie suis contraint de murmurer,
 Inuoquant la Mort inhumaine:
 Mais quand ie la sens accourir,
 Ie tremble, & ne veux pas mourir
 De peur de voir mourir ma peine.
Mais en vain t'irois esperant
 De trouuer remede en mourant,
 Contre le desir qui m'enflame,
 Tousiours durera ma douleur:
 Car mon amoureuse chaleur
 Est de l'essence de mon ame.

DV COVRS DE L'AN.

L'AN comme vn cercle rond qui tout en soy
 retourne,
En soymesme reuient tousiours en mouuement,
Et du poinct de sa fin reprend commencement,

Courant d'vn pié glissant qui iamais ne seiourne.
　Ma peine en est ainsi, peine helas trop cruelle!
Qui change à son plaisir mes saisons & mes iours:
Car alors qu'elle arriue à la fin de son cours,
Comme l'An, par sa fin elle se renouuelle.

　Que l'an donc à son gré diuersement tournoye,
Et que le clair Soleil marche par ses maisons:
Amour dedans mon cœur fera quatre saisons,
Et mon cruel tourment tiendra la mesme voye.

　Quand le bel-œil du Ciel clair d'vne douce flame,
Entrant au Mouton d'or les fleurs reuerdira,
Amour fils du Printemps dans mon cœur entrera,
Faisant naistre & fleurir les soucis en mon ame.

　Et comme on voit alors couler toute fonduë
L'eau que le froid Hyuer en glaçons reserroit:
Amour, touchant mon cœur, qui glacé demeuroit,
Le fera fondre en eau par mes yeux espanduë.

　Si du porteur d'Europe aux Iumeaux il arriue,
Et sortant du Printemps il croisse les chaleurs:
Amour renforcera ma peine & mes malheurs,
Sans que ie sorte, helas! du ioug qui me captiue.

　Et s'il laisse, arriuant au Lyon effroyable,
Le Cancre ardant de chaud, & de suif alteré:
Lors mon Cœur tout bruslant d'vn feu demesuré,
Sentira malheureux vn Esté trop durable.

　Durant ceste saison le Laboureur s'appreste
D'cueillir le doux fruict des trauaux endurez,
Moissonnant tout ioyeux les espis blonds-dorez,
Dont la mere Cerés va couronnant sa teste.

　Et moy pour tant de peine, helas! trop mal semee
Au terroir infertil de vostre cruauté,

H iiij

AMOVRS

Ie n'espere cueillir en l'amoureux Esté,
Sinon perte de temps & de ma renommee.

Si passant par la Vierge il entre en la Balance,
Et qu'aux iours temperez il égale les nuicts!
Amour sans moderer mes durables ennuis,
Rendra ma peine egale à ma perseuerance.

Comme en ceste saison la verdure s'efface,
Que l'Hiuer puis apres fait mourir en passant:
Ainsi l'Amour cruel rend mon teint pallissant,
Attendant que la mort de tout poinct me desface.

Et quand du Scorpion courant au Sagittaire
Vers le cercle hyuernal Phebus s'adressera,
Amour de mille peurs mon espoir glacera,
Ayant pour mon hyuer vostre rigueur contraire.

Passant le Chéure-corne & l'enfant de Phrygie,
S'il va d'vn mesme cours les Poissons trauerser,
Quel Tropique assez froid lors pourray-ie passer,
Amour, pour rendre en moy ta chaleur amortie?

Durant ces mois derniers que la terre est gelee,
Portant neige & frimas au lieu de belles fleurs,
Les vents par leurs soupirs, & le ciel par ses pleurs
Regrettent la richesse au Printemps estalee.

Et moy versant des yeux vne eternelle pluye,
Et laschant maint soupir par les vents emporté,
Ie me plains ne voyant la diuine beauté,
Qui comme vn doux Printemps faisoit fleurir ma vie.

Autour du Zodiac le Soleil se promeine,
Tousiours en mouuement legerement dispos:
Madame, autour de vous ie tourne sans repos,
Et du poinct de sa fin recommence ma peine.

ELEGIE.

AYEZ le cœur d'vn Tygre ou d'vne Ourse cruelle,
Soyez (s'il se peut faire) aussi fiere que belle,
Riez de tant de pleurs sans profit respandus,
Et des pas qu'apres vous si souuent i'ay perdus:
Que vos yeux dont les traits ma ieunesse ont desfaicte,
Se dedaignent de voir la prise qu'ils ont faicte,
Comme basse conqueste, & ne meritant pas
Que si braue guerriere en doiue faire cas.
Enuenimez ma playe, & durez inhumaine
Auec tant de rigueurs: c'est perdre vostre peine
De penser qu'à la fin mon cœur d'ennuis lassé
Cesse de poursuiuir le chemin commencé.
  Amour pour mon malheur croist sa perseuerance,
Puis de faire autrement ie n'ay plus de puissance,
Semblable au marinier par les vents emporté,
Qui ne peut retourner au port qu'il a quitté.
Ainsi ma course, helas! ne peut estre arrestee,
Le trait est decoché, la chance en est iettee,
Et sans espoir de mieux il faut perseuerer.
„ C'est heur aux malheureux de ne rien esperer.
  Lors que de vos regars mon ame fut eprise,
Et que i'osay penser la superbe entreprise
De vous offrir mon cœur, si ie m'estoy promis
Quelque douce faueur de vos yeux ennemis,
I'aurois iuste raison d'accuser sa promesse,
Rechargé coup sur coup de nouuelle tristesse.
Mais lors que vous vey, ce grand maistre des Dieux

Pour mieux vous contempler me debanda les yeux:
Et voyant que mon ame erroit toute égaree
Parmi tant de beauté de luy mesme adoree,
Pour retenir mon cœur tout prest à déloger,
Me fit voir auβi tost mon apparent danger,
Mon malheur tout certain, mon audace & ma perte,
Et ma prochaine mort de vos beautez couuerte.

Voy bien ce que tu fais (dist ceſt aueugle Enfant)
Car ſi ces deux beaux yeux vont ton ame eschaufant,
Et malgré la raiſon te forcent de me ſuiure,
Chaſſe au loing tout plaiſir, n'eſpere plus de viure,
Banni toy de toymeſme, & triſte deſormais
Ne penſe plus gouſter de repos ny de paix:
Et pour comble de mal, en priſon ſi cruelle
Deſeſpere plus fort, plus tu ſeras fidelle.

Aſſez d'autres propos Amour me ſçeut tenir,
Amour, prophete ſeur de mes maux aduenir:
Mais il n'auança rien. Ma volonté forcee
Suiuit obſtinément ſa courſe encommencee,
Reſolu d'endurer tout ce qu'on peut penſer,
Et laſſer les tourmens pluſtoſt que me laſſer.

Auβi, belle Hippolyte, au milieu du martyre
Vn ſoupir ſeulement de mes flancs ie ne tire,
Ie ne me plains iamais de tant de cruautez:
Mais quand vous me tuez, ie chante vos beautez,
Et ne vous blaſme point de m'eſtre ſi rebelle.
Car ie me ſuis promis que vous me ſeriez telle,
Et n'attens pas de vous vn plus doux payement
Que mourir ſans pitié ſeruant fidellement.

XXXI.

Quand le Soleil doré laisse nostre hemisphere,
  Tournant ailleurs le cours de ses cheuaux ailez,
  S'il paroist peu souuent, si les iours sont gelez
  Le desir des humains par l'espoir se modere.
Mais apres son retour, qu'on s'attend qu'il esclaire,
  Si d'vn nuage espais ses rayons sont voilez,
  Hommes, bestes, oiseaux en sont tous desolez,
  Et les champs trop baignez, ne font que se desplaire.
Ainsi quand loing de moy mon Soleil se tenoit,
  Bien que mon mal fust grand, l'espoir me soustenoit,
  Et souffrant constamment i'attendoy sa presence.
Mais voyant qu'au retour il m'est tousiours caché,
  Ie me noye en mes pleurs languissant & fasché,
  Et plus ie vais auant, moins i'ay de patience.

XXXII.

Deux clairs soleils la nuict estincelans,
  Et vne main trop belle & trop cruelle
  Me font ensemble vne guerre immortelle,
  Comblans mon cœur de desirs violans.
Las ie n'estems par mes pleurs ruisselans
  De ces beaux yeux vne seule estincelle:
  Et ceste main dont la blancheur me gelle,
  N'échauffe point par mes soupirs bruslans.
Si ie suis pres, la main de pres m'enferre,
  Et les beaux yeux de loin me font la guerre,
  Perçans mon cœur comme vn blanc qui est mis,
Belle Hippolyte, ardeur de mon courage,
  Vous me prenez trop à vostre auantage,
  Me combatant auec trois ennemis.

ELEGIE.

IAMAIS foible vaisseau deçà delà porté
Par les fiers Aquilons, ne fut tant agité
L'hiuer en pleine mer, que ma vague pensee
Est des flots amoureux haut & bas élancee.
Ainsi qu'vn patient, dont l'esprit est troublé
Par l'effort rigoureux d'vn accez redoublé,
Flotte en songes diuers: l'humeur qui le tourmente
Fait chanceler son ame & la rend inconstante:
Vn debat apres l'autre en l'esprit luy reuient.
Ainsi ie resue, helas! quand ma fiéure me tient,
Chaude fiéure d'Amour inhumaine & contraire,
Dont ie ne veux guarir quand ie le pourroy faire.

I'erre esgaré d'esprit, furieux, inconstant,
Et ce qui plus me plaist me desplaist à l'instant:
I'ay froid, ie suis en feu, ie m'asseure & desfie:
Sans yeux ie voy ma perte, & sans langue ie crie:
Ie demande secours, & m'élance au trespas:
Or' ie suis plein d'amour, & or' ie n'aime pas,
Et couue en mon esprit vn discord tant extreme
Qu'aimant ie me veux mal de ce que ie vous aime.

Il faut, en m'efforçant, ceste poincte arracher
Qu'Amour dedans mon cœur a si bien sçeu cacher:
Esteignons toute ardeur en nostre ame allummee,
Et n'attendons pas tant qu'elle en soit consumee.

Desia ie cognoy bien que ie sers vainement,
C'est de ma guarison vn grand commencement:
Mais las qu'en foible endroit i'assié mon esperance!
Aux extremes perils peu sert la cognoissance.
Si ie cognoy mon mal ie n'en pers la douleur.

D'HIPPOLYTE.

,, *Cognoistre & ne pouuoir c'est vn double malheur.*
I'embraze ma fureur la pensant rendre esteinte,
Et voulant n'aimer plus, i'aime helas par contrainte.
Mais si ie pers mon temps sous l'amoureuse loy,
Quel autre des humains l'employe mieux que moy ?
 L'vn à qui le Dieu Mars aura l'ame enflammee,
Accourcissant sa vie accroist sa renommee :
L'autre moins courageux, d'auarice incité,
Cherche aux ondes sa mort, fuyant la pauureté,
L'autre en la Court des Rois bruslé de conuoitise,
Pour vn espoir venteux engage sa franchise :
L'autre fend ses guerets par les coultres trenchans,
Et n'estend ses desirs plus auant que ses champs :
Bref, chacun se trauaille, & nostre vie humaine
N'est que l'ombre d'vn songe & qu'vne fable vaine.
 Ie suis donc bien-heureux d'auoir sçeu mieux choisir,
Sans loger icy bas mon celeste desir :
Vn puissant Dieu m'arreste, & pour gloire plus grãde,
Il me met sous le ioug d'vne qui luy commande,
Sçachant ne pouuoir rendre autrement captiué
Mon esprit qui tousiours au Ciel s'est esleué.
L'aigle courrier du foudre, & ministre fidelle
Du tonnant Iupiter, Roy des oiseaux s'appelle,
Pource que sans flechir il soustient de ses yeux
Les traits esblouïssans du Soleil radieux :
Et que d'vne aile prompte au trauail continuë,
S'éleuant sur tout autre il se perd dans la nuë.
 Moy donc qui dressa au ciel mon vol aduentureux
Doy-ie pas me nommer l'Aigle des amoureux ?
Car si l'Aigle regarde vn Soleil clair de flame,
Ie soustiens fermement les deux yeux de Madame :

Deux Soleils flamboyans de rayons esclaircis,
Et qui d'ombreuse nuict ne sont iamais noircis.
 Lors que sans y penser par fortune i'aduise
Ces amans abusez, qui ont l'ame surprise
De quelque autre beauté, ie me sens bien-heureux
D'estre ainsi que ie suis pour ses yeux langoureux,
Et plains leur passion comme mal despenduë,
Croyant qu'en autre part toute peine est perduë,
Et dis en m'estonnant: Dieu quel aueuglement
Trouble si fort leurs yeux & leur entendement
Qu'ils n'aiment pas Madame! Amour qui les offense
Se monstre en leur endroit enfant sans cognoissance.
 De moy, rien que cest œil ne m'eust sçeu faire aimer,
L'ardeur d'autre desir ne pouuoit m'enflamer.
Vn trait moins aceré n'eust mon ame blessee,
Et de moins blonds cheueux ne l'eussent enlacee:
Autre amoureux propos ne m'eust pas enchanté,
Et n'eusse point languy pour vne autre beauté.
Amour, ie te pardonne, & ne fay plus de plainte
Puis que si belle fleche en mon sang tu as teinte.
Car pris en si haut lieu i'aime tant mon tourment,
Qu'en l'assaut des douleurs ie me plains seulement
Que si tard sa beauté mon ame ait retenuë,
Et porte enuie aux yeux qui deuant moy l'ont veuë.
 Ah, qu'Amour m'a fait tort de m'auoir tant celé
L'heur où le Ciel m'auoit en naissant appelé!
Amans desesperez, qui l'auez tant seruie,
Chargez de mille ennuis, que ie vous porte enuie!
Las pourquoy, malheureux, ay-ie tant attendu?
Ie voudroy, comme vous, m'estre plustost perdu,
Sans auoir si long temps fait errer mon courage

D'HIPPOLYTE.

Au gré de mille amours, inconstant & volage.
 Mais ie me plains à tort : mon bon-heur a souffert
Que i'aye aimé deuant pour estre plus expert,
Et sçauoir mieux couurir mon amoureuse flame,
Quand les yeux d'Hippolyte auroyent forcé mon ame:
L'experience apprend. En ce commencement
I'apprenois à aimer pour l'aimer fermement.
Helas pour mon malheur i'en ay sçeu trop apprendre!
Heureux qui n'y sçait rien, & n'en veut rien entendre.
 Or ie sçay recognoistre Amour pour mon vainqueur,
Comme on vit en aimant sans esprit & sans cueur,
Comme on peut receler vne douleur mortelle:
Ie sçay brusler de loin & geler aupres d'elle,
Ie sçay comme le sang vers le cœur s'amassant
De honte ou de frayeur rend vn teint pallissant,
Ie sçay de quels filés la liberté s'attache,
Ie sçay comme vn serpent parmi les fleurs se cache,
Comme on peut sans mourir mille morts esprouuer,
Chercher mon ennemie & craindre à la trouuer.
 Ie sçay comme l'amant en l'amante se change,
Et comme au gré d'autruy de soymesme on s'estrange,
Comme on se plaist au mal, comme on veille en dormant,
Comme on change d'estat cent fois en vn moment:
Ie sçay comme Amour volle errant de place en place,
Comme il frappe les cœurs auant qu'il les menace,
Comme il se paist de pleurs & de soupirs ardans:
Enfant doux de visage, & cruel au dedans,
Qui de traits venimeux & de flammes se ioüe,
Et comme instablement il fait tourner sa roüe.
 Ie sçay des amoureux les changemens diuers,
Leurs pensers incertains, leurs desirs plus couuerts,

Leur malheur asseuré, leur douteuse esperance,
Leurs mots entrerompus, leur prompte meffiance,
Leurs discordans accords, leurs regrets & leurs pleurs,
Et leurs trop cours plaisirs pour si longues douleurs.
 Bref, ie sçay pour mon mal, comme vne telle vie,
Inconstante, incertaine, à tous maux asseruie,
S'esgare au labyrinth de diuerses erreurs,
Suiette à la rigueur de toutes les fureurs :
Et comme vn chaud desir qui l'esprit nous allume,
Enfielle vn peu de miel de beaucoup d'amertume.

XXXIII.

Amour, à qui i'ay fait tant de fois sacrifice
 De mon cœur tout sanglant reduit sous ton pouuoir,
 Si la voix d'vn mortel peut les Dieux esmouuoir,
Tens l'oreille à la mienne, & te monstre propice.
Ie ne demande pas que mon mal s'adoucisse,
 Que tu blesses Madame, ou changes mon vouloir :
 Ie sçay qu'vn si grand heur ie ne puis receuoir,
Et que iusqu'à la mort il faut que ie languisse.
Pour fruict de mes labeurs donne moy seulement,
 Que son nom glorieux viue eternellement,
 Et que mes vers plaintifs, courriers de son merite,
Facent qu'apres mille ans les François estonnez
 Gardent le souuenir d'vne belle Hippolyte,
 Plaignant les passions que ses yeux m'ont donnez.

D'HIPPOLYTE.

XXXIIII.

Ce iour vn pauure amant triste & desesperé,
 L'ame en feu, l'œil en pleurs, le cœur plein de tristesse,
 Et la bouche en regrets, esloigne sa Deesse,
Forcé du Ciel cruel contre luy coniuré.
Helas! à ce depart s'il se voit separé
 De ce qui l'a fait viure heureux en sa detresse,
 Que ne meurt-il soudain sous le faix qui l'oppresse,
S'affranchissant du mal trop long temps enduré?
Aussi seroit-il mort: vne si triste absence
 Eust fini promptement sa vie & sa souffrance:
 Mais le grand Dieu d'Amour, iuste vengeur du tort,
Pour plus le tourmenter le fait viure sans ame.
 Car l'amant qui se peut esloigner de sa Dame,
 N'est pas assez puni par vne seule mort.

XXXV.

O mon Cœur plein d'ennuis, que trop prompt t'arraché,
 Pour immoler à vne, helas qui n'en fait conte!
 O mes vers douloureux les courriers de ma honte,
Dont le cruel Amour ne fut iamais touché!
O mon teint pallissant, deuant l'aage seiché!
 Par la froide rigueur de celle qui me domte!
 O desirs trop ardens d'vne ieunesse promte!
 O mes yeux dont sans cesse vn fleuue est espanché!
O pensers trop pensez, qui rebellez mon ame!
 O debile raison, ô laqs, ô traits, ô flame,
 Qu'Amour tient en ses yeux trop beaux pour mon (malheur!
O douteux esperer, ô douleur trop certaine,
 O soupirs embrasez, tesmoins de ma chaleur,
 Viendra iamais le iour qui doit finir ma peine?

XXXVI.

Durant qu'vn feu cruel dedans Rome facage
  Tant de palais dorez, tant de superbes lieux,
  Et qu'vn bruit tout confus fait retenir les cieux,
  Des Romains malheureux lamentants leur dõmage:
Neron, fuzil de meurtre & de flamme & de rage,
  Se rit de leurs regrets, cruel & furieux,
  Et chante en regardant le feu victorieux,
  Laissant de sa rigueur à iamais tesmoignage.
Celle qui de mon cœur tient le gouuernement,
  Fait ainsi l'inhumaine en mon embrasement:
  Elle rit de mes pleurs, mon malheur est sa gloire.
Son bel œil s'estouit de me voir tourmenté,
  Et se plaist de laisser en mes vers la memoire
  De ma flamme eternelle, & de sa cruauté.

XXXVII.

Loing du nouueau Soleil en mes vœux adoré,
  Qui pour luire autre part sa clairté m'a rauie,
  Comment puis-ie tant viure esloigné de ma vie,
  Sans ame, & sans esprit, palle & desfiguré?
Mille plus forts que moy n'eussent pas tant duré,
  Et la mort aussi tost leur tristesse eust bannie:
  Pourquoy donc du trespas n'est la mienne finie,
  Veu que pour mon secours ie l'ay tant desiré?
I'en sçay bien la raison. Ceste mort trop cruelle
  Voyant dedans mon cœur vostre image si belle,
  Se retire estonnee, & retient son effort.
O destin rigoureux d'vn amant miserable!
  En peinture, & de loing vous m'estes fauorable:
  Mais vraye, & prés de vous, vous me dõnez la mort.

XXXVIII.

Si ceste grand' beauté tant douce en apparence
  Ne couure, ô ma Deesse, vn cœur de Diamant,
  Vous plaindrez mes douleurs, quãd vous verrez cõ-
Amour m'a trauaillé loin de vostre presence. (mẽt
Mais las ! ie m'entretiens d'vne vaine esperance :
  Car si mon foible esprit dure assez longuement
  Pour vous reuoir, Madame, vne seule influence
Du Soleil de vos yeux guarira mon tourment.
Mon ame ores tenuë en langueur inhumaine,
  Oubliant sa douleur paroistra toute saine,
  Et les rais de vos yeux mes pleurs iront seichant.
Voyla comme vn bel œil de deux sortes m'offense,
  Me blessant à la mort, & puis en m'empeschant
  Que ie ne puis monstrer ma mortelle souffrance.

XXXIX.

Quand premier Hippolyte eut sur moy la victoire,
  Et que i'ouury mes yeux au iour de sa beauté,
  Ie ne sçay qu'il m'aduint : ie fus transporté ;
Que de moy mesme, helas ! ie perdi la memoire.
Mes sens estoyent rauis en l'amoureuse gloire,
  Et mon œil esblouy de trop grande clairté,
  Craignant ses chauds regards, s'abaissoit arresté
Sur son beau sein d'albastre, & sa gorge d'iuoire.
Ie senti mal & bien, chaud & froid à l'instant :
  I'esperay sans espoir, i'eu peur : i'osay pourtant,
  Et parlay dans mon cœur mainte chose incogneuë.
e le fortifiay pour les maux aduenir :
  Et pour mieux y penser chassay le souuenir
  De toute autre beauté que deuant i'auois veuë.

XL.

Ie ressemble en aimant au valeureux Persee,
  Que sa belle entreprise a fait si glorieux,
  Ayant d'vn vol nouueau pris la route des Dieux,
  Et sur tous les mortels sa poursuite hausse.
Emporté tout ainsi de ma haute pensee
  Ie vole auentureux aux soleils de vos yeux,
  Et voy mille beautez qui m'esleuent aux Cieux,
  Et me font oublier toute peine passee.
Mais helas! ie n'ay pas le bouclier renommé,
  Dont contre tous perils Vulcan l'auoit armé,
  Par lequel sans danger il peut voir la Gorgonne:
Au contraire à l'instant que ie m'ose approcher
  De ma belle Meduse, inhumaine & felonne,
  Vn traict de ses regards me transforme en rocher.

XLI.

O doux venin mortel, ô guide tromperesse,
  O l'oubly gracieux des plus griéues douleurs,
  O rets subtil d'Amour, couuert de belles fleurs,
  O nouuelle Sereine, ô douce enchanteresse!
O paix instable & faulse, ô puissante Deesse,
  Qui fais durer l'Amour & qui crois ses chaleurs,
  Esperance, où es-tu? las au fort des malheurs
  Maintenant sans pitié ton secours me delaisse!
Ce fus toy qui me fis follement hazarder
  En la guerre d'Amour, & tu fuis sans m'aider,
  Me laissant aux dangers compagne peu fidelle.
Helas retourne à moy, console mon trespas.
  Mais ie t'appelle en vain. On ne console pas
  Auec peu d'Esperance vne douleur mortelle.

XLII.

Tant d'outrageux propos, de courroux & d'orage
   Que le Ciel rigoureux dessus moy fait pleuuoir,
   Sont autant d'aiguillons qui poignent mon vouloir,
   Au lieu de l'arrester l'animans d'auantage.
Ma foy, comme vn Soleil fendant l'obscur nuage
   Des brouillars amassez, monstre mieux son pouuoir:
   Seulement ie me plains que ie n'ose plus voir
   Ces deux flambeaux diuins astres de mon voyage.
Du Ciel en ce seul poinct i'accuse la rigueur:
   Tous les autres malheurs ne me font point de peur,
   Renforçans mon ardeur plustost que de l'esteindre.
Car quand à vous seruir ie me suis preparé,
   Ie n'ay de mon amour aucun fruict esperé:
   Si ie n'espere rien, rien ne me fera craindre.

XLIII.

Auoir pour toute guide vn desir temeraire,
   Et comme les Titans au Ciel vouloir monter,
   Sur vn mout de pensers l'Esperance planter,
   Puis voir tout renuerser par Fortune contraire:
Cognoistre assez son mal, ne s'en pouuoir distraire,
   Chercher obstinément ce qu'on doit euiter,
   Se nourrir de douleurs, nuict & iour lamenter,
   Et fuyant ses amis croire à son aduersaire:
Ourdir pour s'empestrer mille nouueaux liens,
   Estre serf d'vn Tyran, qui rit du mal des siens,
   Et iamais à leur foy trop ingrat ne regarde:
Ce sont les loix qu'Amour de ses traits escriuit
   Sur le roc de mon cœur le iour qu'il m'asseruit,
   Et sans espoir de grace il faut que ie les garde.

XLIIII.

A pas lents & tardifs tout seul ie me promeine,
  Et mesure en resuant les plus sauuages lieux,
  Et pour n'estre apperçeu ie choisi de mes yeux
  Les endroits non frayez d'aucune trace humaine.
Ie n'ay que ce rampart pour defendre ma peine,
  Et cacher mon desir aux hommes curieux,
  Qui voyans par dehors mes soupirs furieux
  Iugent combien dedans ma flamme est inhumaine.
Il n'y a desormais ny riuiere ny bois,
  Plaine, mont, ou rocher, qui n'ait sçeu par ma voix
  La trampe de ma vie à tout autre celee.
Mais i'ay beau me cacher, ie ne me puis sauuer
  En desert si sauuage, ou si basse valee,
  Qu'Amour ne me descouure, & me vienne trouuer.

XLV.

Aspre & sauuage cœur, trop fiere volonté,
  Dessous vne douce, humble, angelique figure,
  Si par vostre rigueur plus longuement i'endure
  Vous n'aurez grand honneur de m'auoir surmonté.
Car soit quand le Printemps descouure sa beauté,
  Soit quand le froid Hyuer fait mourir la verdure,
  Nuict & iour ie me plains de ma triste aduenture,
  De Madame & d'Amour sans repos tourmenté.
Ie vy d'vn seul espoir, qui naist lors que ie pense
  Qu'on voit qu'vn peu d'humeur par longue accoustu- (mance
  Caue la pierre ferme & la peut consumer.
Il n'y a cœur si dur qui par constante preuue,
  Pleurant, priant, aimant, à la finne s'esmeuue,
  Ny vouloir si glacé qu'on ne puisse enflammer.

XLVI.

Ie croy que tout mon lict de chardons est semé,
   Qu'il est rude & malfait! Hé Dieu suis-ie si tendre
   Que ie n'y puis durer? Ie ne fay que m'estendre,
Et ne sens point venir le Somme accoustumé.
Il est apres my-nuict, ie n'ay pas l'œil fermé,
   Et mes membres lassez repos ne peuuent prendre,
   Sus, Phebus, leue toy, ne te fay plus attendre,
Et de tes clairs regards rends le Ciel allumé.
Que la nuict m'importune, & m'est dure & contraire,
   Mais pourtant c'est en vain, ô Phebus, que i'espere
   D'auoir plus de clairté par ton nouueau retour.
Car ie seray couuert d'vne effroyable nuë,
   Tant qu'vn plus beau Soleil qui me cache sa veuë,
   Vienne luire à Paris & m'apporte le iour.

XLVII.

O champs cruels volleurs du bien qui me tourmente,
   O prez qui sous ses pas vous peignez de couleurs,
   O bois qui fus tesmoin de mes griefues douleurs
L'heureux soir que i'ouury ma poitrine bruslante:
O vent qui fais mouuoir ceste diuine plante,
   Te iouant, amoureux, parmi ses blanches fleurs,
   O canaux tant de fois desbordez de mes pleurs,
Et vous lieux escartez où souuent ie lamente:
Puis qu'vn respect craintif m'a de vous separé,
   Puis que ie ne voy plus l'œil du mien adoré,
   Puis que seul vous auez ce que seul ie desire,
S'il ne m'est pas permis par la rigueur des cieux,
   Champs, prez, bois, vent, canaux, & vous sauua-
     ges lieux,
   Faites luy voir pour moy l'aigreur de mon martyre.

XLVIII.

La mort qui porte enuie aux plus rares beautez,
　Couurant toute clairté d'vn tenebreux nuage,
　Voulut fermer les yeux qui m'ont mis en seruage,
Et punir d'vn seul coup cent mille cruautez.
Amour qui dans ses yeux prend ses traits indomtez,
　Tout aueugle qu'il est, cognent bien son dommage,
　O Mort (s'escria-til) si tu fais cest outrage,
Tu nous rendras tous deux cent fois moins redoutez.
Laisse moy dans ces yeux qui font que ie commande,
　Ie feray desormais ta puissance plus grande,
　Et rendray par mes traits ton bras victorieux.
La Mort s'arresta court, oyant ceste promesse:
　Et le cruel Amour du depuis n'a eu cesse,
　Faisant mourir tous ceux qui regardent vos yeux.

CHANSON.

Blessé d'vne playe inhumaine,
　Loing de tout espoir de secours,
　Ie m'auance à ma mort prochaine,
　Plus chargé d'ennuis que de iours.
Celle qui me brusle en sa glace,
　Mon doux fiel, mon mal & mon bien,
　Voyant ma mort peinte en ma face
　Feint helas! n'y cognoistre rien.
Comme vn roc à l'onde marine
　Elle est dure aux flots de mes pleurs,
　Et clost, de peur d'estre benine,
　L'oreille au son de mes douleurs.
D'autant qu'elle poursuiuit ma vie,
　D'ennuis mon seruice payant,
　Ie la diroy mon ennemie,

D'HIPPOLYTE.

Mais ie l'adore en me hayant.
Las! que ne me puis-ie distraire,
　Cognoissant mon mal, de la voir?
　O Ciel rigoureux & contraire
　C'est toy qui contrains mon vouloir.
Ainsi qu'au clair d'vne chandelle
　Le gay Papillon voletant,
　Va grillant le bout de son aile,
　Et perd la vie en s'esbatant.
Ainsi le desir qui m'affolle,
　Trompé d'vn rayon gracieux,
　Fait helas! qu'aueugle ie volle
　Au feu meurtrier de vos beaux yeux.

CHANSON.

Qve n'ay-ie la langue aussi prompte
Lors qu'en tremblant ie vous raconte
L'ardeur qui me fait consumer,
　Que ie fu prompt à vous aimer?
Quand vostre œil de moy se retire
Ie conte si bien mon martyre
Et l'effort de vostre rigueur,
　Qu'il n'y a rocher si sauuage,
　Bois si dur, ne si sourd riuage
　Qui n'ait pitié de ma langueur.
Mes yeux deux riuieres coulantes,
Mes paroles toutes brulantes,
Mes soupirs menus & pressez,
　Ma douleur tesmoignent assez.
Mais dés que de vous ie m'approche

Mon cœur se gelle & deuient roches
Deuant vos attraits gracieux
Ie pers esprit, voix & haleine:
Et voulant vous conter ma peine
Ie ne sçay parler que des yeux.

STANSES.

Quand au matin le grand flambeau des
cieux,
Pere du iour commence sa carriere,
La nuict s'enuolle, & sa belle lumiere
Mille thresors ouure deuant nos yeux.
Quand au premier le flambeau de mon ame,
Mon beau soleil à mes sens esclaira,
Tout bas desir de moy se retira,
Raui de voir les beautez de Madame.

Mais comme on voit Phebus en s'auançant
Sur le midy, plus de chaleurs espandre,
Les vents cesser, & la terre se fendre
Aux rais du chaud, nostre œil esblouïssant.
Ainsi la flamme esprise en mon courage,
Aux premiers iours bluettant doucement,
Est creüe en force & me va consumant,
Troublant ma veüe au cours de mon voyage.

En fin la nuict à son tour commandant
Par sa fraischeur esteint l'ardeur cuisante,
Couure de noir toute chose plaisante,
Et le Sommeil va sur nous respandant.
Ainsi la mort de ma flamme cruelle,
Flamme d'Amour, la fureur esteindra:
Et pour iamais le Sommeil me tiendra
Couurant mes yeux d'vne nuict eternelle.

XLIX.

Bien qu'vne fiéure tierce en mes veines bouillonne,
 De cent troubles diuers mon esprit agitant,
 Medecins abusez ne dites pas pourtant
 Qu'vne humeur choleriq' ces tempestes me donne:
Ie suis trop patient, ie n'offense personne,
 Et vay de mes amis les courroux supportant,
 Tout paisible & tout coy, sans qu'en me despitant
 Ie remasche vn venin qui le cœur m'empoisonne.
Celle dont l'influence altere mes humeurs,
 Qui fait par sa rigueur qu'auant l'auge ie meurs,
 Est cause de ma fiéure, & non pas la colere.
Las ie n'ay point de fiel, car ie voudroy donner
 Cent baisers, en mourant, à ma belle aduersaire,
 Pour monstrer que ma mort ie sçay bien pardonner.

L.

Bien souuent Hippolyte à grand tort courroucee
 Arme son cœur de glace, & d'esclairs ses regards,
 Preste à lascher sur moy tant de feux & de dards,
 Que la mort pour me prendre à la main auancee.
Mais voyant de frayeur mon audace abaissee,
 Ma force esuanouye, & mes sens tous espars,
 Elle qui fait trophee & d'Amour & de Mars,
 Desdaigne vne despouille à ses pieds renuersee.
Elle appaise son ire, & rend l'vn de ses yeux
 Aussi doux & serein que l'autre est furieux,
 Faisant luire vne paix au trauers de ma guerre.
Puissé-ie vn iour au Ciel ce miracle enuoyant
 Apprendre à Iupiter le grand Dieu du tonnerre,
 Comme il peut estre doux mesme en nous foudroyant.

LI.

Bien que le mal d'Amour, qui me rend furieux,
    Passe tout desespoir d'vn amant miserable,
    Si ne m'en plains-ie point, & le trouue agreable:
Car ce qui vient de vous m'est tousiours gracieux.
Ie reçoy plus de bien à mourir pour vos yeux,
    Qu'à viure au gré d'vn autre à mes vœux fauorables,
    Tant peut l'affection d'vne chose honorable,
Qui fait aimer sa perte & en estre enuieux.
Mais si vous adorant d'vn obstiné courage
    Vous ne croyez, Madame, à mon palle visage,
    A mes pleurs, à mes vers, & à mon deconfort,
Quel espoir desormais faut-il plus que ie suiue,
    Fors mourir deuãt vous? Mais la preuue est tardiue
Quand le mal seulement se cognoist par la mort.

STANSES.

SIe languy d'vn martyre inconnu,
    Si mon desir iadis tant retenu,
    Ores sans bride à son gré me transporte,
    Me doy-ie plaindre ainsi comme ie suis?
,, Vn nouueau mal fait de nouueaux effets,
,, Plus de beauté plus de tourment apporte.
En ma douleur c'est pour me consoler
    Que i'aye osé si hautement voler,
    Et que la peur mon courage ne change.
,, Par les hazars l'honneur se doit chercher,
    Quand le malheur me fera trebuscher,
    L'auoir osé m'est assez de louange.
L'homme grossier en la terre arresté,

Me peut nommer plein de temerité:
J'ayme trop mieux estre veu temeraire,
Que de cœur lasche & d'esprit abbatu.
,, Vn seul sentier n'est clos à la vertu,
,, Et au couard rien n'est facile à faire.
Les grands Palais sont plus battus des vents,
Et les hauts monts vers le Ciel s'esleuans
Presque tousiours sont frappez de l'orage.
Mais c'est tout vn: du ciel nous approchant
Cherchons la mort, plustost qu'en nous cachans
Viure & monstrer qu'ayons peu de courage.

LII.

L'eau tombant en lieu bas goute-à-goute ha puissance
Contre les marbres durs, couez finablement:
Et le sang du Lion force le Diamant,
Bien qu'il face à l'enclume & au feu resistance.
La flamme retenue en fin par violence
Brise la pierre viue, & rompt l'empeschement:
Les Aquilons mutins soufflans horriblement
Tombent le Chesne vieux qui fait plus de defense.
Mais moy, maudit Amour, nuict & iour soupirant,
Et de mes yeux meurtris tant de larmes tirant,
Tant de sang de ma playe, & de feux de mon ame,
Ie ne puis amollir vne dure beauté,
Qui las! tout au contraire accroist sa cruauté
Par mes pleurs, par mō sãg, mes soupirs et ma flāme.

LIII.

S'il n'y a rien si froid ne si glacé que celle
  Qui me fait par ses yeux sans pitié consommer,
  D'où peut elle en nos cœurs tant de flammes semer,
  Veu que le sien est pris d'une glace eternelle ?
C'est un estrange cas que l'ardeur immortelle,
  Qui a source en ses yeux, ne la puisse allumer :
  Semblable au beau Soleil qui peut tout enflammer,
  Bien qu'il n'ait point en soy de chaleur naturelle.
Seroit-ce point Amour le tyran sans mercy,
  Qui frapant de ses traits sur son cœur endurci,
  Fist saillir tout ce feu pour consommer nos ames :
Comme on voit un caillou refrapé maintesfois
  Par force avec du fer, servir d'amorce au bois,
  Et sans devenir chaud faire iaillir des flames ?

LIIII.

Vous n'estes point mes yeux, ô trompeuse lumiere,
  Par qui le trait d'Amour dans le cœur m'est venu :
  Si vous estiez mes yeux, vous n'eussiez mesconnu
  Celle qui tient mon ame à son gré prisonniere.
Las vous estes mes yeux ! mais la faute premiere,
  Et l'ennuy que par vous ie sois serf devenu,
  Rend vostre ardent desir maintenant retenu,
  Et vous fait abaisser pour ne voir ma guerriere.
C'est trop tard, pauvres Yeux, c'est trop tard attendu :
  La sagesse vous vient lors que tout est perdu :
  Un conseil tout divers desormais il faut prendre.
Regardez-la sans cesse, admirez ses beautez,
  Et flamme dessus flamme en mon cœur apportez,
  A fin que sans languir ie sois reduit en cendre.

LV.

Ayant trois ans entiers toute Romme asseruie
  L'inuincible Cesar, du beau sang de Cypris,
  Quelques vaillans Romains à seruir mal appris
Trencherent par le fer son Empire & sa vie.
Amour depuis trois ans ma franchise a rauie,
  Regnant comme vn tyran sans peur d'estre repris:
  Et mes lasches pensers n'ont encore entrepris
D'executer vn meurtre où l'honneur les conuie.
Quand le Triumvirat tramoit ses factions,
  Rome ne veit iamais tant de proscriptions,
  Tant de saccagemens, tant d'iniustes supplices,
Comme Amour dedans moy fait de maux infinis:
  Ce n'est que sāg, que pleurs, que meurtris, que bānis,
  Il vole, il chasse, il brule, & fait mille iniustices.

LVI.

Autour des corps, qu'vne mort auancee
  Par violence a priuez du beau iour,
  Les Ombres vont, & font maint & maint tour,
Aimans encor' leur despouille laissee.
Au lieu cruel où i'eu l'ame blessee
  Et fu meurtry par les fleches d'Amour,
  Terre, ie tourne & retourne à l'entour,
Ombre maudite, errante & dechassee.
Legers Esprits plus que moy fortunez,
  Comme il vous plaist vous allez & venez,
  Au lieu qui clost vostre despouille aimee:
Vous la voyez, vous la pouuez toucher,
  Où las! ie crains seulement d'approcher
  L'endroit qui tient ma richesse enfermee.

I iiij

LVII.

Tourne, mon Cœur, ailleurs ton esperance,
   Laissant le bien vainement desiré:
   Pour vn mortel c'est trop haut aspiré,
   Il faut couper l'aile à nostre arrogance.
Amour ingrat, est-ce la recompense
   D'auoir souffert, seruy, prié, pleuré,
   Et sans fleschir si long temps enduré
   Qu'on me reproche auiourd'huy l'inconstance?
Plein de fureur ie ne fay que songer
   Que ie doy faire, à fin de me venger
   Des fiers courroux d'vne ame si rebelle.
C'est le meilleur de me donner la mort:
   Car ie ne puis luy faire plus de tort
   Qu'en la priuant d'vn qui est tout à elle.

LVIII.

Amour, si i'ay souffert, fidelle à ton empire,
   Sans me lasser de toy, tant d'ameres douleurs:
   Si ie t'ay mille fois abbreuué de mes pleurs,
   Et si tes plus beaux traits en mon cœur ie retire:
Volle vers la beauté qui me tient en martyre,
   Et qui fait que tu as tant de force en nos cœurs:
   Amolli son courroux, adouci ses rigueurs,
   Et fay que son bel œil recommence à me luire.
C'est le douziesme iour que cest œil courroucé
   Entre mille dangers sans clairté m'a laissé,
   N'ayant pour me guider que ma flamme immortelle.
De grace, en ma faueur, Amour, va la blesser:
   Ou si tu la crains trop, & ne me veux laisser,
   Tire de mon cœur mesme, & frape la cruelle.

LIX.

Si les pleurs que i'espans, si le triste langage,
　Dont la nuict & mon lict sont tesmoins seulement,
　N'ont pouuoir d'amollir vn cœur de diamant,
　Et ne font de pitié pallir son beau visage:
Pourquoy me reserué-ie à languir d'auantage,
　De Fortune & d'Amour l'horrible esbatement?
　Plustost dedans le sang noyons nostre tourment,
　Et nous sacrifions à ceste ame sauuage.
Ie l'accuse à grand tort: car son cœur de rocher
　De mes poignans regrets se laisseroit toucher,
　Si ie pouuoy me plaindre alors qu'elle est presente.
Mais le son de ma voix se change en la voyant,
　Mon œil se rasserene & n'est plus larmoyant,
　Et ma langue se taist, bien que mon cœur lamente.

LX.

Depuis deux ans entiers, que i'aime vne beauté
　Perle vnique du monde, & sa fleur la plus belle,
　Trois fois tant seulement i'ay peu parler à elle:
　Voyez de mon malheur l'estrange cruauté!
Encor ce doux loyer, que i'auois acheté
　Par tant de passions & de peine immortelle,
　Trois fois m'est empesché par la force cruelle
　Du malheur enuieux dont ie suis surmonté.
C'est (peut-estre) mon bien, dont ie n'ay cognoissance:
　Car si son œil diuin m'ost: toute puissance,
　Me rauit, me transporte, & me rend furieux:
S'il fait que sans espoir mon amour continue,
　Que seroyent ses propos fauorisez des yeux?
　Helas pour me tuer c'est assez de sa veüe!

L v

LXI.

Pour tant d'ennuis diuers, tant de flamme & de glace,
  Qui font en mon esprit vn si contraire effort,
  Pour mon repos perdu, mes pleurs, mon deconfort,
  Et pour tãt d'autres maux dont l'amour me menace:
Pour vostre doux orgueil, vainqueur de mon audace,
  Pour auoir coniuré des premiers à ma mort,
  Et fait que mon desir se maintienne plus fort,
  Quand plus le desespoir luy veut donner la chasse.
O beaux yeux qui pleuuez tant de feux & de traits,
  Ie ne demande pas que m'accordiez la paix,
  Que vous soyez plus doux, q̃ iettiez moins de flames:
Pour tout bien ie requiers, que croissans en rigueur,
  Pour butte à tous vos traits vo⁹ choisissiez mõ cœur,
  Et que vous dedaignez de blesser d'autres ames.

LXII.

I'estoy dans vne salle ombragé de la presse
  Pour voir, sans estre veu, Madame qui dansoit:
  Le peuple à l'enuiron tout raui s'amassoit
  Louant d'ame & de voix ceste vnique deesse.
En vain la voulant voir sur les piés ie me dresse,
  Car mon foible regard assez ne s'auançoit:
  Mais mon cœur s'enflammant ainsi qu'elle passoit,
  Remarqua sans mes yeux les pas de ma princesse.
Dieu que i'aime mon cœur, bien que mal conseillé
  Il ait receu l'amour dont ie suis trauaillé!
  Le plaisir qu'il m'a fait mes douleurs recompense.
Aussi bien mes deux yeux couuerts d'obscurité
  N'eussent peu soustenir sa diuine clairté,
  Tant ils sont aueuglez de pleurer mon offense.

LXIII.

Si doucement par son regard me tuë
   Ce Basilic de ma mort desireux,
   Que ie le cherche, & me sens bien-heureux
En mon malheur d'estre pres de sa veuë.
D'aise & d'ennuy mon ame est toute esmeuë,
   Quand ie puis voir ces beaux yeux amoureux,
   De cent couleurs mon visage se muë,
Ie tremble tout & suis auentureux.
Qui penseroit d'vne mesme fontaine
   Pouuoir couler le repos & la peine,
   Peur, hardiesse, ennuy, contentement?
Comme au Chaos tout se mesloit ensemble,
   Ainsi cest œil cent contraires assemble
   Dans le chaos de mon entendement.

LXIIII.

Si la fureur d'Amour rendant l'ame agitee
   La rauit dans le Ciel de son corps l'esleuant,
   Et si l'ame rebelle & qui s'en va priuant,
Tousiours foible & pesante en terre est arrestee:
Que n'aimez-vous, Deesse, afin d'estre portee
   Par la fureur d'Amour dans le Ciel en viuant?
   Plein de rauissement ie vous iroy suiuant,
Et mon ame à son gré seroit lors contentee.
Ceste ombre de beauté, qui vous fait renommer,
   Quand vous seriez au Ciel se verroit transformer
   En la Beauté parfaite & d'essence eternelle.
Tout volage desir en moy seroit esteint,
   Regardant vostre cœur ie m'y trouueroy peint,
   Et vous verriez au mien vostre image si belle.

LXV.

Vouloir ambicieux, Esperance interdite,
　Desirs prompts à mon mal, qui m'auez sceu forcer,
　Peu durables desseins, mal asseuré penser,
　Courage, helas! trop grand pour force si petite:
Et vous rares beautez de la ieune Hippolyte,
　Qu'Amour fait si souuent par mes yeux repasser
　Pour Dieu, mes ennemis, vueillez vn peu cesser
　Et que vostre rigueur à pitié vous incite.
Ne voyez-vous comment trop tost vous me tuez?
　Ie ne languiray point si vous continuez.
,, Vne extreme douleur ne peut estre durable.
Et c'est ce qui me trouble & me fait soupirer:
　Car mon cruel tourment m'est si fort agreable,
　Que ie tasche à durer pour le faire durer.

LXVI.

Bien que ma patience & ma foy vous ennuye,
　Et que la fermeté vous fasche extremement,
　Ie ne me puis garder de vous faire vn serment
　Tout prest de le sceller du sang & de la vie:
Et que vos yeux diuins qui mon ame ont rauie
　Cessent de m'esclairer si ie pense autrement:
　C'est qu'en despit du Ciel, de Fortune, & d'Enuie,
　Vif & mort ie seray vostre eternellement.
Les courroux, la rigueur, le temps, & la distance
　Seruiront de rempart pour garder ma constance,
　Que vos nouueaux desirs ne pourront entamer.
Ie ne fay rien pour moy d'vser de ce langage:
　Car ie sçay qu'on ne peut vous fascher d'auantage
　Que de vous menacer de tousiours vous aimer.

D'HIPPOLYTE.

STANSES.

Quand i'espreuue en aimant les rigueurs
 d'vne Dame,
Qui ieune & sans amour se mocque de
 ma flame,
 Et demeure cruelle au son de mes douleurs
Ferme ie continuë, & souffre en patience,
Esperant à la fin par ma perseuerance
Cauer son cœur de roche amolli de mes pleurs.

 Tant plus vne entreprise est haute & malaisee,
Plus en la poursuiuant mon ame est embrasee:
La peine & la longueur ne me peut retenir,
Contre tous les malheurs i'oppose ma constance,
Et pour m'encourager il suffit que ie pense
Que nul autre que moy n'espere y paruenir.

 Car mon cœur genereux à rien ne se peut plaire,
Que i'estime qu'vn autre ait espoir de parfaire.
Vn Dieu pour compagnon ie ne puis receuoir:
Ie veux suiure tout seul ce que ie me propose,
Et encore en amour plus qu'en toute autre chose
Ie fuy les compagnons & n'en veux point auoir.

 I'aimerois beaucoup mieux supporter la rudesse
Et l'orgueil dedaigneux d'vne fiere maistresse,
Qui mesprisast tout autre au fort de mon esmoy,
Qu'estre dessous le ioug d'vne plus pitoyable,
Qui pour me retenir se rendist fauorable,
Mais qui fauorisast les autres comme moy.

 Ainsi qu'vn grand torrent qui les plaines menace,
S'escoulant en ruisseaux perd sa premiere audace,
Et l'effort qui d'orgueil le faisoit escumer:

Ainsi l'amour d'vn seul est plein de violence,
Mais quand on le diuise il perd toute puissance.
,, Qui aime en plus d'vn lieu ne sçauroit bien aimer.
    D'vne seule lumiere en la nuict allumee
L'ombre entiere se fait, qui se perd consumee
Par les rayons espars des flambeaux d'alentour:
Ainsi d'vn seul desir la vraye amour est faite,
Qui s'affoiblist par nombre & demeure imparfaite.
,, Le desir diuisé ne se peut dire amour.

    I'accompare vne Dame en cent lieux embrasee
Au miroir qui reçoit toute image opposee,
Et n'en retient pourtant aucune impression:
Ainsi dans son esprit de legere nature,
Ce qu'elle voit luy plaist, elle en prend la figure,
Mais le perdant des yeux le perd d'affection.

    Ie ne m'estonne plus d'ouïr tant de complaintes
De ces amans legers, dont les amours sont feintes,
Finissans aussi tost qu'ell' ont commencement.
L'homme n'en est pas cause encor qu'il soit muable:
Mais il ne sçauroit rendre vn bastiment durable,
De la foy d'vne femme ayant fait fondement.

    Deux beaux yeux, vn beau teint, vne bouche ver-
Vn propos qui rauit les hommes de merueille, (meille,
Rendent bien vn amant du feu d'Amour espris:
Mais pour nourrir sa flamme, & la faire eternelle
Il le faut asseurer d'vne amour mutuelle,
C'est ce qui le retient quand la beauté l'a pris.

    Qu'on n'estime iamais qu'vne Dame inconstante
Qui veut embrasser tout, & de rien n'est contante,
Conserue vn seul amant qui soit sans fiction:
Toute ardeur qu'elle allume est moindre que fumee.

D'HIPPOLYTE.

Car il faut bien aimer pour estre bien aimee,
Et de deux cœurs vnis naist la perfection.
　N'adorer qu'vne chose, & ne penser qu'en elle,
Ne voir que par ses yeux, la trouuer seule belle,
Ce qu'elle a dans le cœur le sentir tout ainsi,
Gouster par sa presence vne douceur extreme,
Mourir ne la voyant, c'est ainsi comme i'aime,
Mais ie ne dure pas si l'on ne m'aime aussi.

LXVII.

A mon terrestre Ciel i'ose faire la guerre,
　Come vn nouueau Geant que l'orgueil va touchant :
　Mes traits sont mes desirs, mais en les decochant
De haste & de fureur c'est moy seul que i'enferre.
Au lieu de mont sur mont haut esleué de terre,
　Espoirs, songes, pensers l'vn à l'autre accrochant,
　Ie pense estre bien haut, quand en vous approchant,
Sur moy vostre bel œil mille foudres desserre.
Ie vous estime heureux, Titans audacieux,
　Bien qu'en fin vous fussiez le triomphe des Dieux,
　Vostre orgueilleux desir cessa quand & la vie :
Le mien ne cesse point, & pour estre bruslé,
　Pour tresbucher cent fois foudroyé, desolé,
　Ie ne puis voir chetif la fin de mon ennuie !

LXVIII.

Souci chaud & glacé, que la crainte a fait naistre,
  Et qui craignant plus fort deuiens plus violant,
  Et pendant que la flamme & le gel vas meslant
  Troubles, pers & destruis tout ce qu'amour fait croistre:
Puis qu'en si peu de temps tu t'es rendu mon maistre,
  De cent chaudes fureurs mon esprit martelant,
  Va, retourne au Cocyte, & me laisse dolent,
  Comme vn Tigre enragé, de ma chair me repaistre.
Sur les glaces d'Enfer passe entre mille ennuis,
  Sans lumiere tes iours, & sans sommeil tes nuits,
  Non moins troublé du faux, que de seures nouuelles.
Va t'en, tout ton venin est entré dedans moy,
  Ie n'ay point d'autre sang: helas! doncques pourquoy
  Me viens-tu retroubler par ces larmes cruelles?

LXIX.

Espouuentable Nuict, qui tes cheueux noircis
  Couures du voile obscur des tenebres humides,
  Et des antres sortant par tes couleurs liuides,
  De ce grand Vniuers les beautez obscurcis.
Las! si tous les trauaux par toy sont addoucis,
  Au ciel, en terre, en l'air, sous les marbres liquides,
  Or' que dedans ton char le Silence tu guides,
  Vn de tes cours entiers enchante mes soucis.
Ie diray que tu es du Ciel la fille aisnee,
  Que d'astres flamboyans ta teste est couronnee,
  Que tu caches au sein les plaisirs gracieux:
Des Amours & des Ieux la ministre fidelle,
  Des mortels le repos: bref tu seras si belle,
  Que les plus luisans iours en seront enuieux.

LXX.

Quand ie voy flamboyer ceste heureuse planete,
   De nostre aage imparfait l'admirable ornement:
   Bien que mon cœur d'ailleurs n'attende allegement,
Si faut il que de crainte à trembler ie me mette.
Car ainsi comme on voit la fatale Comete,
   Flambante en longs cheueux, n'apparoir nullement
   Sans la mort d'vn monarque, ou sans vn changemét,
Quand quelque Seigneurie est pres d'estre suiette.
De mesme helas! ie crains que ce diuin flambeau
   De ma foible raison presage le tombeau,
   Ou qu'au moins ie verray ma liberté restreindre.
I'ay peur qu'en pire estat on me face changer,
   Mais (ô moy desolé!) i'en suis hors du danger,
   I'ay tãt et tãt de maux que plus ie ne doy craindre.

LXXI.

Comme quand il aduient qu'vne place est forcée
   Par vn cruel assaut du soldat furieux,
   Tout est mis au pillage, on voit en mille lieux
Feux sur feux allumez, mort sur mort amassees:
Mais si ne peut sa gloire estre tant rabaissee,
   Qu'vn arc, vne colonne, vn portail glorieux
   N'eschappent la fureur du feu victorieux,
Et ne restent entiers quand la flamme est passee.
Ainsi durant les maux que i'ay tant supportez,
   A la honte d'Amour, & de vos cruautez,
   Depuis que par vos yeux mon ame est retenuë:
En dépit du malheur contre moy coniuré,
   Mon cœur inuiolable est tousiours demeuré,
   Et ma foy iusqu'ici ferme s'est maintenuë.

LXXII.

Celle qui de mon mal ne prend point de souci,
 Comme si de ses yeux il n'auoit sa naissance,
 Se rit de mes douleurs si tost que ie commence
 A me plaindre en pleurant de son cœur endurci.
I'ay beau m'humilier & luy crier merci,
 Merci de l'aimer trop : car c'est ma seule offense:
 Elle en est plus rebelle : & se plaist que ie pense
 Qu'vn courage si fier ne peut estre adouci.
Ce n'est pas toutesfois ce qui plus me tourmente,
 Car sa rigueur m'est douce, & mon mal me contente,
 Voyant mes beaux vainqueurs ses yeux que i'aime
Ie me plains seulement de voir que la cruelle   (tant
 Ne croit pas que ie l'aime, & m'appelle inconstant,
 Ou dit que mes ennuis viennent d'autres que d'elle.

LXXIII.

Sommeil, paisible fils de la Nuict solitaire,
 Pere alme nourricier de tous les animaux,
 Enchanteur gracieux, doux oubli de nos maux,
 Et des esprits blessez l'appareil salutaire:
Dieu fauorable à tous, pourquoy m'es-tu contraire?
 Pourquoy suis-ie tout seul rechargé de trauaux
 Or' que l'humide Nuict guide ses noirs cheuaux,
 Et que chacun iouïst de ta grace ordinaire?
Ton silence où est-il? ton repos & ta paix,
 Et ces songes vollans comme vn nuage espais,
 Qui des ondes d'Oubli vont lauant nos pensees?
O frere de la Mort que tu m'es ennemi!
 Ie t'inuoque au secours, mais tu es endormi,
 Et i'ards toussiours veillant en tes horreurs glacees.

LXXIIII.

Si le pasteur de Troye, eleu diuinement
  Pour iuger des beautez de trois grandes deesses,
  Dedaigna les grandeurs, la gloire, & les richesses,
  Pour la Grecque beauté, prix de son iugement:
I'en eusse fait autant : il fist fort sagement.
  Car auprès de vos yeux pleins de douces rudesses,
  Quels thresors, quels honneurs, triõphes & hautesses
  Pourroyẽt mouuoir mõ cœur si ferme en vous aimãt?
Puis qu'estre pris de vous apporte tant de gloire,
  Quel trophee assez digne orneroit la victoire
  Du cœur qui bien aimant vous pourroit conquerir?
O seul but de mes vœux, ô bien que ie n'espere,
  L'or et les vains hõneurs soyẽt cherchez du vulgaire,
  Riẽ ne me plaist que vous, pour voº ie veux mourir.

LXXV.

Rendez-vous plus cruels beaux Yeux qui me blessez,
  Ce trait doux & piteux m'empoisonne & me tuë:
  Ah! non, durez ainsi, Mon ame est combatuë
  De trop de desespoirs vous voyant courroucez.
Temperez seulement ces rayons élancez,
  Trop clairs & trop ardans qui m'offusquẽt la veuë,
  Mais ne les baissez pas : car mon mal continuë,
  Et mon espoir defaut quand vous les abaissez.
Doux, cruels, humbles, fiers, gais & trempez de larmes,
  Amour pour ma douleur trouue en vous assez d'ar-
  D'agreables langueurs, & de plaisãs trespas, (mes,
Bref, toutes vos façons, beaux Yeux, m'ostent la vie.
  Hé donc pour mon salut cachez-vous ie vous prie!
  Non, ne vous cachez point, mais ne me tuez pas.

LXXVI.

Le tyran des Hebreux transporté de furie
   Ne fit iadis meurtrir tant d'enfans innocens
   Que ie tuë en maillot de pensers languissans,
Et ne touche à celuy qui menace ma vie.
Car luy desia rusé fuyant ceste furie
   Se sauue à la beauté qui domine mes sens,
   Et là tout asseuré rit des maux que ie sens,
Et m'abuse sans fin par quelque tromperie.
Or' en ses chauds regards ce penser se formant,
   Or' en ses doux propos mon esprit va charmant,
   L'imprisonne & l'estraint en des chaisnes pesantes:
Helas c'est le malheur qui m'estoit destiné,
   Et que me presageoyent deux estoiles luisantes
   Que ie vey sur le poinct que ce méchant fut né.

LXXVII.

Quand l'ombrageuse Nuict nostre iour decolore,
   Et que le clair Phebus se cache en l'Occident,
   Au Ciel d'astres semé les mortels regardant
Prisent or' ceste estoile, & or' ceste autre encore:
Mais si tost qu'à son tour la matinale Aurore
   Fait leuer le Soleil de rayons tout ardant,
   Lors ces petits flambeaux honteux se vont perdant
Deuant le Roy du iour, qui tout le ciel decore.
Ainsi quand mon Soleil sa splendeur va celant,
   On voit deçà delà maint astre estincelant,
   Et le monde abusé mille Dames revere.
Mais dés qu'il apparoist, adieu foibles clairtez,
   Tout obiet s'obscurcit, & ce Roy des beautez,
   Comme en son firmamēt dans tous les cœurs éclaire.

LXXVIII.

Que ie suis redeuable à la douce pensee
   Qui nourrit mon esprit de son bien separé!
   Iamais sans tel secours ie n'eusse tant duré,
Si fort de vos beautez ma poictrine est blessee.
Quand par crainte ou respect il faut force forcee
   Que i'esloigne vostre œil dont ie suis esclairé,
   Ie mourrois à l'instant triste & desesperé
N'estoit ce reconfort de mon ame oppressee.
Mari, frere, vallets ne sçauroyent l'empescher
   Que iusqu'à vostre lict ne se vienne approcher,
   Vous voit, vous entretient, vous estime admirable.
Las si vous l'entendiez que d'heur m'en aduiendroit!
   Car vous disant mon mal, ie sçay qu'elle rendroit,
   Moy content pour iamais, vous douce & pitoyable.

LXXIX.

Rauy de mon penser si hautement ie vole,
   Que ie conte vn à vn les astres radieux,
   I'oy les divers accords du mouuement des Cieux,
Et voy ce qui se meut sous l'vn & l'autre pole.
Mais pourtant mon esprit si fort ne se console,
   Et ne sauoure rien de si delicieux,
   Comme alors que ie voy le rayon de deux yeux,
Et sens l'accord parfait d'vne douce parole.
Quand i'ay l'heur de iouir d'vn bien tant souhaité,
   Sans partir de la terre aux cieux ie suis porté,
   Et comprens du plus haut la gloire & les merueilles.
O ma seule Deesse helas! s'il est ainsi,
   Regardez-moy tousiours d'vn œil plein de merci,
   Et de vos doux propos rauissez mes oreilles.

LXXX.

Amour, choisis mon cœur pour butte à tous tes traits,
Et bastis ta fournaise en ma chaude poitrine,
I'estimeray tousiours ta cruauté benine,
Ton dueil contentement, & ta guerre vne paix.
I'ay veu tant de clairtez, de thresors, & d'attraits
D'vn œil doux, d'vn beau front, d'vne gorge yuoiri
Et gousté la douceur d'vne voix si diuine,
Que i'oublie à bô droit les maux que tu m'as faits
O celestes beautez, si pleines de merueilles!
O propos, qui sonnez tousiours en mes oreilles,
Que vous m'auez tué d'vne douce rigueur!
Que vous auez ietté de soulfre sur ma flame!
Que vous m'auez laissé d'aiguillons dedans l'ame,
De pensers en l'esprit, & d'amours dans le cœur!

LXXXI.

Langue muette à mon secours tardiue,
Que m'a serui tant d'heur que i'ay receu
De voir Madame? aussi bien tu n'as sceu
Dire le mal qui de repos me priue.
Propos bruslans, voix dolente & plaintiue,
Vostre faueur à ce coup m'a deçeu:
Car vn seul mot hors de moy n'est issu
Propre à monstrer combien ma peine est viue.
Mais qui ne fut autant que vous surpris?
L'estonnement gela tous mes esprits,
Ie deuins sourd, sans pouls, & sans haleine:
Vn voile obscur sur mes yeux s'estendit,
Le cœur me chent, tout mon sens se perdit,
Et ne restay qu'vne peinture vaine.

LXXXII.

De quels couteaux fut mon ame blessee,
   Et quelle flamme en mon cœur s'alluma,
   Quand ses beaux yeux de rigueur elle arma
   Pour me tuer sans l'auoir offensee?
Que d'vne plainte en pleurant commencee
   Ne fis-ie voir le dueil qui m'entama?
   Ie l'essayay: mais la douleur pressee
   A mes propos le passage ferma.
Que ne leut-elle au moins sur mon visage
   Mes passions, me voyant tout transi,
   Palle mon teint, mes yeux couuerts d'ombrage,
Qui pour ma bouche alors crioyent merci?
   Helas la Nuict m'osta cest aduantage,
   Et l'empescha qu'elle me veist ainsi.

LXXXIII.

Mes yeux accoustumez au iour de vostre veuë
   Sont clos aussi soudain que vous disparoissez,
   Et des autres beautez, les rayons élancez
   Ne sont pour m'esclairer qu'vne effroyable nuë.
Mon ame en vos cheueux est si bien detenuë,
   Mes sens de trop d'amour sont si fort insensez,
   Et vers vous mes desirs tellement sont dressez,
   Qu'aucune autre beauté n'est de moy reconnuë.
Et si le Ciel ialoux me force à vous laisser,
   Quelque mont, fleuue ou bois que ie puisse passer,
   Bien qu'aux deserts glacez pour iamais ie m'habite,
Tousiours malgré le temps, la distance & les lieux,
   Vostre beauté diuine, ô celeste Hippolyte,
   Sera pres de mon cœur s'elle est loing de mes yeux.

LXXXIIII.

Ie vay contant les iours & les heures passees
Depuis que de mon bien ie me suis separé,
Et qu'auec vn grand Roy des mortels adoré
I'ay choisi pour seiour ces campagnes glacees.
Amour, qui vois sans yeux mes secretes pensees,
Si ie t'ay iusqu'ici saintement reueré,
Chasse, ô Dieu, le regret dont ie suis deuoré,
Et tant de passions dans mon ame amassees.
Fay qu'auec moins d'ardeur ie desire à la voir,
Ou que de mon grand Roy congé ie puisse auoir,
Ou m'apprens à voller & me preste tes ailes,
Ou ne fay plus long temps mon esprit esgarer,
Ou tempere mon mal qu'il se puisse endurer,
Ou m'enseigne à souffrir des douleurs si cruelles.

LXXXV.

Au nid des Aquilons en la froide Scythie,
Où iamais le Soleil ne se daigne leuer,
Ie ne puis, malheureux, de remede esprouuer,
Amour, pour rendre en moy ta chaleur amortie.
Celle que de mon cœur l'exil n'a departie,
M'accompagne par tout, par tout me vient trouuer,
Et parmi les rigueurs d'vn eternel Hyuer
Elle fait que mon ame en braise est conuertie.
Mais le plus grand ennuy, dont ie sois tourmenté,
C'est de sentir le feu sans en voir la clairté,
Mon soleil luit ailleurs quãd plus fort il m'enflame.
N'est-ce vn presage seur qu'en bref ie doy mourir?
Ie suis loin du plaisir qui me peut secourir,
Et porte en tous endroits le tourment de mon ame.

Ie veux

D'HIPPOLYTE.

LXXXVI.

Ie veux iurer ces vers qui rendront tesmoignage,
  Ou de mon inconstance, ou de ma ferme foy,
  En preséce d'Amour mō grand maistre & mon Roy,
  Qui peut lire en mō cœur si traistre est mō langage:
C'est qu'à vostre Beauté sans plus ie fais hommage,
  Ie n'aime rien que vous, en vous seule ie croy,
  Vostre œil m'assuiettist & me donne la loy,
  C'est mon heur & mon gain, ma perte & mon dom-
Si i'ay iusques icy volagement erré   (mage.
  De mille traits diuers à toute heure enferré,
  Ce sont des tours communs de l'aueugle ieunesse:
Maintenant que six ans quatre fois i'ay passez
  Deuers vous seulement mes pensers sont dressez,
  Et mon ame en ses maux n'implore autre Deesse.

CHANSON.

Ant que i'ay eu du sang, des soupirs & des
    larmes,
  I'ay payé le tribut à vostre cruauté,
  Esperant follement par ma fidelité
De vos cruelles mains faire tomber les armes.
Ie n'ay plus cest espoir, mais i'ay bien cognoissance
  Que pour plus m'affoiblir vous m'alliez outrageant,
  Ainsi qu'vn fier Tyran ses suiets va chargeant,
  Pour les deffaire apres auec moins de defense.
Et bien ie mourray donc: & la fin de ma vie
  Sera fin de mon mal & de vostre desir.
  Ie mourray bien contant de vous faire plaisir,
  Mais fasché que de moy ne serez plus seruie.

K

C'est le poignant regret qui m'oppresse & m'entame,
Et qui fait que ie meurs triste & desesperé,
Auec cest autre soing dont ie suis martyré,
Sçauoir apres ma mort que deuiendra mon ame.
Sa constance & sa foy, sa despouille meurtrie,
Son martyre enduré la doit faire sauuer:
Mais ie crains d'autre part de la voir reprouuer,
Et damner à bon droit pour son idolatrie.
Car en vous seulement elle auoit sa fiance,
Au plus fort des tourmens vostre nom reclamoit,
N'adoroit rien que vous, & constante affermoit
Qu'il n'estoit nul salut hors de ceste creance:
Et qui plus est encor, elle estant obstinee,
Que ceste vieille erreur ne veut point delaisser:
Et dit, pour tout confort, qu'il luy plaist de penser
Que par trop vous aimer elle sera damnee.

CHANSON.

Our voir ma fin toute asseuree
Que vos rigueurs ont preparee,
Ie ne me plains aucunement:
Car veu la douleur qui m'offense,
La Mort venant soudainement
Me tiendra lieu de recompense.
Sans plus pour mes yeux ie me plains,
Ces yeux qui vous ont veu si belle,
Priuez d'vne lumiere telle
Faut-il helas qu'ils soyent estaints?
Faut-il aussi que mes oreilles
Apres tant de douces merueilles,

D'HIPPOLYTE.

Rauissans l'esprit bien-heureux,
Pour iamais demeurent fermees,
Sans que vos propos amoureux
Les puissent plus rendre charmees?
Ce m'est vn ennuy trop amer,
Qu'il faille que ce cœur perisse
Qui fut nay pour vostre seruice,
Et qui osa bien vous aimer.
Mais en ce regret qui m'affole
Peu à peu ie me reconsole
Pensant que c'est vostre vouloir.
Car puis que ma mort vous est chere,
Ie n'ay garde de me douloir
D'vne chose qui vous peut plaire.

CHANSON.

Cauez-vous ce que ie desire
Pour loyer de ma fermeté?
Que vous puissiez voir mon martyre,
Comme ie voy vostre beauté.

Le Ciel ornant vostre ieunesse,
De ses dons les plus precieux,
Pour mieux me monstrer sa richesse
M'éclaira l'esprit & les yeux:
Tousiours depuis ie vous admire
D'vn œil tout en vous arresté.
Mais vous ne voyez mon martyre
Comme ie voy vostre beauté.
Maudite soit la cognoissance,

Qui m'a cousté si cherement:
Ma douleur n'a eu sa naissance,
Que d'auoir veu trop clairement.
Las! i'ay bien raison de maudire
Ce qui perdit ma liberté,
Puis que ne voyez mon martyre
Comme ie voy vostre beauté.
L'aueugle enfant qui me commande,
Qu'on nomme à tort Dieu d'amitié
Les deux yeux comme à luy vous bande,
Afin que soyez sans pitié.
Il le faut: car i'ose bien dire
Que n'auriez tant de cruauté,
Si vous pouuiez voir mon martyre:
Comme ie voy vostre beauté.
Si le Ciel de vostre visage
Luit de mille perfections,
Il n'en peut auoir d'auantage
Que mon cœur a de passions.
Il pleure, il gemist, il soupire,
D'amour nuict & iour tourmenté:
Helas! voyez donc mon martyre
Comme ie voy vostre beauté.
Ie me plains d'auoir trop de veuë,
Moy qui ne puis voir seulement
Parmi tant d'ennuy qui me tuë,
Vn seul trait de contentement,
Aueugle au bien ie me puis dire,
Et au mal trop plein de clairté,
Ne pouuant rien voir que martyre
Au miroir de vostre beauté.

D'HIPPOLYTE.

Puis qu'on guarist par son contraire,
   Tout l'espoir que ie puis auoir
   Est de sortir de ma misere
   Lors que ie cesseray de voir:
   A la mort donc ie me retire
   Pour rendre mon mal limité,
   Lors si ne voyez mon martyre
   Ie ne verray vostre beauté.

CHANSON.

Le mal qui me rend miserable,
   Et qui me conduit au trespas,
   Est si grand qu'il est incroyable,
   Aussi vous ne le croyez pas.
Amour qui des yeux a naissance,
   Court aussi tost vers le desir,
   Se conserue auec l'esperance,
   Et trouue repos au plaisir.
   Mon amour est d'vne autre sorte:
   Le desespoir la rend plus forte,
   Elle renaist de son trespas,
   Perdant elle acquiert la victoire,
   C'est vne chose forte à croire,
   Aussi vous ne le croyez pas.
Tout ce que l'vniuers enserre
   Tend au bien, le cherche & le suit,
   Le feu, l'air, les eaux, & la terre,
   Et tout ce qui d'eux est produit:
   Moy seul de moymesme aduersaire
   Ie cours à ce qui m'est contraire,

Et ne fuy rien tant que mon bien,
Ie rens ma douleur incurable:
Mais pource qu'il n'est pas croyable,
Madame, vous n'en croyez rien.
Si i'aimois à l'accoustumee,
Ie croy qu'il seroit bien aisé
De iuger mon ame enflammee
Par quelque soupir embrasé.
Si tost qu'vne autre amour commence
Elle apparoist, chacun le pense,
On la cognoist, on en fait cas:
Mais le feu qui me met en cendre,
Est tel qu'il ne se peut comprendre,
Aussi vous ne le creyez pas.
Il n'y a regret ny tristesse
Qui trouble si fort vn amant,
Que de voir celle qui le blesse
Ne croire rien de son tourment:
Et c'est ce qui plus me console.
Car si mes pleurs ou ma parole
Ma douleur pouuoyent asseurer,
Ce me seroit fort peu de gloire
Qu'elle fust si facile à croire,
Estant si forte à endurer.
Le mal qui me rend miserable,
Et qui me conduit au trespas
Est si grand qu'il est incroyable,
Aussi vous ne le croyez pas.

D'HIPPOLYTE.
CHANSON.

Our faire qu'vne affection
Ne soit suiette à l'inconstance,
Il faut beaucoup de cognoissance
Et beaucoup de discretion.

Ie suis bien d'aduis qu'vne Dame
   Ne doiue aisément s'asseurer,
Qu'vn ieune Amant garde sa flame
   Pour le voir plaindre & soupirer.
Car presqu'aussi tost qu'il commence,
   Le refus ou la iouissance
   Esteignent ses feux si cuisans,
   Et n'y peut auoir d'asseurance
   Qu'il n'ait passé deux fois douze ans.
Et puis la ieunesse indiscrette
   Bruslant d'amoureuse chaleur,
Ne sçauroit retenir secrette
   Vne ioye ou vne douleur:
De ses faueurs elle se vante
   Prompte, dedaigneuse, arrogante,
   Rien ne s'y peut voir d'arresté,
   Et son ame est plus inconstante
   Qu'vn flot deçà delà porté.
I'estime aussi peu receuable,
   Au moins pour durer longuement,
Cest ardeur qu'on croit veritable
   Du premier regard s'allumant.
L'Amour est foible à sa naissance,
Mais le temps luy donne accroissance

Et le guide à perfection.
Il faut donc de la cognoissance
Pour fonder vne affection.
Mais sur tout qui veut viure heureuse,
La grandeur ne doit estimer.
L'amour des grands est dangereuse,
Et ne se peut assez blasmer:
Suiette au bruit & à l'enuie,
De mille ennuis elle est suiuie,
Celle qui s'y veut hazarder,
Se trouue à la fin asseruie
Au lieu qu'elle doit commander.
Chacun d'eux de soy tant presume
Qu'il pense estre aimé par deuoir:
Ils bruslent comme on les allume,
L'œil d'autruy les fait esmouuoir:
Et dés que leur ame est esprise,
Fureur guide leur entreprise,
Tout conseil arriere est laissé:
Puis ne font cas apres la prise
Du bien qu'ils ont tant pourchassé.
Suiuez le conseil des Deesses,
Qui n'ont aimé si hautement:
Et puis que vous estes maistresses,
Retenez le commandement.
Fuyez aussi toute accointance
De ces muguets pleins d'apparence,
Qui se paissent de vanité,
Et qui fondent leur recompense
Plus au bruit qu'en la verité.
Si quelque heur en Amour se treuue

D'HIPPOLYTE.

Il vient d'auoir bien sçeu choisir,
Et sur vne constante preuue
Auoir arresté son desir.
Celuy qui garde en sa pensee
Vne amour de loing commencee,
Tousiours sagement retenu,
Et qui ne l'a iamais laissee,
Merite estre bien reconnu.
Celuy qui discret & fidelle
Sans gemir s'est laissé brusler,
Et à qui la peine cruelle
N'a iamais rien fait deceler:
Qui cache au dedans son martyre
Que la peur d'aimer ne retire,
Et trouue au mal contentement,
Tel seruiteur se peut elire
Sans auoir peur du changement.

CHANSON.

Si tost que vostre œil m'eut blessé,
Tant de feu s'esprist en mon ame,
Que ie n'eusse iamais pensé
Pouuoir ardre en plus chaude flame.
Mais croissans en vous chacun iour
Les Graces qui vous font si belle,
I'ay veu croistre aussi mon amour.
Tousiours de quelque ardeur nouuelle.
Elle est ore à l'extremité,
Plus grande on ne la sçauroit rendre:
Ne croissez donc plus en beauté,
Ou vous me mettrez tout en cendre.

STANSES.

SI l'angoisse derniere en rigueur est semblable
Au mal de mon esprit, le mortel miserable
Despitant les hauts cieux, ha fort iuste raison,
Les cieux qui trop cruels pour mourir l'ont fait naistre;
Mais las! vn si grand mal que le mien ne peut estre,
La mort & ma douleur sont sans comparaison.

En la mort seulement se corrompt la matiere,
Qui tient des elements : l'ame demeure entiere,
Franche & libre du corps, & s'en reuolle aux cieux,
En ceste mort d'Amour, inhumaine & cruelle,
Mon esprit se diuise, & sa part immortelle,
Que plus chere ie tiens, s'en va quant & vos yeux.

Amour qui de tes mains en as fait le partage,
Tu me fais trop cognoistre à mon desauantage,
Qu'on ne doit vn enfant pour arbitre choisir.
L'intellect, la raison, tu les laisse à Madame,
Et à moy seulement ceste part de nostre ame,
Où sont les passions, la crainte, & le desir.

Las! i'en porte en mon cœur en si grand' abondance,
Qu'en pleurant ie m'estonne, accablé de souffrance,
Comment pour y durer mes esprits sont si forts.
On dit qu'on peut mourir d'vne douleur trop forte,
Mais ie croy le contraire au mal que ie supporte:
Car la seule douleur donne vie à mon corps.

Tout ainsi qu'vn flãbeau quand l'humeur nourriciere
Commence à luy faillir iette haut sa lumiere,
Et scintille plus fort sur le poinct qu'il defaut:

Tout ainsi malheureux, lors que ma fin arriue,
Mon feu se fait plus chaud, & ma douleur plus viue.
Le plus rude en Amour c'est le dernier assaut.

 Peu rusé que i'estois, ie me faisois accroire
Quand Amour de mon cœur eut la premiere gloire,
Que mon mal fust dés lors à son extremité:
Mais helas! ie cognoy par ses nouuelles breches,
Qu'il a pour les enfans de moins poignantes fleches,
Et qu'auecques nostre aage il croist sa cruauté.

 Comme on voit bien souuët vne eau foible & debile,
Qui du cœur d'vn rocher goutte à goutte distile,
Et sert aux pastoureaux pour leur soif estancher,
Par l'accroist d'vn torrent plus fiere & plus hautaine
Emporter les maisons, noyer toute la plaine,
Et rien qui soit deuant ne pouuoir l'empescher.

 De ma premiere amour le cours estoit semblable,
Elle erroit peu à peu, çà & là variable,
Le moindre empeschement la pouuoit arrester:
Mais ce nouueau desir la rend ores si forte,
Que malgré la raison tous mes sens elle emporte,
Et ma foible vertu n'y peut plus resister.

 O moy trois fois heureux si ma libre pensee
Du puissant trait d'Amour n'eust point esté blessee!
Tous ces autres soucis bourreaux de nos esprits,
La folle ambition, le soing, la conuoitise,
Et tant de vains honneurs que l'ignorance prise,
Comme trop bas pour moy i'auois tous à mespris.

 Ie les dedaignois tous, & n'auois point de crainte
De voir ma volonté si laschement contrainte,
Appris dés ma ieunesse à dresser l'œil aux cieux:
Et tenant vers le cœur vne si ferme roche,

       K vj

Que rien pour l'aſſaillir n'en pouuoit faire approche
Sinon la paſſion commune aux plus grands Dieux.
  Helas i'en ſuis vaincu! ie la ſens qui ſaccage,
Comme vn fier ennemi, les forts de mon courage.
Ie me rens, mais en vain: ſon courroux ne s'eſteint,
Elle bruſle mon cœur d'vne flamme eternelle,
Et me laiſſe au pouuoir d'vne ieune cruelle
Qui croit le feu d'Amour n'eſtre rien qu'vn feu peint.
  Ce n'eſt pas toutesfois le ſuiet de mes plaintes
Qu'Amour dedans mon ſang ſes ſagettes ait teintes:
Ie n'accuſe le ciel pour vn ſi beau malheur,
Ny pour me voir au ioug d'vne maiſtreſſe dure:
Car ce m'eſt reconfort de penſer que i'endure
Pour la plus grand' beauté, la plus griefue douleur.
  Ie me plains ſeulement que l'aſtre de ma vie
Sa diuine clairté ſi ſoudain m'ait rauie:
A peine il apparoiſt lors que ie ſuis priué,
Et l'œil ma ſeule guide en l'amoureux voyage,
Peu fidelle, me laiſſe au plus faſcheux paſſage:
Las dés le poinct du iour mon ſoir eſt arriué!
  Pauures yeux deſolez, qui vous ſouliez tant plaire
En l'obiet bien aimé de ma douce contraire,
Et de m'auoir trahy vous teniez glorieux,
Faites de voſtre erreur maintenant penitence,
Et deuenez torrens pour pleurer ceſte abſence:
Mais pour la bien pleurer c'eſt trop peu que deux yeux.

FIN DES AMOVRS
D'HIPPOLYTE.

CLEONICE.

DERNIERES AMOVRS
DE PHILIPPES
DES PORTES.

1.

Q*v'il souffre incessamment, qu'il brusle & soit de glace,*
Qu'il seme au cours des eaux sa peine & son esmoy,
Qu'vn bel œil soit son Dieu, son monarque & sa loy,
Et qu'en le bien seruant des rigueurs il pourchasse:
Qu'il ait l'ame hautaine, & qu'vne belle audace
L'affranchisse du peuple, & le retire à soy,
Que par ses longs trauaux son merite & sa foy
Il s'esleue vn renom que le Temps ne desface:
Que son heur des ialoux soit tousiours empesché,
Que le flux de ses pleurs ne puisse estre estanché,
Qu'il trouue à ses desseins la Fortune opposée,
Et que du seul tombeau soit son mal limité:
Ainsi chantoit Clothon sa quenouille au costé
Commençant de mes iours la maudite fusée.

II.

I'ay dit à mon Desir, Pense à te bien guider,
 Rien trop bas, ou trop haut, ne te face distraire:
 Il ne m'escouta point, mais ieune & volontaire,
 Par vn nouueau sentier se voulut hazarder.
Ie vey le Ciel sur luy mille orages darder,
 Ie le vey trauersé de flamme ardente & claire,
 Se plaindre en trebuchant de son vol temeraire,
 Que mon sage conseil n'auoit sçeu retarder.
Apres ton precipice, ô Desir miserable!
 Ie t'ay fait dedans l'onde vne tumbe honorable
 De ces pleurs que mes yeux font couler iour & nuit:
Et l'esperance aussi ta sœur foible & dolente,
 Apres maints longs destours se voit chãgee en plante,
 Qui reuerdit assez, mais n'ha iamais de fruit.

III.

Parmi ses blonds cheueux erroyent les Amourettes
 S'entrelaçãs l'vn l'autre, et ses yeux mes vaincueurs,
 Faisoyent par leurs rayõs vn Iuillet dans les cueurs,
 Et sur terre vn Auril tapissé de fleurettes:
Sur les lis de son sein voletoyent les auettes
 Contre les regardans decochans leurs rigueurs.
 Dieux que d'heureux tourmens! que d'aimables
  langueurs!
 Que d'hameçons cachez! que de flames secrettes!
Si tost que m'apparut ce chef-d'œuure des Cieux
 En crainte & tout denot ie refermay les yeux,
 N'osant les hazarder à si hautes merueilles:
Mais ie n'auançay rien, car ses diuins propos
 Me volerent d'vn coup l'esprit & le repos,
 Et l'Amour en mon cœur entra par les oreilles.

IIII.

D'vne douleur poignante ayant l'ame blessee
Ie ne puis en mon lict d'allegeance esprouuer,
Ie me tourne & retourne, & ne sçaurois trouuer
De place qui ne soit de chardons herissee.
Ne verray-ie iamais que la nuict soit passee?
Ie suis au mois de Iuin, & pense estre en hyuer:
Leue toy belle Aurore, & fait aussi leuer
Non le Soleil du Ciel, mais cil de ma pensee.
Ah! que dy-ie vne nuict? tout vn siecle est passé
Depuis que son bel œil sans clairté m'a laissé:
Non qu'on ne parle plus de saisons ny d'annees,
Ie laisse au Philosophe & aux gens de loisir
A mesurer le temps par mois & par iournees,
Ie conte quant à moy le temps par le desir.

V.

Vous n'aimez rien que vous, de vous mesme maistresse,
Toute perfection en vous seule admirant,
En vous vostre desir commence & va mourant,
Et l'Amour seulement par vous mesme vous blesse.
Franche & libre de soing vostre belle ieunesse
D'vn œil cruel & beau mainte flamme tirant
Brusle cent mille esprits, qui vostre aide implorant
N'esprouuent que fierté, mespris, haine & rudesse.
De n'aimer que vous mesme est en vostre pouuoir,
Mais il n'est pas en vous de m'empescher d'auoir
Vostre image en l'esprit, l'aimer d'amour extrême:
Or l'Amour me rend vostre, & si vous ne m'aimez,
Puisque ie suis à vous, à tort vous presumez,
Orgueilleuse Beauté, de vous aimer vous mesme.

VI.

Qui voit vos yeux diuins si prompts à decocher,
  Et ne perd aussi tost le cœur, l'ame & l'audace:
  N'est pas homme viuant, c'est vn morceau de glace,
  Vne souche insensible, ou quelque vieux rocher:
Qui ne voit point vos yeux doit les siens arracher,
  Et maudire le Ciel qui ce mal luy pourchasse:
  Ie ne voudrois point d'yeux priué de tant de grace,
  Car tous autres obiets ne font que me fascher.
On doute de ces deux la meilleure auenture,
  De cil qui pour les voir à la mort s'auanture,
  Ou qui ne les voyant euite son trespas.
Perdre la vie est tout, c'est le dernier naufrage:
  Telle perte pourtant ne m'en priueroit pas,
  Car qui ne les voit point perd beaucoup d'auātage.

VII.

Plus i'ay de connoissance, & plus ie te determine
  De n'aimer rien que vous seule digne de moy,
  Digne de m'enlacer d'vne eternelle foy,
  Et que tous mes desirs aynt de vous origine:
Belle race du Ciel ame claire & diuine,
  Seule toute mon Tout, ma creance & ma loy,
  Ie respire par vous, sans vous rien ie ne voy,
  Et si i'ay bien ou mal vostre œil me le destine.
Que i'estois malheureux ne vous connoissant pas,
  Comme vn qui va de nuict ie chopois tous les pas,
  Et prenois pour ma guide vne foible estincelle:
Depuis le Ciel benin pour me recompenser
  Me fit voir vn Soleil, dont la flamme est si belle,
  Qu'on n'en peut approcher seulement du penser.

VIII.

Si par vostre beauté digne d'vne immortelle
 Ie sens geler mon ame, & mon cœur enflammer,
 I'en accuse le Ciel plustost que vous blasmer,
 La faute en est à luy qui vous forma si belle:
Et si volant trop haut, où mon desir m'appelle,
 L'audace ou le malheur me contraint d'abysmer,
 La faute en est d'Amour qui me fait vous aimer,
 Et croire que la mort pour vous n'est point cruelle.
Mais si vous me voyez deuant vous tressaillir,
 Resuer, pallir, rougir, le propos me faillir,
 Et me dissimuler d'vne feinte peu caute,
Me plaire en mes pensers, me separer de tous,
 Et que vous ne croyez mon mal venir de vous,
 Ie pense auoir raison d'accuser vostre faute.

IX.

C'est œil du firmament tousiours resplendissant,
 Qui rend comme il luy plaist les saisons differantes,
 Pere des animaux, des metaux & des plantes,
 Sans qui rien ici bas ne peut estre naissant.
Son voyage infini tous les ans finissant,
 N'outrepasse iamais les ceintures ardantes
 Du Cancre & de la Chéure, & comme les errantes
 Des vapeurs de la mer va son feu nourrissant.
Mon Soleil qui sur l'autre ha beaucoup d'auantage,
 De mes yeux à mon cœur fait ainsi son voyage,
 Et sans outrepasser de mes pleurs se repaist:
Mais ô belle Planette, ô ma flamme derniere,
 Helas! vous le voyez, ie suis & m'en desplaist,
 Trop petit Ocean pour si grande lumiere.

X.

Trois fois les Xanthiens au feu de leur patrie
   Se sont enseuelis auec la liberté :
   Et le vaillant Caton d'vn esprit indomté
Afin de mourir libre, est cruel à sa vie.
L'espouse de Syphax du malheur poursuiuie
   Fait en s'empoisonnant le triomphe apresté :
   Et d'vn cœur aussi grand comme estoit sa beauté,
Mourut l'Egyptienne apres estre asseruie.
Que pensé-ie donc faire, ô chetif que ie suis !
   Chargé de mille fers, mais plus chargé d'ennuis,
   Qui sens mon ame libre esclaue estre renduë ?
Il faut il faut mourir ie suis trop attendant,
   Si ce n'est en Caton ma liberté gardant,
   Soit comme Cleopatre apres l'auoir perduë.

XI.

Si trop en vous seruant, ô ma mort bien aimee,
   L'ardant feu de mon cœur esclaire & se fait voir,
   Si l'on dit qu'à son gré vostre œil me fait mourir,
Et que de vous sans plus ma vie est animee :
Vne si pure ardeur qui n'ha point de fumee
   Deuant tous peut reluire & monstrer son pouuoir,
   Tant de vers qui si loin mes douleurs font sçauoir
Sont des arcs que ie dresse à vostre renommee.
Iadis entre les Grecs quand l'honneur y viuoit,
   Le vaincueur des vaincus maint trophee eleuoit,
   Fait d'étoffe legere & de peu de duree :
Mais moy que ma desfaite à rendu glorieux,
   Bien que ie soy' vaincu, i'eleue en diuers lieux
   Maint trophee immortel pour vous rendre honoree.

XII.

O iournee inconstante, heureuse & malheureuse,
    Extreme en tous les deux, inconstant comme toy
    Ie ne sçay si maudire ou loüer ie te doy,
    Tant tu m'es à la fois & douce & rigoureuse!
Fut il onc aux Enfers ame si douloureuse?
    Les Cieux ont-ils vn Dieu si fortuné que moy?
    Mille extremes faueurs ont bien-heuré ma foy,
    Mille extremes rigueurs la rendent langoureuse.
Ne puissé-iamais de toy me souuenir:
    Mais puissé-ie tousiours ce penser retenir,
    Qui durant mon exil si doucement me touche,
Que d'estranges chaos en moy se remesloyent!
    Son propos me chassoit, ses yeux me rappelloyent,
    Dieu que i'aime ses yeux, & que ie hay sa bouche!

XIII.

Les celestes beautez d'vne heureuse ieunesse,
    Vn orgüeil plein d'attraits, vne honneste rigueur,
    En silence vn parler qui descouure le cueur,
    Vn modeste desdain, le port d'vne Deesse:
Dessous des cheueux blonds vne meure sagesse,
    Vn œil comblant l'esprit d'amoureuse langueur,
    Qui de tout ce qu'il voit est monarque et vaincueur,
    Qui gele & fait brusler, qui guarist & qui blesse:
Vn esprit tout diuin le Ciel mesme estonnant,
    Vn propos qui les cœurs à son gré va tournant,
    Neige, ebene, coral, lis & roses vermeilles,
Et mille autres thresors de Nature & des Cieux,
    De l'œil & de l'esprit la gloire & les merueilles,
    Sont de ma liberté les tyrans gracieux.

XIIII.

Pourquoy ne l'aimeroy-ie, elle est toute parfaite,
  C'est vn pourtraict viuant des beautez de Cypris,
  Il n'auroit point de cœur qui n'en seroit surpris,
  Et qui ne beniroit le iour de sa desfaite.
Bien que pour vn mortel le Ciel ne l'ait pas faite,
  Et que i'aduoüe assez d'auoir trop entrepris,
  Ie me plais en ma faute, & plus ie me sens pris,
  Et plus ie tiens ma vie heureusement suiette.
Mon Dieu qu'elle est diuine, & que ie suis heureux
  D'en auoir connoissance, & de n'estre amoureux
  De rien tant que des yeux dont i'ay l'ame blessee?
Moins i'y connoy d'espoir mieux ie la vay seruant,
  Ce qui deust me geler rend mon feu plus viuant,
  Et le mal qui me tuë est vie à ma pensee.

XV.

Vn yuoire viuant, vne neige animee,
  Fait que mon œil rauine s'en peut retirer:
  O main victorieuse apprise à bien tirer:
  Que tu m'as de beaux traits la poictrine entamee?
Aux celestes beautez mon ame accoustumee
  Ne trouue obiect que toy qui la puisse attirer,
  Et croit qu'elle te peut sans offense adorer,
  Tant elle est de ta glace à toute heure enflammee.
Le iour dont si souuent i'aime à me souuenir,
  Iour qu'il te pleut mes yeux & mon cœur retenir
  Et de leur seruitude embellir ta victoire,
Tu rompis tant de nœuds qui m'auoyent sçeu lier,
  Et me faisant deslors toute chose oublier,
  Tu fus mon seul penser, mon ame & ma memoire.

XVI.

Le Sculpteur excellent desseignant pour ouvrage
　Vne plante, vn lion, vn homme, vn element,
　Si la main obeït & suit l'entendement,
　Trouue en vn marbre seul toute sorte d'image.
Ainsi, rare Beauté, suiet de mon courage,
　Se trouue en vous le bien & le mal d'vn amant:
　Mais faute de sçauoir, d'art & de iugement,
　Voulant choisir le bien ie me prens au dommage.
Ce n'est donc le destin par qui tout est forcé,
　Ce ne sont vos rigueurs, ny le sort courroucé,
　Que l'on doit accuser de ma perte inhumaine:
La faute est toute à moy : car dedans vostre cueur
　Est ma vie & ma mort, mon repos & ma peine,
　Mais ie n'en puis tirer que mort, peine & rigueur.

XVII.

Durant que ie vous chante, ô ma flamme secrette,
　Et descry ces beaux nœuds qui m'ont sçeu retenir,
　M'obligeant à bon droit les siecles auenir,
　Qui verront en mes vers vostre beauté pourtraite:
Le Ciel qui sans pareille entre nous vous a faite,
　Vous fait de iour en iour plus belle d'auenir,
　Si bien que pour menteur chacun me peut tenir,
　Quãd plus q̃ ie ne mẽstre on vous trouue parfaite.
Afin donc que ie puisse vn tel blasme euiter
　Lors que i'entreprendray vos loüanges chanter,
　Ie diray desormais, tel iour elle estoit telle
Mais depuis sa beauté d'heure en heure augmenta,
　La feit plus que deesse, & si haut l'emporta,
　Que pour voler apres trop basse fut mon aile.

STANSES.

Ont-ce dards ou regards que les traits eslancez
De ces deux beaux Soleils, Roy des ames plus fieres?
Hà! ce sont des regars clairs d'ardentes lumieres:
Non, ce sont dards cruels dont les cœurs sont percez.

Sont-ce charmes ou chants que les sons gracieux,
Dont sa vermeille bouche est si bien animee?
Ce sont chants qui l'esprit peuvent ravir aux Cieux,
Ce sont enchantemens dont i'ay l'ame charmee.

Puis qu'il se falloit perdre, & qu'il est destiné
Que vaincu ie perisse en l'amoureuse guerre,
Ce m'est grand reconfort qu'vn si beau trait m'enferre,
Et qu'en si blonds cheueux ie sois emprisonné.

Toutes les autres fois qu'Amour m'auoit domté
Ie pleuroy ma fortune & l'estat de ma vie,
Mais i'aime ore mes fers & fuy la liberté,
Et chastiroy mon cœur s'il en auoit enuie.

D'vn regret seulement mes esprits sont troublez
D'estre trop bas obiet pour si haute lumiere:
Mais ô rare Beauté des beautez la premiere,
Prenez garde au Soleil à qui vous ressemblez.

Ce bel astre du Ciel, cest vnique flambeau
En tous lieux ses rayons sans difference darde,
Et son œil qui si clair cede au vostre plus beau,
Comme les hauts Sapins le bas Souley regarde.

Ne me desdaignez donc, & souffrez qu'en mourant
Vn doux traict de vostre œil donne espoir à mon ame:
Permettez que mon cœur bassement vous reclame,

Et qu'il se rende heureux vos beautez adorant.
  Mais c'est peu que d'vn cœur pour offrir à vos yeux,
Rou de tous les esprits de ceux qui s'en approchent,
I'en voudroy mille & mille à fin de pouuoir mieux
Receuoir tous les traits que si droit ils decochent.
  Autre faueur du Ciel ie ne veux desirer
Qu'estre seul consommé d'vne flamme si claire:
Aussi biē toute autre ame est pour vous trop vulgaire,
Seul d'vn si beau tourment ie merite endurer.
  Car ie sçay côme on souffre et n'y suis point nouueau,
Accoustumé d'enfance aux plus cruels allarmes:
Venus au lieu de laict quand i'estois au berceau,
Me fit succer des feux, des soupirs & des larmes.
  Vn seul cry ne m'eschappe aux plus fortes langueurs,
Et pour en voir la preuu', ô ma belle aduersaire,
Essayez contre moy ce que vous pouuez faire,
Choisissez-moy pour butte aux traits de vos rigueurs.
  Mais s'il faut tenir cher ce qu'on ha tout à soy,
Me pouuez-vous blesser sans vous estre cruelle?
Chacun vous peut aimer, mais non pas comme moy,
Chacun n'a pas mes yeux bien qu'il vous trouue belle.

STANSE.

Riué du bel astre amoureux
A qui mon ame est asseruie,
Entre mille ennuis rigoureux
Le dueil ne peut m'oster la vie.
Au retour par contraire effort,
Si l'aise d'esprit ne me priue,
Liesse ou douleur excessiue
Ne suffit pour donner la mort.

XVIII.

Douce fin de mes vœux, s'il vous plaist que i'escriue
  Ces parfaites beautez, dont vous blessez les Dieux,
  Faites tant que ie puisse en vous tenir les yeux
  Durant que ie m'essaye à vous pourtraire viue.
Car il ne faut penser autrement que i'arriue
  Au moindre des beaux traits que vous auez des cieux:
  Veu qu'il sort de vostre œil tant d'esclairs radieux,
  Qu'vne si grand' clairté de lumiere me prine.
Faites comme Phebus quand son fils s'approcha,
  Qui de son chef doré les rayons destacha,
  Pour ne l'esblouir pas de sa celeste flame.
Sinon ie ne puis dire en chantant vos beautez,
  Fors que ie vey des feux, & de grandes clairtez,
  Qui troublerent ma veuë, & brulerent mon ame.

XIX.

Ceste belle ennemie & d'Amour & de moy,
  Qui presqu'en se iouant range tout en seruage,
  Ha pour soldats choisis, & pour riche equipage
  L'Honneur, la Chasteté, la Constance & la Foy:
Vn seul mauuais penser n'ha place aupres de soy,
  La Vertu toute viue est peinte en son visage,
  Si bien que qui la voit leue au Ciel son courage,
  Et des communs desirs n'esprouue point la loy.
Ses yeux sont deux Soleils de beauté si parfaits,
  Que d'Amour & de Mars la lance & la sagette
  N'ont point tant de pouuoir contre vne liberté:
La Grace & la Douceur sont tousiours auec elle.
  Ceste belle Deesse, ah! non seulement belle,
  Ains Bellone & guerriere ainsi m'a surmonté.

A la

XX.

A la beauté du Ciel vostre beauté s'egale:
　Le Ciel en sa rondeur toute forme contient,
　Et par son mouuement cree, esmeut & maintient:
　De semblables effects vous estes liberale.
Car vostre belle veuë admirable & fatale
　Cree en nous les amours, les garde & les soustient:
　Et tant de beaux pensers dont l'esprit s'entretient,
　Ont leur mouuement d'elle & leur forme ideale.
Le clair Soleil du Ciel fait naistre en tournoyant
　Les fleurs, l'or precieux, le rubis flamboyant,
　Dont mainte Dame apres son beau chef enuironne.
Les soleils de vos yeux mon esprit allumans,
　Y produisent sans fin perles & diamans,
　Dont i'espere en mes vers vous faire vne couronne.

XXI.

Le temps leger s'enfuit sans m'en apperceuoir,
　Quand celle à qui ie suis mes angoisses console,
　Il n'est vieil, ny boiteux, c'est vn enfant qui vole,
　Au moins quád quelque bien vient mō mal deceuoir:
A peine ay-ie loisir seulement de la voir,
　Et de rauir mon ame en sa douce parole,
　Que la nuict à grands pas se haste & me la volle
　M'estant toute clairté, toute ame & tout pouuoir.
Bien-heureux quatre iours, mais quatre heures soudaines,
　Que n'auez-vous duré pour le bien de mes peines,
　Et pourquoy vostre cours s'est-il tant auancé?
,, Plus la ioye est extreme & plus elle est fuitiue:
　Mais i'en garde pourtant la memoire si viue,
　Que mon plaisir perdu n'est pas du tout passé.

L.

XXI.

Cest habit trop heureux qui sert de couuerture
　Aux thresors qu'à bon droit sur tout ie vay prisant,
　Bien que vous le portiez presque en vous desplaisant,
　Croyez-moy s'il vous plaist, n'est de nostre teinture.
Car ainsi que la nue ou l'ombrage ne dure
　Aux lieux, où le Soleil ses rais va conduisant:
　De mesme en quelque lieu que vostre œil soit luisant,
　Le noir s'esuanouit ou change de figure.
Qui voit, comme ie fay, vos regars enflammans,
　Iuge que vostre habit est plein de diamans,
　Et que toute blancheur aupres n'est qu'vn ombrage.
Donc pour parer le dueil sans changer de couleur
　Et pour tenir la terre & le ciel en douleur,
　Il faut cacher vos yeux & vostre beau visage.

XXII.

Ceux que trop d'auarice, ou trop peu de sagesse
　Dans vn foible vaisseau fait sur mer voyager,
　Et qui cherchent la mort au riuage estranger,
　Poingts d'vn sale desir qui n'a iamais de cesse:
Si le iuste courroux de Neptune les presse,
　Et qu'ils perdent l'espoir par l'effroy du danger,
　Chacun à qui mieux mieux pour la nef descharger
　Iette au milieu des eaux sa plus chere richesse.
Moy qui d'vn beau desir me sentois enflammer,
　Ie m'embarquay ioyeux sur l'amoureuse mer,
　Qui de flots & de vents aussi tost fut couuerte:
Pour descharger ma nef i'ay franchement ietté
　Tout ce qui m'estoit cher, l'ame & la liberté,
　Et n'ay point de regret d'auoir fait ceste perte.

XXIIII.

Voyant le beau Soleil si clair & radieux,
  Qui couure & qui destruit toute grande lumiere,
  Ainsi qu'en l'Ocean se perd toute riuiere,
  Ie ne me puis tenir de le dire enuieux.
Car tant de feux diuins semez parmi les Cieux,
  Voire sa propre Sœur des astres la premiere,
  Perdent, s'il est present, leur splendeur coustumiere,
  Et de leur deshonneur il se rend glorieux.
Le Soleil de nos ans qui fait fleurir ma vie
  Comme l'autre Soleil n'est point touché d'enuie,
  Ombrageant les honneurs d'vne moindre beauté:
Ains par l'aimable effort de ses flammes iumelles,
  Celles qui sont aupres en deuiennent plus belles,
  Et tout obiet voisin en rend plus de clarté.

XXV.

Qui veut fermer l'entree aux peu chastes pensees,
  Et par feu comme Hercule immortel deuenir:
  Qui veut de beaux desirs son ame entretenir
  Fuyant les vanitez du vulgaire embrassees.
Qui veut au ciel d'Amour voir ses ailes haussees,
  Et de tous vieux ennuis la memoire bannir,
  Vienne au iour de vos yeux s'il les peut soustenir,
  Beaux Yeux les doux meurtriers de mes peines pas-
Quiconque ainsi que moy s'y peut ferme arrester, (sees.
  D'autres biens ne sçauroit son esprit contenter,
  Tout obiect du commun l'offense & le trauaille:
Les tourmens ne pourroyent l'en priuer tant soit peu,
  Et comme la Vestale auoit soin de son feu,
  Il conserue le sien de peur qu'il ne luy faille.

L iij

XXVI.

Ie voy mille clairtez, & mille choses belles, (voir,
   Mais c'est tout par vos yeux, les miens ne sçauroyent
   Vostre esprit tout diuin me rend plain de sçauoir,
Ie vole au plus haut Ciel emporté sur vos ailes.
Vous me rendez gelé dans les flammes cruelles,
   Ainsi comme il vous plaist vous me faites mouuoir,
   Vous me donnez raison, iugement & pouuoir,
Vous estes mon destin, & mes loix eternelles.
De vous, & non du Ciel, ie reçoy qualité,
   D'vn clin de vos beaux yeux ie fay ma volonté,
   Vous me donnez l'essence & la forme premiere:
Sans vous ie suis pareil à cest œil de la nuict,
   Qui n'est de soy visible, & qui point ne reluit
   Si des rais du Soleil il ne prend sa lumiere.

XXVII.

Les combats renommez, les victoires hautaines
   Des Dieux de vostre sang vous croyez surpasser,
   Comblant de feux mon ame, esclauant mon penser,
Et triomphant d'vn cœur soumis à tant de peines.
Mais la mort qui se rit des puissances humaines,
   Et qui les pesans fers des vaincus peut casser,
   Finira ma souffrance, & vous fera cesser
De tirer pour tribut de mes yeux des fontaines.
Ma cendre seulement alors vous restera,
   Que vostre cœur felon à son gré traitera,
   Tandis que mon esprit sans douleur & sans crainte,
Deliuré de l'Enfer où il fut tourmenté,
   Iouïra bien-heureux de vostre grand' beauté,
   En la face de Dieu si viuement depeinte.

XXVIII.

Ces froideurs, ces desdains, ceste agreable audace
    Ne peuuent pas assez pour me desesperer,
    Ma foy fait en mon cœur l'espoir ferme durer,
    Afin qu'Amour tousiours y conserue sa place.
Ces propos tousiours pleins d'aigreur & de menace,
    Cest œil qui s'embellist de me voir martyrer,
    Ne feront que pour vous ie sois las d'endurer,
    Que ie n'aime ma peine, & que ie ne l'embrasse.
Vostre beauté diuine addoucit tellement
    L'aigreur de mes ennuis que ie chante au tourment,
    Ie beny vos rigueurs, i'adore ma souffrance :
Ma foy d'autre costé pure & sainte à iamais,
    Sert d'asseuré rampart à ma ferme esperance,
    Et fait que vostre amour en fin ie me promets.

XXIX.

Bien que l'onde pesante, & l'air humide & prompt,
    Pour croistre leur puissãce ayẽt debat à toute heure :
    La terre en leurs discords immobile demeure,
    Et du grand Vniuers l'ordre ne se confond.
Aussi, bien qu'en mon cœur les soupirs qui se font
    Ayent debat eternel auec l'eau que ie pleure,
    Leur quereleux discord ne fait pas que ie meure,
    Auec vn peu d'espoir mes esprits se refont.
Mais si le feu leger les elemẽs excede
    D'vn trop puissant effort, on verra sans remede
    L'air flambant, l'eau tarie, & la terre bruler.
Las! ie crains que par trop dans mon ame il abonde,
    Et que ie face au Ciel tant de flammes voler,
    Que nouueau Phaëthon ie rebrule le monde.

L iij

XXX.

Quand l'ardente ieunesse aux delices poussee
  Cede à l'aage plus meur moins amy du plaisir,
  Tout ainsi que le tems se change le desir,
  Et la Raison commence à guider la pensee:
Des aiguillons d'honneur l'ame se sent pressee,
  Qui luy font tout à l'heure autre chemin choisir,
  Et celuy que l'Amour auoit sçeu mieux saisir,
  Se rit plus hautement de sa flamme passee.
Chacun lors par le Temps rendu plus aduisé
  Voyant l'aage qui glisse à la nuict disposé,
  Songe à faire retraitte ains que le iour luy faille.
Mais moy qui dois brusler aimant iusqu'à la mort,
  Plus ie touche à la nuict plus i'esloigne le port,
  Et moins i'ay de vigueur plus Amour me trauaille.

XXXI.

Ce bras qui m'a tiré tant d'attraits amoureux,
  Par qui ma ieune audace en triomphe est menee,
  Ce bras tousiours vaincueur, ô fiere destinee!
  Est ouuert par le fer d'vn Barbier rigoureux.
Mais quoy? ie vay plaignant vn coup peu dangereux,
  Et voyant vostre sang mon ame est estonnee,
  Bien que par vos rigueurs la mort me soit donnee,
  Et que n'ayez souci de me voir malheureux.
Ie n'aime rien si fort que ce qui plus m'outrage:
  Mais las! que le Barbier n'en tire dauantage,
  Si grande cruauté ie ne sçauroy plus voir.
Doy-ie esperer qu'vn iour la pitié vous surmonte,
  Et qu'auecques mes pleurs ie vous puisse esmouuoir,
  Vous qui de vostre sang faites si peu de conte?

XXXI.

Simulacres diuins, flammes sainctes & claires,
  Qui luisez dans le Ciel de son front spacieux,
  Et comme le Soleil par vos traits radieux
Dissipez la vertu des splendeurs ordinaires.
S'il est vray que to sount les deux grands luminaires,
  Les flambeaux arrestez, ceux qui changent de lieux,
  D'vne egale clairté luisent dedans leurs Cieux,
D'où vient que vos rayons soyez souuent si contraires?
Amour pere du Tout vne sous seulement
  Leur imposa de luire & depuis constamment
  Ils vōt gardāt leur ordre, et sont tousiours sēblables.
Vous les spheres d'Amour, Yeux celestes flambeaux,
  Luisez de cent façons diuers & variables,
  Mais doux ou courroucez tousiours vous estes beaux.

XXXII.

Vous qui fuyez les pas du vulgaire ignorant,
  Et par maints grans labeurs gaignez la connoissance
  Des secrets de Nature admirable en puissance,
D'entre les faussetez la verité tirant:
S'il est vray qu'à son bien tout homme aille courant,
  D'où vient que ie sois seul suiuant ce qui m'offense?
  D'où vient qu'en le sçachant ie n'y fay resistance,
Mais que de mon bon gré ie le vay procurant?
Ou si c'est mon vray bien que d'adorer Madame,
  Pourquoy son doux regard n'appaise-t-il mon ame?
  D'où me vient tant de glace & de brulans trespas?
S'ils naissent de la voir, comment se peut-il faire
  Que i'y coure à toute heure ardant & volontaire,
  Et craigne moins la mort que de ne la voir pas?

CLEONICE,
STANSES.

Soit que mon haut desir trop prompt & trop ardāt
M'offusque les esprits, & les aille bandant,
Soit que deuant mes yeux sans cesse elle reuienne,
Soit que sa belle veuë ensorcelle la mienne,
Ou bien soit que plustost le Ciel qui l'aime tant,
Aille auecque les ans ses beautez augmentant,
Ou soit que de mes pleurs elle se face belle,
Ie luy trouue tousiours quelque beauté nouuelle.

 Soit que son ieune cœur ne puisse estre addouci,
Soit qu'aux pleurs & aux cris il deuienne endurci,
Soit qu'elle n'ait pitié d'vn tourment qu'elle ignore,
Ou soit que comme femme elle hait qui l'adore,
Ou soit que mon penser luy semble audacieux,
Soit qu'elle vacille voir comme brulent ses yeux,
Ou qu'elle soit d'Amour l'ennemie immortelle,
Autant qu'elle est parfaite, autant elle est rebelle.

 Soit que d'vn feu si beau t'aime à me consumer,
Soit que le temps m'ait fait aux maux accoustumer,
Soit que mon entreprise assez me recompense,
Soit que l'esprit s'obstine en trouuant resistance,
Soit que le cours du Ciel m'ait donné ceste loy,
Soit que mon mal s'oublie alors que ie la voy,
Soit que tant de beautez ne la monstrent cruelle,
Plus elle est inhumaine & plus ie suis fidelle.

 Le feu de ses beaux yeux par les ans s'esteindra,
Peut estre en mon trespas sa rigueur se perdra,
Mais plustost l'air du North fera chaude la glace,
Le feu sera pesant, la terre aura sa place,
Plustost les corps meslez, seront sans changement,

Plustost le premier Ciel perdra son mouuement,
Plustost se confondra la suite vniuerselle
Que ma foy se corrompe, ou que i'adore qu'elle.

CHANSON.

Amour oyant tant renommer
La Venus qui me fait aimer,
Entreprist vers elle vn voyage,
Tant il est desireux du beau!
Et se fest oster son bandeau
Pour mieux voir si parfait ouurage.
Alors raui de tant d'attraits,
Et nauré de ses propres traits,
Sus sus, dit-il, qu'on me rebande,
Aussi bien reuolant aux Cieux
Il ne faut pas que ie m'attende
De voir rien d'esgal à ses yeux.

XXXIII.

Quand ie vous voy si belle, ô ma douce aduersaire,
Ie dy d'estonnement & d'amour transporté,
Si ma flamme doit croistre esgale à sa beauté,
Que sera-ce de moy? que faut-il que i'espere?
Celle qui fut promise au Troyen pour salaire,
Cause du long debat si souuent rechanté,
Qui tint les Grecs dix ans autour d'vne cité,
N'auoit tant d'hameçons pour les ames attraire.
Quand en la mer Pontique errant en maints destours
Le Danube orgueilleux vient descharger son cours,
Il rend long temps apres douce l'humeur salee.
Vos beautez tout de mesme entrans dedans mon cueur,
Destrempent doucement son amere langueur,
Et parmi mes ennuis la liesse est meslee.

L v

XXXIIII.

Pour alleger mon esprit languissant,
   Qu'Amour tenaille à secrettes attaintes,
   Dequoy faut-il que ie face mes plaintes
Quant de hauts cris ie vay l'air remplissant?
De moy? nenni: car i'estois impuissant
   Pour resister à deux deïtez saintes,
   Qui par la force & par leurs douces feintes
Eussent rendu tout braue obeissant.
De mes yeux? non : par eux ie voy Madame.
   Et d'elle? moins: elle fait qu'en mon ame
   Tous bas desirs par son feu sont esteints.
Amour aussi n'eust sçeu mieux me contraindre.
   Que veux-ie donc? rien, fors que ie me plains
   Que ie ne sçay dequoy ie me doy plaindre.

XXXV.

Pource que ie vous aime à l'esgal de mon ame,
   Ie vous voy contre moy la haine entretenir:
   Or si l'inimitié mon amour fait finir,
Changeant de naturel, m'aimerez-vous, Madame?
Mais en vain pour mon bien tel secours ie reclame,
   Car vous pourriez plustost amante deuenir,
   Que pour quelque accident qui me sçeust aduenir,
Ie sentisse en l'esprit moins d'amoureuse flame.
Le roc de vostre cœur de glaçons remparé,
   Plustost s'esclatera d'vn feu demesuré,
   Que l'ardeur qui m'allume en rien soit consumee.
Et puis i'aime trop mieux vous aimer sans espoir,
   Que ne vous aimant point à mon gré vous auoir.
„ Car l'amant est tousiours plus diuin que l'aimee.

XXXVI.

Le rayon d'vn bel œil flamboyant & leger,
  Passant comme vn esclair ma poitrine a percee,
  Et par sa viue flamme en mon cœur elancee
  N'a rien laissé dedans de mortel à purger.
Depuis vostre beauté s'y est venu loger,
  Trouuant la place vuide, & sans nulle pensee,
  Et pour toute la flamme autour d'elle amassee,
  Sa glace & ses froideurs elle ne veut changer.
Peut estre afin qu'vn iour, quand ma despouille entiere
  Sera reduite en cendre, & faute de matiere
  S'amortira d'vn coup mon triste embrazement,
Elle sorte du feu sans qu'elle en soit atteinte,
  Pour ietter, sacrilege, au vent ma cendre esteinte,
  Et sur mon ombre encore auoir commandement.

XXXVII.

Si vostre esprit diuin tout au Ciel addonné
  Vn iour tant seulement s'abaissoit en la terre,
  Pour voir de quels liens vostre rigueur m'enserre,
  Assez ie me tiendrois en mes maux guerdonné.
Mais depuis tant d'hyuers que ie suis enchaisné,
  Et que l'aueugle Amour coup dessus coup m'enferre,
  Vous ignorez encor de m'auoir fait la guerre,
  Et que vaincu de vous ie sois si mal mené.
Reconnoissez vos coups qu'autre ne m'eust sçeu faire,
  Reconnoissez les traits de vostre œil aduersaire,
  Et piteuse à la fin dites tout bas de moy,
Le mal de cest Amant ne vient que de me suiure,
  Par trop d'affection il est mort dedans soy,
  C'est raison qu'en mon cœur ie le face reuiure.

XXXVIII.

I'auoy creu que l'espoir du fruict que l'on desire
  Rendoit l'amour durable & luy donnoit pouuoir,
  Et que le bien du tout impossible d'auoir,
  Se desiroit sans peine & sans donner martyre.
Ie dure toutesfois, bien que sous vostre Empire
  Rien sinon des tourmens ie n'attens receuoir,
  Et sens maintes douleurs mon courage esmouuoir,
  Tandis qu'à l'impossible aueuglément i'aspire.
Il est vray bien souuent que mon feu si bruslant,
  Faute d'vn peu d'espoir se fait moins violant,
  Et qu'il reste tousiours de la glace en mon ame:
Mais ie ne laisse pas d'aimer & d'endurer,
  Et s'il m'estoit permis en aimant d'esperer,
  Il n'y a rien en moy qui ne fust tout de flame.

XXXIX.

O miserables Yeux aussi fous que dolans,
  Qui vous fait auiourdhuy lascher tāt de fontaines?
  Sentez-vous plus qu'hier de douleurs & de peines
  Perdant de vostre iour les rais estincelans?
Ce que d'vn mal nouueau les accez violans
  Vous cachent vne fois, ses rigueurs inhumaines,
  Ses courroux, ses fiertez de froideur toutes pleines,
  Mille fois sans raison vous le furent celans.
Et puis quand vous seriez cent mille ans aupres d'elle,
  Deuez-vous esperer qu'elle en soit moins cruelle,
  Et qu'ayez à la fin fauorables les Cieux?
Non non, ne pleurez point deux ou trois iours d'absence,
  Pleurez le premier iour que vous veistes ses yeux,
  Qui de tous vos malheurs fut la seule naissance.

STANSES.

Lors qu'aupres de vous la Fortune m'appelle
M'ouurant tous les thresors que recellent les Cieux,
Trop foible à contempler vne chose si belle,
Ie me courrouce à moy de n'auoir que deux yeux :
Mais las ! c'est pour mon mal que i'en veux d'auantage,
Car ie ne voy que trop ma perte & mon dommage.

Mes yeux sont assez clairs pour lire en vos beautez,
L'irreuocable loy de ma mort asseuree,
Et pour voir que trop haut mes desirs sont portez,
Ayans l'aile tardiue & foible & mal ciree,
Pour voir qu'à vos Soleils leurs cerceaux se desfont,
Et que tout mon espoir comme neige se fond.

O miserable veuë à pleurer condamnee!
Tu le vois maintenant qu'il n'en est plus saison,
Et tu ne le veis pas à l'heure infortunee
Que pour vn doux regard tu rendis ma raison :
Mais surprise & rauie, & d'amour affolee
T'esgayois en l'obiet qui mon ame a brulee.

Fay donc de ton erreur maintenant penitence,
Pleurant les passions qu'au cœur tu fais sentir.
Mais qui pourroit pleurer vne si belle offense?
C'est pecher doublement que de s'en repentir.
Non, ne le faisons pas, mais monstrons au contraire
Que ce malheur forcé nous est heur volontaire.

XL.

Ie pars, non point de vous, mais de moy seulement,
  Car ie laisse mon ame, à fin qu'elle vous suiue,
  Et ne vous estonnez que sans ame ie viue,
  Amour me fait mouuoir par son feu vehement.
Ie ne vous laisse point à ce departement,
  Bien que vous presumiez n'estre iamais captiue:
  Car ie vous porte au cœur si belle & si naïfue,
  Que n'auez rien en vous qui n'y soit viuement.
Mais pourtant ma douleur n'est par là diuertie,
  Car i'emporte de vous ceste seule partie,
  Qui refraichit ma perte & l'en fait souuenir.
Puis ie crains d'autre part sçachant vostre rudesse,
  Que vous receuiez mal l'ame que ie vous laisse,
  Et que vous ne vueillez auec vous la tenir.

Dialogue.

Qve sera-ce de vous priuez de la lumiere,
  Pauures yeux dõt le Ciel vous cõtraint separer?
  Nous ferons de nos pleurs vne large riuiere,
  Et serons tousiours clos si ce n'est pour pleurer.
Vous aurez pour confort la pourtraiture sainte,
  Qu'Amour en mon esprit viendra representer.
  Au cœur tant seulement seruis a ceste feinte,
  Mais rien sinon le vray ne nous peut conforter,
Cherchez donques ailleurs plaisir qui vous contente
  En tant d'obiets diuers si plaisans & si beaux.
  Lors que nous l'essayons nostre douleur s'augmente,
  Trouuans au lieu du iour de bien petits flambeaux.
Trompez-vous & croyez de ces lumieres claires
  Que c'est le beau Soleil qui vous peut consoler.
  On ne se trompe point en choses si contraires,
  Et nous ne voyons rien qui le puisse esgaler.

XLI.

Quel Ciel noirci de pluye, ou quel nuage espais,
  Quel desert separé, quel antre assez sauuage,
  Me recelle inhumain l'air de ce beau visage
Qui pleuuoit en mō cœur tant de feux & de traits?
Qui m'así tost changé mon repos & ma paix
  En guerre & en discord, mon temps calme en orage?
  Qui de tant de fureurs a comblé mon courage?
Amour, conte le moy. Las cruel, tu te tais!
Que ie vous porte enuie, ô bois, ô monts, ô plaines!
  Hé que ne fait le Ciel pour adoucir mes peines
  Que ie sois parmi vous en oiseau transmué,
En arbre, en fleur, en roc, en fontaine champestre?
  Il ne m'en chaut en quoy, pourueu que ie puisse estre
  Plus souuent esclairé des yeux qui m'ont tué.

XLII.

De ces Yeux rigoureux, où ma mort se peut lire,
  Contre ma volonté le Ciel me tient absent,
  Ie dirois pour mon bien, si mon cœur languissant
Trouuoit quelque allegeance au feu qui le martyre.
La fin d'vn de mes maux est naissance d'vn pire,
  Mon esperance est foible, & mon desir puissant,
  Tandis, fieres beautez, qui m'allez meurtrissant,
Soit mon bien ou mon mal sans fin ie vous desire.
Clairs miroirs de mon ame, yeux des miens tant aimez,
  Qui si loing de mon cœur tousiours le consommez,
  Roses que le Soleil ne peut rendre seichees.
Filets d'or, chers liens de mes affections,
  Et vous beautez du Ciel, graces, perfections,
  Helas! pour tout iamais me serez-vous cachees?

XLIII.

Demain i'espere voir la beauté qui m'affole,
  Et cest œil gracieux mon superbe vaincueur,
  Voir ceste viue glace & m'en bruler le cœur,
  Et rauir mes esprits en sa douce parole.
Mais, ah Dieu! que le temps legerement s'enuole
  Alors qu'en la voyant i'adouci ma langueur!
  Et qu'helas! au contraire, il est plein de longueur
  Quand pour en estre loing ie pleure & me desole!
Que dy-ie en estre loing? ie la voy sans cesser,
  Et suis tousiours aupres du cœur & du penser,
  Car si la nuict cruelle au soir m'en fait distraire,
Mon esprit amoureux ne part point de ses yeux,
  Comme le beau Soleil ne part iamais des Cieux,
  Bié qu'il coure en tournât l'vn & l'autre hemispere.

CHANSON.

Beaux ennemis de mon cœur,
  Yeux les boute-feux de nos ames,
  Que vous estes pleins de rigueur,
  Vous n'aimez que meurtres & flames!
Vos traits de ma mort glorieux
  Blessoyent bien de plus douce sorte,
  Quand l'Espoir riant à mes yeux,
  De mon cœur vous trahit la porte.
Trompé ie me soumis à vous,
  Lors priuez de toute rudesse:
  Mais las! pouuiez vous estre doux
  Estans les yeux de ma Maistresse?

XLIIII.

Helas! que veux-ie faire?à quoy suis-ie reduit?
　Quel malheureux Destin ma fortune dispose?
　Quel bandeau tenebreux rend ma paupiere close?
　Quelle erreur furieuse à la mort me conduit?
Le pauure Laboureur seme en espoir de fruit,
　Tout discours, tout effet ha pour but quelque chose,
　Ie suis seul malheureux qui rien ne me propose
　Qu'ennuy, perte, regret du Dieu qui me seduit.
Des fortes mains d'Hercul' veux-ie arracher la masse?
　Humilier vn Tigre? eschauffer de la glace?
　Non, il faut par raison corriger ma fureur,
Et des griffes d'Amour retirer nostre vie.
　Si celle que ie sers en ha si grand' enuie,
　L'aimant sans esperance, aimons-la sans douleur.

XLV.

On lisoit en ses yeux vne paix eternelle,
　Lors qu'en sortant du Ciel sa beauté m'apparut,
　Et mon ieune Desir follement y courut,
　Comme vn gay papillon au feu de la chandelle:
Mes trauaux endurez, ma liberté nouuelle,
　Mes desseins, mes sermens, rien ne me secourut,
　Soudain tout me trahit, se rendit, ou mourut:
　Dieux! comme vne rigueur peut-elle estre si belle?
Depuis ie n'ay vescu que comme elle a voulu,
　Bandé contre moy-mesme, à ma mort resolu,
　N'esprouuant que tempeste en la mer plus paisible,
Au gré des passions contrairement poussé:
　Las! fussé-ie vne roche en quelque mont glacé,
　Sans estre à tant de feux si vif & si sensible.

XLVI.

Echo, nymphe iadis d'amoureuse nature,
  Qui n'es rien maintenant qu'image de la voix,
  Et qui dans ce val creux caché d'vn peu de bois,
  D'air & de bruit lasché prens vie & nourriture:
Si tost que ie me plains du tourment que i'endure
  Pour auoir desiré plus que ie ne deuois,
  Tu m'annonces mes maux, taschant si tu pouuois
  Me diuertir de suiure vne beauté si dure.
Quand en me tourmentant du mal que i'ay passé,
  Ie dis, Mais que seray-ie ayant tant pourchassé?
  Chassé, me respons-tu d'vn accent lamentable.
Et quand plus curieux du cours de mes malheurs
  Ie demande, Hé comment finiront ces clameurs?
  Meurs, est lors de ta voix l'oracle irreuocable.

XLVII.

La garnison d'ennuis, qu'Amour fait demeurer
  En mon cœur pour sa garde, est si grande & si forte,
  Qu'il ne faut auoir peur qu'vn seul soupir en sorte,
  Ne qu'il puisse en ses maux seulement respirer.
Si quelque heureux plaisir se veut auanturer
  D'approcher de mon cœur, à fin qu'il le conforte,
  Il esprouue à son dam qu'il se faut retirer:
  Car s'il veut passer outre, on le tuë à la porte.
Le Desespoir sanglant capitaine inhumain,
  Sans iamais se lasser tient les clefs en la main,
  Et ne fait rien entrer que du parti contraire.
Tous pensers gracieux il en a sçeu bannir,
  Mes esprits seulement n'oseroyent s'y tenir,
  S'ils n'estoyent affligez & comblez de misere.

XLVIII.

A peine vn doux Printemps commençoit à pousser
  Le poil au lieu de fleurs au bas de mon visage,
  Quand ainsi qu'vn Soleil sans nue & sans ombrage
Vostre œil vint sa lumiere en mon ame élancer:
Ses rayons gracieux, la sins sans m'offenser.
  Eschaufferent vn temps doucement mon courage,
  Mais comme il poursuiuoit plus auant son voyage,
  De mille feux ardans ie me senti presser.
Alors vint mon Esté, qui las! encore dure,
  Dont le chaud feit mourir mon espoir en verdure,
  Sans que ie peusse voir vn seul de ses fruits meurs:
Et croy que de tout poinct il eust seiché mon ame,
  N'estoit qu'incessamment ie tempere sa flame
  Des vents de mes soupirs, & des eaux de mes pleurs.

XLIX.

Ie porte plus au cœur d'amours & de tourmens,
  Qu'on ne voit dans le Ciel de luisantes images,
  D'eaux en mer, d'herbe aux prez, de sablons aux ri-
uages,
  Qu'vn siecle n'a de iours, qu'vn iour n'a de momens.
Ma bouche n'ouure pas moins de gemissemens,
  Ie ne cele en l'esprit moins de feux & d'orages,
  Mes yeux ne laschent pas moins d'humides nuages,
  Et moins mon estomach de brasiers vehemens.
Entre tant de suiets, de vaincus, de rebelles,
  Qu'Amour a fait gesner en ses chartres cruelles,
  Ie suis le plus maudit & le plus languissant.
Il a changé pour moy toute douce nature,
  Aux autres d'esperance il donne nourriture,
  Et de pur desespoir il me va repaissant.

LI.

Qu'auancé-ie en l'aimant, sinon que ie fay perte
  De moy, de mes souspirs, de mes pas, de mon temps?
  Helas! que ne sont donc mes desirs moins constans,
  Sans qu'ainsi iem'eslance à ma mort toute ouuerte?
La douleur que pour elle en trois ans i'ay soufferte,
  L'ennuy sechât mõ teint en son plus doux printemps,
  A l'enui de ma foy mes douleurs augmentans,
  La pitié de son ame assez m'ont descouuerte.
I'ay tant versé de pleurs qu'vn marbre en fust caué,
  Dessus vn diamant mon mal i'eusse engraué,
  Et ie n'auance rien, tousiours elle est cruelle.
Le propre d'vn suiet sans le suiet ne faut,
„ Le feu ne seroit feu s'il cessoit d'estre chaud,
„ S'elle estoit sans rigueur ce ne seroit plus elle.

LII.

Si la vierge Erygone, Andromede, & Cythere,
  Astres pleins d'amitié, benins & gracieux,
  Font le Ciel plus aimable, & l'embellissent mieux
  Que le noir Scorpion, l'Hydre & le Sagittaire:
Pourquoy ne changez-vous ce courage aduersaire?
  Pourquoy ne sont plus doux vos propos & vos yeux?
  Pourquoy vous adorant m'estes-vous si contraire?
  Pourquoy me rendez-vous malade & furieux?
Quand vous m'aurez tué pour vous auoir aimee,
  Vous serez par les Dieux en Astre transformee,
  Haineux, rouge de sang, d'orgueil & de fureur:
Et tous ceux qui sçauront ma mort non meritee
  Diront en vous voyant, ô flambeau plein d'horreur,
  Tousiours des vrais amants soit ta flamme escartee

LIIJ.

En fin l'Amour cruel à tel poinct m'a rangé,
 Que ma triste despouille en cendre est conuertie,
 Et vostre cruauté ne s'est veuë amortie,
 Que mon cœur par le feu n'ait esté saccagé.
Au moins pour le loyer de m'auoir outragé,
 Faites ainsi que feit la Royne de Carie,
 Non par amour comme elle, ains pleine de furie
 Beuuez le peu de cendre en quoy ie suis changé.
La soif de me tuer s'esteindra dans vostre ame,
 Et ma cendre qui couue vne eternelle flame,
 Fera que vos glaçons se fondront tout soudain.
Mais ce qui plus rendroit ma douleur consolee,
 Seroit de me voir clos dans vn tel Mausolee.
 Fut-il onc monument si beau que vostre sein?

LIIII.

Ces pleurs tirez du cœur ie t'offre en sacrifice,
 Pour flechir ton courroux, Parque au cœur indomté
 Las! pardonne à Madame, & par ta cruauté,
 Ne fay point que d'Amour la puissance finisse.
Si tu desires tant d'exercer ton office,
 Passe moy de ton dard d'vn à l'autre costé,
 Et de ceste Deesse espargne la beauté,
 Sans appauurir nostre aage auec tant d'iniustice.
Mais si mon ardent cry ne te peut eschaufer,
 Et que, quoy qu'il en soit, tu vueilles triompher
 De sa grace diuine & de sa forme esteinte:
Sans oster aux mortels leur plus riche ornement,
 Helas! contente toy de fraper seulement
 Celle que dans le cœur ie porte si bien peinte.

POVR VN MAL D'YEVX.

Qve ie vous plains, ô mes beaux aduersaires,
Astres diuins, Rois des cœurs & des yeux,
Venus ialouse, & le Soleil des Cieux
Cachent le iour de vos flammes si claires.

L'aueugle enfant, dont ma peine est venuë,
De son bandeau vos rayons tient couuerts,
Mais leur clairté luit & flambe au trauers,
Comme vn esclair se fait iour par la nuë.

Phebus, Amour, ou Cyprine la belle
De vos beaux yeux n'obscurcit la couleur:
Non, c'est le Ciel touché de ma douleur,
Qui veut punir leur mauuaistié cruelle.

Car sa faueur ne leur auoit donnee
Tant de clairté, tant d'amours, tant d'appas,
De traits, d'attrais, pour causer mon trespas,
Brulant vne ame à vos loix destinee.

Rapentez-vous, & changeant de pensée
Soyez plus douce au cœur qui n'est qu'à vous,
Tout aussi tost le Ciel vous sera doux,
Chassant le mal dont vous estes pressée.

O Ciel clement, si iuste est ma priere,
Guary sa veuë, & luy blesse le cueur,
Mesme à ses yeux donne plus de lumiere,
A celle fin de mieux voir ma langueur.

DERNIERES AMOVRS.

LV.

La Beauté de nostre aage à nulle autre egalee,
  Par qui le Roy des cœurs son Empire maintient,
  Languit dedans vn lict, & la Cour desolee
  En crainte attend la fin du mal qu'elle souftient.
Amour, que penses-tu? quel bois, quelle vallee
  De Cypre ou d'Amathonte en ce temps te retient?
  Ne connois-tu, pauuret, que son mal t'appartient,
  Et que ta destinee en la sienne est meslee?
Nous deuons bien tous deux auoir l'esprit transi
  En ce courroux du Ciel, qui nous menace ainsi
  De voir dés le matin nostre clairté rauie.
D'autant que si ce mal d'elle est victorieux,
  Tu perdras ton Empire, & ie perdray la vie;
  Car mon cœur & tes traits logent dedans ses yeux.

STANSE.

EN fin les Dieux benins ont exaucé mes cris,
  La beauté qui me blesse, & qui tient mes
    esprits
    En langueur continuë,
Languit dedans vn lict d'vn mal plein de rigueur;
Son beau teint deuient palle, & sa ieune vigueur
    Peu à peu diminuë.

Plus grand heur en ce temps ne pouuoit m'auenir,
Vne heure en son logis on ne l'eust sceu tenir,
    Elle eust fait cent voyages,
Aux festins, aux pardons d'vn & d'autre costé,
Et chacun de ses pas au cœur m'eust enfanté
    Mille ialouses rages.

Pour le moins tant de iours qu'au lict elle sera,
Nonchalante de soy, ma frayeur cessera;

Car ceux qui me font crainte,
D'approcher de son lict n'auront pas le pouuoir,
Et peut estre le temps qu'ils seront sans la voir
Rendra leur flamme esteinte.
Mais las! vne autre peur va mon cœur desolant,
Ie voy qu'elle affoiblit, & son mal violant
D'heure en heure prend ame:
La force luy defaut à si grande douleur,
Les roses de son teint n'ont pas tant de couleur,
Ny ses yeux tant de flame.
Et bien elle meurra, m'en faut-il tourmenter?
Rien de mieux en ce temps ie ne puis souhaiter:
Car s'elle m'est rauie,
Et que pour tout iamais son œil me soit couuert,
Mon cœur à tant d'ennuis ne sera plus ouuert,
Sa mort sera ma vie.
Ie n'auray plus l'esprit de fureurs embrasé,
Mon lict ne sera plus si souuent arrosé,
Et la nuict solitaire
Ne m'oirra tant de fois les hauts Cieux blasphemer,
Ny la loy des destins qui me force d'aimer,
Quand moins ie le veux faire.
Si tost que son beau corps sera froid & transi,
Sur le poinct de sa mort ie veux mourir aussi,
La sentence est donnee:
Car ma vie à l'instant de regret finira,
Ou par glaiue ou poison du corps se bannira
Mon ame infortunee.
Auec ce dernier acte à tous ie feray voir
Que moy seul en viuant meritoy de l'auoir
Pour mon amour fidelle:

Car

Car de tant de muguets qui l'aiment feintement,
Ie suis seur que pas vn, fors que moy seulement,
 Ne se tûra pour elle.
Tous mes maux prendront cesse en ce commun trespas,
Ie ne douteray plus que iamais icy bas
 Son cœur de moy s'estrange:
Et i'aime trop mieux voir nostre mort arriuer,
Que si viuans tous deux ie m'en voyois priuer
 Par vn malheureux change.
O Mort haste toy donc, fay ce coup glorieux,
Et de ton voile obscur couure les plus beaux yeux
 Que iamais fit Nature:
Separe vn clair esprit d'vn corps parfait & beau,
Tu mettras auec elle Amour & son flambeau
 Dedans la sepulture.
Las! en parlant ainsi, ie sens soudainement
Vn spasme, vne foiblesse, vn morne estonnement,
 Qui pallit mon visage,
Ma langue s'engourdit, mes yeux sõt pleins d'horreur,
Puis en moy reuenu, despitant ma fureur
 De ces mots ie m'outrage,
O meschant que ie suis! ingrat & malheureux!
Ie ne merite pas d'estre dict amoureux,
 I'ay l'ame trop cruelle:
Chacun veut de sa Dame allonger le destin,
Et moy ie fay des vœux pour auancer la fin
 D'vne qui m'est si belle.
Il faut bien que la rage ait pouuoir dedans moy,
Et que le troublement qui me donne la loy
 Soit d'vne estrange sorte,
Quand viuant tout en vous, ô mon mal bien aimé,

M

N'ayant iour que de vous, par vous seule animé,
Ie vous souhaite morte.
Mais pluſtost les hauts Cieux, & tous les Elemens
Soyent remis peſle-meſle en confus brouillemens,
Le sec auec l'humide :
Puiſſent tous les humains sans remede finir,
Ains que ie voye helas ! voſtre mort aduenir,
O ma belle homicide.
Il eſt vray que pour vous i'ay beaucoup enduré,
I'ay porté le regard & l'eſprit eſgaré,
I'ay eu la couleur ſombre,
I'ay pleuré, i'ay crié, mais souuent sans raison :
Car i'eſtoy si troublé de ialouſe poiſon
Que ie craignois mon ombre.
Puis quand tous ces soucis pour vous m'iroyent suiuant,
Encore aux ennemis on pardonne souuent,
Quand leur fin eſt prochaine :
Ioint qu'vn traict de vos yeux doucement elancé,
Et vos propos si doux m'ont trop recompensé
De tant & tant de peine.
O Dieux qui d'icy bas les deſtins gouuernez,
Et qui des supplians les malheurs deſtournez,
Oyez ce que ie prie :
Rendez saine Madame auec vn prompt secours,
Et s'il en eſt besoin, retranchez de mes iours
Pour allonger sa vie.
Et toy Dieu Cynthien, qui fais tout reſpirer,
Si dés mes ieunes ans on m'a veu t'adorer,
Viens alleger Madame :
Chaſſe au loin sa langueur, rés luy son teint vermeil,
Soleil, tu aideras à ceſt autre Soleil
Qui eſclaire en mon ame.

LVI.

Que ne suis-ie endormi durant l'obscure nuict
 Qui retient mon Aurore & la cache à ma veuë?
 O plaisir peu durable! ô douleur mal preuenë!
Certes l'heur des humains comme vn songe s'enfuit!
L'image de ma perte en tous lieux me poursuit,
 Et du plaisir passé le souuenir me tuë.
 Las! diuine Beauté qu'estes-vous deuenuë?
 Ie suis par vostre eclipse en tenebres reduit.
Ie ne sçay que ie fay, ie ne sçay que ie pense:
 Si fay, ie pense en vous, dont l'ennuyeuse absence
 Me laisse accompagné de regret & d'esmoy,
Sans cœur, sans mouuement, transi, muet & blessé.
 Reuenez donc mõ Tout, pour me rëdre à moy-mesme:
 Car en vous esloignant, vous m'ostastes à moy.

LVII.
Du premier iour d'Octobre.

Amour, s'il t'en souuient, c'est la troisiéme anneé,
 Le iour mesme & le poinct qu'à toy ie fu soumis,
 Et que le beau desir d'vn bien qui n'est permis
 Rendit ma liberté de nouueau renchainee.
Helas! à quels trauaux ma vie est condamnee,
 Ie seme au vent mes cris, sans espoir ie gemis,
 Mes yeux trop desireux ce sont mes ennemis,
 Ma nef sans gouuernail s'esgare abandonnee.
Dieu qu'vne grand' Beauté de grans maux me causa!
 Mon sang se gela tout, mon esprit s'embrasa,
 Ie perdy la raison, la force, & le courage:
Ie deuins Papillon à ses yeux me brulant,
 Ie vescu Salemandre en feu si violant,
 Et fus Cameleon à l'air de son visage.

M iij

LVIII.

Cesse ô maudite main, cesse esprit insensé
    Trop prompts à mes malheurs d'inuenter & d'escrire,
    Puisque l'œil qui me tient esclaue à son empire,
    De vos labeurs s'offense & se rend courroucé.
Quand des flammes d'Amour ie seray trop pressé,
    S'il faut pour n'estouffer qu'en mes vers ie souspire,
    Plaignons tant seulement l'aigreur de mon martyre,
    Et taisons de tout poinct celle qui m'a blessé.
Encor pour n'irriter ceste fiere Deesse,
    La nuict seul à mon lict i'ouuriray ma tristesse,
    Escriuant & tirant de mes yeux maint ruisseau:
Et ce lict seur tesmoin de mes maux incurables
    Sera de tant d'escrits, mes enfans miserables,
    Tout en vn mesme temps la tumbe & le berceau.

LIX.

Puissent tousiours durer les ennuis si cuisans,
    Dont ma bouche aux regrets sans relasche est contrainte,
    Puis qu'il semble à mō ame en cet chaisnes estrainte,
    Que sa rame & ses fers n'en sont pas si pesans.
La Nuict est ma lumiere, & mes iours plus luisans
    Ce sont tristes horreurs pleines d'ōbre & de crainte,
    Mon repos gist à faire vne eternelle plainte,
    Et les lieux de plaisir me sont tous desplaisans.
Ne me laisse donc point, ô dolente pensee,
    Renais ainsi qu'vn Hydre en mourant renforcee,
    Et ne souffre mon œil de larmes s'espuiser:
Car d'ennuis & de pleurs sans plus ie me contente,
    Le souspirer n'est paix: aussi c'est mon attente,
    Que l'extreme souspir seul me doit appaiser.

LX.

Vers, engence maudite ingrate à vostre maistre,
 Qui seruiez d'affoler mon esprit langoureux,
 Et qui par vostre son plus ou moins douloureux
 Faisiez de mon estat la fortune connoistre:
Puisque des ceps d'Amour la Raison me dépestre,
 Et le pouuoir tyran d'vn œil trop rigoureux,
 Vous serez la victime, ô mes Vers malheureux,
 Pour offrir au Démon qui libre me fait estre.
Amour, au lieu du cœur qui t'estoit immolé,
 Tien, brule ces papiers, tu l'as assez brulé,
 Passe icy ton courroux, ie t'offre ame pour ame.
Ils sont enfans du cœur respirans & viuans,
 Et ne font qu'estonner tes fidelles seruans,
 Se plaignans sans cesser des rigueurs de ta flame.

LXI.

Puisque tous les malheurs sont pour moy destinez,
 Puisqu'auec le desdain ma constance est forcee,
 Puisque ma foy se voit d'oubly recompensee,
 Et mes yeux pour iamais à pleurer condamnez:
Ie te sacre, ô Vulcan, ces vers infortunez,
 Ceste main malheureuse & ceste ame insensee,
 Vange moy de moy mesme, & ta flamme elancee
 Face que promptement ils soyent exterminez.
Mais ie me doute fort que ces vers & ceste ame
 Accoustumez au feu ne craignent point ta flame,
 Et que tous tes efforts n'y profitent de rien.
Brule sans plus les vers & la main malheureuse,
 Dieu Vulcan, si tu peux: quant à l'ame amoureuse
 Laisses-en faire Amour, il la brulera bien.

M iij

LXII.

Cent fois tout courroucé de voir que mes escris
  N'ont peu rendre à m'aimer vostre cœur plus facile,
  Iettons (ce dy-ie) au feu cest ouvrage inutile,
  Aux destins de son maistre il doit estre compris.
Puisque tant de labeurs, de souspirs & de cris
  Tous ont esté semez en terroir infertile,
  I'en veux bruler l'histoire, & suiure vn autre style,
  Ce n'est que trop chanté d'Amour & de Cypris.
Vostre iniuste rigueur me pousse à cest outrage,
  Mais de les mettre au feu ie n'ay pas le courage
  Voyant vostre beau nom en mille endroits semé.
Donc qu'ils restent vivans, puisque la mesme flame
  Feroit aussi mourir les honneurs de Madame,
  Il suffit que sans eux ie sois seul consommé.

LXIII.

Ie verray par les ans vangeurs de mon martyre
  Que l'or de vos cheueux argenté deuiendra,
  Que de vos deux Soleils la splendeur s'esteindra,
  Et qu'il faudra qu'Amour tout confus s'en retire.
La beauté qui si douce à present vous inspire,
  Cedant aux loix du Temps ses faueurs reprendra,
  L'hiuer, de vostre teint les fleurettes perdra,
  Et ne laissera rien des thresors que i'admire.
Cest orgueil desdaigneux qui vous fait ne m'aimer,
  En regret & chagrin se verra transformer,
  Auec le changement d'vne image si belle :
Et peut estre qu'alors vous n'aurez desplaisir
  De reuiure en mes vers chauds d'amoureux desir,
  Ainsi que le Phenix au feu se renouuelle.

LXIIII.

Le serain de mes iours commence à se troubler,
  Mon esprit deliuré retourne à la contrainte,
  Et l'amour use ardeur que ie pensois esteinte
Reprend nouuelle vie, & se veut redoubler.
Pren garde à toy, mon Cœur, mets peine à rassembler
  Ta raison qui s'esgare, & fait place à la crainte:
  Tourne ailleurs tes desirs, sans qu'vn œillade feinte
De tant de vrais ennuis vienne plus te combler.
Ne te rembarque point sur vne mer de larmes,
  Meurs plustost au combat que de rendre les armes,
  Et que le seul desdain ait pouuoir dedans toy.
Las ie le veux assez, i'y consens, ie l'approuue,
  Ie ne sçay quoy pourtant de plus puissant se trouue,
  Qui de rechef m'enchaisne & me donne la loy.

LXV.

Chercher depuis trois iours à viure en solitude,
  Me cachant de tous ceux que i'aimoy parauant,
  Resuer lors que ie parle, & souspirer souuent,
Et des liures d'Amour faire ma seule estude:
La nuit me plaindre au lict que la plume est trop rude,
  Accuser le Soleil si lent en se leuant,
  Fonder mille desseins sur le sable mouuant,
Et n'abhorrer plus tant le nom de seruitude:
Repenser cent fois l'heure vn semblable penser,
  Pour les ombres du faux la verité chasser,
  Me plaindre et ne sçauoir qu'aucun mal ie soutienc:
Trouuer comme vn nectar mon pleur delicieux,
  Et n'auoir qu'vne image en l'esprit & aux yeux,
  Font signe encore en moy de la flamme ancienne.

CLEONICE,

LXVI.

Beaux Yeux par qui l'Amour entretient sa puissance,
 Qui vous iuge mortels se va trop abusant:
 Si vous estiez mortels, vostre esclair si luisant
Ne me rendroit pas Dieu par sa douce influence.
Donc vous estes diuins, & tirez vostre essence
 De l'eternel Amour l'Vniuers maistrisant:
 Mais d'où vient, s'il est vray, vostre feu si cuisant?
,, Car ce qui vient du Ciel ne peut faire nuisance.
Voila comme en l'esprit de vous ie vay pensant,
 Puis en fin ie resouls que le Ciel tout puissant,
 Vous a faits ainsi beaux, clairs, fiers & pitoyables,
Non pas que l'aage ingrat merite de vous voir,
 Mais afin de monstrer qu'il ha bien le pouuoir
 De former des Soleils plus que l'autre admirables.

LXVII.

Vrais Souspirs qui sortez de la flamme cruelle
 Dont mon cœur amoureux est ceint de tous costez,
 Allez, & de vostre air chaudement esuentez
Ce beau sein, où la neige en tout temps est nouuelle.
Faites par vostre ardeur que le froid se desgelle,
 Qui nuist au doux printemps de ces ieunes beautez,
 Et puis d'vn petit bruit bassement luy contez
Combien de fois le iour ie vay mourant pour elle.
Vous luy direz ainsi, Nostre esprit enflammé,
 Sort du feu de vos yeux dans vn cœur allumé,
 Il est vostre, Madame, & rien ne peut l'esteindre,
Pourtant receuez-nous. Lors entrans peu à peu,
 Faites tant qu'à la fin elle brule en son feu,
 Et connoisse à l'essay si i'ay tort de me plaindre.

LXVIII.

Que d'agreables feux, que de douceurs ameres
   Retire en mon esprit vostre œil mon beau vaincueur:
Cypre, Paphos, Eryce, Amathonte & Cytheres
   Ne logent tant d'Amours que i'en ay dans le cueur.
Ie veux mal aux Destins, dont les loix aduersaires
   M'ont si tard fait sentir vostre aimable rigueur:
Le temps vescu deuant ne m'estoit que langueur,
   Et mes plus clairs obiets des horreurs solitaires.
A cest heur maintenant bien que tard destiné,
   Ie me vante entre tous l'amant plus fortuné:
Et pourueu que le Sort ne rompe mes liesses.
Gardez pour vous le Ciel, sainte troupe des Dieux,
Beuuez vostre Nectar, caressez vos Deesses,
Mortel ie ne seray sur vostre aise ennieux.

LXIX.

Ma belle & chere mort, pourquoy me tuez-vous,
   Doutant contre raison de ma foy pure & sainte?
Helas c'est moy, mō Cœur, qui seul dois auoir crainte,
   Quand ie voy vos beautez admirables de tous.
Tant d'amours, tant d'attraits rigoureusement doux,
   Ce teint, ce ris, ce front où la grace est empreinte,
Et ces beaux nœuds chatains, dont si ferme est l'e-
   strainte,
Sont assez de suiets pour me rendre ialoux.
Laissez-moy donc tout seul aualer ce breuuage,
   Et croyez qu'en l'esprit ie n'ay que vostre image,
Ie la sers, ie l'adore, à toute heure, en tous lieux.
Ie iure vos beautez & vos graces parfaites,
   Que ie ne suis plus rien que tel que vous me faites,
Et que ie vy sans plus comme il plaist à vos yeux.

CHANSON.

Helas que faut-il que ie face
Pour monstrer quelle est mon amour,
Quand brulant pour vous nuict & iour,
Vous pensez que ie soy' de glace?
Afin d'auerer toute feinte
  Ouurez mon cœur que vous auez,
  Et mes vœux plus ne receuez
  Si dedans vous n'estes emprainte.
Mais pour y grauer autre image
  Le trait d'Amour n'est assez fort,
  Elle y sera iusqu'à la mort,
  Et plus s'il se peut dauantage.
Mes desirs de vous prennent vie,
  Et cest heur les rend glorieux:
  Asseurez-moy de vos beaux yeux,
  Amour & Venus ie desfie.
Il a bien fallu, ma Deesse,
  Que mon cœur fust de diamant,
  Pour durer au feu vehement,
  Et aux coups de vostre rudesse.
Non, il n'en est point sur la terre
  Qui garde en l'esprit tant de foy:
  Ie n'ay rien fragile de moy,
  Que mes courroux qui sont de verre.

LXX.

Vous m'auez tant appris à languir miserable,
 Et suis à vos courroux si fort accoustumé,
 Que quand aucunesfois vous m'estes fauorable
 Ie ne puis m'asseurer d'estre de vous aimé.
Mon cœur tremble tousiours, bien qu'il soit enflammé,
 Et qu'il brule en hyuer d'vne ardeur incroyable:
 Ma foy comme mon mal en tout temps est durable,
 Mais des ailes d'Amour mon bien est emplumé.
Les heures sans vous voir me sont longues annees,
 Les ans que ie vous voy me sont courtes iournees,
 Pres & loing toutesfois ie meurs d'affection:
Ie pleure & suis contant, ie m'asseure & souspire,
 Ne sçachant que ie veux ie sçay que ie desire,
 Et l'heur comme l'ennuy me donne passion.

LXXI.

Se fascher des propos d'vn Amant courroucé,
 A qui l'accez du mal fait tenir ce langage,
 Et prendre garde à luy comme s'il estoit sage,
 Mostre que vostre esprit d'Amour n'est point blessé.
Las! nostre egal desir en vous estant cessé,
 Tousiours plus ardemment me deuore & saccage:
 Et c'est ce qui m'affole & me comble de rage
 De voir vostre cœur libre & le mien enlacé.
Encore au lieu de m'estre & douce & salutaire,
 Vous mettez sans pitié le feu dans mon vlcere,
 Et contre vn furieux vous entrez en courroux.
Las! par trop vous aimer i'ay ceste frenesie.
„ Tousiours l'excez d'Amour se change en ialousie.
 Quand i'aime tiedement ie ne suis point ialoux.

LXXII.

Las! temperez vn peu ce despit embrasé,
 Qui fait naistre en mõ cœur tãt d'emeutes soudaines:
 Les fiertez de vostre œil ne sont moins inhumaines,
 Que douce est sa lueur lors qu'il est appaisé.
Quel serment, non de pleurs, mais de sang arrosé,
 Peut rendre en vous seruant mes paroles certaines,
 Puis qu'auec tant de foy, de constance & de peines,
 Vous croyez que mon cœur soit traistre & desguisé?
Si i'aime autre que vous qu'en viuant ie languisse,
 Et qu'apres mon trespas le plus cruel supplice
 Qui soit dans les Enfers semble trop doux pour moy.
Las! ie n'aime que vous, ny ne le sçauroy faire:
 Soyez donc aussi prompte à guerdonner ma foy,
 Comme vostre rigueur fut prompte à me desfaire.

LXXIII.

Qu'on ne me prenne pas pour aimer tiedement,
 Pour garder ma Raison, pour auoir l'ame saine:
 Si comme vne Bacchante Amour ne me pourmene
 Ie refuse le tiltre & l'honneur d'vn Amant.
Ie veux toutes les nuicts soupirer en dormant,
 Ie veux ne trouuer rien si plaisant que ma peine,
 N'auoir goutte de sang qui d'Amour ne soit pleine,
 Et sans sçauoir pourquoy me plaindre incessammẽt.
Mon cœur me desplairoit s'il n'estoit tout de flame,
 L'aise et le mal d'amour autremẽt n'õt point d'ame:
 Amour est vn enfant sans prudence & sans yeux,
Trop d'aduis & d'esgard sied mal à sa ieunesse.
 Aux Conseillers d'estat ie laisse la sagesse,
 Pour m'en seruir comme eux lors que ie seray vieux.

LXXIIII.

Le iour malencontreux qu'en son ame peu sage
 Souz pour vn regard l'aise & la liberté,
 Ie ne me doutoy pas qu'vne ieune beauté
 Recelast vn cœur double, infidelle & volage.
Les serpens venimeux, naiz pour nostre dommage,
 Au lieu plus chaud d'Afrique & plus inhabité,
 Dés le premier abord font voir leur cruauté,
 L'œil & le port des Ours est tesmoin de leur rage :
Le contraire en vous seule a trahi mon repos,
 Car vos gestes si doux, vos yeux & vos propos
 Ne respirent que ioye & douceur amiable.
Ie te puis, ô Nature, à bon droit accuser,
 Tu luy denois donner, pour ne nous abuser,
 Ou le cœur plus benin, ou l'œil plus effroyable.

LXXV.

Nuict, mere des soucis, cruelle aux affligez,
 Qui fais que la douleur plus poignante est sentie,
 Pource que l'ame alors n'estant point diuertie,
 Se donne toute en proye aux pensers enragez :
Autresfois mes trauaux tu rendois soulagez,
 Et ma ieune fureur sous ton ombre amortie :
 Mais helas ! ta faueur s'est de moy departie,
 Ie sens tous tes pauots en espines changez.
Ie ne sçay plus que c'est du repos que tu donnes,
 La douleur & l'ennuy de cent pointes felonnes
 M'ouurēt l'ame et les yeux en ruisseaux trāsformez.
Apporte, ô douce Nuict, vn sommeil à ma vie,
 Qui de fers si pesans pour iamais la deslie,
 Et d'vn voile eternel mes yeux tienne fermez.

LXXVI.

O Foy, qui dans mon ame as choisi ta retraitte,
 Ne trouuant autre part nul seiour asseuré
 En ce siecle infidelle, où le monde esgaré
 Auec rage & mespris t'offense & te reiette:
Si durant que le Ciel plus rudement me traitte,
 Si quand ie pers le bien par merite esperé,
 Mon esprit de constance est plus fort remparé,
 Et rend à sa vertu la Fortune suiette:
Deesse, en ma faueur veille soigneusement
 A conseruer ma flamme ardente incessamment,
 Fay qu'elle s'entretienne & ne soit consommee:
Car quand le feu d'Amour dedans moy s'esteindra,
 Ma vie au mesme instant tout à coup defaudra,
 Dans ce tison fatal ma Parque est enfermee.

LXXVII.

En moy seul la douleur au temps fait resistance,
 Et lors que par raison ie tasche à la domter,
 Ainsi qu'vn grand torrent que lon pense arrester,
 Elle rompt la chaussee, & croist en violence:
Poignante, aspre, importune & fiere souuenance,
 Veux-tu donc nuict & iour mon esprit tourmēter?
 Pour Dieu cesse vn petit, sans me representer
 Vn bien dont pour iamais i'ay perdu l'esperance.
Et toy mon triste Cœur, d'infortunes comblé,
 Naguere si serain, maintenant si troublé,
 Voy comme en tous nos faits l'inconstance se ioüe.
Apres l'aise & le bien les ennuis ont leur tour.
 Reconforte toy donc apprenant que d'Amour,
 Non moins que de Fortune, est legere la roüe.

LXXVIII.

Chere & chaste Deesse honneur de ces bas lieux,
　Orient de mon ame, astre de ma pensee,
　Pourquoy tant de saisons tenez vous eclipsee
Sur mon seul horizon la clarté de vos yeux?
Quel horrible peché me fait haïr des Cieux?
　Qu'ay-ie fait, qu'ay-ie dit pour vous rēdre offensee?
　Ah! s'il m'estoit permis, i'ay l'ame si pressee
Que ie maudiroy tout, & Deesses & Dieux.
Apres m'auoir purgé de toute amour volage,
　Apres auoir marqué mon cœur de vostre image,
　Comme estant trop à vous, vous l'auez reietté.
Fut-il onc dans le Ciel deité si cruelle
　Qui peust auoir en haine vn cœur n'adorant qu'elle,
　Et mespriser le temple où son nom est chanté?

LXXIX.

Ie ne puis par mes pleurs flechir vostre courage,
　Qu'vne erreur bien legere a rendu courroncé,
　Erreur naissant d'Amour, dont ie suis si pressé,
Que souuent de Raison il m'oste tout vsage.
Vous me voulez punir comme si i'estoy sage,
　Et vous le sçauez bien, i'ay l'esprit offensé:
　Doit-on auoir esgard à vn homme insensé
Quand durant sa folie il fait quelque dommage?
I'estois en mon accez, la fureur me tenoit,
　Et de vous seulement ce transport me venoit:
　N'y prenez donc point garde, ô ma belle aduersaire,
Sinon, qu'auancez-vous? ie suis si mal traité,
　Gesné, brulé, nauré, desolé, tourmenté,
　Que plus de nouueau mal vous ne me pouuez faire.

LXXX.

Espoir faux & trompeur, qu'apres mainte grand' perte
De temps & de labeurs à la fin i'ay connus,
Cherche vn autre que moy pour te voir bien venu:
Ta fraude en mon endroit est trop fort descouuerte.
I'ay presque veu secher ma saison la plus verte,
Durant que tes appas ont mon cœur detenu,
Et tout le beau loyer qui m'en est reuenu
C'est qu'à mille regrets ma poitrine est ouuerte.
De rechef toutesfois, ô pipeur effronté,
Tu penses rendre encor mon esprit enchanté
Promettant allegeance à ses peines cruelles.
Mais pour te croire plus trop grande est ma douleur:
Pren donc vne autre adresse, ou l'ardente chaleur
De mes iustes souspirs te brulera les ailes.

LXXXI.

Pauure Cœur desolé, qui sans aucune offense
Vois ta plus chere part de toy se separer,
N'en gemy point si fort, cesse d'en murmurer,
Et parmy ces tourmens monstre ta patience.
Songe au cours de ce monde & à son inconstance
Qui fait qu'vn mesme estat ne se peut asseurer,
Peut estre apres les maux qu'on te fait endurer,
Le Sort te liurera quelque meilleure chance.
Ainsi comme le Ciel, se tourne la Fortune,
Le chaud chasse l'Hyuer, le Soleil la nuict brune,
Apres l'orage espais le clair temps fait retour.
L'amant contant n'aguere ore est plein de furie,
Et le desesperé s'estouit à son tour:
,, Ainsi dessous le Ciel toute chose varie.

LXXXII.

Où sont ces chastes feux qui souloyent m'esclairer ?
　Qui fait que leur ardeur en vous se diminuë ?
　Et ceste ferme foy qu'est-elle deuenuë,
　Qui vous faisoit par tout saintement reuerer ?
A quelque bien desormais faut-il plus aspirer,
　Puisque rien ici bas ferme ne continuë ?
　Tout n'est que vët, que songe & peinture en la nuë,
　Qui se passe aussi tost qu'on s'en pense asseurer ?
Las ! s'il n'estoit ainsi, quel fleuue d'oubliance,
　Quel nouueau chãgemẽt, quelle ire, ou quelle offense,
　En vous de nostre amour perdroit le souuenir ?
Non, ce n'estoit d'Amour la flamme ardente & sainte,
　Vous me monstriez sans plus vne lumiere feinte,
　Pour faire apres ma nuict plus noire deuenir.

LXXXIII.

Miserables trauaux, vagabonde pensee,
　Soucis continuels, espoirs faux & soudains,
　Feintes affections, veritables desdains,
　Memoire qu'vne absence a bien tost effacee :
Vraye & parfaite amour d'oubly recompensee,
　Auantureux desirs, mais follement hautains,
　Et vous de ma douleur messagers trop certains,
　Souspirs, qui donnez air à mon ame oppressee.
Quoy ? ces viuantes morts, ces durables ennuis,
　Ces iours noirs & troublez, ces languissantes nuits
　Tiendront-ils mon esprit en tristesse eternelle ?
Ne doy-ie donc iamais sentir d'allegement ?
　Helas ! ie n'en sçay rien ie sçay tant seulement
　Que i'endure ces maux pour estre trop sidelle.

LXXXIIII.

Mer, qui quelquesfois calme en ton lict arrestee
  Croissant & decroissant coules paisiblement,
  Puis en changeant de face, aussi soudainement
Ne fais voir que furie & colere indomtee.
Temps, qui va mesurant la carriere hastee
  De ce grand Ciel premier pere au monument,
  Qui mesles tout le monde & fais le changement,
Sans que de ton pouvoir chose soit exemtee.
Soleil sans fin tournant, qui le iour nous despars,
  Puis qui nous fais la nuict retirant tes regars,
  Et causes des saisons le chaud & la froidure:
Si mon heur peu durable est prompt à s'envoler,
  Voyant vos changemens ie me dois consoler
  Par la commune loy de l'antique Nature.

LXXXV.

O sagesse ignorante, ô malade raison,
  Deshonneur glorieux, asseurance incertaine,
  Repos plein de trauaux, plaisir confit en peine,
Dommageable profit, fidelle trahison!
Sou-ris baigné de pleurs, volontaire prison,
  Mer, qui pour nostre mort nourris mainte Serene,
  Vent plein de fermeté, fondement sur l'arene,
Hyuer qui se desguise en nouuelle saison.
Esclair dont le rayon fait aux os violence
  Sans que par le dehors il s'en voye apparence,
  Desloyale amitié, serment prisé de foy:
Arc, feux, pieges, filets qu'vn aueugle sçait tendre,
  Bien-heureux est qui peut contre vous se defendre.
  Mais qui s'en peut defendre? ah Dieu ce n'est pas moy!

LXXXVI.

Si ie puis desloger l'ennemy trop couuert
   Qui se campe en mes os & qui s'y fortifie,
   Ie le dis haut & clair, Venus ie t'en desfie
Que iamais plus mon cœur aux amours soit ouuert.
La Cour, qui m'a tant pleu ne m'est rien qu'vn desert,
   Tout m'est subiect de dueil, me trauaille et m'ennuye,
   Mes yeux sont degouttans d'vne eternelle pluye,
Qui fait que sans mourir ma ieunesse se pert.
Si seroit-il bien temps de penser à moy mesme,
   Mon œil deuient obscur, i'ay le visage blesme,
   Et plus tant de vapeur n'escume en mes esprits:
Ie ne veux rien d'Amour fors qu'il me licencie,
   Ie l'ay suiui dix ans les plus beaux de ma vie,
   Ie le seruiroy mal ayant les cheueux gris.

LXXXVII.

Chacun nous est contraire & s'oppose à nostre aise,
   Ceux en qui iusqu'ici i'auois eu plus de foy
   Maintenant sans raison se bandent contre moy,
Et taschent d'amortir nostre amoureuse braise.
L'vn nous veut estonner par sa langue mauuaise,
   Seme des bruits menteurs, nous menace du Roy,
   L'autre ombrageux s'offense & si ne sçait dequoy,
L'autre est assez contāt pourueu qu'il nous desplaise.
L'amour gist en l'esprit qu'on ne peut empescher,
   Il n'est huis si gardé, muraille ny rocher,
   Qui de deux cœurs vnis empesche l'entreueuë.
Bien que les corps soyent loin ils peuuent sans cesser
   Se voir & consoler de l'ame & du penser:
   „ Le penser aux Amans sert de langue & de veuë.

LXXXVIII.

J'attens en tranſiſſant ce qui doit auenir
 D'vne ſecrette trame à mon dam commencee,
 Pour voir à me reſoudre, & par force forcee
 Vne amour infinie en moy faire finir.
Mais pourra-telle bien perdre le ſouuenir
 De la flamme autrefois ſi viue en ſa penſee,
 De ſa foy, de ſa dextre en la mienne enlacee?
 Ceſte crainte en mon cœur ne ſe peut maintenir.
Non, il n'en ſera rien : vne recherche telle
 Seruira de trophee à ſon ame fidelle,
 Qu'honeurs, threſors, grãdeurs, ne pourrõt émouuoir
Ah! pourquoy ce penſer ſi ſoudain prend-il ceſſe
 Cedant à la frayeur qui de rechef me preſſe,
 Et me fait tout à clair mes miſeres preuoir?

LXXXIX.

Si la loy des Amours ſaintement nous aſſemble
 Auec vn ſeul eſprit nous faiſant reſpirer,
 L'outrage du malheur ſe peut-il endurer,
 Que ſi cruellement nous arrache d'enſemble?
Ie ne vous voy iamais, mon Cœur, que ie ne tremble
 Apprehendant l'effort qui nous doit ſeparer,
 Et n'oſe bien ſouuent vos regars deſirer,
 Tant l'eclipſe qui ſuit tenebreuſe me ſemble.
Toutesfois quand les corps n'ont moyen de ſe voir
 L'ame pourtant n'eſt ſerue, & peut à ſon vouloir
 Voleter inuiſible où la guident ſes flames.
Chaſſons donc noſtre angoiſſe, ô ſeul bien de mes yeux
 Et viuans deſormais comme lon vit aux Cieux,
 Sans plus penſer aux corps faiſons l'amour des ame

XC.

Quel martyre assez fort, quelle gesne inconnuë
  Est egale au tourment d'vn cœur bien allumé,
  Qui se trouuant prochain de l'obiect mieux aimé
  Se defend par raison la parole & la veuë?
Le Desir qui voit lors sa vigueur retenuë
  Par le contraire effort deuient plus enflammé,
  De tranchantes douleurs l'esprit est entamé,
  L'ame souspire & crie en seruage tenuë.
C'est vn Chaos nouueau meslant confusément
  Auec mille glaçons le plus chaud element,
  Et le trop grand respect auec l'impatience.
O nompareille force en nompareil emoy,
  Allez-vous en, mon Tout, esloignez-vous de moy,
  Mon tourment sera moindre en plus lointaine absence.

XCI.

Si l'outrageuse loy d'vn iniuste Hymené
  De vo9 m'oste la part moins parfaite et moins belle,
  Part, qui se peut secher comme vne fleur nouuelle,
  Pour la donner à vn plus que moy fortuné:
Deesse, à qui ie fus en naissant destiné,
  Ou plus que le malheur vous me serez cruelle,
  Ou vous me laisserez la partie immortelle,
  L'ame à qui mes escrits tant de gloire ont donné.
I'aimoy vostre beauté passagere & muable
  Comme vne ombre de l'autre eternelle & durable,
  Qui sur l'aile d'Amour dans les Cieux m'esleuoit:
Ceste-cy sera mienne, & l'autre aura la feinte,
  Aussi bien mon amour pure, eternelle & sainte
  D'vn salaire mortel payer ne se pouuoit.

ODE.

DE mes ans la fleur se desteint,
J'ay l'œil caue, & palle le teint,
Ma prunelle est toute esblouye:
De gris blanc ma teste se peint,
Et n'ay plus si bonne l'ouye.
Ma vigueur peu à peu se fond,
Maint sillon replisse mon front,
Le sang ne boult plus dans mes veines,
Comme vn trait mes beaux iours s'en vont
Me laissans foible entre les peines.
Adieu chansons, adieu discours,
Adieu nuicts que i'appelloy iours
En tant de liesses passees,
Mon cœur où logeoyent les Amours
N'est ouuert qu'aux tristes pensees.
Le Printemps les roses produit,
,, L'Esté plus chaud meurist le fruit,
,, Des saisons diuers est l'empire:
,, Aux Amours la ieunesse duit,
,, L'autre aage autre chose desire.
Connoissant donc ce que ie doy,
Faut-il pas suiure vne autre loy
Propre à mon aage & ma tristesse?
Doy-ie pas bannir loin de moy
Tous noms d'Amour & de Maistresse?
Loin bien loin Plaisir deceuant,
Arriere Espoir conceu de vant
Qui seruois d'attiser ma flame:
La Raison serue au parauant

Soit maintenant Royne en mon ame.
Las! durant que ie parle ainsi,
 Et feins que mon cœur endurci
 Soit fort pour d'Amour se defendre,
 Ce Dieu sans yeux & sans merci
 Fait iaillir des feux de ma cendre.
Vn doux importun souuenir
 Deuant moy faisant reuenir
 L'image en mon ame adoree,
 Garde que ie ne puis tenir
 Contre Amour de place asseuree.
Seul subiet de mon desconfort,
 Pourquoy me presses-tu si fort
 Repassant en ma souuenance
 La belle cause de ma mort,
 Et l'œil dont ie pleure l'absence?
Mon cœur s'ouurit par le milieu
 Alors qu'au partir de ce lieu
 Tant de pleurs baignoyent son visage:
 Sans mourir ie luy dis adieu;
 Suis-ie pas de lasche courage?
Face le Ciel ce qu'il voudra,
 Ce iour au cœur me reuiendra:
 Et bien qu'il me tienne loin d'elle,
 Mon feu iamais ne s'esteindra,
 I'en trouue la cause trop belle.

FIN DES AMOVRS
DE CLEONICE.

ELEGIES DE PH. DES PORTES.

LIVRE I.

ELEGIE I.

APRES auoir passé tant d'estranges
  trauerses,
Apres auoir serui tant de beautez di-
  uerses,
Auoir tant combatu, trauaillé, supporté
Sous la charge d'Amour le guerrier in-
Ie pensois à la fin, rompu de tant de peine, (domté:
Auoir en mon congé de ce grand Capitaine,
Me retirer chez moy, remporter ma raison,
Et passer le surplus de ma ieune saison
En repos, doucement, soulageant mes pensees
Du plaisant souuenir des fortunes passees.
  Ainsi qu'vn vieux guerrier maladif & cassé,
Qui a d'vn braue cœur mille dangers passé,
A cheual & à pied, en bataille rangee,
En approche, en assaut d'vne place assiegee,
Enduré chaud & froid, couru, veillé, cherché,
Surpris ses ennemis en embusche caché,

N

Achetant le sçauoir & l'honneur de la guerre,
Du cher prix de son sang riche émail de la terre:
En fin il se retire honoré iustement,
Et sent entre les siens vn grand contentement,
Racontant sa proüesse en tant & tant d'allarmes,
Et qu'il a fait essay de toutes sortes d'armes.

I'en pensois faire autant loing d'Amour retiré,
M'asseurant fermement d'auoir tout enduré:
Et que quand il voudroit autrefois me reprendre,
D'autres nouueaux tourmens ie ne pouuois attendre,
I'auois porté l'ennuy d'aimer sans estre aimé,
I'auois sans recueillir pour vn autre semé,
I'auois souffert la mort qu'on sent pour vne absence,
I'auois au desespoir long temps fait resistance,
I'auois senti le mal qui vient d'estre priué
D'vn grand contentement dés qu'il est arriué:
Puis i'auois soustenu le regret & la rage
D'aimer plus que mon cœur vne Dame volage.
I'auois esté ialoux, insensé, furieux,
Portant la glace au cœur & le feu dans les yeux:
Et si quelque autre peine en reserue se treuue,
Ainsi qu'il me sembloit i'en auois fait espreuue.
Mais ce n'estoit qu'vne ombre, or helas! ie le sens,
Depuis que vos regars, enchanteurs de mes sens,
M'ont embrasé l'esprit d'vne flamme immortelle,
Depuis que vostre main, pour mon malheur trop belle,
M'a volé ma raison, & m'a percé le cœur
D'vn trait enuenimé de souci & de peur.

Las! on dit que l'Amour oste la connoissance,
Et ce Dieu trop cruel pour croistre ma souffrance
Me rend les yeux plus clairs, afin de voir mon mal,

LIVRE I.

Et qu'à vostre grandeur ie ne suis pas esgal.
Ie le cognois assez, dont ie me desespere,
Mais en le cognoissant ie ne puis le contraire,
Et faut qu'en voyant bien mon malheur preparé,
Les yeux ouuerts ie coure au naufrage asseuré.

 Madame, en ce seul poinct vous pouuez biē cognoistre
Que de ma liberté ie ne suis plus le maistre:
Donc helas! si ie fauls vous osant adorer,
C'est par vne contrainte: Amour me fait errer,
Amour qui me transporte auec tant de puissance
Qu'en voyant que ie fauls, ie soustiens mon offense.

 Ie dy que ie fay bien d'oser aimer vos yeux,
Et qu'vn esprit diuin tend tousiours vers les cieux:
Ie dy que ma douleur qui de vous prend naissance,
De mon loyal seruice est digne recompense:
Et que le mal d'Amour, qui me guide au trespas,
Vaut mieux que tous les biens qu'on reçoit icy bas.

Aussi durant mon mal ce qui plus me trauaille
C'est helas que i'ay peur que le tourment me faille:
Car ie sens en souffrant tant de contentement,
Que ie ne crains rien tant que d'estre sans tourment.

 On dit que les Martyrs courageux & fidelles
S'esiouissoyent, contans, en leurs peines cruelles:
Celuy qui pour la Foy plus de maux supportoit
Dessus ses compagnons la victoire emportoit,
Se reclamoit heureux, & chantoit au supplice
Pendant qu'on immoloit son corps en sacrifice.
De moy i'en fais autant: car ie meurs pour ma foy,
Et me tiens bien-heureux du mal que ie reçoy:
Et ce qui plus me plaist, languissant de la sorte,
C'est que ie suis vnique au mal que ie supporte,

N iij

Et ne sçaurois sentir de plus cruel malheur
Que si quelque autre amant egalloit ma douleur.
　Ie fais vn magazin de soucis & de peines,
De tristes desespoirs & de morts inhumaines:
I'en garde pour le iour & pour l'obscurité,
Ne voulant demeurer sans estre tourmenté.
Car si ie ne suis propre à vous faire seruice,
Au moins ce m'est honneur que pour vous ie languisse.
C'est pourquoy de tourmens ie suis si desireux,
Veu que sans mes tourmens ie serois malheureux:
Et le iour que ie sens quelque nouuelle attainte
Ie reuere ce iour comme vne feste sainte.
Ie vous suis donc, Madame, obligé grandement,
Puis que pour vous aimer i'ay cest heureux tourment.
　Or ne m'estimez point estre si temeraire
D'attendre en vous seruãt quelque plus grand salaire:
Car puis que mes douleurs ie ne vous puis payer,
I'aspirerois en vain à plus riche loyer,
Ie desire sans plus, que vous soyez contente
Que ie prenne de vous ce bien qui me tourmente,
Que ie viue pour vous, que ie meure par vous,
Et que vos yeux cruels ne me soyent iamais doux.
Car de mon seul penser ie reçoy tant de gloire,
Et de ce que i'osay debatre la victoire
En la guerre d'Amour, où ie perdi le cueur,
Qu'estant de vous vaincu ie m'estime vainqueur,
Et sens mon amitié trop bien recompensee
Me souuenant sans plus du vol de ma pensee.

LIVRE I.
ELEGIE II.

Que ie fu malheureux de me laisser reprendre!
Non, ie deuois mourir plustost que de me rendre,
La mort m'eust esté belle & fauorable aussi,
Veu que mesme en viuant ie suis mort & transi :
Ie suis mort pour le bien, & ie vy pour la peine,
D'vne vie ennuyeuse, importune, inhumaine,
Pleine de desespoirs, longue pour les malheurs,
Et courte pour pleurer mes cruelles douleurs.

Las i'ay fermé les yeux pour ne voir ma misere!
Deuois-ie pas penser que mon seul aduersaire,
Mon mortel ennemi iustement courroucé,
Amour que i'auois tant par mes vers offensé,
Ne cesseroit iamais qu'il n'en eust pris vengeance,
Et qu'il n'eust chastié ma folle outrecuidance?
Ie le deuois penser : mais ie ne l'ay pas fait,
Mon orgueil & mon cœur à ce coup m'ont desfait.

I'estois si temeraire & si plein de ieunesse,
Que i'estimois qu'Amour n'auroit la hardiesse
De s'attaquer à moy, moy qu'vn iuste desdain
Auoit tout fraischement garanti de sa main.
Aussi n'est-ce pas luy qu'il n'en prenne la gloire,
Iamais plus de mon cœur il n'eust eu la victoire,
Ie l'eusse bien tousiours contre luy defendu :
C'est à vous seulement que ie me suis rendu,
Madame helas! c'est vous qui renchaisnez mon ame,
Vous rafolez mes sens, vous attizez la flame
Qui brule mon esprit tellement allumé,

N iij

Qu'il ne sera long temps sans estre consumé.
  Pourquoy donc ce cruel prend-il si grand audace?
Pourquoy me poursuit-il & me donne la chasse?
Pourquoy fait-il le braue, & se rit de me voir
Encor' vne autre fois reduit sous son pouuoir?
Ce n'est par son effort: i'auois perdu la crainte
De voir iamais par luy ma franchise contrainte.
  Et si de ces propos il se trouue irrité,
Qu'il me face r'auoir ma chere liberté:
Qu'il s'accorde auec vous qui en estes geolliere,
Et deliurez mon ame en vos yeux prisonniere:
Puis qu'il se mette aux châps garni d'arc & de traits,
Qu'il vse de regars, de douceurs, & d'attraits,
Pourueu que ie sois seur de vos yeux que i'adore,
Pour voir s'il pourra bien me captiuer encore:
Mais il n'en fera rien: il cognoist trop mon cueur,
Dont vostre œil seulement pouuoit estre vainqueur.
  Ie cognoy maintenant que nostre ame diuine
Tenant tousiours du Ciel, lieu de son origine,
Presage nos malheurs deuant que d'auenir,
Et nous en aduertit, afin d'y preuenir:
Ou que quelque Démon, ou quelque autre puissance
Nous fait deuant le mal en auoir connoissance.
De mon mal toute chose assez m'aduertissoit,
Oyant parler de vous le cœur me fremissoit,
Ma couleur se changeoit, mon ame estoit esmuë:
Bref ie vous redoutois ains que vous auoir veuë,
Comme mon ennemie, & celle qui deuoit
Me rendre entre les mains d'vn qui me poursuiuoit.
  Il me souuient tousiours que ie mourois d'enuie
De voir vos yeux diuins les tyrans de ma vie,

LIVRE I.

Et de parler à vous, d'autant qu'on me disoit
Que le Ciel vous aimoit & vous favorisoit,
Qu'il se plaisoit en vous, & qu'il vous auoit faite
Pour monstrer ici bas quelque chose parfaite.

Or bien que de vous voir il ne fust malaisé,
Et que de ce desir mon cœur fust embrasé,
L'heur qui m'accompagnoit fit tant de resistance
Que pour lors mon desir n'eut aucune puissance,
Quelque chose en chemin tousiours me retardoit.
Car lors d'vn œil benin le Ciel me regardoit:
Il m'auoit pris en charge, & pere debonnaire,
Destournoit loing de moy toute chose contraire:
Mais depuis quelque temps helas! i'ay trop cogneu
Qu'il m'estoit par ma faute ennemi deuenu:
Et au lieu qu'il souloit m'estre si fauorable,
Il semble qu'il se plaise à me voir miserable,
Par cent destours cachez, il me vient assaillir,
Il fait dessous le faix mon pauure cœur faillir:
Voire afin que ma peine à iamais continuë,
Helas! il a permis que ie vous aye veuë.

Et vrayment bien qu'il soit contre moy despité,
Encor eut-il pitié de ma calamité.
Car le iour malheureux que ie vous vey si belle,
Iour de mon infortune & de ma mort cruelle,
Il ne fit que pleuuoir, l'air estoit tout noirci,
Et se tenoit couuert d'vn grand voile obscurci,
Soit qu'il le fist d'ennuy de ma perte prochaine,
Ou qu'il portast le dueil de ma mort inhumaine.
Mesme ce iour maudit comme ie m'auancé
Pour sortir du logis, le pié ie me blessé:
Mais le malheur que i'eu pour guide en mon voyage

N iiij

Fit que ie ne pris garde à ce mauuais presage.
Toutesfois par trois fois ie voulu retourner,
Et mon mal à la fin ie ne peu destourner.
Mais qui se fust douté qu'Amour eust eu puissance
De me ranger alors sous son obeissance?
 On dit qu'Amour ne naist que de l'oisiueté,
Et iamais vn moment ie n'estois arresté,
Mille ennuis me troubloyent,ie n'auois point de cesse,
Les soucis me faisoyent vne angoisseuse presse,
Long temps deuant le iour i'en estois resueillé:
Et bref,ie me sentois tellement trauaillé
Que i'estois las de viure, & pensois que ma vie
Aux plus cruels malheurs fust alors asseruie:
Mais lors que ie vous vey, soudain ie cogneu bien
Qu'aupres du mal d'Amour tout autre mal n'est rien.
 Dés que ie vey vos yeux i'oubliay tout affaire,
Mesmes ie m'oubliay: car ie ne peu distraire
Mes yeux de vos regars,mes yeux me trahissoyent,
Car volontairement vers vous ils s'adressoyent.
Et voyant flamboyer vostre lumiere sainte,
Estonnez & rauis ils vaciloyent de crainte,
S'en retiroyent vn peu, puis ils vous regardoyent
Pendant que tous mes sens de frayeur se rendoyent,
Et que cent mille esprits pleins de subtile flame
Troubloyent mon sang esmeu,ma raison & mon ame.
Ie connu bien mon mal quand mon cœur l'eut receu,
Mais las! ce fut trop tard que ie m'en apperceu.
 Ie fey comme la Biche, alors qu'elle est blessee
Et qu'elle sent d'vn trait sa poitrine percee:
Elle fuit le Chasseur, mais elle ne fuit pas
La fleche & la douleur qui causent son trespas.

Ainsi ie vous laissay : car i'auois esperance
D'empescher que ce mal ne prendroit accroissance.
O dommageable espoir tu n'es plein que de vent!
Hé pourquoy sans cesser nous vas-tu deceuant?
Ie retourne au logis brulant d'ardeur cruelle,
Lors ie connu soudain ma playe estre mortelle,
Et que le fer qu'Amour au cœur m'auoit caché,
Par la mort seulement pourroit estre arraché.

 Ie sentois la poison dans mes os escoulee
Qui faisoit ses efforts : mon ame estoit brulee,
Mon cœur estoit saisi, mes esprits languissoyent,
Mille pensers confus dedans moy s'amassoyent:
I'estois confus moymesme, & ne sçauois que faire
Sinon de blasphemer la Fortune contraire:
Puis ie m'en repentois, de crainte d'offenser
Ces courtois ennemis qui me font trespasser,
Ie veux dire vos Yeux, dont la puissance sainte
Fait que lon tient Amour en honneur & en crainte.

 Las! dés ce triste iour que ie languis ainsi,
De chose que ce soit ie n'ay plus de souci:
Ie fuy tous les esbas où ie me soulois plaire,
Ie me tiens à l'escart pour resuer solitaire:
Et pour penser en vous c'est tout mon reconfort,
Et rien que ces pensers n'ont empesché ma mort:
Mort que i'auancerois, veu le mal que i'endure,
Mais ie crains, me frappant, toucher vostre figure,
Qu'Amour dessus mon cœur graua si viuement
Qu'elle ne doute rien fors la mort seulement.

 Or ie veux donc durer pour la rendre durable,
Et ne veux plus nommer mon estat miserable:
Mais ie diray qu'Amour m'est bien doux & benin

D'orner vn cœur humain d'vn portrait si diuin
Et si beau, que luy mesme afin qu'il le contemple,
Iamais ne m'abandonne & fait de moy son temple.

ELEGIE III.

PLVS i'esloigne les yeux qui nourrissent ma
flame,
Plus ie sens leur effort au plus vif de mon
ame:
Et cognoy desormais que c'est trop vainement
Que ie veux m'alleger par vn esloignement.
Ma fiéure en est plus forte, & l'absence inhumaine
Cause en moy chacun iour quelque nouuelle peine,
Quelque nouueau souci, quelque nouueau penser
Qui s'obstine à me nuire & ne veut point cesser.
Dieux que le Souuenir est vne estrange chose!
Il m'importune tant que plus ie ne repose:
Il me suit, il me presse, au leuer, au coucher,
Par tout ie le rencontre, & ne m'en puis cacher:
Il rend ma passion, & ma playe incurable.
Encor (ô Souuenir) tu m'es fort agreable,
Ie t'aime infiniment, car tu me fais reuoir
Ce qu'helas ie desire, & n'espere l'auoir!
Or' que ie suis absent du bel œil qui me tuë,
Cest heureux Souuenir le presente à ma veuë:
Il me fait repenser au bien que i'ay passé,
Ie le sens en mon cœur de nouueau ramassé,
Ie m'entretiens ainsi, c'est tout ce que ie pense,
Mais d'vn plaisir perdu triste est la souuenance.
Souuent vn vain espoir qui m'abuse tousiours,

LIVRE I.

Fait semblant en mon mal de me donner secours:
Il me suit importun, encor que ie le chasse,
Et fait tant qu'en mon cœur il gaigne quelque place?
Mais las s'il fait le doux, & me vient consoler,
C'est pour croistre ma peine & la renouueler.

 Nagueres cest Espoir par sa belle apparance
M'abusa tellement que ie pris asseurance
De reuoir dans trois iours le Soleil de mes yeux,
Dont la viue clairté sert de lumiere aux Cieux.
Dieu que i'eu de pensers durant ces trois iournees!
Ce n'estoyent pas trois iours, c'estoyẽt trois mille annees,
Qui remplissoyent mon cœur d'attente & de desir:
Mon cœur se consommoit esperant ce plaisir.

 Durant le premier iour ie ne cessoy de dire,
Hé! si dedans trois iours vn plus beau iour doit luire,
O iours qui n'auez point pour mes yeux de clairté,
Hastez-vous de passer, c'est trop tard aresté,
Ie verray dans trois iours la beauté que i'adore.
Mais las! qu'en sçay-ie rien? Ce feu qui me deuore,
Qu'Amour tient en mon cœur nuict & iour allumé,
Peut estre auant trois iours m'aura tout consumé.
Et puis, pourrois-ie bien, esloigné de Madame,
Viure trois iours entiers sans esprit & sans ame?
Non, ie mourray deuant, & ne faut esperer
Que pour la voir encor ie puisse assez durer.

 Ainsi ce iour passoit, & la nuict auancee
Ains que le iour suiuant sa course eust commencee,
Ie tournoy mon esprit au nombre qui restoit,
Dont le trop de longueur plus fort me tourmentoit:
Ie ne pouuoy durer d'extreme impatience,
Et tousiours mon desir croissoit en violence,

Et disois en pleurant : O Iours auancez-vous,
Soyez-moy, s'il vous plaist, plus gracieux & doux:
Hastez vostre voyage. Et toy Mort qui me presse,
Puis que dedans deux iours ie doy voir ma Maistresse,
Ne me fay point mourir, areste vn peu ton bras,
Puis ce terme accompli fay ce que tu voudras:
Ne me clos point les yeux (ô Mort) ie te supplie,
Puis que dedans deux iours ie doy reuoir ma vie.

Voila comme ce iour passoit tout lentement,
Faisant place à la Nuict au noir accoustrement,
Pleine de visions, ennuyeuse, effroyable,
Qui trop plus que le iour me rendoit miserable.
Car mes sens qui n'estoyent autre part diuertis,
Se trouuoyent en ma peine eux-mesmes conuertis.

Esperant & douteux ie ne sçauoy que faire,
I'accusoy la longueur de la nuict solitaire,
Qui contraire à mon bien iamais ne s'auançoit:
De chardons espineux mon lict se herissoit,
Qui me poignoyent par tout quand i'y faisoy demeure,
Ie m'en iettoy dehors mille fois en vne heure
Pour regarder le Ciel, & si l'aube du iour,
Courriere du Soleil, auançoit son retour.

O trop cruelle Aurore, enuieuse, ennemie,
Qui te retient (disoy-ie) ainsi tard endormie?
Te plais-tu maintenant si fort à caresser
Ton vieux mari fascheux, qui ne fait que tousser,
Immobile, impotent, qui foiblement t'embrasse,
Et qui te refroidit de ses membres de glace?
Tu ne dois si long temps en paresse couuer.
,, La femme d'vn vieillard matin se doit leuer.
Mais las! i'ay belle peur que tu sois arrestee

De quelque autre plaisir, qui te rend moins hastee.
Tu reposes, contente, au sein de ton ami,
Et laisses ton vieillard en son lict endormi:
Si ne dois-tu pourtant amoureuse Courriere,
Laisser tout l'vniuers priué de ta lumiere.
Or sus leue toy donc, rens le iour esclairci,
Si tu vois tes amours ie n'en suis pas ainsi.

 Tels ou semblables mots d'vne voix courroucee,
Ie disoy toute nuict, furieux de pensee:
Puis le iour se monstroit, iour qu'il falloit passer
Ains que voir la beauté qui me fait trespasser.
,, Tant plus on se voit prest d'vne chose esperee,
,, Et plus l'affection s'en fait demesuree.

 Depuis le poinct du iour iusqu'au Soleil couché
Ie fu plus que deuant de pensers impesché,
De plus poignans desirs mon ame estoit attainte,
Mon cœur douteux flotoit entre l'aise & la crainte,
Et n'estimoy iamais que le iour deust finir,
Pour iouir du bonheur que i'attendois venir.
Las! le iour finit bien, & la nuict nourriciere
Des soucis espineux, esteignit sa lumiere,
La nuict aussi passa, puis le iour ensuiuant,
Mais mon espoir trompeur n'enfanta que du vent,
Ce ne fut qu'vn faux songe, & sa promesse vaine
Se perdit dedans l'air, se mocquant de ma peine.
Ie ne veux iamais plus en aimant esperer:
Car l'Espoir ne sert rien qu'à mes maux empirer.

 Sors de moy donc Espoir rempli de flaterie,
Pere de Vanité, d'Erreur, de Tromperie,
Nourricier de nos maux, conceu d'ardans desirs:
Ie ne me fonde plus sur tes fraisles plaisirs,

ELEGIES,

Tu m'as assez pipé, cherche qui te retire,
Et me laisse pleurer sans confort mon martyre.

   Voila comment, Madame, esloigné de vos yeux,
Sans plaisir, sans repos, malade & furieux,
Ie crie & me despite, accusant vostre absence,
Et ne veux que l'Espoir me promette allegeance.
Car puis que ce trompeur tasche à me deceuoir,
Ie ne veux desormais pour tout bien receuoir
Que l'heureux Souuenir des liessis passees,
Qui rendent mes douleurs assez recompensees,
Et qui me font constant mes trauaux endurer,
Voulant iusqu'à la mort vostre serf demeurer.

ELEGIE IIII.

Eluy qui n'aime point, ou qui n'a point
  aimé,
A le cœur tout autour de rochers enfermé,
Il est tout despouillé d'affections humaines,
Il n'a point de poumons, ny de sang, ny de
  veines,
Et ne merite pas que le bel œil du iour
Luise aux siens dedaignez des lumieres d'amour.

   Or de moy qui n'ay point de roc en la poitrine,
Qui ne suis point conceu des flots de la marine,
Animé d'vn beau sang, d'vn esprit & d'vn cueur
Ie recognois Amour pour maistre & pour vainqueur:
Et quand de le quitter il me prendra l'enuie
Que les flammes du Ciel mettent fin à ma vie:
Encor qu'en le suiuant, & viuant amoureux
Ie sois diuersement heureux & malheureux,

LIVRE I.

Vrayment ie suis heureux, il faut que ie l'auoüe,
Et que des loix du Ciel hautement ie me loüe
De ce que le destin captiuant ma raison,
L'ait aumoins asseruie en si digne prison,
Et tant selon mon gré, m'ait randu tributaire,
Que son decret forcé m'est vn choix volontaire.
Car tout le plus parfait qui peut mieux contenter
L'œil, l'oreille, & l'esprit, iusqu'à faire gouster
Icy bas des douceurs qui rauissent les ames,
Se rassemble en l'obiet d'où procede mes flames,
Et c'est ce qui me fait bienheureux estimer
Sentant d'vn trait si beau ma poitrine entamer,
Et me plaist dans le feu dont i'ay l'ame embrazee,
Comme vne ieune fleur s'esgaye à la rosee.

Mais si de ce penser naist mon rauissement,
Ce penser tout de mesme enfante mon tourment,
C'est ma ioye & mon dueil, mon repos & ma peine:
Deux ruisseaux differens coulent d'vne fontaine.
Ce qui me rend heureux fait naistre mon malheur,
Et de mon plus grand bien procede ma douleur:
Car l'heur qui iusqu'au Ciel rend mon ame esleuee,
C'est quand ie me souuiens comme elle est captiuee,
Et que i'ay bien le cœur d'attaindre en si haut lieu,
Que celle à qui ie sers feroit seruir vn Dieu,
Ou quelque chose encor de plus hautain merite,
Si rien plus grand qu'vn Dieu dedans le Ciel habite.

Suis-ie donc pas heureux d'aimer si dignement?
Et plus heureux encor si ie meurs en l'aimant?
Certes c'est vn grand heur : mais si l'on considere,
Il est accompagné d'vne extreme misere,
De crainte & de soucis qui me font souspirer,

Sans me promettre rien dont ie puisse esperer.
Car en me proposant la parfaite excellence
De celle qui me tient sous son obeïssance,
Les beaux lis de son teint, ses propos gracieux,
La puissance des traits que decochent ses yeux,
La douce maiesté qui luist dessus sa face :
Et sçachant d'autre pars sa grandeur & sa race,
Helas ! ie cognoy bien que i'ay trop entrepris,
Et qu'vn aueuglement a saisi mes esprits,
Que mon vol est trop haut, & que ceste arrogance
D Icare, ou des Geans attend la recompence :
Toutesfois le sçachant ie ne puis me rauoir,
Et plus ie vais auant plus i'en pers le pouuoir.
Car quand le desespoir me donne quelque atteinte,
La figure en mon cœur si diuinement peinte
S'offrant deuant mes yeux, me fait perseuerer
Tant que le desespoir ne m'en peut retirer,
Bien que trop importun sans cesse il me trauaille,
Et que mille pensers me liurent la bataille.
  Las ! si tost que ie suis à par moy retiré,
Quelqu'vn de ces pensers contre moy coniuré
Me dresse l'escarmouche, & va pressant mon ame,
Me proposant tousiours la grandeur de Madame,
Il met deuant mes yeux les biens & les honneurs,
La race & les vertus de tant de grands seigneurs,
Desireux comme moy du bien qui me tourmente,
Et qui n'ont peu iouir du fruict de leur attente.
  Chetif (ce dy-ie alors) que veux-ie deuenir ?
Osé-ie bien penser de pouuoir paruenir
Iusqu'à si haut degré pour chose que ie face,
Apres tant de seigneurs grands de biens & de race ?

LIVRE I.

Et sur ce desespoir qui me presse & me poind,
Helas! c'est fait de moy, ie ne me connoy point,
Ie fay mille discours, ie resue, & me dépite,
Maudissant le malheur où ie me precipite:
Ie me plains de l'Amour d'où me vient ce souci,
Ie regarde le Ciel comme vn homme transi,
Ce pendant que mes yeux sources de mon dommage,
Coulans de larges pleurs m'arrosent le visage.

 Las! si pour bien aimer on estoit auancé,
Ie sçay que ie serois sur tous recompensé,
Comme le mieux aimant : car mon amour loyale
N'en trouuera iamais aucune qui l'esgale:
Ie n'ay point de pareil en ferme loyauté,
Non plus que les beautez dont ie suis arresté,
Et qui me font contant & triste tout ensemble,
Ne trouueront iamais chose qui leur ressemble.

 Est-ce pas bien aimer que de ne rien penser
Qu'en ce bel œil meurtrier qui me fait trespasser,
Viure de sa lumiere, & la perdant de veuë
Estre tousiours couuert d'vne effroyable nuë:
Seruir fidellement, sans espoir d'aucun bien,
Desirer toute chose & ne demander rien,
Discourir sans discours, viure tousiours en crainte,
N'auoir dedans le cœur qu'vne figure emprainte,
Pour vn mot de trauers souffrir mille trespas,
Perdre par vn martel & repos & repas,
Se laisser consommer d'vne flamme cuisante,
Et trouuer sa douleur agreable & plaisante:

 Telles sont mes amours, tels sont mes passetans,
Ce pendant miserable aucun bien ie n'atens,
Mais plus ie continuë en ma course premiere,

Plus mon chemin s'esloigne, & me trouue en arriere.
  Las! pour comble d'ennuy ie ne me puis tenir
De penser au malheur qui me doit aduenir:
Et ce qui plus me trouble & renforce ma plainte,
C'est lors que ie prenoy qu'il faudra par contrainte,
Que ce diuin Esprit dont ie suis detenu,
S'assuiettisse aux loix d'vn peut estre inconnu,
Et cede à la coustume aux Amans si contraire
Qui l'Or, & la richesse au merite prefere,
Mais plustost que de voir ce desastre approcher,
Que le Ciel me transmuë en pierre ou en rocher:
Aussi bien s'il aduient, ma douleur excessiue
Ne souffrira iamais qu'vne heure apres ie viue.
  Toutesfois quand le Ciel pour m'outrager plus fort,
En ce temps malheureux retarderoit ma mort,
Emportant ma douleur ie quitterois la France,
Comme indigne de voir vostre heureuse presence:
Et m'en irois choisir triste & desesperé,
Aux païs estrangers quelque lieu separé,
Sauuage, inhabité, desert, & solitaire,
Pour maudire à mon gré la Fortune aduersaire:
Et passerois ainsi le reste de mes iours,
Compagnon des Lyons, des Serpens, & des Ours.
  Il est vray que ie veux, quelque ennuy qui m'auiéne,
Que de vos yeux diuins sans cesse il me souuienne:
Car parmi les rochers & les antres secrets
Le matin & le soir en faisant mes regrets,
I'apprendray vostre gloire aux murmurans riuages,
Aux oiseaux passagers, & aux bestes sauuages
Qui viendront pour m'ouïr des forests d'alentour,
Et plaindront en longs cris ma peine & mon amour.

LIVRE V.

Quand ie n'en pourray plus, & que ma voix lassee
Sera de trop crier enroüee & cassee,
Ie m'en iray choisir les arbres les plus droits
Pour grauer sur l'escorce en mille & mille endroits
Ce beau nom que i'adore entre tous admirable,
Qui me fait estimer mon trauail agreable.
Mais ie suis trop certain qu'vn tel esloignement
Ne me souffriroit pas viure si longuement,
Car du feu de vos yeux ma vie est allumee,
Qui sera les perdant estainte ou consumee.

ELEGIE V.

Pour gage de ma foy qui vous est dediee,
Tout le tans que ceste ame, au corps sera
 lyee,
Et mesme apres la mort : puis qu'apres le
 trespas,
Dure le souuenir des choses d'icy bas,
En vous offrant ces vers: ie vous offre, Madame,
Mes yeux, mon sang, mon cœur, mes esprits & mō ame:
Et d'auantage encor, si i'ay quelque pouuoir
Faites moy tant d'honneur que de le receuoir
Comme vostre qu'il est, bien que vostre merite
Ne doiue faire cas d'offrande si petite,
Si vous ne mesurez mon vouloir qui me rand
Se dediant à vous audacieux & grand,
Vous n'estimerez point s'il vous plaist que ie pense
Faire auec du papier preuue de ma constance:
Et qu'en le faisant plaindre, & me plaignant aussi,
Ie vous vueille encherir mon amoureux soucy

Aioustant aux douleurs dont mon ame est chargee,
Depuis que soubs vos loix vous la tenez rangee:
Non ie ne le veux point il faut que mon deuoir
Mon seruice, & ma foy, vous le facent sçauoir,
Et que l'effort du temps qui perce tout nuage:
Découure si mon cœur est constant ou volage.
Ce que ie vous requiers pour mon plus grand desir
C'est que sans passion vous preniez le loisir
De me voir endurer en vous faisant la presse,
Qu'vne si ferme amour que la mienne on ne treuue,
Et si vous en doutez : pour le commencement:
Ignorez si mon mal est foible ou vehement,
Et sans vous soucier de ma bruslante flame
Permettez que sans plus vostre ie me reclame:
Afin que cest adueu dont ie veux m'honorer
Me face plus constant les tourmens endurer:
Et ie suis asseuré que le temps qui tout brise
Ne pouuant esbranler ma foy trop bien assise,
Fera de vostre cœur la douceur approcher,
Ou dedans l'estomach vous auriez vn rocher,
Et le cœur inhumain d'vne beste cruelle.

Or en vous cognoissant si diuine & si belle
Ie ne le puis penser : veu que la cruauté
S'accompagneroit mal de si chere beauté:
Toutesfois quand du Ciel la maline influence,
Quand la loy du destin qui depuis ma naissance
Forte me tirannise & quand vostre rigueur
Empescheroient le bien que dessert ma langueur,
Et quand pour le loyer de mon amour extresme,
Et quãd pour vous cherir cent fois plus que moymesme
Ie ne recueilliroy que l'ennuy d'vn refus,

LIVRE. I.

Et que de vos beaux yeux ie partiroy censur
Pour auec desespoir mettre fin à ma vie.
 Si n'auroy-ie regret de vous auoir seruie,
Car ie tiens cest honneur pour vn si grand loyer
Que cent mille trespas ne le sçauroient payer:
Voila comment Madame il ne se sçauroit faire,
Que d'adorer vos yeux ie me peusse distraire,
Ne m'aleguez donc point que ie puis bien penser
Que vous n'auez pouuoir de me recompenser
A cause de la loy dont vous estes estrainte,
Car en fin ceste loy n'est ny iuste ny sainte,
Loy qui comme Mezence horrible en cruauté
Ioint auec vn corps mort si viuante beauté
Saturne auec Venus & la gaye ieunesse
Aux chagrins deplaisans d'vne froide vieillesse,
Si la loy vous retient vous n'auez pas raison,
Car l'amour, & la loy sont sans comparaison
Amour est vn Demon de diuine nature
Immortels, & mortels sentent tous sa pointure,
Elle est sans priuilege: or si l'amour est dieu
Iamais l'humaine loy contre luy n'aura lieu:
Car il faut qu'au plus grand tousiours le petit cede
Et la loy des amours toutes les loix excede.
 Et d'auantage encor la nature est pour moy,
La nature est tousiours plus forte que la loy,
Et quand nature parle & monstre sa puissance
Adieu toutes les loix & l'humaine deffence.
Ainsi doncq sans raison maistresse vous doutez
Et pechez contre Amour à qui vous resistez,
Vous voulez que son feu n'ait puissance en la terre
Cest en fin des Geans renouueller la guerre,

C'est combatre le Ciel d'vn orgueil indiscret,
C'est vous priuer d'vn bien ou vous aurez regret,
Si vous vous arrestez doutant de ma constance,
Estimez s'il vous plaist qu'ayant ceste asseurance,
Qui me rendroit d'Amour satisfait & contant,
Ie n'aurois le pouuoir de vous estre inconstant:
Et bien qu'auparauant i'eusse eu l'esprit volage,
L'amour & le deuoir retiendroyent mon courage.
L'homme est pire qu'vn tigre aux deserts allaitté,
Qui pert l'affection pour se voir bien traitté,
Nous deuons mieux aymer plus d'amour on nous porte
Quand deux feux sont còioints la flame en est plus fort.
  Et d'auantage encor par ce poinct desiré
D'vn mutuel vouloir me voyant asseuré,
Ie pourrois beaucoup mieux d'vne façon discrette
Conduire & conseruer nostre amitié secrette.
Ce qu'à mon grand regret or' helas! ie ne puis,
Or' estant assailli de mille & mille ennuis,
Flottant incessamment entre l'aise & la peine,
Entre le desespoir & la ioye incertaine,
Et si viuement poingt de ma grand' passion
Que ie ne puis vser d'aucune fiction:
Au lieu qu'en ce doux temps ie n'aurois point de crainte
D'vn dedain, d'vn refus, ou d'vne chose feinte:
Mais ioyeux & contant il me seroit aisé,
De couurir cest amour d'vn habit deguisé,
Sans que les mesdisans, les ialoux, ny l'enuie
Peussent donner atteinte à nostre heureuse vie.
  Voila ce que l'ardeur m'a fait vous adresser,
Admirant vos beaux yeux de ne s'en offenser:
Car i'escry tout ceci forcé de la puissance

Du Dieu qui m'a rangé sous vostre obeïssance.
Si i'ay fait quelque erreur ie vous prie excuser,
Si i'ay dit verité ie vous prie en vser,
Et penser à par vous si ie dois estre en peine
Mourant d'extreme soif aupres de la fontaine.

ELEGIE VI.

Omme dedans vn bois enrichi de fueillage,
D'herbes, d'eaux, & de fleurs, & tout couuert d'ombrage
Se branchent les oiseaux esmaillez de couleurs,
Soupirans doucement leurs plaisantes douleurs.
Comme on voit dans vn pré les fleurettes nouuelles
Monstrer comme à l'enui leurs beautez naturelles.
Ainsi dedans vn cœur hautain & genereux
Se retirent tousiours les desirs amoureux,
Les douces passions, les delectables peines,
Et les cheres langueurs, dont les Amours sont pleines,
Qui ne doiuent iamais vn Amant retenir,
Veu qu'vn grand bien ne peut sans trauail s'obtenir.
  Vn cœur noble & gentil sans Amour ne peut estre:
Car auecques l'Amour Nature l'a fait naistre,
Les a liez ensemble, & les ioint tellement
Qu'ils demeurent tousiours inseparablement,
Comme le beau Soleil & sa lumiere claire,
Comme l'ombre effroyable & la nuict solitaire,
Comme la flamme viue & l'ardente chaleur,
Comme l'humide & l'eau, la fiéure & la douleur:
Bref, quiconque est bien né sent tousiours dedans l'ame

L'ineuitable effort de l'amoureuse flame,
Qui ne reçoit iamais de refroidissement.
,, Car la parfaite amour dure eternellement:
Mesme alors qu'il aduient qu'elle ha son origine
D'vne perfection dont l'essence est diuine,
Qui la rend immuable & son cours arresté.
,, Car si rien est constant c'est la diuinité.
Et voila ce qui fait que l'amour que ie porte
A vos beautez Madame, est si constante & forte
Que le temps ny la mort ne la pourroyent changer,
Ny vostre rigueur mesme autre part la ranger.
 Aussi pour dire vray mon amour i'ay fondee
Sur la perfection d'vne si belle idee,
Que ie croy quant à moy qu'on peut sans blasphemer,
Plus que la deïté diuine la nommer:
Et qui sillé d'erreur ne le voudra pas croire
Qu'il vienne voir vos yeux causes de la victoire
Que vous auez sur moy, dont ie m'estime heureux,
Bien qu'ils me soyent à tort quelquefois rigoureux,
Yeux où l'enfant Amour tient son celeste empire,
Yeux, où le beau Soleil tous les soirs se retire,
Yeux, les lampes du iour, demy-clos, gracieux,
Qui font honte à la Lune & aux astres des cieux,
Qui font en mesme poinct viure & mourir ensemble,
Qui font qu'en les voyant l'ame soupire & tremble,
L'œil esperdu s'esgare, & tout soudainement
On perd sa liberté sans connoistre comment.
 Qu'il vienne voir apres l'or de vos tresses blondes,
Soit quand vous les laissez flotter comme des ondes,
A l'abandon du vent, qui s'empestre dedans
Les filés blonds-dorez de vos cheueux pendans:

Soit

Soit quand vous les tenez sur le chef amassees,
Les ayant par deuant mignonnement troussees:
Ou qu'auec vn bonnet vous nous representez
D'Hylas ou d'Adonis les celestes beautez.
Qu'il vienne voir ce front large table d'yuoire,
Pleine, claire & polie, où l'Amour à sa gloire
Tient appendus deuant les noms & les escus
De tant de Cheualiers que vos yeux ont vaincus:
Le mien s'y reconnoist le plus haut de la bande,
Et pense auoir acquis vne gloire bien grande
D'auoir vaincu celuy, qui libre se gardoit,
Et qui sans obeyr à chacun commandoit. (gnoistre

Mais ce m'est grand honneur pour vainqueur rec-
Vn Dieu des plus grãds Dieux, et des Princes le maistre,
Et lequel nonobstant tout seul ne m'eust domté,
S'il n'eust eu pour secours vostre vnique beauté,
Beauté qui est si rare & tellement extréme,
Qu'elle peut prendre Amour, & le vaincre luymesme,
Ainsi qu'elle m'a prins, qui ne fey nul effort
Sçachant que mon pouuoir ne seroit assez fort.

Las! que depuis ce temps i'ay passé de trauerses,
Que i'ay porté d'ennuis & de peines diuerses,
Que troublans mon repos toutesfois me plaisoyent
Quand ie voyois vos yeux, deux soleils qui luysoyent
Au centre de mon ame, & que par leur presence
Mon cœur se nourrissoit d'vne douce esperance.
Mais lors qu'il me fallut de sa Court separer,
Et pressé du deuoir au camp me retirer,
Où i'estois attendu d'vne puissante armee
Que mon œil pouuoit rendre au combat animee,
Dieu sçait les passions qu'il me fallut sentir!

O

Mais voyant que l'honneur me forçoit de partir,
Ie m'en allay sans cœur, sans esprit, & sans vie,
Que ie vous delaissay pour en estre seruie:
Et demouray chetif à par moy languissant,
Le Ciel comme ennemi sans repos maudissant,
Accompagné d'Amour, qui, tout rempli de rage,
Me faisoit sans cesser quelque nouuel outrage:
Dieu trop impitoyable, inhumain, furieux,
Qui pour me trauailler me suiuoit en tous lieux,
M'accompagnoit par tout, me liuroit mille allarmes,
Et ne doutoit l'effort de dix mille gendarmes,
Ny de tant de guerriers que i'auois à l'entour,
Sans me pouuoir garder des embusches d'Amour,
Amour qui n'auoit seul l'entreprise dressee.
Car il estoit suiui d'vne troupe amassee
De pensers ennemis, qui cruels m'assailloyent,
Et de iour & de nuict mon esprit trauailloyent:
L'vn me faisoit songer à ma perte aduenuë,
L'autre rendoit ma vie en espoir maintenuë,
L'autre me faisoit peur, l'autre plus gracieux
Vos diuines beautez offroit deuant mes yeux.
Mais quand il m'auenoit vn bien si desirable,
Ie changeois ma douleur en douceur agreable,
Ie fondois de liesse, & m'estimois heureux
D'estre ainsi que ie suis de vos yeux amoureux,
Souhaitant ardemment de voir arriuer l'heure
Que ie peusse iouyr de fortune meilleure:
Et qu'au lieu du penser qui souloit m'enchanter,
Ie peusse en vous voyant au vray me contenter.
   Or i'ay si fort contraint le Ciel par ma priere,
Qu'à la fin ie renoy vostre belle lumiere,

Ie reuoy les thresors de vostre poil doré,
Les lis de vostre teint de roses coloré:
Ie renoy le coral de vos léures iumelles,
Qui ouurent en riant des perles naturelles:
I'entr'oy ces doux propos qui me retiennent pris,
Qui rauissent mes sens, qui charment mes esprits:
Et bref vous renoyant bien-heureux i'imagine
L'entier contentement de la troupe diuine.
Ie iouïs ici bas des biens qui sont aux cieux,
Et d'vn homme mortel ie suis esgal aux Dieux,
Sinon de ce seul poinct, que leur bien est durable,
Et moy dés que ie pers vostre veuë amiable
Mon bien leger s'enuole aussi tost que le vent,
Et ma douleur me presse ainsi qu'auparauant.

 Mais ie m'estime heureux de viure en telle sorte,
Pourueu que vous sçachiez l'amour que ie vous porte,
Que vous preniez mon cœur lequel vous est offert,
Que vous plaigniez le mal que pour vous i'ay souffert,
Et que ie souffre encor, de la playe cruelle
Que ie receu le iour que ie vous vey si belle:
Que vous vous asseuriez de ma fidelité,
Et que tous mes propos ne sont que verité.
Croyez qu'vn noble cœur est franc de tromperie,
Il demeure immobile, & iamais ne varie:
D'aucune fiction il ne sçauroit vser.
,, Car la parfaite amour ne se peut déguiser.
,, Ioint que tant plus qu'vn Prince est grand & re-
 merquable,
,, Plus il se doit monstrer entier & veritable.

O iij

ELEGIE VII.

DE tous ceux qui d'amour ont eu la connoissance,
Ayans denotement fleschi sous sa puissance,
Et qui pour le loyer de l'auoir honoré,
Ont par sa cruauté le martyre enduré:
Il ne s'en trouue point que ce Dieu plein de rage
Ait battu plus que moy de tempeste & d'orage,
Ne qui plus iustement se puisse lamenter
D'auoir comme sa foy veu sa peine augmenter,
Il m'a tousiours choisi pour butte à sa colere,
Il m'a tousiours pressé comme son aduersaire,
Sans me donner relasche, & sans que mon deuoir,
Ny ma ferme amitié l'ayent peu desmouuoir
Ny fleschir son courage ennemi de ma vie
De toutes cruautez durement poursuiuie.

Il est vray que quand seul i'estoy maistre de moy,
Ne connoissant Amour ne pour Dieu ne pour Roy,
Il sucroit son absinthe, & sous vn doux visage
Recelloit la rigueur de son mauuais courage:
Et pour me retenir seurement arresté
Il offrit à mes yeux vostre vnique beauté,
Riche d'attraits subtils, de regars & de flame,
Qui percerent mon cœur & brulerent mon ame.
Mais ce tourment nouueau m'estoit plaisant & doux,
Tant i'aimay dés ce iour tout ce qui vient de vous.
Ioint que bien tost apres vous eustes connoissance
Combien pour vous aimer i'endurois de souffrance:
Et vous comme Deesse encline à la pitié

Eustes le cœur touché d'vn rayon d'amitié
Me receuant pour vostre, & prenant dauantage
Le mien qu'au mesme instant ie vous laissay pour gage:
Lequel pour quelque ennuy qu'il ait peu soustenir
Deuers moy du depuis n'est voulu reuenir.
 Ah qu'en ce temps heureux ie sentois de liesse
Me voyant fauori de si belle Princesse,
Dont les yeux gracieux qui doucement luisoyent,
Mille feux amoureux dans mon ame attisoyent!
De ses diuins propos ie prenois nourriture,
I'admirois les thresors du Ciel & de Nature:
Souuent par mes pensers aux Cieux ie m'elenois,
Et priué de moymesme en elle ie viuois.
 O temps heureux & doux, ô saison desirable
Helas que ta faueur me fut lors peu durable!
Que mon printemps fut court, & comme en vn moment
I'esprouuay le malheur d'vn obscur changement!
,, Tout ce qui est au monde est vn ieu d'inconstance,
Mais encor' en amour on voit moins d'asseurance:
,, Sa faueur est semblable à vn beau iour d'hiuer,
,, Qui se perd aussi tost qu'on le voit arriuer.
Veu qu'en ce temps heureux que ie ne pouuois croire
Que le plus grand des dieux peust offenser ma gloire,
Ce fut lors que mon heur en malheur se changea,
Et que mon plus grand bien quãt & vous s'estrangea.
 Vous fustes mariee (ô dure souuenance!)
Helas! ie meurs encor aussi tost que i'y pense,
Ie sens renouueller mes mortelles douleurs,
Et faut que de mes yeux ie verse mille pleurs.
Mais ce qui m'assaillit d'vn regret plus extresme
Fut que ie me trouuay sans vous & sans moymesme:

Car ce nouueau mary ialoux vous enleua,
Et mon cœur pour iamais d'allegreſſe priua
Laiſſant la Cour ſans grace ennuyeuſe, & deſerte,
Et tous les beaux eſpris qui gemiſſoyent leur perte.
  Helas! combien depuis ay-ie eſté trauaillé?
Combien de fois la nuict en ſurſaut eſueillé,
Ay-ie arroſé de pleurs mon viſage & ma couche,
Ayant voſtre beau nom à toute heure en la bouche,
Et ne pouuant trouuer de plus grand reconfort
Que de crier ſans ceſſe & d'implorer la mort?
  Or durant les aſſauts de ma dure infortune,
L'ennuy qui me preſſoit autant que choſe aucune,
C'eſtoit que mon malheur n'eſtoit point entendu:
Car comme vous ſçauez, vous m'auiez defendu
D'en faire aucune plainte, & de vous en eſcrire.
Ainſi i'eſtois contraint d'eſtouffer mon martyre,
Et mourir en ſouffrant ſans m'oſer deceler,
Ny d'vn ſeul mot d'eſcrit mes ennuis conſoler,
Seulement voſtre image en mon cœur ſi viuante
Donnoit force à ma vie & la rendoit conſtante.
  Voila les doux plaiſirs qu'Amour m'a fait ſentir,
Sans que de ces priſons i'aye voulu ſortir.
Encor n'eſt-ce la fin de ma griefue ſouffrance,
I'ay ſçeu que vous doutez de ma perſeuerance,
Et que ce que i'ay fait pour couurir mon ardeur,
Paſſoit en voſtre endroit pour change ou pour froideur
Las! eſt-ce le guerdon de ma foy ſi certaine?
Faut-il qu'apres l'angoiſſe & la mort inhumaine
De bruſler ſans me plaindre en vous obeiſſant,
Ie ſois plus que iamais à grand tort languiſſant?
Et qu'auecques l'Amour vous faciez alliance,

LIVRE I.

Pour rendre mon malheur sans espoir d'allegeance?
 Certes vous auez tort: & ne sçaurois penser
Que Dieu peust vn tel fait en silence passer:
N'estimez toutesfois, quoy que vous puissiez faire,
Que de vostre amitié ie me vueille distraire.
Car ainsi comme l'or estant mis au fourneau,
Plus il est refondu & plus il se fait beau:
Tout ainsi ma constance au plus fort des allarmes,
Des ennuis, des rigueurs, des soupirs & des larmes,
Se monstrera plus belle & ne fleschira pas,
Deussé-ie en vous seruant souffrir mille trespas.
Car ie croy qu'en mourant pour vne beauté telle,
On s'acquiert, comme en guerre, vne gloire immortelle.

ELEGIE VIII.

EN la saison premiere alors que toutes choses
Furent de leur Chaos ordonnément decloses,
 Lors que tous blancs de foy les mortels, ici bas
(Nouuelle œuure du Ciel) seulement n'auoyent pas
Entr'eux le nom de vice, ains guidez d'innocence
Faisoyent bien par nature, & non par connoissance:
Amour puissant Démon, qui le premier des Dieux
Auoit franchi le sein du Chaos ocieux,
Ayant mis fin par tout au trouble & à la guerre
Amoureux des humains vint demeurer sur terre.
Bien qu'il fust immortel si ne les dédaignoit,
Mais de iour & de nuict il les accompagnoit,
Il logeoit dans leurs cœurs, il échaufoit leurs ames,

Et soubs le doux effort de ses poignantes flames
Chacun sans tant languir sa moitié choisissoit,
Ne cessant leur amour quand ce desir cessoit:
Lors tous vivoyent contans, l'Amante estoit sans crainte
Que soubs vn beau semblant logeast vne ame fainte,
Qu'on apprint aux soupirs quand ils deuoyent sortir,
Et que mesme les pleurs fussent duits à mentir,
La bouche estoit du cœur asseuré tesmoignage,
On ne s'amuzoit point à farder son langage,
Ses yeux, sa contenance, ains sans dissimuler
Qui plus sentoit d'amour, mieux en sçauoit parler,
La beauté, la douceur, le merite, & l'adresse
Estoient les seuls efforts pour vaincre vne Maistresse,
Simple & sans artifice, & qui ne sçauoit pas
Vser selon les tans de rigueurs ou d'appas
Façonner vn sou-ris, composer ses œillades
Pour randre en se iouant les ieunes cœurs malades:
Mais qui plus est aussi l'or n'auoit aucun pris
Chesnes, perles, rubys, n'eussent meu les espris
De la moindre Bergere, ains l'amitié prizee
Sur toute autre richesse estoit authorizee:
Mais comme peu à peu le vice s'auança,
Et que ceste saison en vne autre passa,
Et que l'or iaunissant se mit en euidence,
Et que la fermeté fit place à l'inconstance,
Qu'on se sçeut deguiser & qu'on sçeut finement
Au pois de la richesse estimer vn amant:
Q'on peut de cent façons couurir sa fantaisie,
Et du beau nom d'honneur masquer l'hypocrisie,
Amour tout estonné de voir si tost changé
Vn peuple qui naguere estoit si bien rangé,

LIVRE I.

Detestant leur malice, ainsi ce print à dire,
Il faut, il faut, dit-il, qu'ailleurs ie me retire,
Ce peuple est miserable & ne connoist combien
Il a par ma faueur receu d'aize & de bien,
L'effet fut aussi pront que la voix prononcee:
Car d'vne aile à plain vol par le vague elancee
Il se perd dans la nuë, ou soutenu de l'air
Pour dire ces propos il cessa de voller,
Tu t'en repentiras race ingrate & chetiue,
Et regrettant trop tard le bien dont tu te priue
Reconnoistras en bref combien sont differans
Les vrays contentemens des plaisirs apparans,
Et comme mon ardeur dans le Ciel allumee
Brusloit plus doucement que ta vaine fumee:
Car comme tous ensemble auez fait le peché
Sur tous de ma fureur le trait sera laché,
Vous hommes les premiers qui n'auez voulu suiure
Le doux train des plaisirs ou ie vous faisois viure,
Qui vous estes lassez de la simplicité,
Qui pensez par le change acquerir liberté
Pour les douces beautez qu'auez tant misprizees,
Vous aurez desormais des Maistresses ruzees
Au cœur dissimulé, sans foy, sans amitié
A qui le mieux aymant fera moins de pitié,
Et dont tout l'artifice & la plus belle gloire
Sera de vous surprendre, & vous en faire accroire
Leurs regars, leurs sou-ris, leurs gestes, leurs propos
Seront tous façonnez contre vostre repos:
Ores vous retenant si l'espoir vous emporte,
Ores vous donnant cœur si la crainte est trop forte:
Puis de nouueaux soucis vos espris martellant,

O v

Et tousiours aux glaçons la flame entremeslant
L'absynthe auec le miel, la ioye à la tristesse,
Et parmy les attraits vne graue rudesse:
Afin que vostre esprit par la diuersité
Confus & chancellant soit tousiours agité.
  Combien lors malheureux aurez-vous de martyre?
Combien de foux propos alors sçaurez-vous dire?
Combien de iuremens de plus ne les renoir,
Qui n'auront toutesfois vne heure de pouuoir?
Car il ne faudra rien qu'vne larme contrainte,
Vn regard pitoyable, vne parole feinte,
Pour plus fort vous reprendre, & croirez tout soudain
Ce que vous aurez veu n'auoir esté certain.
Lors pour plus me venger ie changeray mes flesches,
Mon carquois & mon arc, & feray mille bresches
Diuerses en vos cœurs, & non comme autresfois
Quand vous recognoissiez mon empire & mes loix.
  Cestuy celle aimera qui ne sera point belle,
Et l'autre celle-la qui fera la rebelle,
Se masquant d'vn honneur, & ne doutera pas
D'en tenir toute nuict vn autre entre ses bras:
Tandis qu'en s'estonnant d'vne feinte rudesse,
Il seruira Laïs au lieu d'vne Lucresse:
L'autre à bon droit craintif, l'inconstance doutant,
Bien qu'il soit iouïssant, ne sera pas contant:
L'autre sera prodigue, afin qu'on le guerdonne,
Et ne cognoistra pas que celuy qui plus donne
En doit auoir le moins, afin qu'en esperant
Pour paruenir au but, donne le demeurant:
Bref, ie vous feray voir si l'homme est miserable
Qui vit dessous le joug de la femme muable,

LIVRE I.

Afin que vous sentiez vostre temerité
Et le courroux d'Amour iustement irrité.
 Et vous Dames, & vous qui n'auez tenu conte
De la force d'vn Dieu qui tous les Dieux surmonte,
C'est à vous que i'en veux, pour vous faire sentir
Si de se prendre à moy lon se doit repentir:
C'est à vous que i'en veux, qui auez preferee
A la sainte amitié la richesse doree,
Le vice à la vertu, la grandeur au sçauoir,
Et l'ordre connoitise au fidelle deuoir,
Et n'auez estimee estre chose vilaine
Du reuenu du lict accroistre son domaine:
Vous ne iouirez plus du doux contentement,
Qui prouient de l'amour qu'on sent egalement.
Vous aimerez les grands à cause des richesses,
Et les grands comme vous sçauront mille finesses
Pour vous amadouer: car en tous leurs discours
De constance & de foy vous parleront tousiours
Pour paruenir au but où l'amoureux aspire,
Et deux heures apres ne s'en feront que rire:
Changeront de pensee & vous delaisseront,
Et par mesmes appas autres pourchasseront,
Pour monstrer leur addresse, & pour auoir la gloire
De triompher sur vous d'vne pauure victoire.
 Tout ainsi que lon voit le Chasseur qui poursuit
Ardant, impatient, le Lieure qui s'enfuit,
Ores sur la montagne, or' à trauers la plaine,
Et pour bien peu de chose il prend beaucoup de peine:
Car la chasse luy plaist, & le plaisir qu'il prend
Mille & mille fois plus que ce qu'il en attend.
 Ainsi feront les grands en l'amoureuse chasse,

ELEGIES,

Qui n'espargneront rien pour gaigner vostre grace,
Ny trauaux, ny sermens, puis dés qu'ils vous tiendront
A quelque autre beauté leurs filés ils tendront.
 Vous alors qui verrez leur foy dissimulee
Et leur amitié feinte au vent s'en estre allee,
Bien que mon feu diuin vostre cœur n'ait espoint,
Et que de vraye amour au dedans n'ayez point,
Vous aurez de despit l'ame toute embrasée
Voyant vostre beauté si soudain mesprisée,
Et brulerez de rage alors qu'on vous dira
Que de ce nouueau bien quelque autre iouïra:
Car ie veux pour monstrer les forces de mon ire
Que vous vous efforciez l'vne à l'autre de nuire.
 Ainsi crioit Amour qui son aile estendit,
Puis d'vn vol redoublé dans les cieux se perdit,
Et par nostre malheur sa menace effroyable
D'aage en aage depuis apparut veritable.
 Vous le sçauez, Madame, helas vous le sçauez,
Et de sa prophetie experience auez!
Car vous auez esté de la grandeur esprise,
Et vous auez des grands esprouué la feintise.
Et bien que vos beaux yeux, ardans flābeaux d'Amour,
Surmontent la clairté qui nous donne le iour:
Bien que vostre beau teint face honte à l'Aurore,
Que l'or de vos cheueux l'or mesme decolore,
Qu'vn yuoire poli vous finisse la main,
Que des Graces ayez la poitrine & le sein,
Et que tant de vertus qui vous font admirable
Eussent pouuoir de rendre immortelle & durable
La plus legere foy, vous auez nonobstant
Senti le changement d'vn courage inconstant,

Qui a laissé le bien d'vn amour mutuelle
Pour suiure inconstamment vne beauté nouuelle.
Mais vous deuez cesser de vous en tourmenter,
Encor que vous voyez vne autre s'en vanter:
Car celle qui s'en rend maintenant si hautaine,
Peut estre auant trois iours sentira vostre peine.

ELEGIE IX.

C'Est en vain qu'on s'essaye à forcer la puissance
du Ciel, qui nous contraint depuis nostre naissance,
Il faut tout laisser faire à la fatalité:
Car on ne peut changer son terme limité.
Pour courir à clos yeux aux hazards de la guerre,
Chercher toutes les mers, rauder toute la terre,
Ou pour viure à son aise & se contregarder
Le Destin ne se peut haster ou retarder.
   Tel auoit mille fois attendu le naufrage
L'hiuer en pleine mer, qui ioignant le riuage
Apres s'estre asseuré des frayeurs de la mort,
S'est veu sans y penser submergé dans le port:
Ainsi que moy chetif, qui fais experience
Que le malheur nous prend lors que moins on y pense.
Car ie me voy captif & blessé durement
Alors que i'esperois viure plus seurement.
   Durant le temps piteux que la France embrasee
Tournoit le fer contre elle en deux parts diuisee,
Voyant en tant de lieux ses champs ensanglantez,
Du sang de ses enfans meurtris de tous costez:

Voyant eſtinceler tant de luiſantes armes,
Les deux camps oppoſez, tant d'aſſauts, tant d'allarmes:
Voyant mes compaignons mourir deuant mes yeux,
Eſmaillans de leur ſang vn tombeau glorieux,
I'attendois d'heure en heure vne mort aſſeuree,
Et voir de mille coups ma poitrine honoree:
I'attendois la priſon, & les autres hazars,
Ordinaire loyer des ſeruiteurs de Mars,
Mais le Ciel rigoureux me reſerua la vie
Pour eſtre à mille morts auſſi toſt aſſeruie,
Et me garda, cruel, d'vne captiuité,
Afin qu'apres ie fuſſe à iamais arreſté.
  Il me retira ſauf de la cruelle flame
Pour me faire mourir par les yeux d'vne Dame,
D'vn feu qu'on ne voit point en l'air eſtinceler:
Car helas! ie le couure, & me laiſſe bruſler,
Ie recelle mon mal ſoys vne feinte ioye,
Et cache ma bleſſure afin qu'on ne la voye.
  Ce m'euſt eſté grand heur de tomber renuerſé
Sanglant entre les morts, ayant le cœur percé,
I'euſſe auec ce treſpas tant de peine euitee,
Et quelqu'vn le ſçachant euſt ma mort regrettee,
Où mourant maintenant perſonne ne me plaint,
Car nul ne ſçait le mal duquel ie ſuis attaint,
Sinon vous homicide & guerriere inhumaine,
Qui vous reſiouiſſez de m'auoir mis en peine:
Vous riez de mes pleurs, de ma mort vous viuez,
Et de mon ſang troublé vos rigueurs abreuuez.
  Encor ſi parauant ie vous euſſe offenſee,
Et que vous à bon droit contre moy courroucee
M'euſſiez pour chaſtiment à la mort condemné,

Blessé de mille traits, durement enchaisné,
Parmi tant de douleurs ie prendrois patience
Au lieu de vous blasmer accusant mon offense:
Mais sans auoir failli, contre toute raison
Pour vous donner plaisir me tenez en prison:
Et pour voir si vos yeux pourront brusler vne ame,
Vous me faites mourir en l'amoureuse flame.
Las vous deuiez ailleurs vostre force essayer,
Et sur vos seruiteurs vos regards n'employer!

   Si ie durois mille ans en vostre obeissance,
Ie garderay tousiours viue la souuenance
Du temps que commença ma mortelle langueur,
Quand feignant vous iouer vous blessastes mon cœur.
Ce iour de mon malheur fut la cause premiere
(Ie tremble en y pensant) quand vous belle guerriere
Tenant vn trait en main, & portant dans les yeux
Tous les flambeaux d'Amour qui consomment les dieux,
Vous choisistes mon cœur pour butte & pour addresse,
Et me dites riant, Il faut que ie vous blesse.

   Ce mot n'estoit fini que le trait fut lasché,
Et l'Amour qui le veit, dans vos yeux embusché
Pour mieux marquer le coup fait d'vne main si belle,
Tira cent fleches d'or en ma playe nouuelle:
Puis il y mit le feu pour plus me tourmenter,
Voulant qu'autre que vous n'eust pouuoir de l'oster.
Las' ceste viue ardeur, qui point ne diminuë,
Me tient impatient en fiéure continuë,
Qui m'esmeut, qui m'trouble, & qui me fait resuer,
Et ne puis à mon mal aucun secours trouuer:
Car de vous seulement ma guarison procede,
Et ie crains vous prier de m'y donner remede.

Aumoins s'il ne vous plaist ma langueur secourir,
Ne refusez Madame, en me voyant mourir
De croire que ma peine a de vous pris naissance,
Et que vous me tuez sans auoir fait offense.
Quand ie sçauroy pour vray que vous le connoissez,
Ie tiendray mes trauaux assez recompensez,
Et me resiouiray de voir finir ma vie
Pour vous donner plaisir, & vous rendre seruie.
Mais ce m'est vn regret plus dur que le trespas,
De voir qu'en me tuant vous ne le croyez pas :
Ou si vous le croyez, monstrez de n'en rien croire,
De crainte que ma mort ne tache vostre gloire :
Ou de peur qu'à la fin vostre cœur endurci
Touché de mes douleurs ne se rende adouci.

Vrayment quand vous seriez d'vne roche sauuage,
Si vous voyez mon cœur ainsi que mon visage,
Meurdry, couuert de sang, percé de toutes parts
Au milieu d'vn grand feu qu'allument vos regards,
Recognoissant dessus vostre figure empreinte,
Vous seriez (i'en suis seur) de soupirer contrainte :
Et chassant mes douleurs par vn doux traittement
Vous me rendriez, Madame, heureux parfaittement.
Lors vous auriez honneur par ceste experience,
Monstrant de vos beautez l'admirable puissance,
Egale aux plus grands Dieux, qui ont entre les mains
L'heur, le malheur, la vie & la mort des humains.

Madame, s'il vous plaist de me rendre la vie,
Que vos yeux foudroyans d'vn seul coup m'ont rauie,
Vous ferez voir en moy par ce diuin effort,
Que vous pouuez donner & la vie & la mort.

ELEGIE X.

Ve doit faire vn Amant comme moy miserable,
Blessé dedans le cœur d'vne playe incurable,
Et bruslant peu à peu sans espoir de secours,
Sinon tousiours se plaindre & soupirer tousiours?
Ainsi comme ie fais en vous seruant Madame,
Car ie pers mes soupirs où i'ay perdu mon ame,
Et me plains sans cesser du mal que ie reçoy
Pour estre tout à vous & n'estre plus à moy.

En Hyuer, en Esté sans relasche à toute heure,
Soit de nuict, soit de iour desesperé ie pleure,
Voyant que mon malheur ne peut estre euité,
Et me deuls bassement de vostre cruauté :
Mais ce m'est deshonneur qu'en ma peine excessiue
Ie me plaigne de vous qui faites que ie viue :
Et d'vne passion, qui me plaist tellement
Que quand i'en suis priué ie souffre doublement.
Car i'ay tant de plaisir alors que i'imagine
Que toutes mes douleurs ont de vous origine,
Que ce doux souuenir, qu'on ne peut estimer,
Me fait en mes trauaux bien-heureux reclamer.

Ce seroit donc en vain que i'aurois esperance
D'eschapper quelque iour de vostre obeïssance,
Puis que de ma prison vient ma felicité,
Et que i'aime plus fort plus ie suis tourmenté.
Helas ! ie le sçay bien qu'il ne faut que i'espere
D'eschapper de vos fers, quoy que ie puisse faire :
Le Ciel à vous seruir m'a trop predestiné.

Ne m'accusez donc point que ie sois obstiné
Si i'aime ardentement vne ame si rebelle,
Blasmez plustost le Ciel qui vous a fait si belle,
Que le seul souuenir de mon hautain penser
Fait que de mes trauaux ie ne me puis lasser.
Car au plus fort du mal ce penser me conforte,
Que c'est pour vous aimer qu'à tort ie le supporte.
Las! s'il n'estoit ainsi, i'ay si fort enduré
Depuis que de mon œil le vostre est adoré,
Et que dans mon esprit ie porte vostre image,
Qu'il y a ià long temps que mon triste courage
(Bien que ferme & constant) ailleurs se fust rangé
Et que le desespoir mon desir eust changé.
Car si ie veux conter les angoisses mortelles,
Les diuerses fureurs, les morts continuelles,
La peur, le desespoir, les rigoureux tourmens,
Les rapports enuieux, les mescontentemens
Qu'Amour a fait pleuuoir dans mon ame oppressee,
Depuis que ie vous fey royne de ma pensee:
Encor que vostre cœur soit plus dur qu'vn rocher,
La pitié vous fera maint soupir arracher,
Et vos yeux si cruels aux amoureux allarmes
Espandront par contrainte vn grand fleuue de larmes.
Car i'ay veu mille fois escoutant mes douleurs
Iusqu'aux plus durs rochers estre bagnez de pleurs.
  I'ay souffert tous les maux de l'amoureux martyre,
I'en ay plus supporté que ie ne sçaurois dire:
Et en voy deuant moy mille autres aduenir,
Qui mon ardent desir ne peuuent retenir.
  Vous pouuez bien iuger voyant tant de constance,
Que de faire autrement ie n'ay pas la puissance;

Si i'ay quelque pouuoir il s'eſtend ſeulement
A vous aimer, Madame, & ſeruir conſtamment:
Et quand pour mon ſalut ie voudrois le contraire,
(Que ſert de le nier?) ie ne le pourrois faire:
Mais ie ne le veux pas, ny ne puis le vouloir,
Deuſſé-ie en vous aimant à iamais me douloir.

 Puis donc que vous voyez que ma foy continuë,
Puis que mon amitié vous eſt aſſez connuë,
Ie m'esbahi comment vous m'auez peu penſer
Auoir ſi laſche cœur que de vous offenſer,
Et que i'aye entrepris, plein de ialouſe rage,
Blaſphemer contre vous d'vn meſdiſant langage.

 Vrayment vous auez tort, ma ferme volonté
N'auoit en vous ſeruant ce loyer merité:
Ie confeſſeray bien que ie vous ay blaſmee,
Sentant de mille ennuis ma pauure amé entamee.
Durant vos cruautez au fort de ma langueur,
I'ay ſouuent, ſans mentir, blaſmé voſtre rigueur:
Ie vous nommois cruelle, inexorable & fiere,
I'accuſois de vos yeux l'homicide lumiere,
I'accuſois vos cheueux dont ie ſuis enlacé,
I'accuſois vos beautez qui m'ont ainſi bleſſé:
Mais bien ſouuent encor au milieu de ma plainte
Ie demeurois tout court, palle & tremblant de crainte,
Et reprenois mon cœur qui de vous ſe plaignoit,
Quand voſtre cruauté plus fort le contraignoit.
Car bien qu'en vous ſeruant à grand tort il languiſſe,
Au milieu des tourmens ie veux qu'il vous beniſſe.
Helas mon Dieu! comment auez-vous donc penſé
Qu'à voſtre honneur ſacré ie me ſois addreſſé?
Honneur ſi pur & beau, que qui vent en meſdire

Veut empescher aussi le clair Soleil de luire.
　　Le malheur m'a livré maint assaut dangereux
Depuis que ie suis serf de vos yeux rigoureux,
Sans auoir peu forcer mon courage inuincible
Mais ce dernier effort s'est monstré si terrible
Et m'a du premier coup tellement combatu,
Que mon esprit en est de tout poinct abatu:
I'en laisse au desespoir ma vie abandonnee,
Et maudi sans cesser ma fiere destinee.
Mais i'ay ce reconfort qu'il ne peut aduenir
Qu'vn tel mal ne finisse, ou ne face finir
Auant qu'il soit long temps, ma languissante vie
Par vn rapport menteur à tous maux asseruie.

ELEGIE XI.

Beauté si chere aux yeux, & si cruelle aux ames,
Ie vous ay tant de fois fait paroistre mes flames,
Depuis que ie suis vostre, & qu'à mon grand malheur,
De vos diuins regars ie tenté la valeur:
Vous auez tant de fois ma constance esprouuee.
Vostre main de mes pleurs à tant esté lauee,
Que ie n'espere pas en soupirs m'exhalant
Temperer la chaleur d'vn feu si violant:
Mais que ma iuste plainte au lieu d'estre entenduë,
Se perdra dedans l'air sourdement respanduë,
Or si veux ie pourtant des destins me douloir
Et de vostre rigueur : car que me peut chaloir

M'estant perdu m'ymesme en vostre amitié vaine
Si ie pers ma complainte ou i'ay perdu ma peine:
C'est peu, c'est peu de cas pour me faire cesser,
Ie veux sur les soupirs, les sanglots amasser,
Et rendre en m'eclatant ma voix toute cassee,
Puis que de mes trauaux vous n'estes point lassee.
Et que plus ie vous ayme inuincible au tourment
Plus vostre cœur s'obstine & se fait diamant.

 Helas si vous voulez vn peu penser, Madame,
Toutes ces cruautez vous reuiendront à l'ame,
Il vous faut seulement à par vous discourir,
Combien depuis le iour que ie meurs sans mourir
Vous auez esprouué de muables courages,
Et combien d'amoureux se sont trouuez volages,
Tant ceux qui pour la peine ont quitté les plaisirs,
Que ceux qui tous les iours ont fait nouueaux desirs,
Reiettans leurs defaux non sans quelque apparence,
Ou sur vostre rudesse ou sur vostre inconstance,
Vous n'en trouuerez point qui constant comme moy,
Contre tous mouuemens ait conserué sa foy,
N'ayant veulu changer ma douleur vehemente,
A toutes les saueurs d'vne plus douce amante,
Et qui de tant d'ennuis me trouuant assailly,
D'vn penser seulement contre vous n'ay failly,
Mais comme vn ferme roc que les vents & la gresle,
La tempeste & les flots combatent pesle-mesle,
Et pour tous leurs efforts n'est iamais abatu,
Ains s'obstine plus fort plus il est combatu:
Ainsi contre l'assaut de vos rigueurs cruelles,
Et contre les beautez de mille Damoiselles,
Qui las! ne m'eussent pas comme vous reietté,

Immuable & constant i'ay tousiours resisté.
Sans que pour mes trauaux i'aye aucun auantage
Sur tant de vains muguets dont l'ame est si vollage,
Qui de bouche & de cœur sont feints & deguisez,
Mais plus (ie croy-ie & crains) vous les fauorisez.

O trop iniuste Amour, que tes fleches brulantes
Font dedans nos esprits de playes differentes!
Pourquoy fais-tu que i'aime vne helas! qui me fuit,
Et que ie n'aime point celle qui me poursuit?
Si c'est pour faire voir ce que peut ta puissance,
Ne te pren pas à ceux qui en ont cognoissance:
Si c'est pour te venger de quelques vieux forfaits,
Hé pourquoy punis-tu ceux qui ne les ont faits?

On peut dire à bon droict la loy trop inhumaine,
Quand les plus innocens sont suiets à la peine.
Or ie me puis venter incoupable enuers toy,
Ou ce seroit erreur de n'auoir qu'vne foy,
D'estre demeuré ferme encontre tous allarmes,
D'auoir obstinément tousiours gardé ses armes,
Et de n'auoir voulu pour vn autre laisser
La diuine beauté royne de mon penser.

Voila ce que i'ay fait: si ta iustice appelle
Faute en tes seruiteurs d'auoir l'ame fidelle,
I'ay certes bien failli, mais non point autrement,
Car i'ay sans varier aimé fidellement,
Et veux continuer d'vne amitié certaine,
(Ne deussé-ie esperer pour mon loyer que peine)
Tandis qu'il y aura des poissons sous les eaux,
Des estoiles au ciel, dedans l'air des oiseaux,
Des bestes dans les bois, des hommes sur la terre,
Et tandis qu'aux moutons les loups feront la guerre,

Que l'Hyuer sera froid, & l'Esté chaleureux,
Et tant que lon sçaura que c'est d'estre amoureux.

ELEGIE XII.

JE ne veux point blâsmer la Nature & les
 Cieux,
L'Amour, le sort aueugle, ou quelque autre
 des Dieux:
Ie ne veux d'vne voix qui lamente ma perte,
Faire haut resonner vne plaine deserte
Soupirant & criant : & ne veux point tascher
D'amolir par mes pleurs la rigueur du rocher,
Bien qu'il me fust loisible en si triste auanture
De dispiter le Ciel, l'Amour, & la Nature:
Et que ie pensse aussi regrettant mon malheur
Esmouuoir les rochers & les bois à douleur:
Il faut que de mon mal seule ayez connoissance,
Puis que de m'en guarir seule auez la puissance.
Car helas! si de vous ne vient ma guarison,
La pourray-ie esperer des choses sans raison?
C'est pour quoy seulement à vous ie me retire,
Pour me plaignant de vous raconter mon martyre,
Si vous le permettez : car de vous offenser
I'endureroix la mort plustost que d'y penser.

 Ah! que i'ay de regret quand ie mets en memoire
Combien i'ay receu d'heur, de plaisir, & de gloire
Depuis l'heure qu'Amour deuers vous m'adressa,
Et que son feu diuin par vos yeux me blessa,
Car presqu'au mesme instant vous eustes cognoissance
Combien pour vous aimer i'endurois de souffrance:

Dont vous fustes touchee, & chassant mon souci
Vous me fistes sçauoir que vous m'aimiez aussi:
Alors trop fortuné de vous ie prenois vie,
Alors ma flame estoit de la vostre suiuie,
Alors vn mesme esprit nos deux corps animoit,
Ainsi qu'vn mesme traict nos deux cœurs entamoit.

Helas qui me l'eust dit en ce temps desirable,
Que vous auiez, Madame, vn vouloir si muable,
Que mal ie l'eusse creu! veu qu'ores que i'en suis
Trop clairement certain, croire ie ne le puis,
Ny ne le croiroy plus, s'il se pouuoit tant faire,
Qu'il vous pleust d'vn seul mot m'asseurer le contraire.

Mais vous souuient-il plus qu'en nos communs propos
Vous ne me laissiez point vne heure de repos,
Douteuse & deffiante, & tout vostre langage
Estoit de m'appeller inconstant & volage?
Et toutesfois voyez que ie n'ay point changé,
Et que depuis deux ans que vos yeux m'ont rangé
Mille & mille beautez n'ont point eu de puissance
Pour me faire sortir de vostre obeissance.
Car quand ie m'asseurois qu'en feriez tout autant,
Ie voulois à l'enui vous demeurer constant,
Comme ie fais encor: tenant à grand' loüange
Que vous tant seulement ayez suiuy le change.

Aumoins si de mon lieu quelqu'vn eust herité,
Qui par extreme amour eust ce bien merité,
Ou qui sçeust, comme il faut, d'vne façon discrette
Conduire & pratiquer vne amitié secrette,
Qu'il peust dissimuler ses faueurs sagement
Feignant vne tristesse en son contentement:
Qu'il pleurast ses douleurs, vous nommast inhumaine,

Ou qui

Ou qu'il dist seulement qu'il a pris quelque peine
Deuant que d'estre aimé, i'en serois moins fasché:
Mais alors que ie voy qu'il fait si bon marché
D'vne chose si rare, & n'en fait presque conte,
Mon extreme douleur toute rage surmonte.
Il se rit de ces vers dont i'estois si ialoux,
Et fait voir des anneaux qu'il iure auoir de vous
Pour memoire & pour gage: il a vostre peinture,
Il dit qu'auez la sienne: il sçait vostre nature,
Il connoist vostre cœur & vostre intention,
Et iuge que pour luy vous souffrez passion:
Bref, par tous ses discours il voudroit faire accroire
Qu'il a gaigné sur vous quelque belle victoire.
Hé Dieu sçait le regret dont mon cœur est saisi,
Maistresse, quand ie voy qu'auez si mal choisi.

   Ores que sans relasche à mon malheur ie pense,
Ie n'ay contentement qu'à blasmer l'inconstance,
Et demeurer tout seul bastissant à par moy
Mille estranges desseins d'vn homme hors de soy,
Et dis en soupirant: Chetif, que doy-ie faire?
N'ay-ie pas contre moy toute chose contraire?
A qui croiray-ie plus? Tout le monde est sans loy,
Puis que mesme Madame a violé sa foy.
Quelle estrange rigueur se veit iamais descrite
Par tragiques regrets, qui ne soit plus petite,
Si lon pense à la gloire ou i'estois eleué,
Et par quelle iniustice à coup i'en suis priué?

   Mais que ne faites-vous, Madame, qu'on peust dire,
Loüant tant de vertus qu'on voit en vous reluire,
Pour accomplir du tout vostre perfection,
Que vous ayez vn cœur qui soit sans fiction,

R'

Que vous gardiez toussours vn vouloir immuable,
Qui plus que les beautez vous feroyent admirable,
Et reluire ici bas? Car sans la fermeté
La plus belle vertu perd toute sa clairté,
Et ne se monstre point, non plus qu'il n'y a chose
Qui monstre sa valeur quand la nuict est declose.
   Or bien que vous m'ayez à tort de vous bannis,
Et que ie couue en l'ame vn regret infini:
Bien que l'aspre fureur de ma passion forte
A toute heure du iour hors de moy me transporte:
Bien que mille soucis que ie cache au dedans,
Animez contre moy de griffes & de dents,
Exercent pesle-mesle vne guerre immortelle,
Se paissans de mon cœur qui sans fin renouuelle:
Si n'ay-ie aucun desir, & deussé-ie mourir,
Par autre que par vous mes langueurs secourir.
Ie veux demeurer ferme, & conseruer l'enuie
De perdre en vostre amour mon seruice & ma vie,
Sans espoir, sans confort, à iamais langoureux,
Pluftost qu'en vous laissant estre ailleurs bien-heureux.

ELEGIE XIII.

VOVS qui tenez ma vie en vos yeux prisonniere,
Et qui de mon amour fustes l'ame premiere,
Oyez quelle est ma peine, et quelle froide peur
Me remplit de glaçons la poitrine & le cœur:
Ainsi vostre beauté, qui peut guarir ma playe,
Contre l'effort des ans toussours demeure gaye.
   Dés le soir que fu prendre congé de vous,
Et de vos yeux diuins si cruellement doux,
Pour retourner en France, helas! dés l'heure mesme
En vous abandonnant ie deuins froid & blesme,

Pressoyant le malheur qui devoit m'avenir,
Et ce qu'il me faudroit sans raison soustenir.
 Ie iugeois qu'un amour si comblé de liesse
N'estoit pour demeurer tousiours franc de tristesse,
I'apprehendois le change, & que le cours du tans
Fist voir qu'il est vainqueur des desseins plus constans,
Ie redoutois l'absance aux Amans si contraire
Loing des yeux, loing du cœur, c'est la regle ordinaire:
Mais sur tout ie craignois la couuerte poison
De ceux qui sont ialoux de ma chere prison
Qui m'en portent enuie, & qui se font accroire
Que vostre affection m'eleue à quelque gloire:
Toutesfois ces frayeurs qui l'esprit me gelloyent
Deuant d'autres raisons foiblement s'ecouloyent,
Car vous reconnoissant d'vne humeur non commune
Ie deffiois le tans, l'absance, & la fortune,
Voire, & ie m'assurois que vous estant si cher
Vn seul trait des ialoux ne pourroit me toucher:
Mais, las! que ma creance est follement trompee
De cent mille faux bruits vostre ame est occupee,
Et ce clair iugement si ferme auparauant
Douteux & chancellant se tourne au premier vant,
Vous croyez toute chose à mon dam prononcee,
L'excuze & la deffence est de vous repoussee,
Et plaine d'iniustice autant que de beauté
Vous me depossedez du bien qu'ay merité.
 Merité? las nenny! mais mon amitié forte
Meritoit pour le moins traittement d'autre sorte:
D'autre sorte? helas non! trop doux m'est ce souci,
S'il vous plaist seulement que ie languisse ainsi.
 Ie sçay qu'on vous a dit que depuis mon absance

V iij

Vne beauté nouuelle auoit sur moy puissance,
Que i'aime en mille lieux, passager, inconstant,
Et par tout où ie vais que i'en fais tout autant.
Las! si vous le croyez, c'est faute de connoistre
Auec quelles beautez, le Ciel vous a fait naistre:
Quel est de vostre chef l'or prime & delié,
Dont l'Amour de son gré s'est luy mesme lié:
Les efforts de vos yeux, archers de la sagette
Qui rendit sous vos loix ma liberté suiette:
Ce que peut vostre belle & delicate main,
Et le laict cailloté qui vous blanchist le sein:
La vertu du coral de vos léures pourprettes,
Et les soupirs tesmoins des flammeches secrettes
Qui vous cuisent dedans: bref, tout ce bel honneur
Dont le Ciel en naissant vous fut large donneur.
   Car si parfaitement vous auiez connoissance
De vos charmes diuins, & par quelle puissance
Les amours de vos yeux tous cœurs peuuent ranger,
Vous diriez à par vous que ie ne puis changer
Quoy que ie vueille faire: & que quand l'inconstance
M'auroit fait iusqu'ici descrier par la France,
Estant de vos beautez si dignement épris,
Sur tous les plus constans i'emporterois le prix.
Car sçachant bien iuger d'vne beauté si grande,
Impossible est qu'apres quelque autre me commande:
Veu que l'obiet luisant de vostre œil radieux
Fait que tout autre iour semble foible à mes yeux,
Et que si chere image empreinte en ma pensée
Rendroit la beauté mesme aupres d'elle effacee.
   Voila quelle est ma vie, & comme ie ne puis
Ny ne veux m'affranchir des prisons où ie suis.

Ne m'accusez donc point si ie hante les belles:
Car i'en iure vos yeux, ie vous adore en elles,
Ie ne pense qu'en vous, & leurs traits plus prisez
Me remettent en l'ame ou vos cheueux frisez,
Ou les lis de vos mains, ou quelque autre merueille
De ces fieres beautez qui vous font sans pareille.
Hé n'est-il pas permis? Est-ce passer en rien
Les saintes loix d'Amour qui les cœurs cognoist bien?
  Nous prenons bien plaisir à voir vne peinture,
Et l'azur esmaillé de la belle verdure,
Les fueilles des forests, & les viues couleurs
De l'amoureux Printemps tout couronné de fleurs.
Pourquoy donc, sottement, ferions-nous moins de conte
D'vne ieune beauté, qui tout Printemps surmonte,
Qui sçait que c'est d'Amour, qui peut en discourir,
Qui sçait par vn clin d'œil faire viure & mourir,
Et charmer d'vn propos le souci qui nous presse,
Quand nous aimons par trop vne dure maistresse,
Ainsi que moy chetif, qui ne puis toutesfois
Pour toutes vos rigueurs esprouuer d'autres loix?
Dites moy seulement si vous auez enuie
Que ie passe tout seul le reste de ma vie,
Ennuyeux, mal plaisant, muet, aueugle & sourd:
On me verra soudain abandonner la Court,
Afin de vous complaire, & n'ayant pour conduite
Qu'vn morne desespoir, ie m'iray faire Hermite.
Car las! mon cher souci, plustost que vous fascher
On me verra grimper sur le haut d'vn rocher:
I'y bastiray ma loge, & vn antre effroyable
Redira tous les iours mon malheur desplorable,
I'apprendray aux forests & aux terres bossues

Vostre nom que i'adore, & l'escriray dessus
Vn Chesne ou Peuplier, afin que leur escorce
Tesmoigne aux suruiuans mon amoureuse force.
Mais vous pouuez bien mieux (ioint que la cruauté
Accompagneroit mal vostre ieune beauté)
Vous pouuez, s'il vous plaist, d'vne seule parolle
Chasser bien loing de moy le souci qui m'affolle:
Ainsi que du Soleil les rayons eslancez
Escartent çà & là les brouillars amassez
De l'espesse bruine : & comme la lumiere
Chasse l'obscurité de la nuict coustumiere.
Ie suis hors de souci seulement si ie voy
Qu'aux propos mensongers vous ne donniez plus foy,
Ainçois que vous mettiez en égalle balance
D'vne part vos rigueurs, & ma longue souffrance,
Ce que i'ay fait paroir de constance & de foy,
Depuis que ie suy ioug soubs la puissante loy,
De vos fieres beautez: puis en l'autre partie
Mettez les faux propos, qui vous ont subuertie,
La foy des rapporteurs, quelle est leur volonté,
Ce qu'ils ont par seruice enuers vous merité:
S'ils ont dedans le cœur l'enuie & la feintise,
Et quelle passion leurs courages attise:
Vous connoistrez alors si iamais i'entrepris
Acte dont iustement ie peusse estre repris,
Et si mon cœur se deult d'autre playe mortelle,
Que du coup qu'il reçeut quand ie vous vey si belle.

ELEGIE XIIII.

MAISTRESSE, en t'escriuant ie ne veux entreprendre
De pouuoir par ces vers mes ennuis faire entendre,
Et comme ie languy n'ayant aucun espoir,
Veu l'estat où ie suis, de iamais plus te voir.
Las ie n'ay le pouuoir ny le cœur de l'escrire,
Ce ne seroit tousiours qu'augmenter mon martyre
Et te donner ennuy : car ie ne puis penser
Que mon malheur si grand ne te vint offenser,
Et que le souuenir de mes fascheux allarmes
N'emplist de dueil tõ ame & tes beaux yeux de larmes.
Si faut-il que mon cœur ie vienne à descharger,
Pour voir si mes douleurs s'en pourroyent alleger :
Non que par cest escrit au vif ie represente
L'estat où m'a reduit ma fortune presente,
Pour ne t'ennuyer trop de mes maux rigoureux,
Et du nouueau souci qui me rend malheureux.

  Las! aussi qui diroit l'ennuy qui m'importune
Depuis le triste iour que ma dure infortune
Me priua de tes yeux? qui pourroit raconter
Combien de passions me viennent tourmenter?
Combien de fiers pensers qui iamais ne me laissent,
Ains tousiours affamez de mon cœur se repaissent?
Combien d'ardans soupirs i'ay fait monter aux cieux,
Et combien de ruisseaux sont coulez de mes yeux
Depuis ce triste iour, qui fait que ie despite
L'heure que ie nasquy, comme chose maudite,
Nommant heureux celuy qui sans voir le Soleil

Est surpris en naissant d'vn eternel sommeil ?
　Ie n'ay eu à grand' peine abandonné ta porte,
Que ma douleur extreme hors de moy me transporte,
Que ie me lasche au dueil, & tout desesperé
Ie mauds le destin contre moy coniuré,
Nommant le Ciel cruel qui permet que ie viue,
Bien qu'vn fascheux depart de tout esprit me priue,
Et que ie voye assez que mon malheureux sort
Me conduise à grans pas au chemin d'vne mort,
D'vne mort trop estrange, inhumaine & cruelle,
Qui chacune heure en moy mille morts renouuelle.
　Las ! plus estrange mort sçaurois-ie bien souffrir
Que de voir sans repos deuant mes yeux s'offrir
Tant & tant de pensers, qui dedans moy se tiennent,
Et me gelans le cœur tout transi me detiennent ?
Que de voir mon esprit ennemi de mon corps,
Trauailler, obstiné, pour en sortir dehors ?
Et que de voir aussi que toute mon enuie
Ne regarde autre but que la fin de ma vie ?
Helas ! permettez donc Dieux, à qui i'ay recours,
La fin de mes malheurs par la fin de mes iours.
　C'est grand cas que mon mal ne peut auoir de tresue,
Et que dés le matin comme l'Aube il se leue
Et me suit iusqu'au soir quand ie me veux coucher,
Et lors plus que deuant met peine à me fascher.
Le lict m'est vne gesne, & la plume ocieuse
Redouble en la pressant ma langueur soucieuse,
Et dis en m'escriant : O solitaire nuict,
O Lune, ò clairs flambeaux, las ! où suis-ie reduict ?
Tout se taist à present, toute sorte de beste
Lasse de trauailler courbe au sommeil la teste :

LIVRE I.

Les bœufs dedans l'estable, & aux bois les oiseaux,
Aux cauernes les ours, les poissons sous les eaux:
La marine est paisible, & les vents qui se taisent
Font que les flots mutins comme endormis s'appaisent:
Le marinier sans crainte en sa nef est couché,
Le bruslé moissonneur du sommeil est touché,
Le silence est par tout, & ne se peut voir chose
Qui n'ait trefue à sa peine, & qui ne se repose,
Fors que moy desolé, qui ne puis reposer,
Et qui ne sens iamais mon trauail s'appaiser.

 Ie fay mille autres cris, & la Lune argentee
Du son de mes regrets quelquefois transportee,
Cache sa belle face, & change de couleur,
Tant elle a de pitié de ma griefue douleur:
Et demeure en ce poinct, tant que vaincu de peine,
Ayant fait de mes yeux couler vne fontaine,
I'abaisse vn peu la teste, & vn fascheux sommeil
Me clost presqu'à regret les paupieres de l'œil.
Mais ce n'est commencé que la legere feinte
D'vn Songe horrible à voir me reueille de crainte,
Et nulle vision ne me peut aduenir
Qui ne me face triste & pensif deuenir.

 Vne fois ie te voy que ma douleur te touche,
Auoir la larme à l'œil, & les cris en la bouche,
Maudissant le malheur qui m'a fait estranger:
Mais las! presqu'aussi tost tu me sembles changer
Ceste façon tragique & gaye contenance,
N'auoir plus de mon mal ny de moy souuenance.
Alors en t'accusant ie m'esueille despit,
Et demy forcené ie saute hors du lict,
Et demeure long temps si confus de ce doute

P y

Qu'vne froide sueur de tout mon corps degoute:
Mais ie pense à la fin que ta fidelité
Ne me fera porter ceste infelicité.
 Puis si tost que le iour a ses portes decloses,
Et qu'on voit arriuer l'Aurore au sein de roses,
Ie me pers dans vn bois, où bien loin esgaré
Ie cherche la fraischeur d'vn antre separé:
Lors me trouuant tout seul en ce lieu solitaire
Ie recommence encor mon esbat ordinaire,
Ie recommence encor à plaindre & soupirer,
Et mesmes aux buissons mes ennuis declarer.
Mais tousiours ce pendant ma force diminuë,
Et mon souci cruel s'augmente & continuë
Croissant mes passions, ce qui me fait penser
Que bien tost par la mort ie les verray cesser.
Car mon sang que l'amour de son trait fait respandre,
Les pleurs que de mes yeux sans cesse on voit descendre,
Et les soupirs ardans que ie pousse dehors
M'ont affoibli si fort & desseiché mon corps,
Que ie n'espere plus pouuoir garder ma vie,
Priué de sang, d'humeur, de chaleur, & d'amie.

ELEGIE XV.

Las! faut-il que mon mal n'ait iamais d'allegeance,
Et que le tans moins fort cede à sa violance?
Faut-il qu'incessamment tant de soucis diuers
Comblent de cris ma bouche, & de plaintes mes vers?
Beauté qui regissez ma vie & ma fortune,

Si mon dueil continu vostre oreille importune,
Ne m'en accusez point, Amour mon puissant Roy,
Ainçois mon fier Tyran fait la faute & non moy:
C'est luy qui me reueille, & qui dedans mon ame
Lasche le poignant trait du soucy qui m'entame,
Car par luy i'ay conneu le pouuoir de vos yeux,
Les lys de vostre taint, vos sou-ris gracieux,
L'honneur de vostre sain vostre port venerable,
Et ce plaisant desdain à la pointe incurable:
I'ay conneu cest esprit, ces vertus, ces discours,
Et mille autres beautez meres d'autant d'amours,
Et sans penser plus loing mon ame trop hastiue
Croyant à son desir se fist vostre captiue.

 Confessez, s'il vous plaist, Ay-ie pas quelque droit
De trembler de frayeur? Helas! qui ne craindroit?
Trop de iustes raisons malgré moy me font craindre,
Tant d'attraits rauisseurs ne peuuent-ils contraindre
L'œil vollage d'vn Prince ou quelqu'vn de ces dieux
Qui pour moindre que vous descendirent des cieux?
Et qui sçait (mais ie croy que n'estes variable)
Si leur serue grandeur vous seroit agreable?
Que ne voulut Amour, pour m'oster de souci,
Grauer dessus mon cœur vos pensers tout ainsi
Comme il y sçeut former le celeste visage?
Peut estre qu'en l'esprit ie n'aurois plus d'ombrage,
Car y reconnoissant que vous daignez m'aimer
Aucun trait que d'amour ne pourroit m'entamer.

 A l'homme trop auare en aimant ie ressemble,
Il ne peut esloigner son thresor qu'il ne tremble,
Bien qu'il l'ait mis en terre, à toute heure en tous lieux
L'idole d'vn larron vole deuant ses yeux.

Ainsi, mon cher thresor, vous perdant de presence,
La crainte arriere moy bannit toute esperance,
Me caille tout le sang, & me fait rauasser,
M'amoncelant sans fin penser dessus penser.
Mais si tost, ô mon cœur, ie ne verray reluire
Le clair feu de vos yeux trop beaux pour mon martire,
Que l'esperance en moy la maistresse sera,
Et loin de mon esprit la crainte chassera.
Retourne donc mon bien, retourne, & reconforte
Mon esperance helas! qui tombe à demi-morte.

   Comme quand le bel astre aux saisons commandant
L'œil, & le cœur du Ciel deuale en l'Occidant,
Maint ombrage s'esleue, & mainte horrible fainte
Saisit les cœurs humains d'vne effroyable crainte :
Puis si tost que l'aurore a le Ciel eciercy
L'ombre s'euanouist, & la frayeur aussy.
De mesme, ô mon Soleil, quand ta iumelle flame
Tourne ailleurs ses rayons vient la nuict de mon ame,
Mille & mille soucis passent deuant mon cueur,
Et fantosmes douteux le transissent de peur :
Mais au plaisant retour de ta belle lumiere,
Mes yeux recouureront leur splandeur coustumiere,
Et toutes ces frayeurs mes espris martellans
Se perdront à l'instant comme songes vollans,
Retourne donc vers moy ta lumiere eclipsee,
Et chasse, ô mon Soleil, les nuicts de ma pensee.

   Quand Phebus se recule & qu'il laisse les iours,
S'eloignant de l'Archer, froids, ennuyeux, & courts,
Les vents déprisonnez d'vn grand bruit se font guerre,
Els renuersent la mer, ils font trembler la terre :
La neige couure tout d'vn linge blanchissant,

Et la gresle à l'enui descend en bondissant:
La terre au lieu de fleurs, de frimas est couuerte,
Prez, buissons, & forests, quittent leur robbe verte,
La gorge des oyseaux est muette aux chansons,
Et le cours des ruisseaux est bridé de glaçons.
Tout ainsi, ma Diane, alors que tu me priue
De ton benin aspect, le desespoir arriue,
La peur d'vn changement, le souci denorant,
Qui me font vn Hiuer qui m'est tousiours durant,
Soit que le Printemps vienne, ou le chaud, ou l'Autône,
Et iamais ceste peur relasche ne me donne.
  Reuien donc mon Soleil, & d'vn trait de tes yeux
Fay refleurir encor mon printemps gracieux,
Romps la glace endurcie, & l'orage, & la gresle,
La neige & le frimas, qui troublent pesle-mesle
Le serain de mon ame, & d'vn œil amoureux
Adouci la rigueur de l'Hiuer froidureux.
Mais retourne deuant qu'vne longue tristesse
Surmonte mon espoir, & s'en rande Maistresse,
Mon espoir qui desia s'affoiblit chacun iour,
Bien que tant de grans vans renforcent mon amour.

ELEGIE XVI.

Lors que le trait d'Amour sortant de vostre veuë
Blessa d'vn coup mortel mon ame à l'impourueüé,
Et qu'en vos blonds cheueux mon cœur fut arresté
Sans espoir d'eschapper de sa captiuité
(Malheureux que ie suis!) trop tard ie deuins sage.

Apres le coup receu ie cogneu mon dommage,
I'accusay la Fortune, & pleuray vainement
Ma nouuelle douleur pour tout allegement,
Ie cogneu que mon mal estoit sans esperance.
Car bien qu'Amour ne garde aucune difference,
I'estimay connoissant nostre inegalité
Que vous diriez ma peine vne temerité.
Et craignant ce malheur ou quelque autre rudesse
I'essayay de couurir ma nouuelle tristesse,
Esperant que le temps la pourroit alleger,
Et ce nouueau desir en quelque autre changer,
Mais las plus ie m'obstine à receler ma flame,
Plus elle ard mon esprit & consomme mon ame!
Ie ne puis plus souffrir vn feu si violant,
Qui bruleroit plus fort que ie l'irois celant:
Il faut que ie l'esuente, & que ie vous confesse
La douleur qui me tuë, ô ma seule Deesse.
   Les mortels en leurs maux aux Dieux ont leur re- (cours,
De vous semblablement i'attens tout mon secours:
Et dauantage encor ie serois à reprendre
Si par ce feu couuert i'estois reduit en cendre,
Faute d'ouurir mon cœur & de luy donner vent.
Car la soudaine mort que i'irois receuant
(Mort que i'estimerois bien douce & fauorable)
Madame, plus qu'à moy vous seroit dommageable.
Moy qui ne suis plus rien que perdroy-ie en mourant
Que le fier desespoir qui me va deuorant?
Car mon esprit est vostre, & mon ame esgaree
Volle autour de vos yeux de son corps separee:
Ie perdroy mes soucis, ma flame & mes douleurs,
Mes desirs, mes amours, mes soupirs & mes pleurs,

Et de tant de pensers la grand' troupe immortelle:
Vous perdriez, quant à vous, vn seruiteur fidelle,
Qui ne pense qu'en vous, & qui vit seulement
Pour languir, s'il vous plaist, en l'amoureux tourment.

Las! si vous estimez que i'aye fait offense
D'oser tant entreprendre, escoutez ma defense:
La faute vient de vous & d'Amour, qui m'a fait
Cognoistre en vous voyant vn subiect si parfait:
Vous n'auriez pas raison de vous mettre en colere,
Pour vne belle erreur que vous m'auez fait faire.
Au lieu de m'accuser accusez vos beaux yeux,
Riches des traits d'Amour, courtois & gracieux:
Accusez vostre teint qui la neige surpasse,
Accusez vos vertus & vostre bonne grace,
Et commandez, Madame, à vos douces beautez
De ne retenir plus nos libres volontez.

Si vous auez desir de n'estre point aimee,
Ne voyez point le iour, demeurez enfermee,
Tenez-vous dans vn antre ou dans quelque rocher,
Encor vostre valeur ne se pourroit cacher,
Tousiours vous paroistrez en beautez la premiere.
,, Car le Soleil par tout decouure sa lumiere.

Las! dés le premier iour que mon cœur fut blessé,
Et que mon libre esprit fut par vous enlacé,
Ie feis ce que ie peu pour auoir deliurance,
Et pour me retirer de vostre obeissance:
Ie ne le faisois point de crainte d'endurer,
Mais la peur seulement de n'oser aspirer
A vous faire seruice, agitoit ma pensee,
Qui ne pouuoit pourtant estre ailleurs adressee.
Car mon cœur qui vous est seulement destiné

Aime mieux viure ainsi durement enchaisné,
Blessé, desesperé, prisonnier, miserable,
Que receuoir ailleurs traittement fauorable:
Car sans plus le penser d'aimer si hautement
Enchante ses douleurs & charme son tourment.

   Soyez moy donc, Madame, ou fiere ou gracieuse,
Soyez ou ne soyez de mon mal soucieuse,
Faites moy receuoir la vie ou le trespas:
Bref, soyez moy cruelle, ou ne le soyez pas,
Vous ne ferez iamais, quoy que vous pensiez faire,
Que de vostre amitié ie me vueille distraire,
D'autres nouueaux desirs ie ne veux plus auoir
Et quand ie le voudrois, ie n'aurois le pouuoir.
Au feu des passions ma foy se rend plus forte,
Puis contre vos rigueurs ce poinct me reconforte,
Si par vostre rigueur ie meurs soudainement
I'en auray beaucoup moins de peine & de tourment:
Et rendray par ma mort ma memoire eternelle,
Mourant pour bien aimer & pour estre fidelle.

ELEGIE XVII.

Eluy n'auoit d'Amour essayé la puissance
   Qui le fit vn enfant priué de connoissance,
Ouuert, sans fiction, sans yeux, sans iugement,
Aussi nu de conseil comme d'accoustrement.
Car pour rendre vne amour & durable & secrette,
Trompant les aiguillons de la tourbe indiscrette,
Il faut auoir des yeux, estre sage & rusé,

LIVRE I.

Et se masquer le cœur d'vn propos desguisé,
Qui paroisse sans art entier & veritable,
Autrement vne amour ne peut estre durable.
 Ceux le sçauent assez qui craignans les dangers
Qu'apporte vn haut desir par leurs yeux messagers,
Font entendre à leur Dame à secretes volees
L'ardeur & la grandeur des flammes recelees:
Et par tout, autre part deguisans leur tourment,
Monstrent de n'aimer point, discourent librement,
Et souffrans sans mot dire en longue patience
Attendent que le temps leurs douleurs recompense,
Et qu'ils puissent vn iour pleins de felicité,
Remonstrer sagement ce qu'ils ont merité.
Mais il est mal-aisé que leurs tristes pensees,
Ou de leurs yeux legers les œillades lancees,
Ou quelque chaud soupir par mesgarde lasché
Ne decouure à la fin ce qu'ils auoyent caché.
 Qui veut donc receler vne amoureuse flame,
Il faut qu'en adorant sa Deesse en son ame
Il feigne aimer ailleurs, & le feigne si bien
Que le peuple s'abuse & n'y cognoisse rien:
Non le peuple sans plus, mais la Dame empruntee
Doit estre tellement par sa feinte enchantee.
Par ses bruslans soupirs, par ses mots deguisez,
Et par ses yeux trompeurs de larmes arrosez,
Qu'elle iure en son cœur qu'il ne se sçauroit faire
Qu'vne Venus nouuelle à soy le peut attraire.
Celuy qui sagement se peut ainsi former,
Desguisant sa pensee est seul digne d'aimer.
Las ie merite donc d'aimer toute ma vie!
Car ie sçay deceuoir la malice & l'enuie

Par faulses passions, ie sçay bien soupirer,
Ie sçay de mes deux yeux deux fontaines tirer,
Pour flechir la rigueur d'vne feinte Maistresse.
Ie sçay faire le triste accusant sa rudesse,
Tenir les yeux en bas de mes pleurs tous lauez,
Et monstre que ses mots dans mon cœur sont grauez :
Bref, ie puis à bon droict me donner ceste gloire,
Que quand i'ay feint d'aimer ie l'ay peu faire accroire.
Mais ce qu'il faut douter ce chemin poursuiuant
Auec tant de labeurs, c'est que le plus souuent
La Deesse en nos cœurs saintement adoree,
Pour loyer de la peine en feignant enduree,
Iuge tout autrement de nostre volonté,
Et prend la fiction pour vne verité :
Si bien que cest amour sagement commencee
Par vne impatience est souuent delaissee.

 Madame, en qui le Ciel liberal a posé
Tout ce qu'il reseruoit de rare & de prisé
Estant serf de vos yeux, ie ne dois auoir crainte
Que vous pensiez iamais mon amour estre feinte.
Car si le plus souuent ie feins ne vous voir pas
Si craignant vous trouuer ie tourne ailleurs mes pas,
Si ie n'ose en mourant vous conter mon martyre,
Si pres d'vne autre Dame esperdu ie souspire,
Si ie dy que ie meurs blessé de sa beauté,
Si le peuple me iuge ardemment agité,
Et croit que cest' amour toute autre amour efface,
Helas ! vous sçauez bien qu'il faut que ie le face,
Encor que ce me soit vn extreme tourment,
Et qu'il ne m'est permis vous aimer autrement.
 Si i'osois me douloir des maux que vous me faites,

Pouuois parler à vous, voir vos beautez parfaites,
Encor que vos propos me fussent rigoureux,
Quel amant plus que moy se diroit bien-heureux?
Contant ie me plairois au fort de ma souffrance:
Car le bien de vous voir me seroit recompense.
Mais ce m'est vn tourment impossible à penser,
Qu'il faille en mes trauaux ma volonté forcer,
Et bruslant, sans crier, d'vne flamme secrette,
Me priuer, malheureux, du bien que ie souhaitte:
M'éloigner de vos yeux, n'oser m'en approcher,
Et pour couurir mon mal vn autre rechercher.
Toutesfois ie le fais, à fin qu'en ceste sorte
Vous cognoissiez au vray l'amour que ie vous porte:
Et qu'estant de vos yeux viuement embrasé,
Le plus fascheux sentier ne m'est point malaisé.
  Or de vous desfier que sous ceste entreprise
Ie poursuiue vne amour dont mon ame est esprise,
Et qu'estant autre part i'y reçoiue plaisir,
Plustost qu'y demeurer pour cacher mon desir,
Vous n'auriez pas raison. Car cil qui vous a veuë
D'attraits & de beautez si richement pourueuë,
Peut aller tout par tout sans crainte & sans danger:
Et quoy qu'il voye apres il ne peut plus changer,
De toute autre prison la vostre le deliure,
Et le seul souuenir de vos yeux le fait viure.
  I'en parle asseurément pour l'auoir esprouué:
Car depuis que l'Amour dans mon cœur eut graué
Vostre diuin portrait qui causa sa victoire,
De tout autre penser ie perdi la memoire:
Ie ne pense qu'en vous qui m'auez arresté,
Et mon œil est aueugle à toute autre beauté.

Vivez donques, Madame, à bon droit asseuree
Que ma foy vous sera d'eternelle duree:
Ie veux sans varier mourir en vous aimant.
Ce pendant, s'il vous plaist, pour mon contentement,
Iugez si ie supporte vne douleur extreme,
Feignant d'aimer ailleurs durant que ie vous aime.

ELEGIE XVIII.

Comme le Pelerin qui sent en son courage
Vn desir violant d'accomplir son voyage,
Se resueille en sursaut : & comme il est poussé
Continue à grands pas le chemin cōmencé.
Et à fin que la nuit son desir ne retarde,
Parmi l'obscurité leue l'œil, & regarde,
Choisissant pour sa guide vn astre au firmament,
Sous la faueur duquel il marche asseurément:
Pense bien remarquer à trace plus certaine,
Maintenant passe vn bois, maintenant vne plaine,
Vn mont, vne valee, vn costau separé,
Et va tant qu'à la fin il se trouue égaré,
Tout chemin luy est clos, ne sçait qu'il doiue faire,
L'astre qu'il ha choisi n'ha la flamme assez claire,
Et les autres flambeaux par le Ciel reluisans
Pour le bien radresser ne sont pas suffisans.
En fin la nuict s'enuole, & l'Aube coloree
Haste le beau Soleil à la tresse doree,
Qui de ses clairs rayons l'Vniuers resiouit,
Et toute autre lumiere auprés s'esuanouit:

Lors il reprend courage, & ioyeux il saluë
Ceste clairté nouuelle à son secours venuë,
Se remet au chemin qu'il auoit delaissé,
Et connoist de combien il s'est desauancé.

I'en ay fait tout ainsi, i'ay suiui mesme adresse,
Vray pelerin d'Amour dés ma tendre ieunesse:
Car mon aage si tost du printemps n'approcha,
Que ce Dieu contre moy mille traits descocha,
Se fit Roy de mon ame, eschauffa mon courage,
Et me mit au chemin de l'amoureux voyage:
Lors pour seruir de guide à mon ardant desir
La ieunesse me fit vne beauté choisir,
Qui s'offrit fauorable à mes yeux la premiere,
Et que ie recogneu pour ma seule lumiere:
Son ardeur doucement mon esprit embrasoit,
Ie ne voyois plus rien qu'ainsi qu'il luy plaisoit,
C'estoit mon seul obiet, mon desir, & ma flame,
Et sa seule influence auoit force en mon ame.

I'ay longuement erré parmi l'obscurité
De mes sens aueuglez, suiuant telle clairté,
I'ay passé maint taillis & maint desert champestre,
Esloigné du chemin sans me pouuoir cognoistre:
En vain mille beautez s'offroyent deuant mes yeux
Comme astres qui la nuict vont allumant les cieux:
Ie n'en pouuois tirer de plus seure conduite,
Et tousiours leur clairté me sembloit trop petite,
Mais si tost que le iour de vos yeux m'esclaira,
Mon cœur d'aise raui ce Soleil adora,
Et cogneu tout soudain que la flamme allumee
Dedans moy parauant n'estoit rien que fumee:
De ma premiere erreur ie fu tout asseuré,

ELEGIES,

Et vey que iusqu'ici ie m'estois esgaré.
Car celuy qui ne suit vostre beauté si rare
(Seul Soleil de nos ans) peut dire qu'il s'esgare,
Son desir mal conduit erre sans iugement,
Et ne cognoist d'Amour l'agreable tourment.

Il me souuient tousiours qu'en mon ardeur premiere,
Lors que mon ame estoit autre part prisonniere,
Ie pensois fermement qu'on ne sçeust mieux aimer,
Et n'eusso iamais creu qu'Amour peust enflammer
Plus chaudement vn cœur de sa viue estincelle,
Ny qu'vn parfait Amant peust estre plus fidelle:
Mais vos yeux m'ont appris que i'estois abusé,
M'ayant de tant de feux l'estomach embrasé,
Et mis en mon esprit de pensers si grand nombre
Que ma premiere amour au pris n'estoit qu'vne ombre:
Bref, ie suis si pressé qu'ores ie cognois bien
Helas qu'aupres de vous ie n'aimay iamais rien.

Vrayment c'est bien raison que l'amour qui me tué
Passe toute autre amour qu'auparauant i'ay euë:
Et qu'en vous adorant ie croisse en loyauté,
D'autant que vos beautez passent toute beauté,
Beautez, pleines de lis & de roses nouuelles,
D'agreables langueurs, de flammes immortelles,
D'amours, de doux attraits, de thresors precieux,
Et des perfections que receloyent les cieux.
Car tout ce que le Ciel auoit mis en reserue
De plus belle richesse en vos yeux se conserue,
Vos yeux si beaux aux miens, qui me donnent le iour,
Et qui font qu'Amour mesme est embrasé d'amour.

Quant à moy si ie voy quelque autre Damoiselle
Qui guide en cheminant les Graces auec elle,

LIVRE I.

Qui ait les cheueux beaux, les yeux cruels & doux,
Ie dy qu'en quelque chose elle approche de vous,
Mais non pas que pourtant elle soit si parfaite:
Car pour chef d'œuure seul Nature vous a faite.
Tousiours ou vous peut voir admirable exceller,
Et à vous rien que vous ne se doit egaller:
Ainsi que la douleur qu'en mon ame s'assemble,
Qui surpassant toute autre à soy seule ressemble.
I'ay tousiours iusqu'ici blasmé l'extremité,
Mais ie pers cest aduis perdant ma liberté.
Car vous voyant, Madame, en beautez tant extremes,
Ie consens que mon cœur extremement vous aime:
Ie veux qu'en vous seruant il souffre extremement,
Et le desaüoüerois s'il faisoit autrement.
Peut estre quelque iour vous en serez touchee:
Et à fin que ma mort ne vous soit reprochee,
Finirez mes langueurs, aurez de moy pitié
Et recompenserez ma fidelle amitié.
 O Dieux si d'vn tel heur ie contente ma vie,
Ne m'accordez plus rien de chose que ie prie!
On ne me verra plus d'autres biens desireux
Et m'estimeray lors contant & bien-heureux:
Mais si par mon malheur trop cruelle & trop fiere
Vous ne vous flechissez au son de ma priere,
Sans plaisir, sans confort, triste & desesperé.
Ie veux blasmer le Ciel contre moy coniuré,
Et maudire ma vie où tout malheur abonde,
Prenant congé d'Amour le seul bien de ce monde.
Car que me seruira que ie sois redouté,
Que i'aye en mon printemps maint effort surmonté,
De m'estre veu le chef de si grandes armees,

D'auoir des ennemis les campagnes femees,
D'estre eschappé vainqueur de cent mille dangers,
D'estre le seul effroy des princes estrangers,
D'vn Roy si genereux auoir pris ma naissance,
Courageux, indonté, d'inuincible puissance :
Auoir dessus mon front semé tant de lauriers,
Auoir ieune arraché la palme aux vieux guerriers,
Iusqu'au plus haut du Ciel planté ma renommee,
Que le temps ny la mort ne rendront consommee,
Bien voulu d'vn chacun, bien craint, bien estimé,
Si de vous seulement ie ne puis estre aimé,
Et si vous refusez de m'estre fauorable ?
,, La grandeur sans amour est chose miserable.
I'aimerois beaucoup mieux estre né bassement,
N'auoir pas tant de cœur, ny tant de sentiment,
Que mon esprit fust lourd & mon ame pesante,
Ma douleur pour le moins ne seroit si cuisante.
,, Car plus vn homme est grand & de gloire animé,
,, Plus chaud est le brandon qui le rend consumé :
,, Et le mal qui le presse est beaucoup plus terrible
,, Que celuy du commun qui est presque insensible.
Puis ie croy que l'Amour archer victorieux,
A des fleches à part pour les Rois & les Dieux,
Et ne sçauroit penser que les grands il surmonte
Comme le peuple bas dont presque il ne fait conte.
Las ! de ses traits choisis mon cœur est trauersé,
Il a tout dedans moy son carquois renuersé,
Ie suis sa trousse mesme, & sa chaude fournaise,
Vos yeux & mes pensers en nourrissent la braise,
Dont mon corps languissant sera tost deuoré
Si par l'eau de pitié ce feu n'est moderé.

Car

Car le voulant couurir d'vne froide apparence,
Par ma discretion i'accrois sa violence,
De vous voir bien souuent ne faisant pas semblant,
Quand ie suis tout en feu feignant d'estre tremblant,
Et me monstrant ioyeux en ma douleur cruelle,
Seul entre tous les grands qui mes amours recelle.
Car eux communément au lieu de les celer
Trouuent mille suiets pour en faire parler:
Où moy ie les contrains & les cache en mon ame,
Aimant mieux endurer que de nuire à Madame,
Et ne voulant qu'vn peuple ignorant & sans loy
Connoisse mes desirs, & babille de moy.

 Ceux qui sçauent comment à part ie me retire,
Que ie me plais tout seul, que i'aime tant à lire
Les passions d'Amour, ses effets rigoureux,
Iugent tout aussi tost que ie suis amoureux.
Ils le disent assez, mais ils n'ont connoissance
Que vous me reteniez en vostre obeissance,
Tant ie sçay bien couurir mon desir violant,
Qui las! croist d'autant plus que ie le vay celant.
Mais i'aime mieux souffrir vne douleur plus forte
Que mon contentement quelque ennuy vous apporte:
I'aime mieux me priuer du beau iour de vos yeux,
Fuyant ce que i'adore & que i'aime le mieux.
Car i'ay ce reconfort, qui mon mal diminuë,
De penser que ma foy par là vous soit connuë,
Et que la verité de mon affection
Se descouure aisément par ma discretion,
Qui est de fermeté le plus seur tesmoignage:
Iamais homme discret ne sçeut estre vollage.

ELEGIE XIX.

Vous qui pipez d'Amour, d'erreur & de ieunesse,
Adorez vainement vne folle Maistresse:
Vous qui mesme sur vous n'auez plus de
pouuoir,
Vous qui sous bonne foy vous laissez deceuoir,
Vous qui prenez le blanc pour vne couleur noire,
Vous qui de vos malheurs bastissez vne gloire,
Et qui tout possedez de charme & de poison,
Estes sans yeux, sans cœur, sans ame & sans raison:
Oyez le iuste dueil d'vne personne attainte,
Oyez l'aspre courroux & l'ardente complainte
Du desolé Philandre à bon droit irrité
Pour auoir decouuert vne infidelité:
Et pour auoir perdu sa ieunesse abusee
Seruant fidellement vne Alcine rusee,
Vne fine Lamie, vne peste, vn venin,
Et tout le deshonneur du sexe feminin.

 Vn des iours de l'Esté que la flamme etheree
Brusloit de toutes parts d'ardeur demesuree,
Cest amant furieux, qui sentoit au dedans
De son iuste despit les aiguillons ardans
Et les elancemens d'vne forcenerie,
Tombe du haut de soy, tout vaincu de furie,
Sans parler, sans mouuoir, palle, & tout esperdu,
Ayant auec l'esprit tout sentiment perdu:
Il ne pouuoit pleurer, encor qu'il eust enuie
De voir couler en pleurs ses amours & sa vie:

Mais comblé de douleur sans cesse il halletoit,
Et son cœur mutiné pour sortir combatoit.
　Il demeura long temps ainsi vaincu de rage,
Ayant les mouuemens, le geste & le visage
D'vn qui tire à la mort lors qu'il va fremissant
Auec vn gros hocquet les membres roidissant:
Puis il reuient vn peu entr'ouurant la paupiere,
Et monstre qu'à regret il voit nostre lumiere,
Tant il est las de viure, & tant il ha desir
Qu'vne agreable mort tranche son desplaisir.
Mais voyant que la mort n'abregeoit sa misere,
Il saute sur les pieds transporté de colere,
Pour saisir vne espee & s'en percer le flanc,
Ou pour plonger sa dague aux sources de son sang.
Tenant le fer tout nu dans sa dextre meurtriere,
Il fait sortir ces mots pour complainte derniere.
　Mourons mourons (dit-il) punissons nostre erreur,
Eschappons par le fer des dents de la fureur:
Faisons rire vne ingrate, & donnons quelque cesse
Au regret eternel qui nous charge & nous presse.
Las! que i'aime la mort qui me peut secourir,
Mais ie maudy le Ciel qu'il ne m'a fait mourir,
Quand i'estimois son cœur estre vn roc immuable,
La mort m'eust esté lors bien douce & fauorable.
　Acheuant ces propos comme il veut s'auancer
Pour le fer inhumain dans sa gorge enfoncer,
Et qu'il court gayement à la mort toute preste,
Il sent qu'au mesme instant vn bon esprit l'arreste,
Qui luy saisit le bras, qui le fait tressaillir,
Qui luy fait le couteau de la dextre saillir,
Et qui parle en son cœur disant en telle sorte:

Q ij

Quelle extreme fureur hors de toy te transporte
Quelle rage te tient ? quel brasier vehement
Te devore l'esprit, l'ame & l'entendement,
Que tu vueilles mourir d'vne mort si cruelle
Pour l'impudicité d'vne Dame infidelle,
Encor sans te vanger & sans faire sentir
Si de se prendre à toy lon se peut repentir?
Vange toy pour le moins, puis d'vn grand coup d'espee
Mets fin à ton amour si laschement trompee.

Ainsi ce bon esprit l'Amant dissuada,
Et l'heure de sa mort par ces mots retarda.
Au poinct que le Soleil commençoit sa carriere
Monstrant ses cheueux d'or rayonneux de lumiere,
Ce chetif amoureux, amoureux & ialoux,
Tout cuit de passions, de rage & de courroux
Se met à discourir en sa triste pensee
Comme il pourra venger son amour offensee.
Cent mille tourbillons l'vn sur l'autre amassez,
Cent pensers differens contrairement poussez,
Luy liurent la bataille, & font dedans sa teste
Vn brouillement confus tout bruyant de tempeste.

Neptune en temps d'Hiuer n'est point plus agité
Estant poussé des vents d'vn & d'autre costé,
Et ne voit tant de flots, & tant de vagues persés,
Comme il roule en l'esprit d'affections diuerses.
Il ne faut point penser qu'il puisse reposer,
Il resue, il se despite, & se sent embraser
Le cœur tout à l'entour d'vne nouuelle flame,
Dés qu'il se ressouuient des ruses de sa Dame,
De ses soupirs trompeurs, de ses mots déguisez,
De ses yeux tant de fois feintement arrosez,

Et voyant (ô regret!) sa feintise notoire
La croyant il se fasche & se hait de la croire:
Mais il la croit pourtant, & la doit croire aussi,
Bien qu'en s'en souuenant il reste tout transi.
 Or quand ce souuenir à ses yeux se presente,
Helas! c'est fait de luy, il crie, il se tourmente,
Il soupire, il sanglote, il est plus qu'au trespas,
Et despite sa vie, il chemine à grands pas,
Et cherche en rauassant les lieux plus solitaires
Pour maudire à son gré les destins aduersaires.
Il va de ses douleurs la terre ensemençant,
De ses cuisans soupirs l'air s'eschauffe en passant,
Et l'amoureuse Echo d'aigre douleur contrainte,
Parmi les rocs cauez respond à sa complainte.
 O feminin ceruueau (dit-il en soupirant)
Traistre, feint, sans arrest deçà delà courant,
Contraire object de foy, pariure & variable,
Que celuy qui te croit est pauure & miserable!
Ie t'ay creu toutesfois: aussi tu m'as fait voir
Combien ton naturel est propre à deceuoir.
Mais las qui ne t'eust creu? ceste aspre violence,
Ces sermens, ces propos tant vrais en apparence,
Tant enflammez d'amour, tant chauds d'affection,
Ces regars dérobez, brulans de passion,
Ces doux languissemens, ces mignardes caresses,
Ces larmes, ces propos, & ces longues promesses,
Estoyent-ce les tesmoins d'vne legere foy,
Et qu'on fauorisast les autres plus que moy?
Ah traistre & lasche cœur! de quel masque hypocrite
As-tu sçeu deguiser ta volonté maudite,
Sans que par mon amour ny par ma fermeté

I'aye peu retenir tant d'infidelité?
,, On dit que Cupidon n'est iamais soul de larmes,
,, Ny le Dieu Tracien de meurtres & d'allarmes,
,, Les abeilles de fleurs, les chéures d'arbrisseaux,
,, De riuieres la mer, & les prez de ruisseaux:
,, Mais qu'on die aussi bien que la femme inconstante
,, De cent mille amoureux ne seroit pas contante.
,, En a-telle vn acquis? elle en veut vn nouueau,
,, Et iamais fermeté n'habite en son cerueau:
,, Animal plein de ruse, indomtable & vollage,
,, Qui ha dedans la bouche autrement qu'au courage.
 Las! ie croy que les Dieux ardemment courroucez,
Vn iour que les mortels les auoyent offensez,
Feirent naistre ici bas pour punir leur audace
Et pour les trauailler, la feminine race,
Ainsi que les serpens, les tigres, & les loups,
Aux mortels mille fois plus courtois & plus doux:
Et comme on voit sortir parmi les bonnes plantes
Des chardons inutils & des herbes meschantes.
 Hé pourquoy la Nature & les Cieux n'ont permis
Que les hommes par eux, & d'eux-mesmes amis
Sans toy, sexe imparfait, peussent auoir naissance,
Pour ne te deuoir plus ceste reconnoissance?
Ainsi que nous voyons qu'vn soigneux Iardinier
Ente sur vn prunier les greffes d'vn prunier,
Vn pommier sur vn autre, & vn chesne sauuage
De ses ieunes rameaux peupler tout vn bocage.
Ou comme le Phenix soymesme se brulant,
Sans finir, par sa fin se va renouuelant.
Mais en vain ie m'arreste aux effets de Nature,
Qui tout cest Vniuers conduit à l'auenture,

Par hazard, par fortune, & par legereté,
Et qui se resiouit de sa diuersité.
Quelle perfection faut-il esperer d'elle
Puis qu'on sçait que Nature est mesme vne femelle?
  Cessez pourtant cessez, Femmes, de vous vanter
De ce que vous pouuez les hommes enfanter,
Et qu'ils naissent de vous, n'en soyez arrogantes:
Les lis au teint d'argent naissent d'herbes puantes,
On voit sortir des fleurs d'vn fumier tout pourri,
Et le bouton vermeil sur l'espine est nourri.
Sources de tous malheurs, superbes, deguisées,
D'orgueil, d'ire, de rage, & d'enuie embrasées,
Qui portez dans le cœur l'inconstance pour loy,
Sans amour, sans raison, sans conseil & sans foy,
Pleines de trahisons, temeraires, cruelles,
Et des pauures humains les pestes eternelles.
  Ainsi crioit Philandre embrasé iustement,
Donnant air par soupirs à son feu vehement,
Et faisant de ses yeux deux bouillantes fontaines
Qui monstroyent la rigueur de ses cruelles peines.
Les bestes d'alentour s'arrestoyent pour l'oüir,
Les oiseaux tous rauis demeuroyent sans fuir
Attentifs à ses plaints, & par vn doux murmure
Les riuages prochains plaignoyent son aduenture:
Les rochers & les monts de pitié se fendoyent,
Et iusqu'au plus haut ciel ses regrets s'entendoyent,
Regrets trop violans qui n'auoyent point de trefue,
Fust au poinct du matin quand l'Aurore se leue,
Fust au plus chaud du iour, quand le Soleil ardant
A moitié de son cours nous brusle en regardant:
Ou fust quand tout suant d'auoir couru le monde

Q iiij

Il laue en l'Ocean sa cheuelure blonde:
Ou fust en plein my-nuict, quand les hommes lassez
Sont plus profondement d'vn fort sommeil pressez.

DISCOVRS.

I l'Amour est vn Dieu, c'est vn Dieu d'iniu-
stice,
Reconnoissant le moins ceux qui luy font
seruice:
Vn aueugle en nos maux, vn enfant inconstant,
Au plaisir du hazard ses faueurs departant,
Qui s'abreuue de sang, & de larmes bruslantes,
Et qui perce les cœurs de fleches differentes,
Afin que nos esprits errans diuersement
Sans iamais reposer soyent tousiours en tourment.
Vous qui de ses rigueurs n'auez la cognoissance
Ne vous esclauez point, faites luy resistance,
Les plus loyaux Amans sont moins recompensez:
Mon mal peint en ces vers le fait cognoistre assez.

Cest enfant inuaincu, Dieu de sang & de flame,
Vn iour pour mon malheur me fit voir vne Dame
Qui de ses chauds regards tout le Ciel allumoit,
Et les petits Amours comme roses semoit.
Si tost que ie la vey mon ame en fut esmeuë,
Et l'Amour aussi tost flamboyant en sa veuë
Comme vn esclair subtil par vn verre eslancé,
Passa dedans mon cœur qu'il n'a iamais laissé.
Ie l'adoray depuis comme chose diuine,
Et rien qu'vn feu si beau n'échauffoit ma poitrine:
En ses yeux seulement tout mon heur s'assembloit,
Et tout autre plaisir ennuyeux me sembloit.

Mais pour premier malheur de ma triste auanture,
Vn mari desfiant, de ialouse nature,
Comme vn Dragon veillant de la voir m'empeschoit,
Et son riche thresor auarement cachoit.
Tout ce qu'on dit d'Argus de luy se peut bien dire:
Iamais le doux sommeil, quand Phebus se retire,
Ne luy ferme les yeux, il veille incessamment,
Ou s'il dort il l'entend, & la voit en dormant:
Et quand vn Papillon volle autour de la belle,
Il crie, & veut sçauoir s'il est masle ou femelle.
De ce maudit ialoux mon mal est procedé,
Car depuis la trouuant cent fois ie retardé
(Trop discret pour mon bien) de luy faire ma plainte,
Et tandis mon desir croissoit par la contrainte,
Ainsi que le brasier sous la cendre caché,
Ou comme vn grand ruisseau quand il est empesché.
Mais plus que mon malheur ie plaignois le seruage
De la ieune beauté royne de mon courage,
Qui sous vn ioug si dur foiblement languissoit,
Et sans aucun plaisir sa ieunesse passoit.
Souuent de ce regret ayant l'ame blessee
A part contre le Ciel i'ay ma plainte dressee,
De ce qu'il assembloit sans ordre & sans raison
Auec vn froid Hiuer ceste belle saison:
Et bien souuent aussi plein d'amoureuse rage,
Comme s'il fust present i'vsois de ce langage.
 O mari trop cruel pour si douce beauté,
Que penses-tu gaigner gesnant sa liberté?
Ton extreme rigueur son vouloir ne retarde,
Si tu gardes le corps l'ame est hors de ta garde,
Tu rens par tant de soing l'amant plus enflammé:

„ *Vn plaisir trop permis n'est iamais bien aimé.*
„ *Le malade aime l'eau qui luy est defenduë,*
„ *Et l'amour par contrainte est plus chaud de renduë.*
Argus auoit cent yeux, Amour les enchanta,
Et le palais d'airain Iupiter n'arresta.
„ *Celle peche le moins qui ha plus de licence,*
„ *Et ce qui desplaisoit est cher par la defense.*
Mais si ton cœur felon ne peut estre adouci,
Au moins de la garder laisse moy le souci,
Ne te trauaille point, ie veux que l'estincelle
Qui luit en mon esprit tous les autres decelle:
Ie liray dans leurs cœurs quand plus ils se feindront,
Et te descouuriray ce qu'ils entreprendront.

De mille autres propos i'accusois sa rudesse,
M'efforçant quelquefois de luy faire caresse:
Et pour mieux desguiser le mal qui me tenoit
Ie destournois les yeux quand sa femme venoit,
Et de peur seulement de la voir mal traittee
Ma chaleur d'vn soupir n'osoit estre euentee.
Sage discretion tu m'as bien cher cousté,
Sans tant de vains respects i'eusse plus profité!
Ainsi durant long temps ie languy miserable,
Esperant que l'Amour quelque iour fauorable
S'ennuyant de mes maux prendroit de moy pitié,
Et qu'il falloit sans plus couurir mon amitié.
„ *Las qu'vn nuage espais couure l'esprit de l'homme!*
Durant qu'en ces dessains mon cerueau ie consomme
Et que ie pers le temps, cest Archer rigoureux
Voulut qu'vn ieune Prince en deuint amoureux,
Qui sans tant de respects descouurit sa pensee,
Rendant de sa beauté ma Maistresse blessee.

LIVRE I.

Seul il estoit son bien, sa lumiere & son cœur,
Et ce nouueau souci de sa crainte vainqueur,
Qui d'vn aueugle feu sans pitié la deuore,
Luy fait mespriser tout sinon l'œil qu'elle adore.
Elle qui parauant n'osoit leuer les yeux,
Se mocque maintenant du soing trop curieux
De son mari ialoux: elle est toute de flame,
Et rien plus que l'Amour ne commande en son ame.
　Ah Prince bien-heureux, roy de sa volonté,
Que ie porte d'enuie à ta felicité!
Non pour estre sorti d'vn si fameux lignage,
Non pour tant de beaux traits qu'on voit sur tõ visage,
Non pour estre en cent lieux iustement renommé,
Non pour tant de Lauriers dont ton front est semé,
Non pour mille vertus honorans ta ieunesse,
Mais pour estre adoré de ma seule Deesse:
Voyla ton plus grand heur dont ie suis enuieux,
Tu as iouy d'vn bien qui n'appartient qu'aux Dieux.
　Or durant ceste flamme à mon bien si contraire,
Oncques de mes liens ie ne me peu desfaire,
A l'enui du malheur ma constance augmenta,
Et iamais le dépit si fort ne m'irrita
Que ie peusse blasmer l'ardante amour de celle
Qui si douce à autruy m'estoit toussiours cruelle.
De son nouueau desir mon malheur i'accusé,
Et toussiours sans flechir constant ie m'opposé,
Resolu d'endurer, mesme s'il se peut dire,
Pensant à son plaisir i'allegeois mon martyre:
Et l'œil deuers le Ciel ie priois bassement
Qu'vn couple si parfait s'entr'aimast longuement,
Hayant plus que la mort ceux qui bruslez d'enuie

Troubloyent l'heureux repos d'vne si douce vie.

 Ainsi ferme tousiours i'aimois sans estre aimé,
Et comme si mon cœur au sien fust transformé
I'auois part à son bien, sa liesse estoit mienne,
Oubliant ma douleur pour soupirer la sienne,
Lors que quelque enuieux d'vn langage cuisant
Alloit de ses amours franchement deuisant:
Bref, en ferme amitié n'ayant point de semblable
I'aidois à mon malheur pour luy estre agreable.

 Qui diroit le regret que mon cœur supporta
Quand ce Prince à la fin de ses yeux s'absenta,
Emportant quand & soy son ame & sa puissance,
Et ne luy laissant rien que l'ennuy d'vne absence?
Il falloit que son cœur fust en roche endurci,
De pouuoir (trop cruel) l'abandonner ainsi,
Voir pleurer ses beaux yeux pour forcer sa demeure:
De moy sans la laisser ie fusse mort à l'heure.
Helas! combien depuis ce rigoureux depart,
Dedaignant tous plaisirs l'ay-ie veüe à l'escart
Soupirer tendrement pensiue & solitaire,
Monstrant que sans le voir rien ne luy pouuoit plaire?

 Comme vn que le Soleil dans vn bois a laissé
Ne peut plus remarquer l'endroit qu'il a passé,
Vne effroyable horreur couure l'herbe fleurie,
Et ce qui luy plaisoit luy donne fascherie.
Ainsi se voyant loin du Soleil de ses yeux,
La Court ne luy est plus qu'vn desert ennuyeux,
Tout obiect luy desplaist, sa parole forcee
Monstre à qui l'entretient qu'ailleurs est sa pensee.
O cœur rempli d'amour, de constance & de foy,
Tu meritois trouuer vn amant tel que toy!

Que de vraye amitié ton amour eust acquise
Si en autre qu'vn grand ta fortune l'eust mise!
    Mais durant qu'en regrets tu te vas consumant
Maudissant la rigueur d'vn triste esloignement,
Celuy qui tient la clef de ton ame enchaisnee
Ne songe plus en toy t'ayant abandonnee:
Vne autre affection regne en sa volonté,
Foible iouet à vent deçà delà porté.
Et puis aimez les grands, croyez en leur langage!
La Bise en arriuant n'abat tant de fueillage,
Et n'esmeut sur la mer tant de flots escumans,
Comme ils font & refont de diuers changemens:
Leur flamme aussi soudain est par tout espanduë,
Et pensent que l'amour de chacun leur est deuë.
    De ce dernier malheur à Madame aduenu
Ie suis plus que iamais angoisseux deuenu:
Car outre le tourment coustumier que i'endure
Ie pleure maintenant sa piteuse aduenture,
Et vay blasmant le Ciel d'vn esprit despité
De ce qu'il ne punist tant de legereté.
    Louë Amour qui voudra, c'est vne frenaisie
Que les fouls ont fait Dieu selon leur fantaisie,
Vn mal, vne fureur, vn fort enchantement,
Par ses charmes cruels troublant l'entendement.
Las si mon foible esprit n'estoit troublé de rage
Ie me retirerois cognoissant mon dommage,
Ou d'vn autre desir plus doucement espoint
Ie cesserois d'aimer ce qui ne m'aime point.
Mais d'vn si puissant trait ma raison est forcee
Que ie suy malgré moy la trase encommencee,
Et sers sans profiter vne ingrate beauté,

Qui pour aimer autruy n'ha plus de liberté.
  Or ce dernier confort pour remede i'embrasse,
Que si dans son esprit la raison trouue place,
Et qu'vn iour le despit iustement allumé
Face mourir l'amour d'vn qu'elle a trop aimé,
Qu'alors de mes douleurs elle aura cognoissance
Payant tant d'amitié de quelque recompense,
Et verra quelle erreur follement l'abusoit
Quand vn Prince inconstant ses desirs maistrisoit.
,, L'amour des grands seigneurs est tousiours domma-
    geable,
,, Et sert le plus souuent au vulgaire de fable:
,, Nulle discretion leur fureur ne reçoit,
,, Et dés qu'ils sont épris chacun s'en apperçoit:
Car cent mille espions veillent sur leurs affaires.
,, La grandeur & l'amour sont deux choses contraires.

FIN DV PREMIER LIVRE
DES ELEGIES.

ELEGIES DE PH. DES PORTES.

LIVRE II.

ELEGIE I.

QVE seruiroit nier chose si reconnuë?
Ie l'auoüe, il est vray, mon amour diminuë,
Non pour object nouueau qui me donne la loy,
Mais c'est que vos façons sont trop froides pour moy,
Vous auez trop d'esgard, de conseil, de sagesse,
Mon humeur n'est pas propre à si tiede maistresse:
Ie suis impatient, aueugle & furieux,
Pour aimer cóme moy trop clairs sont vos beaux yeux.
Toute chose vous trouble & vous rend esperduë,
Vne vaine rumeur sans subiect espanduë,
Le regard d'vn passant, le caquet d'vn voisin,
Quelque parent de loing, vn beau-frere, vn cousin,
De mille estonnemens laissent vostre ame atteinte,
Vos femmes seulement vous font pallir de crainte:
Et quand de mes trauaux i'attens quelque loyer
Le temps en ces frayeurs se voit tout employer.

D'vne fleche trop mousse Amour vous a blessee,
Il faut à mes fureurs quelque amante insensee,
Qui mourant chacun iour me liure cent trespas,
Qui m'oste la raison, le somme & le repas,
Qui craigne de me perdre, & qui me face craindre,
Qui tousiours se cōplaigne, ou qui m'escoute plaindre,
Qui se iette aux dangers & qui m'y iette aussi,
Qui transisse en absence, & que i'en sois ainsi,
Qui m'occupe du tout, que tout ie la retienne,
Et qu'vn mesme penser nostre esprit entretienne:
Voyla les passetemps que te cherche en aimant.
,, I'aime mieux n'aimer point que d'aimer tiedement.
L'extremité me plaist. Desirez-vous que i'aime?
Soyez en vos ardeurs comme en beautez extreme,
Perdez tous ces respects qui nous ont abusez,
Aueuglons les ialoux, trompons les plus rusez.
Et courons les hazards. La princesse d'Eryce
Amoureuse de Mars aux hardis est propice:
Et l'esprit que la peur deuant fut tenaillant
Dés qu'il sent son ardeur deuient chaud & vaillant.

Ceste mere d'Amour que tout estre reuere
Apprend la simple fille à tromper vne mere,
Vne tante, vne garde, & doucement la nuict
Se couler d'aupres d'elle, aller sans faire bruit
A tastons à la porte, & sous l'obscur silence
Ouurir à son Amant qui boult d'impatience:
Aux gestes & aux yeux elle apprend à parler,
Et par chiffre inconnu son secret deceler:
Elle fait que la femme & icune & peu rusee
Le soin d'vn vieil ialoux conuertist en risee,
Et que le cœur loyal d'amour bien embrasé

Ne trouue iamais rien qui luy soit malaisé.
Mais il faut que son traict profondement le touche,
Ce n'est pas pour tous ceux qui l'Amour ont en bouche,
Que la coustume ou l'art fait paroistre angoisseux,
Ou qu'vne humeur pesante a rendu paresseux:
Seulement ces Amans la trouuent fauorable
Qui nourrissent au cœur vn vlcere incurable,
Qui bien loing ont chassé tout discours de raison,
Et qu'vn sage respect n'enferme en la maison:
Mais comme la fureur à clos yeux les transporte,
Passent cent & cent fois pardeuant vne porte,
Rodent toute la nuict, sans profit bien souuent,
Et ne craignent voleurs, froid, orage ny vent.

Expert i'en puis parler, sa faueur i'ay sentie
Quand plus fort la raison s'est de moy diuertie,
Quand ie suis tout de flamme, & que chargé d'ennuis
Par la ville à grands pas i'erre toutes les nuits,
Tousiours ceste Deesse à mon secours se monstre,
Les bateurs de paué qu'aux destours ie rencontre
Ne m'ostent point ma cape, & leur fer rigoureux
Ne se trempe iamais dans mon sang amoureux:
Le froid des nuicts d'hyuer ne me porte nuisance,
Ny le serain ny l'eau qui tombe en abondance,
Ie ne me sens de rien, tout aide à ma santé
Pourueu qu'à la parfin ayant bien escouté,
Lasse de mes trauaux celle qui m'est si belle
Entr'ouurant la fenestre à basse voix m'appelle.

O toy quiconque sois, qui te vas retirant
Si tard en ton logis, ne sois trop enquerant,
Pren ton chemin plus haut, porte basse la veuë,
Ne pense à remarquer ny l'endroit, ny la ruë,

Fay haster ton flambeau, toy mesme auance toy
Et ne t'enquiers iamais de mon nom, ny de moy :
Ou si sans y penser tu viens à me connoistre
N'en ouure point la bouche, & n'en fay rien paroistre.
,, Tout mystere d'Amour merite estre caché,
,, Qui en vse autrement commet vn grand peché :
Toutesfois quand la langue indiscrete & mauuaise
D'vn sot entreprendroit de corrompre nostre aise,
Il s'en faudroit moquer : car, Maistresse, aussi bien
Vostre mari l'oyant n'en croiroit iamais rien,
I'y ay mis trop bon ordre : vne de ces Sorcieres,
Qui commande aux Esprits hostes des cemetieres,
Fort sçauante en son art, experte à coniurer,
Qui pourroit des enfers Proserpine tirer,
Qui sçait tous les secrets de Circe & de Medee,
Et quelle heure ou quelle herbe est plus recommandee,
Auec de puissans mots par trois fois rechantez,
A pour moy tous les yeux des maris enchantez :
Si le vostre en mes bras vous voyoit toute nuë,
Il ne croiroit iamais la chose estre aduenuë.
Mais sçachez que ce charme est pour moy seulement,
Et ne vous seruiroit pour aucun autre amant :
Car si vous presumiez, tant soit peu luy complaire,
Mari, freres, voisins sçauroyent toute l'affaire.
La vieille me l'a dict pour vous en aduiser,
Mais de toutes faueurs vous me pouuez vser,
Et sans crainte à mes maux donner prompte allegeance,
Iamais vostre mari n'en aura connoissance.
　Ceste bonne deuine auec son grand sçauoir,
Fait serment qu'elle peut les courages meuuoir,
Soit des prisons d'Amour ouurant toutes les portes,

LIVRE II. 379

Soit les plus libres cœurs chargeant de chaisnes fortes.
 Moymesme en ay fait preuue, il le faut confesser,
Elle m'a fait trois nuicts à la Lune passer,
M'a fait plonger trois fois la teste en la riuiere,
I'ay fait maint sacrifice auec mainte priere,
Tandis que de parfums mon corps elle purgeoit,
Et de noires liqueurs son bras nud m'aspergeoit.
 Il est vray qu'en mes vœux, ô seul but de ma vie,
D'eschapper de vos mains ie n'auoy point d'enuie,
Ie prioy seulement d'Amour tout enflammé,
Qu'en vous aimant bien fort ie fusse bien aimé,
Que iamais nostre ardeur ne se peust voir esteinte,
Et que plus desormais vous n'eussiez tant de crainte.
Voila tous les souhaits qui contant me rendroyent,
Si le Ciel n'estoit sourd ie sçay qu'ils aduiendroyent,
Et qu'vn trait plus aigu perçant vostre courage,
Vous seriez moins craintiue, & moins tiede, & moins
 sage.

ELEGIE II.

Rompons tous les presens d'vne ame si trai-
 stresse,
Rompons ces bagues d'or, rompons la blon-
 de tresse
Dont mon cœur par mon bras est esclaue rendu,
Et que tout le passé soit tenu pour perdu:
Noyons-en la memoire & l'amour tout ensemble:
Brisons ce diamant qui si mal luy ressemble,
Et brulons ces escrits qui sembloyent embrasez,
Mais qui comme son cœur sont feints & desguisez.
A bie veux qu'on me saigne & qu'on m'ouure les veines

Laissant couler le sang dont elles sont si pleines,
Ce mechant sang brulé, qui me faisoit l'aimer,
Et qui dans mon cerueau sçauoit si bien former
Tant d'images trompeurs de façon differente,
Qui tousiours pour mon mal ne la rendoyent presente,
Plustost que ce venin hors de moy ne chasser
Ie veux auec le fer son portrait effacer
Du rocher de mon cœur, car si fidelle place
Ne doit tenir en soy rien tant plein de fallace.
  Pauure Amant miserable où te vois-tu reduict?
D'où se leuoit ton iour te vient ores la nuict,
Tes soupirs sont perdus, ta foy tant estimee
Dans vne terre ingrate à toute esté semee,
Et ne vas moissonnant pour fruit de tes labeurs
Que regrets espineux, & poignantes douleurs.
Hé bien qu'y veux-tu faire? il faut t'aider toymesme,
T'endurcir, t'obstiner, & d'vn courage extresme
Resister au tourment bien qu'il soit rigoureux,
Et cesser desormais d'estre plus amoureux.
Il est vray qu'vne amour qui de matiere forte
S'est bastie en six ans, pour vn vent ne s'emporte:
Entre tes passions le combat sera grand,
Mais rien n'est impossible à qui bien entreprend:
Si tu veux, ce grand feu sera moins que fumee,
Et presque ignoreras que tu l'ayes aimee.
  O Dieux, qui de nos faits reiglément disposez,
Et des plus affligez les ennuis appaisez,
Si i'ay tousiours vescu sans fraude & sans malice
Tendez à mes souspirs vostre oreille propice,
Et prenez à merci mon esprit repentant.
Ie ne demande pas que son cœur inconstant

M'aime comme autrefois: ny ne souhaitte qu'elle
(Impossible souhait) cesse d'estre infidelle.
Pour fin de mes desirs ie requiers seulement
Que chassiez loin de moy cest assoupissement,
Et ce morne regret qui trop ferme s'y fonde,
Et me fait sembler triste aux yeux de tout le monde.
Privez moy de memoire, à fin qu'à l'aduenir
Ie ne garde en l'esprit d'elle aucun souuenir:
Et lors que le hazard fera que ie la voye,
Mon cœur ne soit esmeu de douleur ny de ioye:
Qu'aucun reste de flamme en moy ne soit trouué,
Et que plus à ce ioug ie ne soy' captiué:
Accordez ma priere, ô Dieux pleins de clemence,
Tant pour vostre bonté, que pour mon innocence.

ELEGIE III.

Ne refuse point qu'en si belle ieunesse
De mille & mille amans vous soyez la mai-
 stresse,
Que vous n'aimiez par tout, & que sans
 perdre temps
Des plus douces faueurs ne les rendiez contans:
La beauté florissante est trop soudain seichee
Pour s'en oster l'vsage, & la tenir cachee.
Mais ie créue de rage, & supporte au dedans
Des glaçons trop serrez & des feux trop ardans,
Quand en despit de moy vous faites que ie sçache
Le mal qui n'est point mal lors que bien on le cache.
 M'est-ce pas grand regret quand sans le rechercher
Fuyant pour n'en rien voir, on me le fait toucher?
On me le dit par force, & ce qui plus me tuë

On le crie à la Court, au Palais, en la ruë:
I'en entens le succés dés qu'il est aduenu:
Si vous faites vn pas vostre coche est connu;
Vos pages, vos laquais, & ces lieux ordinaires
Qui vous seruent de temple aux amoureux mysteres.
Pour n'en cognoistre rien fussé-ie aueugle & sourd?
Ou bien las! que plustost le commun bruit qui court
Ne vient-il à moy seul, sans que la renommee
L'euentant çà & là vous rende diffamee?
Si seul ie le sçauois que ie serois contant!
Le mal qu'on dit de vous ne m'iroit despitant,
Et lisant de mes yeux vostre faute notoire
Pour me reconforter ie n'en voudrois rien croire.
Ie dirois que les sens se peuuent abuser,
Et sintirois mon cœur d'heure en heure embraser,
Voyant vostre beauté de chacun poursuiuie.
Car i'aime fort vn bien dont plusieurs ont enuie:
Mais le bruit que de vous le commun va semant,
Fait qu'vn homme de cœur se hait en vous aimant,
Et dresse à meilleur but le trait de son attente.
„ Car nostre opinion seule ne nous contente.
„ Et ce qui rend plus fort vn esprit embrasé,
„ C'est de voir que son choix de chacun est prisé,
Pour Dieu prenez y garde, & deuenez discrete,
Ne soyez pas plus chaste, ains soyez plus secrete,
Faites les mesmes tours, & plus si vous pouuez,
Ioignez d'autres amans à ceux que vous auez,
Et donnez, non ingrate, à tous la recompense,
Mais qu'est-il de besoin qu'on en ait cognoissance?
Prenez-en le plaisir, fuyez-en le renom.
„ Celle ne peche point qui peut dire que non.

LIVRE II.

ELEGIE IIII.

JE reconnoy ma faute & ma lourde ignorance,
Bien que ie fusse appris par mainte experience
Que l'amour d'vne femme est prompte au changement,
Et que la mieux bastie ha l'air pour fondement:
Bien que parmi les cris & les poignantes rages
De ceux qui chacun iour les esprouuent volages,
Ie me creusse entre tous sage & fort aduisé
D'auoir si tost cognou leur esprit desguisé;
Et que i'eusse iuré ne me fier qu'en celle
Qui tout ouuertement s'aduoueroit infidelle:
Toutesfois à ma honte il le faut confesser,
Quelque charme incogneu m'auoit tant sçeu forcer,
Et rendu ma raison tellement estrangee,
Que ie pensoy pour vous leur nature changee,
Et qu'en vous seulement se fist force à la loy.
  Cent & cent fois le iour ie disois à par moy,
Voyant luire en vos yeux tant de celestes flammes,
On ne peut sans pecher la mettre au rang des femmes:
Le Ciel doit l'auoir faite vnique en loyauté,
Comme elle est sans pareille en grace & en beauté:
  Mais quand ceste pensee eust eu moins de puissance,
Helas! eussé-ie fuit à la fin resistance
A tant de doux attraits qui l'esprit me voloyent,
Et qui tournoyent mon ame ainsi comme ils vouloyent?
N'eussé-ie creu vos yeux & ces promesses saintes
Que vous tiriez d'vn cœur le vray seiour des feintes?

Ioint que pour acheuer de me rendre insensé,
L'amour dés nostre enfance entre nous commencé,
Conserué sans naufrage en mainte grand' tourmente,
M'asseuroit que vous seule au monde estiez constante.
Vous mesme en faisiez gloire vnique à bien aimer,
Iurant qu'autre que moy n'eust sçeu vous allumer,
Et qu'encore qu'Amour le voulust entreprendre,
Il trouueroit ses feux pour vous n'estre que cendre.
Le mien auoit esté vostre premier flambeau,
Et vous seruiroit d'astre en la nuict du tombeau:
Vous en iuriez vos yeux seigneurs de ma victoire,
Beaux yeux, qui tāt de fois le faux m'ont fait accroire:
Vous iuriez vos cheueux crespement blondissans,
Qui pour me retenir ont des nœuds si puissans:
Vous iuriez la Deesse en vostre ame logee,
Et la foy qui n'estoit qu'à moy seul engagee:
Vous iuriez cest archer, qui si droit sçait frapper,
Et mille autres sermens trop fers pour me tromper:
Il n'en falloit point tant : mon ame peu rusee
D'vn seul de vos regars pouuoit estre abusee.

 Las ! que le Ciel cruel ne permist-il alors
Que l'esprit trop content s'enuolast de mon corps?
Durant que i'estimoy vostre cœur immuable,
Que le trait de la mort m'eust esté fauorable!
Pour auoir trop vescu tout mon heur i'ay perdu,
Le Ciel de mes amours vn enfer s'est rendu:
Mes iours les plus luisans sont changez en tenebres,
Et mes chants de liesse en complaintes funebres:
Quand ma foy me deuoit faire mieux esperer,
Ie voy vostre faueur de moy se retirer.

 Qu'ay-ie dit? qu'ay-ie fait pour souffrir tant d'outrage?

LIVRE II.

Quel nouueau changement regne en vostre courage?
Si pour me deceuoir vous m'auuez seulement,
Ce n'est pas grand honneur d'abuser vn amant,
Qui ne croyoit qu'en vous: vous estiez ma fiance,
I'estimoy pour vous seule auoir pris ma naissance,
Vous me faisiez parler, respirer & mouuoir:
N'est-ce donc vous tromper que de me deceuoir?

Ah que de desespoirs tyrannisent ma vie!
,, Malheureux est celuy qui aux femmes se fie!
Pour s'en estre asseuré mon cœur infortuné
Se voit pour tout iamais à souffrir condamné,
Et ne puis par raison, par temps, ny par absence
De son mal furieux domter la violence:
Le souuenir me tuë, & le plaisir passé
Rend de regrets trenchans mon esprit trauersé:
De ma si longue amour voila tout le salaire.

Las! pour dernier remede, ô Beauté trop legere,
A qui contre mon gré mon vouloir est lié,
Apprenez-moy comment vous m'auez oublié:
Et comme vne amour telle auec l'aage augmentee
A peu si promptement du cœur vous estre ostee,
Au lieu d'accuser plus vostre esprit inconstant,
Ie vous pardonne tout si i'en puis faire autant:
Car ie me tiens payé d'assez grand' recompense
Si de vous pour iamais ie pers la souuenance.

ELEGIE V.

LE iour, non iour pour moy, mais nuict tref-
  malheureuse
  Que du Ciel despité la loy trop rigoureu-
  se
Me força de resoudre à quitter furieux
Pour iamais Cleonice, ainçou mes propres yeux,
Et que l'amour d'vn Prince à mon dam trop extresme
Me fit fendre en deux parts, & m'oster à moymesme:
Quels tragiques regrets, quels tourmens, quelles morts
Esgalerent iamais ce que i'enduray lors?
Au seul ressouuenir tout le corps me frissonne,
Vne horreur me saisit, ma memoire s'estonne,
Mes esprits sont glacez, mon œil est obscurci,
Et sans pouls ny couleur ie suis comme transi.
 Estant donc arresté qu'vne absence eternelle
Seroit le seul loyer de mon amour fidelle,
Et qu'il falloit partir sans iamais reuenir
Du lieu qui tout entier m'auoit sçeu retenir:
Ie taschoy d'appaiser mes fureurs insensees
En leur rameteuant les fortunes passees,
Tant de cris, tant de pleurs, tant de maux endurez:
Et que les Cieux peut estre en mes vœux implorez
Ordonnoyent cest exil d'vn aduis pitoyable
Pour guarir mon vlcere autrement incurable.
Mais, ô foible remede! ô dolent reconfort!
,, Iamais vn moindre mal n'est vainqueur d'vn plus
Toutes les passions, & les peines senties   (fort.
Sembloyent roses & lis aupres de ces orties:

Et de mes iours passez, les plus desesperez,
Estoyent à chauds soupirs de mon cœur desirez,
Ie les contoy sans cesse, & ma triste memoire
Des maux plus signalez, me retraçant l'histoire
Faisoit que mon esprit à quelcun s'arrestoit
Pour le parangonner au dueil qui m'emportoit.
Et disois tout en pleurs, O momens souhaitables,
Qu'autresfois mes ardeurs trouuoyent insupportables,
Quand celle à qui ie suis malgré sa volonté
Me cachoit ce bel œil dont le iour est domté,
Que ne reuenez-vous? ie prendroy patience
D'endurer non vn iour mais vn mois son absence,
Pourueu qu'on me permist de languir seulement
Pres du lieu qui retient tout mon contentement,
Et d'auoir ceste grace au regret qui m'entame
De voir au moins de loin le seiour de mon ame:
Mais mon destin l'empesche, & ne veut endurer
Que l'ombre d'vn plaisir puisse en moy demeurer.
Que vous fustes cruels, parens de ma Maistresse,
De ne me tuer pas quand la langue traistresse
Des ialoux contre moy vostre sang allumoit,
Et de meschans propos nos amours diffamoit.

Ah! que ie me repens qu'en la nuict solitaire
Dans vn lieu destourné propre à vostre colere,
Ne me fois d'vn grand cœur à la mort auancé
Irritant desdaigneux vostre esprit offensé.
Aussi tost i'en suis seur, respect, crainte ou menace
N'eust empesché Madame à courir sur la place,
Mesler de pleurs mon sang, mes paupieres serrer,
Voire auecque mon corps son esprit enterrer:
Où las! sous vn autre air la Mort me venant prendre

R iij

Vn souspir seulement ie n'en dois pas attendre:
Aussi n'en suis-ie digne ayant si tard vescu,
Que par vn sot deuoir mon amour soit vaincu.
 De mille autres pensers vne troupe infinie,
Et tous les iours passez les plus noirs de ma vie,
Comme oiseaux de la nuict deuant moy reuoloyent,
Que mon present malheur tant soit peu n'egaloyent:
Soit qu'il me ressouuint de ces temps miserables
Que l'aspre Ialousie aux regars effroyables,
De soupçons trauersans mon esprit entamoit,
Et du verre & des cloux dans mes playes semoit:
Soit quand les fiers courroux de ma belle inhumaine
Presageoyēt quelque orage au doux fruict de ma peine,
Soit quand vn faux rapport qui son œil m'eclipsoit,
D'vn hyuer dangereux mon espoir menaçoit.
Bref toutes les douleurs en aimant supportees
Vne à vne à mon cœur estant representees,
Luy faisoyent confesser, plus viuement atteint,
Que d'Amour autresfois à tort il s'estoit plaint.
 O Temps, qui du haut Ciel la vitesse mesures,
Las! retourne, disoy-ie, à mesurer les heures
Et les poincts de ma vie: & si le Ciel tousiours
Eternel en trauaux refait de mesmes tours
Recourant de rechef par la mesme carriere,
Fay voir à mes amours leur fortune premiere:
Fay que la mesme source & les mesmes douleurs
Me fournissent encor de sanglots & de pleurs.
Las! tu reuiendras bien, & la suitte ordinaire
Du grand Ciel te fera ton voyage refaire,
Voyage qui finist & renaist tout d'vn poinct,
Mais mon aage passé ne retournera point.

LIVRE II. 189

De mes iours amoureux la course est acheuee,
Au chemin de la mort ma vie est arriuee,
Entre les desespoirs, l'horreur, le repentir,
Heureux si par ma fin i'en puis bien tost sortir.

   De mille autres regrets i'eusse plaint ma fortune,
Mais le temps me pressoit, & la tourbe importune
Des bateliers crians, m'empeschoit le loisir
D'honorer de mes pleurs ce mortel desplaisir.
Ie sors donc de ma chambre hasté de ceste escorte,
Et d'vn pié defaillant ie passe outre la porte:
Puis en m'y retournant tout palle & tout transi,
Pour le dernier adieu ie luy disois ainsi.

   Chambre, à mon dueil secret autrefois si propice,
De mes ieunes desirs la fidelle nourrice,
Ma chere secretaire, à qui ie n'ay caché
Trait de ioye ou d'ennuy qui m'ait iamais touché,
Ie me plaignois à toy des rigueurs de Madame,
Ie te monstrois à nud les playes de mon ame,
Ie ne te celoy rien ny dessein ny penser,
Suis-ie pas malheureux qu'il me faut te laisser?
A qui plus desormais conteray-ie mes peines?
Quels antres, quels rochers, quels bois, quelles fontaines
Des lieux plus égarez où perdu ie m'en vois
Fideles garderont les soupirs de ma voix?
Mais ô cher monument de mon mal desplorable
Tu ne suffisois pas: ie suis si miserable,
Et le Ciel fait sur moy tant d'orages pleuuoir
Qu'en ton sein tous mes maux lieu ne pouuoyent auoir:
Il faut qu'en mille endroits leur desbord se respande,
Qu'il n'y ait coin du monde où mon cri ne s'entende,
Val, mont, plaine, cauerne, oiseaux, bestes, poissons,

R iij

Qui ne plaignent ma perte en diuerses façons,
Tu ne me verras plus sous l'aimable silence
Des solitaires nuicts, me mettre à la cadence
Du troupeau d'Eleuthere, & soigneux de leurs pas
Perdre en ces vains plaisirs le somme & le repas.
Ma fortune a de moy leur faueur estrangee,
Ma source d'Hippocrene en Cocyte est changee,
Mon myrte & mes lauriers cyprés sont deuenus,
Les destours d'Helicon ne me sont plus connus:
Apollon me desplaist, tous ses dons ie refuse,
Estant laissé d'Amour peu me chaut de la Muse:
Et rien d'elle à present ne me peut contenter,
Que les vers qui sçauroyent mes obseques chanter.

Or comme en ces discours mon esprit se distille,
Le iour trop clair me force à sortir de la ville
Pour me rendre au bateau qui deuoit m'enleuer,
Et de l'ame & du cœur sans pitié me priuer:
Aussi tost les rameurs trop prompts à mon dommage
Fendans l'eau d'auirons m'esloignent du riuage,
Où fiché ie regarde, & mes yeux obstinez
Sans ciller vers le Louure estoyent tousiours tournez:
Pour le voir plus long temps sur les pieds ie me dresse,
Maudissant des vogueurs l'importune vistesse,
Et me reputant lasche & de cœur desnué
Que plustost que partir ie ne m'estoy tué,
Et victime propice au feu qui me deuore
Sanglant ie n'estoy cheut pres l'autel que i'adore.
Bien-heureux, ce disoy-ie, à qui les Cieux amis
D'vne ville si belle ont le seiour permis;
Non pour les bastimens dont elle est si hautaine,
Non pour y voir la Cour, le Palais, ou la Seine,

LIVRE II.

Ny de tant d'habitans le reflux nompareil,
Mais pour estre esclairez des yeux de mon Soleil,
Et pour voir des beautez l'exemplaire & l'idee
En ce lieu des Amours & des Graces guidee:
Puissé-ie encor vn coup si grand heur recevoir,
Et iamais plus n'ouïr, ne parler, ny ne voir.

 I'accroissoy de ces plaints le regret qui me tuë,
Quand du tout le Chasteau se desrobe à ma veuë:
Ce fut lors qu'à plein bras la douleur m'assaillit,
Vn tremblement me prist, le genouil me faillit,
Et la mort si souuent à mon aide imploree
Vint s'apparoistre à moy haue & desfiguree.
Ie la vey, c'estoit elle, & ie la reconnu,
Telle elle est aux mortels quand leur iour est venu.
A cest horrible aspect mon ame espouuantee
Quitta son corps perclus, la voix me fut ostee,
Mon visage & mes yeux ternirent leur couleur,
Et tombay comme vn tronc sans force & sans chaleur.

 Ce qui m'aduint depuis est aux autres notoire,
Car du bien & du mal ie perdy la memoire:
Ie ne sçauroy parler du secours des rameurs,
De l'eau qu'on me ietta, de l'effroy, des clameurs:
Bref ie ne m'apperceu de rien qu'on me sçeut faire,
Tant que ie fusse mis dans ce lieu solitaire,
Où mes sens defaillis ayans repris vigueur
I'en despite le Ciel & maudy sa rigueur,
Sçachant que rien n'est propre à mes maux incurables
Que la mort, seul recours des humains miserables.

R iiij

LA PYROMANCE.

L'AMOVREVX Dorylas ayant l'ame frappee
Depuis maintes saisons des yeux de Pa-
nopee
La fiere Nereide, en pleurs se consu-
moit,
Et sans fruict ses regrets par les ondes semoit:
Ny ses longues douleurs, ny son amour fidelle,
Ny ses yeux ruisselans d'vne source eternelle,
Ny le feu trop couuert, qui le fait dessecher,
Auoyent peu de sa Nymphe entamer le rocher.
 Vn soir du mois de Iuin, que la flamme etheree
S'estoit pour luire ailleurs de nos yeux retiree,
Que l'air estoit serain, la mer se reposoit,
Et que le doux Zephyre endormi s'appaisoit,
Ce pescheur miserable au plus fort du silence,
Quand chacun est en paix sent moins de patience,
Amour cruel pirate incessamment le poingt,
Et sur mer ny sur terre il ne repose point:
Tout le iour dans sa barque il auoit fait des plaintes
En si piteux accents que les Nymphes contraintes
Auoyent de tiedes pleurs ses cris accompagnez,
Et les fleuues s'estoyent de leur course esloignez.
 Or ainsi que la nuict tendit ses larges voiles,
Et qu'on veit dans le Ciel les premieres estoiles
Monstrer leur belle veuë & de rang se leuer,

Luy qui sent tout de mesme en son cœur arriuer
Mille nouueaux soucis pour prendre leur pasture,
Les pieds & les bras nus, nud teste & sans ceinture
Poussa du cœur ces mots dressant bien haut les yeux,
Naissez feux de la nuict, naissez parmi les Cieux.

 O toy sœur de Phebus, ô Royne vagabonde,
Puissante au ciel, en terre, & sous la nuict profonde,
Qui fais à poincts reiglez la marine escumer,
Et produis haut & bas tout ce qui peut charmer,
Preste moy ta lumiere, & sois ma Secretaire,
Or' que sous la nuict sombre en ce lieu solitaire
I'inuoque à mon secours la iustice des dieux.
Naissez feux de la nuict, naissez parmi les Cieux.

 Amour cruel enfant d'vne mere cruelle,
Venus fille des flots & comme eux infidelle,
Qui des plus humbles cœurs vas sans plus triomphant,
Que vous estes cruels & la mere & l'enfant!
Tous ces rochers voisins ont vne ame plus tendre.
Pensez le bel honneur! les cruels ont sçeu prendre
Vn captif miserable à leurs pieds estendu,
Qui pour mieux les flechir ne s'est point defendu:
Et laissent cependant l'ingrate Panopee
Sans soing, sans amitié de mes larmes trempee,
Qui mesprise leur force, & mon mal soucieux.
Naissez feux de la nuict, naissez parmi les Cieux.

 Tous les feux de la nuict au ciel ont pris naissance,
Il est temps que deuôt mes charmes ie commence:
Voila l'autel tout prest de gazons façonné,
D'algue & d'absinthe blanc il est enuironné,
Par neuf fois en la mer i'ay ma teste plongee,
I'ay sur l'autel sacré la verueine arrangee,

R. v

L'encens est allumé. Toy qui te vas changeant
En fleuue, en flamme, en roche, en serpent s'allongeant,
Ie t'inuoque, ô Proté, cest autel ie te dresse,
Sors du fonds de ces eaux, viens guarir ma tristesse,
Et rechange mes sens, qu'Amour rend furieux.
Luisez feux de la nuict, luisez parmi les cieux.

  Meris le vieux sorcier tant craint en ces riuages,
Qui peut en temps serain couurir la mer d'orages,
Tirer du Ciel la Lune & sa course arrester,
Et qui fait contremont les torrens remonter,
M'apprist vne magie aux nochers peu connuë
Pour trouuer sa fortune auant qu'estre aduenuë:
I'en veux faire l'essay, car ie veux descouurir
Si l'Amour de ses traits pourra le cœur ouurir
De ma belle ennemie, & casser ceste glace,
Où l'inimitié sans plus y trouue place.

  Dans ce large vaisseau qui d'eau douce est comblé,
I'ay mis du costé droict maint branchage assemblé
D'oliuier & de myrte: en la gauche partie
I'ay mis du chesne sec & des fueilles d'ortie.
Le droict pour la douceur, l'amour & la pitié:
L'autre pour la rudesse & pour l'inimitié.
Ie sçauray maintenant si le ciel m'est contraire,
S'il faut sans tant languir que ie me desespere,
Ou si mon triste sort se doit changer en mieux.
Luisez feux de la nuict, luisez parmi les cieux.

  Voila dans le vaisseau comblé d'eau de fontaine
De claire humeur d'oliue vne coquille pleine,
La meche est au dessus, il la faut allumer,
Si ie veux de tout point mes charmes consumer:
La Conque à cest effect icy me fut portee

De l'Indique Ocean par le grand Cloanthee.
Ceste huile est de la lampe incessamment ardant
Dans le temple à Neptune aux fins de l'Occident :
Et ceste meche neuue a touté esté filee
Des innocentes mains de la vierge Erilee :
Reste à voir si i'auray fauorables les Dieux.
Luisez, feux de la nuict, luisez parmi les Cieux.

 Regarde ô Panopee, ardent feu de mon ame,
Regarde vn peu la meche & comme elle prend flame :
Helas ! s'il t'en souuient mon cœur mal-aduisé
Fut ainsi tout à coup par tes yeux embrasé.
Ie sçauray maintenant ma douteuse auanture,
Car si pour tout iamais tu me dois estre dure,
La flamme au costé gauche aussi tost s'espandra,
Et sur le chesne sec esclairant se rendra :
Mais si ta paix vn iour me doit estre donnee,
Sur le myrte & l'oliue on la verra tournee,
Comblant mon triste cœur de rayons gracieux.
Luisez feux de la nuict, luisez parmi les Cieux.

 O ciel, ô mer, ô terre, ô deïtez puissantes,
Qui regnez au seiour des ombres pallissantes,
Toy Royne Proserpine, & vous tristes esprits,
Par qui la nuict resonne en effroyables cris,
Fauorisez mon charme, & faites que ie sçache
Ce que ma belle Nymphe en sa poitrine cache,
Et que ce feu sacré le descouure à mes yeux.
Luisez feux de la nuict, luisez parmi les Cieux.

 Le feu sans vaciler immobile seiourne,
Ny deçà ny delà sa lumiere il ne tourne :
Pauure helas ! que ie suis, c'est signe qu'en ton cueur
Tu ne loges encor ny pitié ny rigueur,

La haine ou l'amitié ton courage ne domte,
Et pour tout de mon mal tu ne fais point de compte,
Tu me vas desdaignant. Destins iniurieux,
Estre du tout hay me plairoit beaucoup mieux!
Quoy? sera donc ainsi ma franchise asservie,
Sans que ie sçache helas! ny ma mort ny ma vie?
Demourray-ie tousiours languissant & confus,
Sans pouuoir m'asseurer d'accord ny de refus?
Quel mal plus deplorable? ô Sort que i'importune,
De grace hé! monstre moy l'vne ou l'autre fortune,
Et s'il faut que i'attende ou douceur ou pitié.
Le feu s'enfuit d'amour & suit l'inimitié.

Voila de mon destin la piteuse nouuelle,
Ma Nymphe n'aime rien, elle est toute cruelle,
Les rochers sont plus doux que son cœur endurci,
Il n'en faut esperer ny pitié ny merci.
Mais pourquoy miserable ay-ie fait tous ces charmes?
Ne le sçauoy-ie pas? tant de ruisseaux de larmes,
Tant de flots, de soupirs, tant de mal enduré
Assez auparauant m'en auoyent assuré.
Sourde fille d'vn roc, ame fiere & sauuage,
I'estimois que ma plainte eust flechi ton courage,
Mais ie voy mes desseins rompus par la moitié.
Le feu s'enfuit d'amour & suit l'inimitié.

Malheureux soit le poinct que i'en sù sa cognoissance,
De là tant de malheurs en moy prindrent naissance,
Ie mesprisay soudain ce qui m'estoit plus cher,
Et tout ce que i'aimoy ne fait que me fascher.
Mais que suis-ie à present? ou qu'estoy-ie auant l'heure
Que le maudit Amour feit en moy sa demeure?
I'entrois en la ieunesse, & ma belle saison

Commençoit à pousser vne blonde toison,
I'auois la couleur viue, & tout plein de franchise
Contant entre les miens ie viuois de ma prise,
Ces eaux incessamment redisoyent mes chansons,
Ie nageois, ie peschois de cent mille façons :
Ores d'vn rude poil i'ay la face couuerte,
A rien fors qu'aux regrets ma bouche n'est ouuerte,
De chacun de mes yeux vn ruisseau va coulant,
D'horreurs, de feux, de mort sans plus ie vay parlant,
Ma ligne & mes filets demeurent sans rien faire,
Et pour tout exercice or' rien ne me peut plaire
Que blasphemer du ciel l'iniuste mauuaistié.
Le feu s'enfuit d'amour & suit l'inimitié.

Or puis que de tout point mes attentes sont vaines,
Doy-ie pas donner cesse à ma vie & mes peines,
Et du haut de ce roc en la mer m'eslancer,
Sans d'eternelles morts nuict & iour trespasser?
Enhardy toy mon cœur : mais ie voy la lumiere,
Qui chancelle incertaine & flamboye en arriere :
Or' à gauche or' à droict elle se va iettant,
Et court puis çà puis là d'vn rayon inconstant,
De la haine à l'amour legere elle est portee,
Et plus en mesme lieu ne demeure arrestee.

I'entens bien maintenant que veut dire ceci,
Ma Nymphe en mesme temps m'aime & me hait aussi,
Son ame est en balance. Ah! non, c'est vn presage,
Combien l'amour de femme est soudaine & volage :
On la voit çà & là diuersement errer,
Iamais l'homme aduisé ne s'en doit asseurer.
Comme vn Cameleon le cœur de ces cruelles
Se change à tous obiects, & la plus ferme d'elles

Aimeroit beaucoup mieux pour son contentement
Viure auec vn seul œil, qu'auec vn seul amant.
Mais où me porte helas! l'ardeur qui me deuore?
Ie mesdy folement d'vn sexe que i'adore,
Et ne vois le bon heur qui me suit à son tour.
Le feu laisse la haine & s'arreste à l'amour.

 La flamme au costé droict s'est du tout retiree,
Hé Dieu resué-ie point? non, c'est chose asseuree,
Son rayon tant aimé sur l'amour s'est ietté,
Et ne retourne plus sur le gauche costé.
Mais pourtāt ma pauure ame est tousiours en tourmēte,
Ie crains qu'vn vent malin renuerse mon attente,
Et que le sort cruel vers moy face retour.
Le feu laisse la haine & s'arreste à l'amour.

 O feu sainct & fatal si clair en ma pensee,
De grace, hé suy tousiours la trace encommencee,
Ne tourne plus ailleurs, & me rens asseuré
D'vn bien qui m'est si cher & si desesperé,
C'est pour vray qu'il demeure, & ja lumiere viue
Se courbe & se respand sur la branche d'oliue,
Et sans plus maintenant elle esclaire à l'entour.
Le feu laisse la haine & s'arreste à l'amour.

 Seule fin de mes vœux, doux vent de ma nauire,
Ma claire tramontane, heureux port où i'aspire,
Mon sang, mon cœur, mon tout, c'est or' que ie promets
Entre les mains d'Amour de vous suiure à iamais,
De n'adorer que vous, ne songer qu'à vous plaire,
Et iamais de vos yeux mes pensers ne distraire.
Le cours du temps leger toute chose emportant,
Le pouuoir du destin ou du sort inconstant,
Les cruautez d'Amour, la longueur d'vne absence,

LIVRE II. 399

Les desdains, la raison, l'oubly, l'impatience,
Les ialoux desespoirs, le mespris, la rigueur
N'effaceront iamais vos beautez de mon cœur.
La mer sera sans eaux, sans poissons & sans voiles,
Le Soleil sans lumiere, & la nuict sans estoiles,
Les Dauphins en volant parmi l'air se paistront,
L'hyuer en l'Ocean les fleurettes naistront,
Et l'Afrique aux chaleurs ne sera plus suiette,
Quand ie me sentiray blessé d'autre sagette,
Et que d'autres desirs en moy feront seiour.
Le feu laisse la haine & s'arreste à l'amour.

 Mais ie voy peu à peu que l'Aube qui s'auance
Dechasse en s'approchant l'ombrage & le silence,
Et cest œil de la nuict, que i'ay tant reclamé,
Cede au char d'Apollon de rayons allumé:
A fin donc qu'en la nuict mon mystere demeure,
Ainsi qu'elle finit ie cesse à la mesme heure,
Auec cest heureux vers saluant le beau iour.
Le feu laisse la haine & s'arreste à l'amour.

ADVENTVRE PREMIERE.

CLEOPHON.

RIGOVREVX poinct d'honneur, qui de si
  chaudes flames
 Poursuis les ieunes cœurs, & les plus belles
  ames,
Qui romps leur plus doux somme, & leur fais mespriser
L'aise & l'heur de la vie à fin de s'exposer,

ELEGIES,

Et sous l'espoir d'vn bruit d'honorable duree
Volontaires courir à la mort asseuree.

Des malheurs que Pandore en la terre sema,
Quand contre Promethé Iupiter s'anima,
Et rendit nostre race en viuant miserable.
Tu es le plus cruel & le plus dommageable:
Il falloit aux mortels des corps de diamant
Pour contre tes efforts resister seurement,
Sans en si foible lieu loger tant de courage,
Et voir perdre en vn rien le plus celeste ouurage.
Mais las! si ta rigueur rendit onques desfaits
De Nature & du Ciel deux chefs-d'œuure parfaits,
Ces vers le feront voir, qu'entre cent mille allarmes
D'ennuis & de sanglots i'ay tracez de mes larmes.

Damon & Lycidas deux astres de ce temps,
Deux Achiles nouueaux, deux aimables Printemps
Qui semoyent comme fleurs les Amours par la terre,
Et blessoyent tous les cœurs par vne douce guerre
S'aimoyent vniquement, ce n'estoit qu'vn vouloir,
En eux vn seul esprit deux corps faisoit mouuoir.
Iamais l'œil de Phebus ne veit telle ieunesse,
C'estoit toute vertu, douceur, grace & prouësse,
Desia leur clair renom flamboit en diuers lieux,
Mars logeoit en leur ame, & l'Amour en leurs yeux.

Cleophon qui par tout fait reluire sa gloire,
Grãd Prince & grand guerrier d'immortelle memoire,
Dont le clair iugement iamais ne se deçoit,
De ces deux entre tous la valeur cherissoit.
Eux qui de ses vertus ont l'ame toute pleine
N'adorent rien que luy, c'est leur ioye & leur peine,
Et n'ont plus grand desir que de luy faire voir

LIVRE II. 401

Ce que peut en leurs cœurs l'honneur & le devoir.
Aduient qu'vn soir tout seul Damon se delibere
Ondoyant des grands flots d'vne ieune colere
Pour appaiser son cœur bouillant & genereux
De tenter le peril d'vn combat rigoureux:
Lycidas qui l'entend de fureur se transporte,
Et plein d'vn beau despit l'accuse en ceste sorte:
　Tu me veux donc fuir, ô mon plus cher soucy!
Donc ma ferme amitié se voit payer ainsi,
Qu'en l'essay perilleux d'vne belle entreprise
Comme peu valeureux ta vertu me mesprise?
A qui plus desormais pourray-ie auoir de foy
Si ce qui m'est plus cher se separe de moy?
Non il n'en sera rien: l'Amour qui nous assemble
Veut q̃ au bien & au mal nous ayons part ensemble.
Face le sort cruel ce que faire il pourra,
Lycidas, ô Damon, iamais ne te lairra,
Ie te suiuray par tout : mon ame ardente & prompte,
De ce fragile corps sçait bien ne faire conte.
　Damon respons ces mots, O mon plus doux penser,
Ainsi victorieux te puissé-ie embrasser,
Sans qu'aucun accident nostre amour diminuë,
Comme assez clairement ta valeur m'est connuë,
Ce n'est pour cest esgard que ie t'auoy laissé:
Mais si l'aueugle sort, ou le ciel courroucé
Rendent là de mes iours la carriere acheuee,
Ie vouloy que mon ame en toy fust conseruee.
Car bien que le Destin me face aller deuant,
Ie ne croiray mourir si tu restes viuant:
Ioinct que du Cleophon la memoire eternelle
Et ce que nous deuons à son amour fidelle

M'arreste & me retient, craignant que le malheur
Ne luy verse d'vn coup ces deux flots de douleur.
Ne me vueilles donc suiure, ô doux feu de ma vie,
Par ce genereux Prince en pleurant ie t'en prie:
Reste pour le seruir sans de luy t'estranger,
Accorde mes desirs, ie ne crains nul danger.

Au nom de Cleophon son ame est fort pressee,
Et se sent presque esmeu de changer de pensee:
Mais l'ardeur de combatre est trop forte en son cœur,
Puis l'obiect de Damon reste en fin le vainqueur.

Ie te suiuray (dit-il) rien ne m'en peut distraire,
C'est s'opposer au Ciel que d'aller au contraire,
Nos destins amassez dans vn mesme fuzeau
Doiuent estre tranchez d'vn seul coup de cizeau:
Ne m'offense donc plus par ta vaine rudesse,
Puis qu'helas! sans te voir ie mourroy de tristesse.

Durant tous ces discours qu'Amour leur inspiroit,
La mere du Sommeil coye se retiroit,
Ramassant sous son aile en brune couleur teinte
Les songes, le repos, le silence & la crainte:
L'Aurore aussi soudain commença ses trauaux,
Et ne voulut parer son char ny ses cheuaux,
Ne couronna son sein ny ses tresses de roses,
Mais d'vn manteau de dueil ses beautez furent closes.

Courriere du Soleil, tu deuois de tout poinct
Deuers nostre horizon ce iour n'arriuer point,
Afin que ta lumiere aux mortels si plaisante
A tant d'actes piteux ne se trouuast presente.
Helas tu n'eusses veu sur le champ renuersé
Lycidas, ô regret! d'outre en outre percé:
Tu n'eusses veu les doigts de la Parque cruelle

LIVRE II.   40

Couurant hastiuement sa mourante prunelle,
D'vn seul coup la ieunesse & l'amour sourmonter,
Et l'ame à grand regret son bel hoste quitter.
Tu n'eusses veu l'honneur de sa tresse dorée
De la blonde couleur du poil de Cytherée,
Où le plus libre esprit se trouuoit attaché,
Meslé confusément, tout rouge & tout taché.
Tel sembloit Adonis, quand la force inhumaine
Du sanglier l'eut couché tout sanglant par la plaine:
Mais il eut pour le moins ce confort en mourant,
D'auoir fini ses iours son ami secourant,
Et de voir par sa main valeureuse & guerriere
Son meurtrier estendu sur la rouge poussiere.
  Damon vn peu plus loin sans pitié combatant
Du sang de ses haineux & du sien degoutant,
Ardant & furieux, comme vn Mars redoutable,
Reçoit en l'estomach mainte playe honorable,
Et durant que son cœur est plus grand & plus chaud,
Presque n'en sentant rien la puissance luy faut.
Son beau corps dont la force auec le sang se verse
Debile & chancelant, trebuche à la renuerse,
Et plus que demi-mort reste là pallissant:
Comme vn bouton de rose en Auril languissant,
Qui perd sa couleur viue alors que la tempeste
Ou l'outrage du vent luy fait pancher la teste:
Ou comme vn ieune Lis de la pluye aggraué
Laisse pendre son chef, qui fut si releué.
Victoire Cadmeane, & trop chere achetée
D'vn ny d'autre parti tu n'as esté chantée:
Tous deux en longs soupirs detestent ta rigueur,
Et l'honneur du trofee est cuisant au vainqueur.

Or comme auec le sang cesse l'ire & la guerre,
Damon qui se renient par le froid de la terre,
Tout à peine se traine où gisoit son ami,
D'vn long sommeil ferré durement endormi.
Qui dira la douleur dont son ame est frappee,
Quand il voit que la Parque a sa trame couppee?
Ayant le cœur vaincu de regret & d'ennuy
Immobile long temps tient l'œil fiché sur luy:
En fin l'amas pressé du dueil qui continuë
Rauit toute lumiere à sa dolente veuë,
La couleur à son teint, aux genoux leur effort,
Si que palle & tout froid chet à dent sur le mort.
  Au retour de l'esprit que la douleur r'appelle
Il maudit des hauts Cieux l'ordonnance cruelle,
Se lasche au desespoir sanglotant sans cesser,
Et de baiser le corps il ne se peut lasser:
Puis comme les sanglots, l'angoisse & la furie
Font passage à sa voix, tout en pleurs il s'escrie:
  Ne depars point encore, ô seul iour de mes yeux,
Et parmi tant de rage & d'assauts furieux
N'abandonne au besoin vn que tu faisois viure
Et que iusqu'à la mort tu n'as pas craint de suiure:
Oy mes propos derniers & mes gemissemens,
Reconforte mon cœur par tes embrassemens.
Nos esprits enlacez d'vn celeste cordage,
Si tu m'attens vn peu, ne feront qu'vn voyage,
Leur vol tout à la fois en la nuict s'estendra,
Et des myrtes ombreux la descente prendra.
Mais, ô cruel ami, ta flamme est-elle esteinte,
Que tu n'es point touché de ma dure complainte?
Ton oreille est fermee à mes cris enflammez,

LIVRE II.

Et pour ne voir mes pleurs tes beaux yeux, sont fermez:
Ah que de desespoirs tyrannisent ma vie!
Helas tourne vn regard devers moy ie te prie,
Respons moy, Lycidas, peux-tu voir sans parler
Ton malheureux Damon tout en pleurs s'escouler?

 Au nom de son amy (miracle!) il s'esnertuë
D'esleuer quelque peu sa prunelle abbatuë,
Qui semble vne fleurette où toute humeur defaut
Seche sur vn riuage espuisé par le chaud:
Mais Clothon qui plus loin n'a limité son terme,
D'vne outrageuse main pour iamais la referme.

 Damon plus que deuant au dueil s'abandonnant,
Rend d'esclatans regrets l'air voisin resonnant,
Couure le corps de sang, de cheueux & de larmes,
Et toussiours la fureur luy fait nouueaux allarmes:
Qui ne cesse qu'alors qu'vn spasme appesanti
Luy dérobe l'esprit de foiblesse amorti.

 Tandis des faits nouueaux la Courriere emplumee
Par tout ceste merueille aussi tost a semee:
Chacun court sur la place, & sent en s'approchant
Qu'vn long traict de pitié son esprit va touchant:
Au moins humain de tous l'œil de larmes degoute,
Et du plus mort des deux les regars sont en doute.

 Alors quelques amis que la foule entouroit,
Trouuant l'vn tout glacé, l'autre qui respiroit,
Portent en soupirant de façon lamentable
Le blessé dans vn lict, le mort sur vne table.

 Quel rampart assez fort la raison te garda
En ce torrent de dueil, qui sur toy desborda,
Valeureux Cleophon, quand la triste merueille
D'vn tel bruit vint frapper ton ame & ton oreille?

Le rocher de ton cœur d'inuincible vertu
A ce terrible choc se veit presque abbatu,
Et rompu de tout poinct par la vague effrenée.
,, Tant peut l'amitié sainte en vne ame bien née.
Sceptre ny maiesté n'ont pouuoir d'empescher
Que ceste affection ne le vienne toucher,
Court au lieu pitoyable, où d'vne force extresme
Reserrant & pressant son angoisse en soymesme
S'approche du blessé, qui mourant languissoit,
Et plus à son amy qu'à son mal il pensoit.
  Ce grand Roy le console, & d'vn plaisant langage
Voile de son ennuy, luy remet le courage,
Voit de ses coups diuers sonder la profondeur,
Et pour le secourir met au loin sa grandeur.
  Qu'on ne me vante plus l'amitié vengeresse
Du preux fils de Thetis seur rampart de la Grece:
Ny le feu saint & beau dont Pylade est forcé
Quand il s'offre à mourir pour Oreste insensé.
S'esteigne le renom d'Hercule & de Thesee,
Et de ceux dont la gloire en tout aage est prisee,
Qui se sont de mortels dans le Ciel esleuez,
Pour les droits d'amitié saintement obseruez.
Mon Prince le plus grand de ceste terre basse,
Comme en toutes vertus en ceci les surpasse:
Nul diuertissement sa douleur ne deçoit,
Des yeux ny de l'esprit le somme il ne reçoit,
Tant cest ennuy le poingt, donne promet & prie;
N'estime rien trop cher pour racheter sa vie:
D'autour de son cheuet il ne se peut bouger,
Et de sa blanche main le fait boire & manger,
Importune le Ciel de vœux & de prieres,

Bref, pour flechir la Mort tante mille manieres,
Mais ceste fiere Parque aux rauissantes mains,
Seule des Deïtez est sourde aux cris humains:
Sans pitié d'heure en heure elle abat sa ieunesse,
Et d'vn si beau seiour se veut faire maistresse.

    Amour qui s'y logeoit superbe & redouté,
Luy resista long temps d'vn courage indomté:
Et durant qu'il demeure vn seul traict en sa trousse
Tousiours braue & vaillant arriere il la repousse:
En fin il est contraint, foible & tout desarmé,
De quitter en pleurant vn logis tant aimé,
Déconfit, esperdu, trainant l'aile blessee
Comme vn qui s'est sauué d'vne place forcee.

    Or quelque peu deuant que l'extreme accident
Couurist ce poinct du iour d'eternel Occident,
Durant qu'autour du lict maint grand soupir resonne,
Et que Cleophon mesme aux regrets s'abandonne,
Damon le regardant son esprit renforça,
Et ces derniers propos auec l'ame il poussa.

    Prince, honneur de nostre aage & sa gloire premiere,
Qui fus mon heur, mon tout, mon ame & ma lumiere,
Et le seras tousiours (car malgré son effort
L'amitié ceste fois surmontera la mort)
I'estime heureusement ma carriere acheuee
Ayant iusqu'au tombeau ton amour esprouuee,
Et remporte en mourant vn eternel plaisir,
D'auoir si dignement sçeu loger mon desir.
Si de peu de saisons ma vie est limitee,
Ayant d'vn si grand Roy la faueur meritee,
Ie n'ay qu'assez vescu, mes esprits sont contans.
„ Tous ceux qu'aiment les Dieux ne viuent pas long
    temps.

Ie iure par ton Nom qui m'est si doux à l'ame
Qu'vn seul traict de douleur au trespas ne m'entame,
Fors du mal qui t'afflige, & l'ennuy de n'auoir
Te seruant plus long temps tesmoigné mon deuoir,
Ce regret seulement suiura ma sepulture,
Et par moy Lycidas le semblable te iure:
Qui las! toutes les nuicts se lamente dequoy
Le temps ne t'a fait voir plus d'effets de sa foy.
Mesme la nuict derniere en l'horreur plus espesse
Alors que tous mes gens de peine & de tristesse
Gisoyent appesantis : de mon œil non touché
Des pauots du Sommeil, foible il s'est approché,
Sanglant, la couleur palle, & la façon peu gaye,
Et couuroit de sa main la grandeur de sa playe:
Helas! bien different de celuy qu'il souloit,
Quand sa ieune beauté tant d'appas receloit.
 Damon, me disoit-il, pour qui la Destinee
M'a fait dés mon Aurore accomplir ma iournee,
Voici ton heure proche, il te faut auancer,
I'ay resté iusqu'ici pour ne te point laisser,
Afin que comme en terre aux plaines Elysees
On ne voye vn seul iour nos ames diuisees.
Mais deuant, cher ami, que tu quittes ce lieu,
A mon Prince & au tien dy l'eternel Adieu:
Conte luy qu'en mourant i'eu son nom en la bouche,
Et que tousiours de luy le souuenir me touche,
Regrettant de n'auoir suiuant ma volonté
Monstré de quelle ardeur i'adoroy sa bonté:
Dy luy que d'autre ennuy ie n'ay l'ame oppressee,
Mais fay-le promptement, car ton heure est pressee.

Ie vo

LIVRE II.

Ie vouloy luy respondre alors qu'il s'enuola,
Et mon embrassement rien que vent n'accolla.
  Reçoy donc ce deuoir dont pour luy ie m'acquite,
Et croy que ta vertu ne fut onc mieux escrite
Qu'elle estoit en son cœur à toy seul reserué,
Où iamais autre traict ne peut estre engraué!
Croy, s'il te plaist, aussi que la Parque ennemie,
Ny du triste Lethés l'oubliance endormie
Iamais en nos esprits ton nom n'effacera:
Vn breuuage amoureux sa liqueur nous sera,
Qui de tout autre obiect emportant la semblance,
En nous tant seulement lairra ta souuenance
Sur les myrtes ombreux comme oiseaux voletans:
Et tous deux à l'enui tes loüanges chantans,
Aux esprits bien-heureux nous les ferons entendre,
Qui rauis nous suiuront à fin de les apprendre,
Et serons comme Dieux en la troupe estimez.
Au nom d'vn si grand Roy qui nous a tant aimez.
  Reste, Prince inuaincu, que ton ame s'appaise,
Afin que sa douleur ne trouble point nostre aise,
Obeïs sans murmure au vouloir du haut Dieu,
Et de ma foible voix oy ce dernier adieu.
  Adieu chers Compagnons, dont la foy m'est connuë,
Si le pouuoir me faut, l'amour me continuë:
Aimez-moy donc tousiours, & vueillez retenir
De Lycidas & moy l'eternel souuenir:
Et pour doux appareil de vostre ame blessee,
Ayez incessamment nos noms en la pensee.
Or adieu, Cleophon, adieu mortel seiour,
La Mort m'oste à ce coup la parole & le iour.

S

ELEGIES,

Ainsi mourut Damon l'ornement de son aage,
Vn Narcisse en beaux traicts, vn Mars en grand cou-
 rage,
Le Ciel qui pour sa gloire accompli l'auoit fait,
S'il ne l'eust retiré demeuroit imparfait.

ADVENTVRE SECONDE.

EVRYLAS.

ENFANT, l'aise & l'ennuy de la Belle Cy-
 prine,
Lance vn rayon de flamme en ma chaude
 poitrine,
Et renforce ma voix pour chanter dignement
Les amours d'Eurylas, sa gloire & son tourment,
L'heur de ses compagnons, la fin de leur martyre,
Et les beautez d'Olympe honneur de ton Empire:
Olympe aux yeux vainqueurs de tout cœur indompté,
Qui gaignant vn amant perdit sa liberté.
 Cest ieune Deesse aussi fiere que belle,
En l'Auril gracieux de sa saison nouuelle,
Erroit sans passion ainsi qu'il luy plaisoit,
Et (bien qu'innocemment) mille playes faisoit:
Car contre ses beautez ne se trouue defense,
Et chacun qui la voit luy porte obeissance.
Combien de durs regrets estoyent lors entendus,
Combien de chauds soupirs & de pleurs espandus,
Par ces nouueaux blessez pour flechir son courage,
Tandis qu'elle se rit de les voir en seruage

Franche & libre d'amour, qui ne pouuoit penser
Que ceste liberté la deust iamais laisser.
La ieune Fleurdelis, chere part de son ame,
Plus sçauante aux effets de l'amoureuse flame,
De sa dure rigueur souuent la reprenoit,
Et pour la conuertir ces propos luy tenoit. (porte
Que faites-vous, mon cœur? quelle erreur vous transf-
De fermer aux Amours de vos pensers la porte?
Quel plaisir aurez-vous viuant tousiours ainsi?
Amour rend de nos iours le malheur adouci:
Il nous esleue au Ciel, il chasse nos tristesses,
Et au lieu de seruir nous fait estre maistresses:
L'air, la terre & les eaux reuerent son pouuoir,
Il fait comme il luy plaist les estoiles mouuoir,
Tout le recognoist Dieu. Que pensez-vous donc faire
D'irriter contre vous vn si fort aduersaire?
Par luy vostre ieunesse en honneur fleurira,
Sans luy ceste beauté rien ne vous seruira,
Non plus que le thresor qu'vn vsurier enserre,
Ou qu'vn beau diamant caché dessous la terre:
On ne doit sans Amour vne Dame estimer,
Car nous naissons ici seulement pour aimer.
Mais qu'est-il rien plus doux que de se voir seruie
D'vn qui nous prise plus que ses yeux, ny sa vie?
Entendre ses pensers, luy dire nos desirs?
Partir egalement le dueil & les plaisirs,
Les courroux gracieux, l'esperance & la crainte,
Lire sa passion sur son visage peinte,
Le voir perdre en soymesme, en nous se retrouuer,
Et les douceurs du ciel en la terre esprouuer.
Sans tromper follement nostre belle ieunesse,

Qui las! sans y penser comme vn songe vous laisse?
De semblables propos mille fois recitez,
Mais par les vents legers sans effect emportez,
Fleurdelis s'efforçoit d'adoucir la cruelle,
Fondant le dur glaçon qui sa poitrine gelle:
Mais c'est battre le vent, & sur l'onde semer,
Ce cœur trop verd encor ne se peut enflammer:
Il faut qu'vn ieune amant en face la vengeance,
Et qu'en la surmontant il perde sa puissance.
Desia le haut renom & les faicts glorieux
Du vaillant Eurylas s'espandoyent en tous lieux,
Qui n'attaignant encore à la vingtiéme annee,
D'vne ame ardente & viue à la gloire addonnee,
Auoit victorieux en cent lieux combatu,
Soustenu mille assauts d'vn cœur non abbatu,
Et par ses faicts guerriers suiuis de mille peines
Effacé le renom des plus grands Capitaines.
Il sembloit à le voir d'vn fleuri renouueau,
Il eut la taille belle & le visage beau,
Son teint estoit de lis & de roses pourprettes,
Et ses yeux rigoureux dardoyent mille sagettes:
On le prend pour Amour, & d'Amour toutesfois
Pour suiure le Dieu Mars il mesprise les loix,
Mainte Dame en son cœur ardemment le desire,
Perd son premier repos, apres ses yeux soupire,
L'adore comme vn Dieu, reuere sa grandeur,
Et se sent deuorer d'vne secrette ardeur:
Mais elle sent helas! que vaine est son attente,
Car il n'esprouue point le mal qui la tourmente,
Et fuit libre d'Amour d'vn cœur leger & prompt,
Plus soudain qu'vn torrent ne s'escoule d'vn mont.

LIVRE II.

O grãd vainqueur des Dieux, qui me tiẽs prisonniere
(Disoit tout bas quelcune) entens à ma priere,
Que sais-tu de ton arc? est-il en vain tendu?
Si tu retardes plus ton empire est perdu:
Vois-tu pas ce hautain qui mesprise ta gloire
Remportant de nos cœurs vne pauure victoire?
S'en ira-til ainsi? nous veux-tu point vanger?
Sauue aumoins ta couronne au fort de ce danger,
Et des plus poignans traits dont les Dieux tu surmonte
Traserse vn ieune cœur qui de toy ne fait conte.

 Amour qui ces propos tout colere entendit,
Soudain pour y pouruoir du tiers Ciel descendit:

 Quoy, ne suis-ie plus Dieu? ma flâme est-elle esteinte?
Mon carquois (disoit-il) ne fait donc plus de crainte?
Ose quelcun encor mes forces dépiter
Apres que i'ay vaincu le tonant Iupiter?
Mars tremble sous ma loy prisonnier de ma mere,
Et vn ieune guerrier est bien si temeraire
Pour ie ne sçay quels faicts dont il est renommé,
De tenir contre moy qui l'auoy tant aimé?
Si ie le pren, mais non, sa ieunesse peu caute
Veut que sans me vanger i'excuse ceste faute.
Ie veux pour ceste fois doucement le punir,
Mon empire se doit par douceur maintenir,
Puis ie m'en veux seruir pour vne autre entreprise:
Olympe ainsi que luy ma puissance mesprise,
Qu'ils se blessent l'vn l'autre, & sans sçauoir comment
Leurs deux cœurs soyent naurez par vn trait seulemẽt.

 Amour, de tes propos les effets s'ensuiuirent.
Car dés le iour suiuant que ces Amans se veirent
Frappez du prompt esclair qui sort de leurs beautez,

S iij

ELEGIES,

Ils demeurent surpris, esperdus, transportez.
Lors comme vn qui choisit lieu propre à sa vengeance
Tu sors de ton embusche, & d'extreme puissance
Delaschant vn traict d'or qui bruit au decocher,
Tu trauerses deux cœurs aussi durs qu'vn rocher.
Chacun sent aussi tost ceste blesseure estrange.
Ils font sans y penser de leurs cœurs vn eschange,
Ce n'est qu'vn vouloir mesme, & leurs regars legers
Des nouuelles amours sont piteux messagers.
Chacun d'eux est surpris de crainte & de merueille:
Leur teint ores est palle, or' de couleur vermeille,
Ils sentent vn plaisir tout meslé de rigueur,
Et de secrets soupirs ils euentent leur cueur.
Mais Olympe à la fin quelque peu reuenuë
Craint d'auoir trop rendu ceste amitié connuë
(Grande estoit l'assemblee) & croit asseurément
Que chacun s'apperçoit de ce prompt changement,
Se reprend de sa faute, & tasche à se contraindre,
Mais son ardant desir est trop grand pour le feindre.
Desia son nouueau mal paroist dessus son front,
Puis ses bruslans soupirs & son penser profond,
Ses yeux mal asseurez, son inconstant langage,
Monstrent les passions qui troublent son courage:
Et plus elle met peine à cacher sa douleur,
Plus la fiéure d'amour renforce sa chaleur.
Quel moyen? quel conseil? pauure que fera-telle
Pour ne descouurir point sa blesseure mortelle,
Mesme aux yeux d'vn mari ialoux & desfiant,
Qui va nouuel Argus de cent yeux l'espiant?
Il la tient au logis tant qu'il peut enfermee,
La presche incessamment de bonne renommee,

Contrôlle ses regards, ses habits, ses propos,
Et ne laisse iamais son esprit en repos
Trouble des flots mutins d'vne aspre ialousie,
Dont son ame esgaree est tellement saisie
Qu'il cerche les Deuins, aux sorciers ha recours,
Tous les Dieux infernaux il appelle au secours
Pour luy garder sa femme. & n'ha pas congnoissance
Que les enchantemens contre Amour n'ont puissance.
 Il estoit nuict fermee, & les hommes lassez
Reposoyent sans souci d'vn fort sommeil pressez,
Oiseaux, bestes, poissons sous l'horreur solitaire
Receuoyent la faueur du repos ordinaire:
Les vents comme endormis leurs souspirs retenoyent,
Et les fueilles des bois sans branler se tenoyent,
Bref tout se roposoit, Olympe au cœur blessee
Est seule qui ne sent repos en sa pensee.
Les beautez d'Eurylas luy sont deuant les yeux,
Ses vertus, sa grandeur, ses faicts victorieux,
Et ses plaisans regars qui mille amours recellent,
De l'vn de ces pensers cent autres renouuellent,
Qui reblessent son ame, & ce doux souuenir
Fait sa nouuelle ardeur plus forte deuenir.
Or' il luy prend vouloir de chasser toute crainte,
Pour descouurir le mal dont son ame est attainte,
Et ore elle ha desir de se laisser brusler
Sans que l'on puisse voir sa flamme estinceler.
Ardent amour la pousse, & la peur la retire:
L'vn luy donne plaisir, & l'autre la martyre:
Et de tant de pensers son cœur est agité,
Qu'elle flotte incertaine en ceste extremité,
Ore de ceste part, or' de l'autre poussee,

Comme vne foible nef par les vagues forcee:
Ou comme vn vieux sapin combatu rudement
Par deux vents ennemis soufflans diuersement.
Encore en ces assauts ce qui plus l'importune
C'est qu'elle n'ha pouuoir de plaindre sa fortune.
Le faix de ses ennuis luy seroit plus leger
S'elle osoit d'vn soupir sa poitrine alleger:
Mais elle sent helas! son ialoux aupres d'elle
(Indigne de toucher vne chose si belle)
Qui la fait contenir sans mouuoir ny gemir,
Car elle a tousiours peur qu'il feigne de dormir.

 Ainsi durant l'effort de tant de durs allarmes,
Retenant ses soupirs son recours est aux larmes:
Tant que la nuict dura de pleurer n'a cessé,
En fin le foible esprit du trauail oppressé
Peu à peu defaillit, & vaincu donna place
Au sommeil gracieux qui les ennuis efface.

 Désia le poinct du iour peu à peu s'auançoit,
Et la femme à Tithon son chemin commençoit
Chassant du firmament la grand' troupe estoilee,
Quand Olympe en dormant fut toute consolee
Par vn songe amoureux que Venus luy fit voir,
Messager du plaisir qu'elle deuoit auoir.
La mere des amours de sa douleur touchee
Ainsi qu'il luy sembloit, pres d'elle estoit couchee,
Sechoit ses larges pleurs, son dueil reconfortoit,
Et ce langage doux de sa bouche sortoit:

 Beauté plus que mortelle à mes yeux admirable,
Ma compagne, ma fille, aux Deesses semblable,
Prenez cœur ma mignonne, & souffrez doucement
Les angoisses d'Amour à ce commencement.

,, Apres beaucoup d'ennuis plus douce est la liesse,
,, Et iamais vn grand heur n'est acquis sans tristesse:
Comme vous cognoistrez: car ie veux commencer
Lasse de vos douleurs à vous recompenser,
Si vous me voulez croire & chasser toute crainte,
Monstrāt par vrais effets que vostre amour n'est feinte.
Oyez donc le conseil que ie vous veux donner,
Et qu'vn peu de hasard ne vous puisse estonner,
,, Toute chose facile est indigne de gloire:
,, Plus grand est le peril, plus belle est la victoire.
   Au fond du vieux Palais autrefois le seiour
Des demi-dieux de France, est vn temple d'Amour
A nuaux argentez, la voûte est toute peinte:
Là se voit à main droite vne figure sainte
Du paradis heureux des amans fortunez,
De leurs longues douleurs à la fin guerdonnez.
Si tost que le Soleil commençant sa carriere
Pour porter aux humains la nouuelle lumiere
Sera sur le midi, lors qu'on n'y pense pas
Et que chacun s'attend à prendre son repas,
Ayant auecques vous pour compagne fidelle
Camille atteinte au vif de l'ardente estincelle
Des yeux de Floridant, qui meurt pour ses beautez,
Choisissez sagement les lieux plus escartez,
Et vous rendez sans crainte en ceste heureuse place:
C'est là que vous sçaurez l'heur que ie vo⁹ pourchasse,
Mes delices, mes ieux, mes gracieux tourmens,
Et de quelles douceurs s'enyure les amants.
   Venus, celuy sembloit, à ces mots l'a baisee,
Laissant d'vn chaud desir sa poitrine embrasee
Puis disparut legere. Ainsi qu'elle partoit

S v

Le Ciel tout resiouy ses louanges chantoit,
Les vents à son regard tenoyent les bouches closes,
Et les petits Amours faisoyent pleuuoir des roses.
Phebus aux cheueux d'or sur les monts paroissoit,
Et la nuict deuant luy son grand voile abaissoit,
Les fleurs s'ouuroyent au iour, & la gaye Arondelle
Saluoit en chantant la lumiere nouuelle:
Quand auec vn penser plaisant & soucieux
Olympe se resueille entrouurant ses beaux yeux,
Doucement tout au tour la veuë elle a tournee,
Puis se tint sans mouuoir comme toute estonnee:
En fin pleine d'amour son chef elle haussa,
Et ces mots l'œil au Ciel bassement prononça.

 Fille de Iupiter ô diuine Cythere,
Qui sous le voile ombreux de la nuict solitaire
M'as daigné consoler, ie te suy desormais,
Et ma belle ieunesse en tes mains ie remets.
Loin loin fable d'honneur, qui m'as tenue en crainte,
Arriere ô vains respects, vous m'auez trop contrainte,
Ie ne redoute plus les propos enuieux:
Et toy mari ialoux d'vn œil trop curieux
Inuoque tes esprits, veille apres moy sans cesse,
I'auray pour mon secours l'amoureuse Deesse,
Qui me deliurera de ta captiuité.
,, Debile est vn mortel contre la deité.

 De mille autres propos chauds d'amoureuse flame
Olympe attainte au vif s'asseuroit en son ame,
Et se donnoit courage à fin de mieux oser
Pour sa belle entreprise hardiment exposer.
Elle en parle à Camille & le songe luy conte.
Camille aussi soudain à ses desirs est prompte,

LIVRE II.

Amour luy donnoit cœur, le fait luy semble aisé
Puis que de Venus mesme il est fauorisé.
Tousiours de plus en plus ce desir continuë,
Et leur tarde beaucoup que l'heure soit venuë.
Mais ce ne fut pas tout: Olympe qui sçauoit
Qu'au sang de Fleurdelis Amour ses traicts lauoit,
Ayant en mille endroits sa poitrine enferree
Par les diuins attraicts du gracieux Niree
Compagnon d'Eurylas, veut que pareillement
Elle soit leur compagne en ce contentement.

 Olympe que fais-tu? les amoureux mysteres
Sont tousiours plus sacrez, plus ils sont solitaires:
Ne t'auises-tu point que c'est trop entrepris?
Tu passes le conseil de la belle Cypris,
D'accroistre ainsi le nombre & mettre en la partie
La ieune Fleurdelis sans l'auoir aduertie.

 Car vous la fustes prendre, & feignant la mener
Pour passer la iournee auec vous pourmener,
Vous partez toutes trois. Tu marchois la premiere,
La honte aucunesfois te fait tourner arriere,
Ton pié douteux chancelle, & n'oses plus passer.
Mais l'Amour aussi tost te contraint auancer.
Amour seruoit se guide en ce secret voyage,
Qui chassoit toute crainte & luy donnoit courage:
Elle va l'œil au guet pas à pas doucement,
Et tressaut coup sur coup d'amoureux tremblement.

 Si tost qu'au vieux palais sans bruit furent entrees,
Des trois ieunes amans elles sont rencontrees,
Qui douteux iusqu'àlors sentoyent dedans le cueur
Vn combat incertain d'esperance & de peur:
Fleurdelis qui les voit reste toute esbahie,

S'enflamme de courroux, se plaint d'estre trahie,
Parle haut, se tourmente, & d'vn cœur depité
Blasme la belle Olympe, & sa temerité.
Les Amans tous confus ne sçauent que luy dire,
L'vn fait mille sermens, l'autre esperdu souspire,
Et l'autre d'vn parler triste & passionné
S'efforce d'amollir ce courage obstiné.
La pauure Olympe mesme à ioinctes mains la prie,
L'appelle son desir, sa lumiere & sa vie,
La serre estroittement, embrasse ses genoux,
Puis quelquesfois se fasche, & luy parle en courroux.

Hé quoy (luy disoit elle) où est vostre asseurance?
Où sont tous ces propos si pleins de vehemence
Que vous me souliez dire, à fin de m'enflammer
Auant que deux beaux yeux m'eussent forcé d'aimer?
Quel charme, ou quel Demon maintenāt vous trauaille
Qu'au besoin laschement ce courage vous faille?
Comme vn soldat craintif, qui bien loing du danger
Ne bruit que de combats, de forcer, d'assieger,
Parle haut des couars, leur lascheté reproche,
Puis fuit honteusement quand l'ennemi s'approche:
Vous fuyez tout ainsi d'vn cœur lasche & peureux,
Bien que vostre ennemi ne soit pas rigoureux.

Ainsi parloit Olympe à bon droit courroucee,
Mais pourtant Fleurdelis ne change de pensee,
Son esprit mal contant ne peut estre appaisé:
Niree en vain la prie ardemment embrasé,
Remonstre son amour, descouure sa constance,
Se plaint de ses rigueurs, perd toute patience.
Car il n'auance rien, ce courage endurci
Ne se peut condescendre à luy donner merci.

LIVRE. II.

Pendant qu'il parle à elle ardent de milles flames,
Les amans desireux, & les deux ieunes dames
Entrent au paradis tant de fois souhaité
Agreable seiour de leur felicité.
  O ieune enfant Amour le seul Dieu des liesses,
Toy seul pourrois conter leurs mignardes caresses,
Leurs soupirs, leurs regards, leurs doux rauissemens,
Et ces petits refus suiuis d'embrassemens,
Ces propos enflammez, ces agreables plaintes,
Ces desirables morts, & ces coleres feintes
Tu les peux bien conter, car tu y fus tousiours
Ayant auecques toy mille petits Amours,
Les vns forgeans des traicts, les autres de leurs ailes
Esuentant doucement leurs flammes immortelles:
Les autres voletans tout au tour s'amassoyent,
Et les autres de fleurs ton carquois remplissoyent,
Dont couuroyent ces amans comme d'vn grand nuage,
Puis voloyent dans leurs yeux & baisoyent leur visage,
Chacun à qui mieux mieux se monstrant desireux
De les rendre en ce lieu contans & bien-heureux.
  Helas pourquoy si tost finit ceste iournee?
Pourquoy n'eut elle au moins la longueur d'vne annee?
Certes le clair Phebus cessant de luire aux cieux,
Monstra bien qu'il estoit sur leur aise enuieux,
Et fit haster la nuict plustost que de coustume
Remplissant leurs esprits d'angoisseuse amertume,
Et leur faisant connoistre à ce dur partement,
Combien l'heur des mortels s'enfuit legerement.

Elegie sur les dernieres Amours de monsieur DES PORTES.

AINSI souspireroit son amoureux martyre
Le chantre Delien se plaignant à sa lyre,
Si l'arc de Cupidon auec sa fleche d'or
Pour vne autre Daphné le reblessoit encor.
Celuy vrayment qui lit ces souspirs pleins de flame,
Sans souspirer luymesme & fremir en son ame,
Est vn viuant rocher des plus mal animez,
Qui par Deucalion furent oncques semez.
 Que ce roc insensé, que ceste froide souche
De sa profane main ces mysteres ne touche:
Loin, qu'il s'en tienne loin, iusques à tant qu'vn iour
Il soit purifié par la flamme d'Amour:
De peur que s'irritant encontre son offense
Ce Dieu ne le foudroye en faisant la vengence,
Comme vn moqueur des Dieux impudemment entré
Dedans le sanctuaire à son nom consacré.
 Tu ne dois plus douter, ô sainct fils de Cyprine
Que tout cest Vniuers desormais ne s'encline
Deuôt à tes autels, si par tout l'Vniuers
Va vollant vne fois le son de ces beaux vers.
Où qu'ils soyent entendus, fust-ce entre les Tartares,
Amollissants l'acier de leurs ames barbares,
Ils apprendront d'aimer, & feront du grand mont
Du negeux mont Rhiphee vn Mont gibel second.
 Comme loin quelquefois de peril & de peine
Vn Roy voit d'vne tour en la voisine plaine
Ses soldats combatans l'ennemy surmonter,
Et l'heur d'vn nouueau sceptre à son sceptre adiouster

Ainſi ſans coup ferir, ou perdre vne ſagette,
Tu verras deſormais à ton pouuoir ſuiette
Toute ame ſe courber, & plus que par tes faits
De rebelles eſprits par leur conſeil desfaits.
Tu ſeras comme Pyrrhe, eux ainſi que Cynee:
Cynee, à qui Pithon ceſte gloire a donnee
D'auoir par le ſeul vent d'vne diſerte voix
Plus renuerſé d'eſtats, que luy par le harnois.

  Que tu es en ton ame heureuſe & glorieuſe
(Mais ſinon glorieuſe au moins tu es heureuſe)
Toy quiconque ſois-tu, memorable Beauté,
Dont l'honneur immortel en ces vers eſt chanté!
  Si c'eſt quelque plaiſir à l'ambicieuſe ame
(Telle comme l'on dit qu'eſt celle de la femme)
De voir voler ſon los iuſques au firmament,
Nul plaiſir ne s'egale à ton contentement:
Tu vois comme Narciſſe en l'amoureuſe peine,
Qui peinte en ces eſcrits te ſert d'vne fontaine,
Combien ta face eſt belle, & lors en t'admirant
Tu te vas de tes yeux peut-eſtre enamourant.
Puis voyant quels lauriers couronnent la memoire
De ce chantre diuin de ta diuine gloire:
Si tant d'honneur eſt deu(ce dis-tu dans ton cœur)
Aux ſouſpirs du vaincu, que doit-on au vaincueur?
  Le Heraut publiant aux Olympiques feſtes
Les noms & les lauriers des vainquereſſes teſtes,
Eſtoit-il plus vanté pour l'honneur de ſa voix
Que le vaillant guerrier qui vainquoit aux tournois?
Ie l'ay ſeule inſpiré l'animant de ma veuë,
Donc ceſt ouurage eſt mien, la gloire m'en eſt deuë,
S'il eſt vray que la cauſe eſt autant que l'effet,

Et celuy qui fait faire autant que cil qui fait.
 Ainsi dis-tu muette, & coupable en ton ame
Du sainct embrazement d'vne si belle flame,
Lors que tu lis ce liure en ton cœur tu souris
Aise d'estre subiect de tant de beaux escrits.
Mais ne te flate point, Ny toy ny les doigts mesmes
Qui se disent autheurs de ces diuins Poëmes,
N'auez point acheué cest œuure plus qu'humain,
Ces traits ne monstrent point vne mortelle main:
Amour en se tirant vne plume de l'aile
En a luy mesme escrit ceste plainte immortelle,
Se souuenant du temps qu'il languissoit piqué
De son propre aiguillon pour la belle Psyché.
 Ce fut au mesme temps que dolente esploree
L'alloit cherchant par tout la belle Cytheree,
Et que le sainct troupeau des neuf sçauantes Sœurs
L'arresta prisonnier d'vne chaine de fleurs.
Pendant qu'il fut captif il beut en leur fontaine,
Il apprit leur mestier, & souspirant sa peine
Chanta si doucement, que les bois d'alentour
Vont encor racontant les amours de l'Amour.
 Ie disois vne fois à celle que i'adore,
Maistresse, i'enuoyray iusqu'au riuage More
Sur l'aile de mes vers l'honneur de ta beauté,
Et rien onc icy bas ne fut si bien chanté.
Tes Soleils esclairans mes tenebres chassees
Font germer en mon cœur de si belles pensees,
Que si de mon espoir le presage n'est vain
Il n'en sortira rien de mortel ny d'humain:
Seconde seulement du doux vent de ta grace
Et d'vn peu de faueur le vol de mon audace:
Ie monteray si haut, empenné de ma foy.

Que les plus haut-volants ie verray deſſous moy.
      Ainſi plein de l'ardeur qui bouilloit en mon ame
Vn iour en me vantant, ie diſois à Madame,
A la ſainte Beauté, dont eſclaue ie ſuis,
Et pour qui tout oſant l'impoſſible ie puis.
      Mais, Madame, à ce coup ie deſdy ma promeſſe,
Ie ne chanteray plus: non, libre, ie confeſſe
Que ie n'ay plus de cœur ny d'eſprit ny de voix,
Mon audace premiere eſt morte à ceſte fois.
Ces beaux mots amoureux, ces traits inimitables,
Ces ſoupirs qui rendroyent les tigres pitoyables,
Et qui meſme pourroyent les rochers allumer
M'ont du tout oſté l'ame au lieu de m'animer.
      I'ay d'eux & de tes mains receu meſme dommage,
Tu m'as oſté le cœur, ils m'oſtent le courage,
Non celuy qui m'enflamme à ſeruir tes beaux yeux,
Mais celuy qui vouloit pouſſer ton nom aux cieux.
      Pourquoy? demandes-tu, pourautant que leur gloire
S'eſt ſi haut auancee au Temple de Memoire,
Que qui preſomptueux les deſire imiter,
Reſſemble à Salmonee imitant Iupiter.
      Ainſi troublé de honte, & de regret & d'ire,
Rompit ſon flageolet l'audacieux Satyre,
Apres qu'il eut ouy ſur les tapis herbus
Des prez Arcadiens la lyre de Phœbus.
Ainſi dedans vn bois ſe taiſt eſmerueillee
Des autres oiſelets la brigade eſmaillee,
Quand quelque Roſſignol ſe complaignant d'amour
Anime de ſes chants les foreſts d'alentour.
      Qu'vn autre te promette vne immortelle vie,
Qu'ant à moy deſpoüillé d'eſperance & d'enuie
Ie pens icy mon lut, & iurant te promets

Par celuy d'Apollon de n'en ioüer iamais.
 Lors que nous disputons le prix d'vne carriere
Et que nos concurrents nous laissent peu derriere,
L'espoir de les passer encore en nous viuant
Nous sert d'vn esperon qui nous pousse en auant:
Mais quand nous devançans d'vne trop longue espace
Ils voisinent le but, nous deuenons de glace,
Nous sentons nostre force adonc à terre choir,
Et nous faut le courage en nous faillant l'espoir.
 Aussi bien que feroy-ie? infidelle à moy-mesme
Trahirois-ie le los de ta beauté supréme,
L'abbaissant par mes vers, & ne luy donnant pas
Le premier rang d'honneur sur celles d'icy bas?
Ie suis seur, mon espoir, qu'en nul rare merite
Celle de qui ces vers ont la beauté descrite
Ne te va surpassant, fors en ce seul bon heur
De se voir celebrer par vn parfait sonneur,
Ces flateuses couleurs donnans à sa peinture
Ce que peut estre, au vif a nié la nature:
En ont fait vn miracle, à qui rien n'est pareil
Que l'eternelle Idee, ou toy mon beau Soleil.
Ainsi l'vn celebrant vne feinte Cassandre,
Et l'autre vne Francine, ont presque fait descendre
Iupiter de son Ciel pour voir si leurs beautez
Respondoyent aux beaux vers qu'ils en auoyent chantez.
Et toy qui sans flater es la perle du monde
Apres ces autres cy tu marcheras seconde,
Et par ma seule faute vn tort bien soustenu
Vaincra le droict plus foible & d'eloquence nu.
Ah taisons nous plustost que faire ceste offense
Indigne & de ton nom & de nostre esperance:

Soyons comme Pompee ou nuls ou les premiers,
Et braues desdaignons les non braues lauriers.
  Tout beau, mon cœur, tout beau: d'où te vient ceste au-
De desirer ou rien, ou la premiere place?   (dace
Quoy? ne voudrois-tu point dedans le Ciel monter,
Si tu n'esperois estre au Ciel vn Iupiter?
Tu veux des mains d'Hercule arracher la massuë
Meurs, ô folle esperance, auant qu'estre conceuë,
Et ne ressemble point l'Ange ennemi de Dieu
Qui tendant au plus haut est cheut au plus bas lieu.
Ce n'est pas d'auiourd'huy que tu deuois defendre
A ta ieune fureur de si haut entreprendre,
Il y a ià long temps que l'Apollon François
A donné dans le blanc menacé tant de fois:
Tant de diuins esprits dont France est glorieuse
Te deuoyent bien couper ceste aile ambicieuse,
Car qui desire mieux que ce qu'ils ont chanté
Cherche vn ie ne sçay quoy plus beau que la beauté.
  Donc adore leurs pas: & contant de les suiure
De ce vin orgueilleux iamais plus ne t'enyure:
Cognoy toy desormais, ô mon entendement,
Et comme estant humain espere humainement.
Nos neueux qui sçauront combien ta Dame passe
En merite & beauté l'air de ta ryme basse,
Diront en t'excusant, Cestuy-ci fut vn iour
Plus fidelle amoureux, que bon chantre d'Amour.
Seruant vne beauté des belles la plus belle:
Il voulut par ses vers rendre sa gloire telle:
Mais le Ciel enuieux à ses vœux s'opposa,
Et si bien il ne peut pour le moins il osa.

STANSES SVR LES AMOVRS DE MONSIEVR DES PORTES.

Oicy le beau Soleil en sa course premiere,
Qui dés son Orient seme plus de clairté,
Que le Soleil du monde, au plus chaud de
  l'Esté
Ardant en son midy ne iette de lumiere:
A qui tous les esprits quelques luisans qu'ils soyent,
Au poinct de son leuer sont astres à l'Aurore,
Faisant recacher ceux qui desia paroissoyent,
Et retenant cachez ceux qui l'estoyent encore.

  Soleil des beaux esprits, lumiere claire & sainte,
Des autres temps l'ennuie, & du sien l'ornement,
Qui fait luire son siecle, & voile obscurement
Tout le passé de honte, & l'auenir de crainte:
Qui seule monstre plus en effect de sçauoir,
Que n'a fait, ny fera nulle autre en apparence,
De ce que lon a veu, de ce qui reste à voir
Toute l'experience & toute l'esperance.

  Voicy le beau Phenix humble qui se vient rendre
Pour hommage soymesme à ce nouueau Soleil,
A vn nompareil Astre vn oiseau nompareil,
Et sa vie à celuy dont il la doit reprendre:

Car les ailes d'Amour font qu'il est vn oiseau.
Mais ce qu'il est si rare en ce temps, le fait estre
Vn Phenix, dont la tumbe est l'vnique berceau,
Qui rend l'ame au Soleil, pour au Soleil renaistre.

 Amour nouueau Phenix, pour chercher nouuelle ame
Sur vn lict de senteurs ses ailes agitant,
S'oppose à ce Soleil ardamment Eluettant,
Tout flammeux de rayons, tout rayonneux de flame.
Voila ses os bruslez dessus vn lict d'encens,
Voila soudain que l'ame en a esté rauie;
Ces beaux vers animez, heureusement naissans
De la cendre d'Amour, où l'Amour reprend vie.

 Or estant le Phenix (cest oiseau qui tremousse
Des ailes à la flamme) vnique comme il est,
Rien qu'vn ver seulement de ses cendres ne naist,
Et petit Phenisseau d'autres ailettes pousse:
Mais ces beaux vers esclos pour faire des Amours,
Sortent en si grand nombre à la fois de leur cendre,
Et prennent, en naissant, tant d'ailes tous les iours,
Que les nommant Phenis i'ay crainte de mesprendre.

 Soyent Amours ou Phenis, leurs ailes sont bien fortes,
Mais si tant de beaux vers aux Amours destinez,
Portent autant d'Amours amoureusement nez,
Que d'Amours porteront les Amours de DES-PORTES:
Et si c'est vn Phenis que chacun de ses vers,
Que de rares beautez, que de raritez belles:
Et combien volera son nom par l'Vniuers,
Si chacun de ses vers en naissant prend des ailes?

AD PHILIPPVM PORTÆVM.

On leue forma prior castæ Peneïdi nomen,
　Et Latinogenæ dura repulsa dedit,
Pòst tamen in melius mutata cacu-
　mine cælum
Pulsat, & intonsi tempora fronde dei,
Irarúmque Iouis secura, tonitrua temnit
　Vsque virens fastus in monumenta sui,
Nec, reor, in priscam vellet reuoluta figuram
　Quæsitæ famæ tristia damna pati.
Cinge, Ariofte, comas æternùm virgine lauro,
　Sortè animo hanc reuocans ad tua fata refer;
Et versus tandem, noua per miracula, senti
　P o r t a e v m famæ consuluisse tuæ.

B. P.

IMITATIONS
DE L'ARIOSTE.

ROLAND FVRIEVX.

PAR

PHILIPPES DES PORTES.

AV ROY CHARLES IX.

JE veux chanter Roland, ses fureurs & sa rage.
Ie veux chanter d'Amour la tempeste & l'orage,
La colere indomtee & le forcenement,
Qui troublerent l'esprit d'vn miserable Amant
Delaissé sans raison d'Angelicque la belle
Pitoyable loyer d'vn amour si fidelle.
CHARLES Roy magnanime issu du sang des Dieux,
Ie chante en m'essayant ces regrets furieux,
Attendant qu'vne fois plus hardiment i'entonne
Les combats acheuez pour sauuer ta couronne,
Quand le discord mutin par la France allumé

Rendoit contre l'enfant le pere enuenimé:
Tandis d'œil fauorable & de Royal courage
Reçoy ce que i'appens aux pieds de ton image:
Et si tu pris iamais plaisir à mes escrits,
Enten de quelle ardeur cest amant fut espris.

 Le grand Dieu des amours, Dieu de telle puissance
Qu'encor il n'a trouué qui luy fist resistance,
Vn iour blessa Roland le redouté guerrier,
Le vaillant palladin, le braue auanturier:
Et bien qu'il n'eust pas craint vne puissante armee,
Si tost qu'il eut d'vn trait sa poitrine entamee,
Et que de deux beaux yeux le rayon s'espandit,
Il mit les armes bas, & vaincu se rendit.
Pauure que feroit-il, si la celeste bande
Des esprits immortels, si le Dieu qui commande
Aux enfers tenebreux, & cil qui peut domter
L'orgueil des flots mutins n'ont sçeu luy resister?
 Or pour flechir le cœur de sa fiere Maistresse
Il fait en mille endroits retentir sa proüesse,
En Inde, en Tartarie, & desia l'Oriant
Restant tout estonné va ses faits publiant:
Puis il repasse en France, où le peuple d'Espagne,
Le Numide & le More emplissoyent la campagne
Conduits par Agramant, qui desia se promet
Que la France captiue à ses loix se soumet.
Là de mille beaux faits il enrichit sa gloire,
Là de mille combats remporta la victoire:
Il foudroye, il saccage horrible & furieux,
Et l'ennemi qui craint son bras victorieux,
Fuit au deuant de luy, comme dedans la plaine
Fuit au deuant du loup le mouton porte-laine.

Qui

FVRIEVX.

Qui a veu quelquefois tournoyer dedans l'air,
Gronder & faire feu le tonnerre & l'esclair,
Puis tombant tout à coup en mille estranges sortes
Esclater & partir les roches les plus fortes,
Briser les marbres durs, crouler les fondemens,
Et pesle-mesle encor brouiller les elemens :
Pense qu'il voit Roland marchant de place en place,
Qui portant sur le front la tempeste & l'audace,
Et les armes au poing, dehachant & taillant
Fait refroidir le sang du plus brave & vaillant.
On n'oit autour de luy que mortelles complaintes,
Son espee & son bras & ses armes sont teintes
Du sang des ennemis : car rien ne les defend,
Maille ny corselet quand Durandal descend.
Il fend, il taille, il perce, il frape, il tue, il chasse,
Chacun fuit deuant luy qui son armet delace,
Qui laisse choir sa lance, & qui souuentesfois
Quitte là son espee, & fuit dedans le bois
Qui deçà qui delà, & leur ame craintiue
A chaque flair de vent croit qu'encore il les suiue,
Qu'il presse leurs talons, & qu'il hausse le bras
Pour les priuer de vie au milieu de leurs pas.
 Comme vn ieune Cheureul qui dedans vn bocage
A veu le fier Lyon chaud de soif & de rage,
Qui massacre sa mere, & conuoiteux de sang
La demembre & deschire, & luy mange le flanc,
Craintif il se derobe, & d'vne course isnelle
Eschappe la fureur de la beste cruelle :
Au mouuoir d'vne fueille il ne sçait qu'il deuient,
Tout bruit semble au pauuret le lyon qui le tient.
 Ainsi deuant Roland la tourbe espouuentee

S'enfuit à qui mieux mieux d'vne course hastee
Et luy qui les poursuit continuant ses coups,
Renuerse les cheuaux & les maistres dessous.

Ià desia le renom de sa force admirable
Le rendoit en tous lieux terrible & redoutable:
Ià se disoit par tout qu'il n'auoit son pareil
Depuis les Indiens iusqu'au lict du Soleil:
Quand vn des iours plus chauds lors que la Canicule
De la terre & du ciel tous nuages recule,
Ayant depuis deux iours vainement pourchassé
Le vaillant Mandricard, il descend tout lassé
De chaud & de trauail, aupres d'vn clair riuage
Enceint tout-alentour d'vn gracieux ombrage
D'arbres droit arrangez, & des belles couleurs
D'vn beau pré verdissant tout émaillé de fleurs.
L'Oeillet y florissoit, l'Eglantier & la Rose,
Et Clytie au Soleil sa robe auoit diclose,
Le Thym y prenoit place, & le Lis blanchissant,
Et la fleur du mignon qui mourut languissant
Par trop aimer son ombre & la figure vaine
Qu'il veit en se mirant és eaux d'vne fontaine.

Le Soleil s'auançant pour parfaire son tour,
A moitié du chemin nous marquoit le mi-iour,
Quand Roland y suruint qui tout par tout degoute,
Et de son mal prochain le chetif ne se doute:
Il pensoit reposer mais au lieu de repos
Vn espineux trauail le perça iusqu'à l'os.
Cheualier malheureux à qui la destinee
Reseruoit trop cruelle vne telle iournee!
Car en se destournant, comme il leue les yeux
Vers les arbres prochains, il voit en mille lieux

Le nom de sa Deesse engraué sur l'escorce,
Tesmoignage euident d'vne amoureuse force.
Il admire le chiffre, & cognoist tout soudain
Que la belle Angelicque y auoit mis la main.
Parquoy tout estonné s'approche & le regarde,
Et mieux qu'auparauant curieux il prend garde
A tout cela qu'il voit, & lit par tout encor
Enlacez de cent nœuds Angelique & Medor.

Desia d'vn chaud despit sa poitrine est attainte,
Et maint ialoux penser le fait trembler de crainte:
Autant de traits qu'il voit, autant de clous ardans
Amour fiche en son cœur, qui le percent dedans:
Encor il ne sçait pas que tout ceci veut dire,
Toutesfois il fremit, & tout blesmé il soupire,
Puis il se reconforte, & de tout ce qu'il voit
Il s'efforce de croire autrement qu'il ne croit.
Il feint mille discours, & pense à l'aduenture
Que quelque autre Angelique a fait ceste escriture:
Puis il cognoist la lettre, & voit qu'il se deçoit,
Mais vne autre esperance aussi tost il conçoit.

Hors de moy (ce dit-il) penser qui me deuore,
Ie cognoy maintenant que celle que i'adore
(Amour en soit loüé) m'aime parfaitement,
M'ayant sous vn Medor deguisé finement:
Car ie suis ce Medor, & cognoy que Madame
En deguisant mon nom veut deguiser sa flame.

Ainsi disoit Roland, mais vn nouueau penser
Luy fait presqu'aussi tost ce propos delaisser:
Car tousiours il se doute, & ce qui le fait craindre
Se renflamme & s'accroist plus il le veut esteindre.

Comme le simple oiseau qui s'empestre & se prend

T iij

Au piege & à la glus que l'oiseleur luy tend,
Tant plus qu'il bat de l'aile, & que plus il s'efforce
De se desempestrer, plus la glueuse amorce
L'attache & le retient: Roland en est ainsi
Qui sent croistre tousiours son amoureux souci.
Or' il resue immobile, & or' il se destourne
Puis deçà puis delà, & iamais ne seiourne
Sa pensee inconstante, & sent dedans le cœur
Vn combat obstiné d'esperance & de peur.
  Discourant en ce poinct sans qu'il pense à soymesme,
Tant il est possedé d'vne manie extreme,
Il vient iusques aux lieux où les amans heureux
Sur la chaleur du iour doucement langoureux
Se retiroyent à l'ombre au frais d'vne fontaine,
Où de mille baisers ils enchantoyent leur peine,
Ores de leurs amours doucement iouissans,
Ores demi-lassez doucement languissans:
Et souuent redoublans l'amoureuse escarmouche,
Ils se tenoyent serrez la bouche sur la bouche,
Le flanc contre le flanc, & nageoyent à souhait
Dans le fleuue d'Amour de nectar & de laict.
  Medor pour faire foy du plaisir desirable
Qui l'auoit bienheuré dans ce lieu delectable
Par dessus tous les Dieux, auoit subtilement
En mille & mille endroits peint son contentement.
On voit tout-alentour mainte & mainte deuise,
Et ne peut courir l'œil vn seul lieu qu'il n'y lise
Escrit de cent façons, Angelique aux beaux yeux,
Angelique & Medor le fauori des cieux.
  Roland regarde tout, qui a l'ame saisie
De la froide poison d'vne aspre ialousie,

FVRIEVX.

Et chancelle inconstant comme le Prestre saint
Que le tan de Bacchus trop viuement attaint.
Mais ainsi que tousiours de plus pres il s'approche
Et contemple estonné la fontaine & la roche
Tournant mille discours en son entendement,
Voit ces vers de Medor engrauez fraischement.

 O tertres verdissans, ô gracieux ombrages
Des antres tenebreux, des prez & des riuages,
O bois delicieux, ô doux-courans ruisseaux
Espissement bordez de plaisans arbrisseaux,
Où la belle Angelique ornement de cest aage,
Qui de tant de grands Rois enflamma le courage,
La fille à Galafron, vray miracle des cieux,
Celle qui fait trembler les plus audacieux,
Abaissant sa grandeur & sa race royale
A moy pauure Medor se fist si liberale,
Que mille fois ensemble en mille heureux plaisirs
Auons donné relasche à nos boüillans desirs.
 Pour ces douces faueurs entre vos bras receuës,
Tertres, ombrages, bois, & cauernes moussuës,
Herbes, riues & fleurs, ie ne puis auancer
Si ie veux presumer de vous recompenser.
Parquoy ne pouuant mieux ie benis à toute heure
Et d'esprit & de voix ceste heureuse demeure:
Priant tous palladins qui passeront ici,
S'ils ont iamais senti le doux-poignant souci
Du grand vainqueur des Dieux, qu'aux gracieux om-
Aux antres tenebreux, aux prez & aux riuages, (brages,
Aux bois delicieux, aux doux-courans ruisseaux
Espessement bordez de plaisans arbrisseaux,
Ils souhaitent ainsi: Ces lieux tant desirables

       T iij

Ayent à tout iamais les Nymphes fauorables,
La Lune & le Soleil, & iamais pastoureau
Ne puisse en leur giron conduire son troupeau.

 Cinq ou six fois Roland releut ceste escriture
Fiché sans dire mot contre la roche dure,
Qui ià luy ressembloit, tant son dueil vehement
L'auoit en moins d'vn rien priué de sentiment,
Et tousiours en cherchant vainement il essaye
De ne trouuer escrite vne chose si vraye:
Mais tant plus qu'il la lit, & mieux il la cognoist,
Et sa ieune douleur de plus en plus s'accroist.
Il n'ha plus sur le front ceste audace engrauee,
Il ha les yeux ternis, & la face rauee,
Et le cœur si enflé qu'il ne sçauroit pleurer,
Ny du chaud estomach vne plainte tirer,
Mais tout pantoisement il halette de rage.
Car l'extreme douleur, qui grossist son courage,
Veut sortir tout à coup. & se pousse, & se suit,
Mais au lieu de sortir estoupe le conduit:
Comme le vase estroit, dont l'eau pour sortir toute
Se presse & se contraint de tomber goute à goute.
Puis il retourne à soy, & ne sçauroit penser
Que sa Dame en ce poinct ait peu le delaisser:
Mais que d'vn ennemi la main iniurieuse
A graué tout ceci pour la rendre odieuse.

 Las (dit-il) quel qu'il soit, comme il a de bien prés
Imité la main d'elle, & sa lettre & ses trais!

 Ainsi d'vn foible espoir sa douleur il console,
Et s'allege vn petit du souci qui l'affole:
Et remonte à cheual sur l'heure de la nuict,
Lors que desia la Lune au Ciel claire reluit,

FVRIEVX.

Et que le beau Soleil dans la plaine azuree
Va plongeant le thresor de sa tresse doree.
  Cheminant incertain or'à gauche, or'à droit,
Il ne va guere loin que d'vn haut tertre il voit
Haut reiaillir du feu d'vne maison prochaine,
Oit abbayer les chiens, & sortans de la plaine
Il entendit beeller les innocens troupeaux,
Et les mugissemens des bœufs & des toreaux.
  Il vient droit au village, où tout las veut descendre,
Et soudain vn garçon son cheual luy vient prendre:
Vn autre le desarme, & du haut iusqu'au bas
Vn autre met la nappe, & la couure de plas.
Mais l'accez continu du mal qui luy commande,
Le degouste si fort qu'il n'a soin de viande:
Plus cherche de repos plus trouue de langueur,
Et de poignans trauaux acerez de rigueur.
Car il voit tout par tout aux fenestres & portes
Angelique & Medor lacez de mille sortes.
Quelquesfois il vouloit la cause en demander,
Mais vne froide peur ne luy fait hazarder:
Car il fremist tousiours, & ce qui est doutable
Il craint qu'en le cherchant le trouue veritable.
Mais il a beau fuir : car le cruel malheur
Ne luy veut espargner vn seul poinct de douleur.
  L'hoste de la maison qui voit comme il soupire,
Qu'il tient la veuë en bas, & que sans trefue il tire
Tant de sanglots rompus, pensant le resiouir
Luy veut des deux Amans le discours faire ouïr.
  Cessez grand Cheualier (dit-il) de vous contraindre,
Et chassez le regret qui dedans vous fait plaindre:
Si vous estes pressé de quelque aspre courroux,

T iiij

Sans le couuer ainsi bannissez-le de vous:
,, Il vous faut esperer. Toute chose est muable,
,, Rien que l'estat des Dieux n'est constant & durable,
,, Tout se change & rechange en ce mortel seiour,
,, La ioye & la douleur commandent tour à tour.
Mais quel autre nuage en si grande ieunesse
Peut troubler vostre esprit, sinon quelque Maistresse
Qui vous semble trop dure? Et bien qu'il fust ainsi,
Deuez-vous en ce poinct vous gesner de souci?
Leur cœur est variable, & telle en sa pensee
Vous aime ardentement qui fait la courroucee:
Puis Amour maintesfois pour monstrer son pouuoir
Recompense les siens quand ils sont hors d'espoir.

 Vn de ces derniers iours durant la saison belle
Que les prez & les bois prennent robe nouuelle,
Voulant sortir aux champs gueres ie n'auancé
Que ie trouue à mes piés vn iouuanceau blessé,
Qui tiroit à la fin, & d'vne large veine
Son beau sang decouloit comme d'vne fontaine,
Son teint estoit poudreux, tout palle & tout seiché,
Comme vn ieune bouton qui languit tout panché:
Et s'en alloit mourant lors qu'en ceste infortune
Il esprouua des Dieux la faueur oportune,
Car presqu'au mesme instant vne Vierge y suruint,
Qui à si triste obiet toute pitié deuint.

 Elle n'auoit alors qu'vne vesture telle
Que porte en ce pays la ieune pastorelle:
Mais elle ha la façon pleine de grauité,
Qui decouuroit en terre vne diuinité:
Elle est toute celeste, & sa douce hautesse
Me persuade encor que c'est vne Deesse.

Auecques deux cailloux d'vne herbe elle pila,
Et retint dans la main le ius qui diftila,
Le mit deffus la playe, & tellement s'efforce
Qu'elle eftancha le fang, & qu'il print quelque force:
Ie le monte à cheual & meine en ma maifon,
Où elle le penfa tant qu'il eut guarifon.
 Il reprint tout foudain fa beauté couftumiere,
Il auoit les yeux noirs flamboyans de lumiere,
La face ouuerte & belle, & le teint blanchiffant
Rehauffé par endroits d'vn émail rougiffant:
C'eft vn miroir d'Amour, l'or de fa treffe blonde
Fait honte aux beaux cheueux de ce grād œil du mōde:
Bref, il eftoit fi beau qu'Angelique l'aima
(La Nimfe auoit ce nom) & fi bien s'enflama
Qu'elle mefprife tout, & n'eft plus ententiue
Qu'à guarir le cruel qui la fait mourir viue,
Ore froide ore chaude: & comme il guariffoit
La belle, vne autre playe en fon ame reçoit
S'il reprend fa beauté, le chaud mal qui la tuë
Fait que de plus en plus la fienne diminuë
Et fe confomme ainfi qu'on voit deffus vn mont
Aux rayons du Soleil la neige qui fe fond:
Et luy faut à la fin, tant fa fureur la domte,
Qu'elle chaffe de foy toute craintiue honte
Pour demander merci, tout à l'heure octroyé,
Et le temps du depuis eft par eux employé
En tous ces ieux mignars, où doucement fe bagnent
Ceux-la que la ieuneffe & l'amour accompagnent.
Oublians la douleur qui les auoit preffez.
Ils fe tiennent fans fin l'vn & l'autre embraffez:
S'ils partent du logis ils vont toufiours enfemble,
      T r

Et l'Amour auec eux qui leurs deux cœurs assemble.
Or' ils sont dans vn bois estendus à l'enuers,
Or' sur le chaud du iour ils se tiennent couuerts
De l'ombrage d'vn antre, & à leures decloses
Ils cueillent mille œillets, mille lis, mille roses:
Puis en se pourmenant ne se trouue arbrisseau
Qu'or' auec vn poinson, or' auec vn couteau
Ils n'y grauent leurs noms, mesme la roche tendre
Entaillee en cent lieux leurs amours fait entendre.
Voila comme vn bon cœur ne doit iamais faillir
Pour quelque grand mechef qui le vienne assaillir.
,, Car lors que nous pensons estre plus miserables,
,, C'est alors que les Cieux nous sont plus fauorables.

 Ainsi dist le pasteur, & laissa là Roland,
Qui dedans & dehors de rage est tout bruslant:
Il veut celer son dueil, mais rien: car quoy qu'il face
Vn ruisseau debordé luy coule sur la face:
Et bien qu'il se contraigne, il verse sans repos
De la bouche & des yeux des pleurs & des sanglots.
Puis quand il se voit seul, la fureur qui le guide
Le domine plus fort, & va laschant la bride
A sa rage indomtee, & sans tresue il respand
Vn grand fleuue de pleurs qui des yeux luy descend
Iusques sur la poitrine, & le soin qui l'esueille
Ne luy permet iamais qu'vn moment il sommeille.

 Deçà delà se vire, ores sur ce costé,
Ores dessus cest autre, il n'est point arresté,
Se tourne impatient, & quelque part qu'il aille
Sa ialouse fureur luy liure la bataille.
Il cherche tout le lict les plumes estreignant,
Et ne trouue vn endroit qui ne soit plus poignant

FVRIEVX.　　　　　443

Que l'espine & la ronce: & pense en ceste peine
Que c'estoit-le lieu mesme où sa belle inhumaine
Caressoit son Medor: & pource tout despit
Il abhorre la plume & saute hors du lict.
　Comme quand vn berger sur l'herbe se renuerse,
Et descouure à ses pieds marqué de couleur perse
Vn Serpent qui se traine en sifflant bassement,
Tout estonné se leue & fuit hastiuement.
　Roland plein de dédain s'habille en diligence,
Il vestit son harnois, reprend sa forte lance,
Et resaute à cheual sans attendre le iour,
Ny que la belle Aurore annonçast son retour.
Il picque à trauers champs, & la nuict solitaire
Qui tient tout assoupi, refraischit sa misere.
Il plaint, il se tourmente, & d'vn cri furieux
Il blaspheme le Ciel, la fortune & les Dieux,
Et sanglotte sans fin: puis quand le iour se leue
Son trop ferme souci plus durement le greue
Il va deçà delà par les lieux escartez,
Et fuit tant comme il peut les bourgs & les citez.
Sa veuë est esgaree, & auec triste mine
Sans qu'il sçache où il va tout le iour il chemine
Laschāt maints chauds regrets et maints soupirs trēchās
Qui renflamment le Ciel, l'air, la terre & les champs:
Il forcene de rage & sent dedans sa teste
Pesle-mesle tourner l'orage & la tempeste,
Et Neptune en hiuer n'escume en tant de flots
Comme il ha dans le cœur de tourbillons enclos.
　Puis si tost que la nuict les paupieres nous serre,
Il descend dans vn bois, & se veautre sur terre,
Criant horriblement: & le Somme ocieux

N'a iamais le pouuoir de luy clorre les yeux,
Qui distilent tousiours mille pleurs qui descendent,
Et comme d'vn torrent à grands flots se respandent,
Luymesme il s'en estonne, & ne sçauroit penser
Comme il puisse des yeux tant de larmes verser,
Et dit en soupirant: Ces ruisseaux qui s'escoulent
Ce ne sont point des pleurs, tant de larmes ne roulent
Comme i'en sors des yeux. Non, ce ne sont point pleurs,
Les pleurs ne suffiroyent à mes longues douleurs.
Car mes douleurs ne sont au milieu de leur course,
Et i'ay ià de mes pleurs tari toute la source.
Ah! ie cognoy que c'est: C'est la vitale humeur
Qui fuit deuant le feu que i'ay dedans le cœur,
Et coule par mes yeux de ma poitrine cuitte,
Et tirera mon mal & ma vie à sa suitte.
Mais las! s'il est ainsi, double double ton cours
Et auance la fin de mes malheureux iours.
Et vous, ô chauds soupirs, tesmoins de mon angoisse,
Vous n'estes point soupirs. Car les soupirs ont cessé,
Et ne durent tousiours: mais plus i'en vay sortant,
Mon estomach enflé va plus fort haletant.
Amour qui m'ard le cœur fait ce vent de ses ailes,
Pour tenir en vigueur mes flammes immortelles.

   Quel miracle est-ce ci, que mon cœur allumé
Par tant de feux d'Amour n'est iamais consumé?
Mais que suis-ie à present qui souffre telle rage?
Seroy-ie bien celuy que ie monstre au visage?
Seroy-ie donc Roland? ah non, Roland est mort!
Sa Dame trop ingrate a occis à grand tort
Ce Roland que i'estoy, son corps est dessous terre,
Ie ne suis ie ne suis que son esprit qui erre

Hurlant, criant, fuyant en ce lieu separé,
Où ie fay mon enfer triste & desesperé,
,, Pour tesmoigner à tous par ma douleur profonde
,, Ce que doit esperer qui sur l'amour se fonde.
 Toute la nuict Roland en ces regrets passa,
Puis comme le Soleil ses rayons eslança
Pour esclairer le iour, & que l'Aube vermeille
Est laissé dans le lict son vieillard qui sommeille,
Guidé par le destin il se reuoit encor
Au rocher tout escrit d'Angelique & Medor.
Il le voit, & soudain le dedain qui l'enflame,
De rage & de fureur luy remplit toute l'ame:
Il saisit son espee, & de taille & d'estoc
Il part en mille esclats l'escriture & le roc,
Et par tout où il va la place est malheureuse,
S'il y treuue vn seul trait de la lettre amoureuse:
Car soudain il la tranche, & n'a iamais cessé
Qu'en morceaux çà & là tout ne soit renuersé.
Ainsi resta la roche, & au troupeau sauuage
Iamais à l'aduenir ne seruira d'ombrage:
Et la belle fontaine heureusement coulant,
Qui d'vn repli tortu fait vn tour ruisselant,
Auec son mal ombrage & son eau froide & claire
N'a pouuoir d'amortir sa bruslante colere.
Il y iette des troncs, des pierres, des rameaux,
Et n'a iamais cessé qu'il n'ait troublé ses eaux:
Puis tout mol de sueur, de trauail & de peine
Il chet dessus le pré sans pouls & sans haleine,
Plein d'ire & de dedain & de forcenement,
Et les yeux vers le Ciel soupire incessamment.
Ny pour vent, ny pour froid, ny pour chaleur qu'il face

Iamais il ne voulut abandonner la place,
Où sans dire vn seul mot il demeure couché,
Et tousiours vers le Ciel a le regard fiché.
　Il y fut si long temps sans manger & sans boire,
Que la nuict par trois fois vestit sa robe noire,
Et trois fois Apollon sortant du creux seiour
De l'humide Ocean nous alluma le iour,
Et tousiours la rigueur du mal qui le transporte
En le diminuant s'aigrist & se fait forte :
Si qu'en fin tout gaigné de si chaude poison
Apres le sens troublé s'egara la raison,
Et le iour ensuiuant d'vne main outrageuse
Il se meurtrit la face horriblement hideuse :
Il escume de rage & derompt sans repos
La maille & le plastron qu'il ha dessus le dos.
Icy se voit l'espee, & sur vne autre place
Les brassats, les cuissots, & le corps de cuirasse,
Plus loing chet la sallade & tout par tout le bois
En mille lieux diuers il seme son harnois.
D'heure en heure plus fort sa rage le maistrise,
Or' il rompt son pourpoint, & ores sa chemise,
Et court d'vn pas subit, escumant, forcenant,
Et de mille façons ses léures trançonnant.
Il monstre à nud le ventre, & le dos, & l'eschine :
Et quand plus sa fureur puissamment le domine,
Il arrache de terre vn grand chesne & vn pin,
Comme s'il arrachoit de la sauge ou du thym.
Tout en bruit à l'entour, les rocs cauez en sonnent,
Et les bergers des champs tous effrayez s'estonnent,
Puis veullent voir que c'est : mais prompts au repentir
Bien tost gaignent au pied se pensans garantir.

FVRIEVX.   447

Le fol se met apres, & d'vne main meurtriere
En leur froissant les os les abat par derriere:
Il tire à vn la teste, à vn autre le bras,
Et vn autre tout mort il fait tomber à bas
D'vn reuers qu'il decharge & plus il voit de presse
En fronçant les sourcils sa perruque luy dresse,
Et tout ensanglanté trauerse horriblement
Par les rangs plus serrez, l'vn sur l'autre assommant.
 Comme vn Ours furieux qui bien peu se soucie,
Quand il est poursuiui des chasseurs de Russie,
S'il rencontre en sa voye vn nombre bien espés
De petits chiens courans qui le suiuent de prész
Car si tost qu'il s'arreste eslançant vne œillade
Il escarte bien loin ceste foible embuscade.
Ainsi Roland en fait au trauers se ruant,
Et rend en vn instant tout le peuple fuyant,
Qui court en sa maison, qui monte sur vn temple,
Et qui d'vn haut couuert tout effrayé contemple
La fureur de ce fol, qui par les prez herbeux
Desmembre en se iouant les toreaux & les bœux.
 Il mord, il esgratigne, il se tourne, il se vire,
Des piés, des poings, des dẽts, il rompt, froisse, et déchire:
Il hurle furieux, & fait vn plus grand bruit
Que le flot courroucé qui bouillonnant se suit.
D'vn choc continuel ses dents se font la guerre,
Son visage est crasseux, plein de fange de terre,
Ses yeux de grand courroux sont tout bordez de sang,
Et en les contournant n'en monstre que le blanc.
Soit de iour, soit de nuict erre par les campagnes,
Si tost qu'on l'apperçoit chacun fuit aux montagnes
Euitant ce deluge, & quand il sent la faim

Il se remplit le ventre ou de fruits, ou de pain,
Ou des herbes qu'il trouue: & passant aux bocages
Il met à mort les daims & les cheureulx sauuages,
Les biches & les cerfs, & combat quelquefois
Les ours & les sangliers cruels hostes des bois,
Les derompt piece à piece, & à teste panchee
Il en hume le sang dont sa face est tachee,
Sa moustache en degoutte, & va courant ainsi
Sanglant, defiguré, tout poudreux & noirci,
Ne retenant plus rien de la graue apparance
De ce guerrier Roland, la colomne de France.
Et fut ainsi trois mois errant tout furieux,
Iusqu'à tant qu'à la fin en descendant des cieux
Le vaillant Mirthe Anglois sus vn coursier qui volle
Luy rapporta son sens dedans vne fiole.

FIN DE ROLAND
FVRIEVX.

LA MORT DE RODOMONT,
ET SA DESCENTE AVX EN-
fers, partie imitee de l'Ariofte, partie
de l'inuention de l'Autheur.

A MONSIEVR DE VILLE-
ROY SECRETAIRE D'ESTAT.

JE sens d'vn feu nouueau ma poitrine
 allumee,
Qui ne m'eschauffe point d'ardeur accou-
 ſtumee:
Vn ſubit mouuemēt que ie ne puis douter
Me rauit hors de moy, pour me faire chanter
Ie ne ſçay quoy d'eſtrange & difficile à croire,
Quittant de Cupidon le triomphe & la gloire,
Les larmes des amans, leurs ſoupirs & leurs cris,
Sentier trop rebatu des poëtiques eſprits.
 VILLEROY mon ſupport, l'ardeur qui me commande
Me veut faire entreprendre vne choſe plus grande,
La mort de Rodomont, le contempteur des dieux,
Qui fit trembler, viuant, l'air, la terre & les cieux:
Qui fit rougir de ſang les campagnes de France,
Grand de corps, grand de force, & plus grand d'arro-
 gance:
Et comme quand Roger aux Enfers l'enuoya,
Caron tout eſtonné le voyant s'effroya,

L'enfer trembla de peur, Pluton pallit de crainte,
Et Proserpine aussi de frayeur fut atteinte,
Megere en tressaillit, & ses crins enlacez
De serpens furieux se tindrent tous pressez :
Tant ceste ame enragee, inhumaine & terrible
Faisoit de tintamarre & se monstroit horrible.

Vn iour à son malheur ce braue Roy d'Arger
Ainsi que l'on faisoit les nopces de Roger,
Qu'on s'estoit mis à table, & qu'on auoit pris place
Chacun selon son rang, son merite ou sa race,
Et que les Cheualiers sur la fin du repas
Deuisoyent seurement des perilleux combas,
Des sieges, des assauts, des murailles forcees,
S'egayans au recit des fortunes passees,
Au fort de leur discours ce superbe arriuant,
Voyant Charles à table, & Roger plus auant,
Fierement les regarde, & masche vne menace.

C'est moy (dit-il) Roger, ie suis le Roy de Sarse,
Qui viens pour te combatre, & qui te veux monstrer
Qu'vn si lasche que toy ne se peut rencontrer.
Tu as faulsé ta foy, desloyal à ton maistre,
Et encor, effronté, tu ne crains d'apparoistre
Entre ces paladins, qui selon leur deuoir
Ne peuuent sainctement entr'eux te receuoir.
Car vn si meschant traistre est digne qu'on le fuye,
Et que le Ciel vengeur par mes mains le chastie,
Ainsi que ie feray deuant tous promptement,
Si craignant mes fureurs tu ne fuis laschement.
Mais si tu n'as le cœur assez bon pour m'attendre,
Choisis auecques toy ceux que tu voudras prendre,
Quatre, six, douze, vingt, ie vous le maintiendray,

Et de tes trahisons la vengeance prendray.

Il finit son propos œilladant l'assemblee,
Qu'vn si pront mouuement auoit toute troublee,
Les deux fils d'Oliuier, Sanson, Renaud, Roland,
Sentent mouuoir dedans vn desir violant
De rabatre l'orgueil de ce fier aduersaire:
Mais Roger qui s'echauffe & qui boult de colere,
Demande son harnois au combat animé,
Et n'a presque loisir de se voir tout armé.
Chacun pour l'assister soudain se met en place,
Marsize & Bradamant luy vestent la cuirasse,
Charles luy ceint l'espee, & Naimes & Oger
Faisoyent autour du camp tout le peuple ranger.

Renaud tient son cheual qui bat du pié la terre,
Qui blanchist tout son mors, qui le masche & qui serre
Aucunefois l'oreille, & d'vn hennissement
Tesmoigne que la guerre est son esbatement.

Roger monte dessus, & Dudon qui s'auance
A chacun des guerriers baille vne forte lance
De pareille grosseur, de force & de grandeur.

Alors tout furieux s'esloignent de roideur,
Ne plus ne moins qu'on voit dedans vn gras herbage
Deux toreaux eschauffez de l'amoureuse rage,
S'esloigner l'vn de l'autre, & tourner brauement,
Laissans tout le troupeau saisi d'estonnement.
Les dames ce pendant aussi mortes que viues
D'vn si soudain effroy tremblent toutes craintiues,
De la sorte qu'on voit les colombes en l'air,
Qui tous en vn instant ne sçauent où voller,
Quand l'emeute des vens, l'orage & la tempeste
Les estonne & surprend voulans faire leur queste.

Chacun tressant de crainte & pallist pour Roger
Voyant le fier semblant du superbe estranger,
Qui pique en l'abordant, sous luy la terre tremble,
Et croit-on que le Ciel à l'abysme s'assemble:
Roger vient d'autre part qui fait bruit en courant,
Comme le flot grondant d'vn superbe torrent.

 A ce terrible choc les deux lances baissees
Iusques dans la poignee esclaterent froissees,
Mais les coups sont diuers. Rodomont qui donna
Dans l'escu de Roger seulement l'estonna
De la force du coup, sans luy faire nuisance:
Car l'escu qui s'oppose au fer fit resistance.
Roger semblablement dans l'escu s'adressa,
Mais le coup fut si grand qu'en outre il le faulsa,
Bien qu'il fust bon & fort, & que la couuerture
Fust d'vn acier luisant, bien trempee & bien dure:
Et ne fust que du coup Roger brisa son bois,
Il luy perçoit tout net le corps & le harnois.

 Les cheuaux estonnez de rencontre si fiere
Mettent la crouppe en terre, & penchent en arriere,
De bride & d'esperon ils les font releuer,
Puis d'extreme fureur viennent se retrouuer
Le coutelas au poing, tous deux bruslans d'enuie
De voir leur sang en terre, & s'arracher la vie.
Leurs harnois martelez d'esclairs estinceloyent,
Ils tournent leurs cheuaux ainsi comme ils vouloyent:
Or' à gauche or' à dextre ils cherchent l'auantage,
Et tastent les endroits pour se faire dommage.

 Roger teint son espee au sang de Rodomont,
Et celle du Payen rebondist contremont
Sur l'armeure enchantee, & ne peut, quoy qu'il face,

RODOMONT.

Entamer la sallade, ou le corps de cuirace:
Dont il créue de rage escumant enflammé,
Et fait aussi grand bruit que le flot animé
De la mer courroucee au temps qu'elle s'augmente,
Et que le froid Hiuer par les vents la tourmente.
Car Roger sans repos le poursuit furieux,
Emportant de son sang la terre en mille lieux.
Rodomont qui blaspheme & despite en soymesme
La lumiere & le Ciel d'vne colere extrême,
Menaçant le Dieu Mars, a soudain arraché
Son escu qui pendoit par lambeaux detranché,
Le iette contre terre, & plein de violence,
Comme vn fort tourbillon, en bruyans il s'auance,
Prend l'espee à deux mains, qui vient en descendant
De pareille roideur qu'vn tonnerre grondant,
Ou qu'vn chesne esbranlé par l'effort de l'orage
Qui foudroye en tombant les thresors d'vn bocage:
Sur l'armet de Roger le coup est descendu,
Qui sans l'enchantement tout entier l'eust fendu.

 Roger tout estourdi d'vne telle tempeste
Trois fois contre l'arçon laissa pancher sa teste,
Ne sçait plus où il est, s'il est iour, s'il est nuict,
Et tousiours Rodomont impiteux le poursuit,
Et sur le mesme endroit vn autre coup redouble,
Qui fait que de Roger la lumiere se trouble:
Il laisse cheoir la bride, il ouure les genoux
Chancelant & tombant, l'autre double ses coups
Et martelle tousiours: car il ne veut attendre
Que l'esprit luy reuienne, & se puisse defendre.
Mais en continuant trop furieux & prompt
Son espee à la fin iusqu'aux gardes se rompt,

Fay ce que tu voudras, sois moy tousiours contraire
Iupiter (ce dit-il) si ne sçauros tu faire
Ny toy ny tout le Ciel contre moy coniuré
Que ce chetif m'eschappe & demeure asseuré.
　　Ce disant il s'approche, & hausse de la selle
Roger tout esblouy, qui encores chancelle,
Et ne se cognoist point priué de sentiment,
Tant il est offusqué de cest estourdiment.
　　Rodomont le sousleue, il l'estreint, il le serre,
Et puis de grand' fureur le iette contre terre
Estendu de son long, & se rit de le voir,
Pensant l'auoir priué de vie & de pouuoir.
　　Mais ainsi comme on dit que le Libyque Antee
Sentoit en combatant sa puissance augmentee
Lors qu'il touchoit la terre: & tel qu'il se leuoit,
Roger hastif se leue, & se leuant il voit
La belle Bradamant toute palle & troublee,
Dont de honte & d'ennuy sa force est redoublee:
Il a le cœur si gros & si plein de dédain
Qu'il conclut de mourir ou se venger soudain.
　　Rodomont vient encontre, & Roger plus adestre
La bride du cheual prend en la main senestre,
De l'autre il le chamaille aux cuisses & au flanc,
Et de cent mille endroits luy fait pisser le sang,
Martelle coup sur coup d'vn bras robuste & ferme,
Et ne luy donne point vn seul moment de terme.
Le Payen s'en estonne, & ne sçait où tourner:
Car Roger ne veut point le laisser seiourner,
Le presse & le poursuit à grand coups d'allumelle,
Et semble qu'il acquiere vne force nouuelle.
　　Rodomont qui se voit en extreme danger,

S'auance vne autrefois pour estourdir Roger
Du reste de l'espee en sa main demeuree,
Mais il s'en donne garde, & d'vne ame asseuree
A chef baissé se coule, & luy saisit le bras,
Le despenant si fort qu'il le fait choir à bas:
Lors prompt il se releue, & l'estour recommence:
Plus aspre que deuant & plein de violence:
Roger tousiours le suit ne cessant de trancher,
Et à coups de taillant l'engarde d'approcher.

 Rodomont tout bruslant de fureur & de rage
S'arme plus que iamais d'vn genereux courage,
Il rassemble sa force, il ramasse son cueur,
Frappant son ennemi de toute sa vigueur
A l'endroit de l'espaule, & du coup qu'il luy donne
Roger en chancelant tout estourdi s'estonne.

 Le Payen veut entrer, mais le pié luy faillit,
Roger plus que iamais courageux l'assaillit,
Le frappe en la poitrine, en la teste, en la face,
Tant que de couleur rouge il teint toute la place.
L'autre desesperé, comme vn foudre eslancé,
Se iette sur Roger & le tient embrassé,
Et luy de son costé l'estreint de toute force.
Alors chacun des deux à qui mieux mieux s'efforce
De choquer, de pousser, d'estreindre & se mouuoir,
Conioignant l'artifice auec leur grand pouuoir.

 Roger à ce combat est dextrement agile,
Et le fier Rodomont, qui tout par tout distille,
Et qui iette le sang par tous les lieux du corps,
N'ha les bras si tendus ny les membres si forts:
Tellement qu'à la fin apres mainte secousse,
Maint tour & maint retour, Roger si fort le pousse

Mettant le pié deuant, qu'il le fait trebucher,
Comme vne grosse tour, ou comme vn grand rocher
Quand ils sont emportez par l'effort du tonnerre,
Puis auec vn grand bruit ils retombent en terre.
Roger sur l'estomach luy met les deux genoux,
Et d'vn bras vigoureux luy donne mille coups,
Luy fait crier le ventre, & le charge & le presse,
Le harnois retentit sous le fer qui ne cesse.

Comme aux mines de l'or bien souuent il aduient
Que tout à l'impourueuë vne ruine suruient
Qui estouffe les vns, & les autres à peine
Peuuent ouurir la bouche & r'auoir leur haleine.
Le Payen est ainsi qui ne peut respirer,
Ny des poulmons pressez son haleine tirer.

Roger luy tient vainqueur le poignard à la face,
Et d'vne mort prochaine en parlant le menace,
S'il ne se vouloit rendre à fin de se sauuer:
Mais luy qui veut plustost mille morts esprouuer
Que d'abreger sa gloire en allongeant sa vie,
Fait voir en se taisant qu'il n'en a point d'enuie,
Il s'efforce, il remuë, & met tout son pouuoir
De renuerser Roger, & dessus luy se voir:
Sans qu'auec tant d'efforts il auance sa peine:
Car celuy qui le tient rend sa puissance vaine.

Qui a veu quelquefois vn mastin renuersé
Dessous vn puissant dogue au dos tout herissé,
Qui luy tient de la dent la machoire entamée,
Le mastin se debat d'vne rage enflamée,
Sa léure est escumeuse, il ha les yeux ardans,
Et monstre en rechignant de grands crochets de dents:
Il a veu Rodomont sous Roger se debatre,

O

RODOMONT.

Qui voudroit s'il pouuoit la Fortune combatre.
Il maugree, il escume & s'émeut tellement
Qu'il se depestre vn bras, dont tout soudainement
Du poignard qu'il tenoit il cherche par derriere
A priuer son haineux de la douce lumiere.

 Roger voyant l'erreur où il peut encourir,
S'il tarde plus long temps de le faire mourir,
Dresse le bras bien haut, puis comme vne tempeste
Desserre le poignard trois coups dessus sa teste,
Et autant sur le front tout rouge & tout souillé:
Le cerueau tombe à bas du test escarbouillé,
Et l'ame en blasphemant orgueilleuse & despite
Vers l'ombreux Acheron soudainement prend fuite,
Abandonnant le corps qui roidist froid & blanc,
Ondoyant tout par tout à gros bouillons de sang.

 Le peuple en s'estonnant d'vne telle victoire
Elcue iusqu'au Ciel le vainqueur plein de gloire,
Chacun à qui plustost le vient enuironner,
On oit l'air tout autour de grand bruit resonner,
Son nom deçà delà parmi les bouches volle,
Et ce mot de Roger est toute leur parolle.
Les Paladins courans viennent tous l'embrasser,
Charlemagne le tient qui ne le veut laisser,
Tout raui de liesse, il le baise, il l'embrasse,
Et d'vn pleur agreable il luy baigne la face:
Marfize en fait autant, Sobrin, Renaud, Roland,
Dudon, Grifon le noir, & le blanc Aquilant:
La Belle Bradamant, la guerriere amoureuse,
Baise de son Roger la main victorieuse,
Rasserene sa face, & rallume ses yeux
Encores tout troublez, du combat furieux.

En ce lieu l'Arioste finit son liure.

       V

Combien helas, combien l'amante desolee
Sentit de dures morts durant ceste meslee,
Tremblant pour son Roger, son cœur, son tout, son dieu
Las qu'elle desira de se voir en son lieu!
Non que de sa prouësse elle eust aucune crainte:
Mais le fier Rodomont ne donne aucune attainte,
Qui ne perse son ame, & que son cœur blessé
D'vne tremblante peur ne deuienne glacé.
Maintenant au contraire elle est toute rauie,
L'appelle son esprit, sa lumiere & sa vie,
Et souhaitte en son cœur de voir la fin du iour,
Pour cueillir le doux fruict de si parfaite amour.

   Le peuple en ce pendant à grans monceaux s'assemble
Tout à l'entour du corps, qui de grandeur ressemble
Le Cyclope Etnean sur la terre estendu,
Apres que le fin Grec l'eut aueugle rendu.
L'vn admire, estonné, son visage effroyable,
L'autre admire sa barbe & son poil admirable,
L'autre admire ses bras qui paroissent si forts,
L'autre admire, effroyé, la grandeur de son corps:
Et mesme en le voyant ils font doute de croire
Qu'il soit mort & qu'vn homme en ait eu la victoire.

   Charles qui veut sacrer à l'immortalité
Ce haut fait de Roger par son sang acheté,
Fait desarmer le corps des armes redoutees,
Qui sont comme vn trophee au plus beau lieu plantees
De Paris la peuplee, afin qu'à l'aduenir
Les François estonnez, s'en peussent souuenir.

   La grand' masse de chair ià relente & pourrie
Est trainee à grand' force & mise à la voirie,
Pasture des corbeaux de tous les prochains lieux.]

RODOMONT.

Qui font en croassant maint repas de ses yeux.

 L'ame de Rodomont en blasphemant arriue
Au fleuue d'Acheron, & voit dessus la riue
Mille images ombreux attendans sur le bord,
Le nautonnier Caron pour les conduire au port.
Caron le nautonnier est dessus la riuiere
Conduisant les Esprits que la Parque meurtriere
A despouillé des corps, le nombre est si espais
Que sa vieille nasselle en gemist sous le faix.

 L'ombre du fier Payen qui n'a loisir d'attendre
Que le patron d'Enfer retourne pour la prendre,
S'efforce de passer, despitant, maudissant
Le Ciel, & les Enfers sans repos menaçant.
Caron le voit venir qui s'allume de rage
De ce qu'il le priuoit des droicts de son peage,
Et vient pour l'empescher la rame dans la main,
Tout prest à le charger s'il ne s'enfuit soudain.
L'Esprit audacieux sa force a mesprisee,
Et luy dit en iettant vne amere risee:

 Si les ombres d'Enfer ne sont autres que toy
Ie veux que tout l'Enfer obeisse à ma loy:
Ie le veux, & le puis, ma force est assez grande
Pour me faire seigneur de l'infernale bande.
Pource fuy t'en d'icy, Vieillard, va te cacher,
Ie veux pouruoir l'Enfer d'vn plus braue nocher.

 Caron qui veut donter sa folle outrecuidance,
Tenant la rame au poing tout rechigné s'auance
Pensant le renuerser au plus profond de l'eau:
Mais l'esprit se recule à costé du bateau,
Puis d'extreme vistesse il saute en la nacelle,
Qui de la pesanteur de son costé chancelle:

Prend Caron par la barbe & le crin blanchissant,
L'Enfer de ses hauts cris est tout retentissant,
Et se debat si fort que la barque froissee
Laisse au milieu de l'eau sa charge renuersee:
Les Manes font vn bruit, & Caron par ses cris
Reclame à son secours Pluton & ses Esprits.

 L'ombre du Roy defunct hautaine & genereuse
Court à sa volonté dedans l'eau tenebreuse,
Entrainant les Esprits, la barque & le Nocher:
Et tasche tant qu'il peut de la riue approcher
Pour entrer par surprise en la maison ardente.

 Mais Pluton ce pendant tempeste & se tourmente,
Ne sçait qu'il doiue faire, afin de resister
A ce fier ennemi qui le veut debouter
Du Royaume des morts, qu'il eut pour son partage,
Quand, trois, du monde entier partirent l'heritage:
Et craint que Iupiter le vueille desloger
Pour auecques le Ciel son empire ranger.

 Persephone qui sent vne pareille crainte,
Dresse contre le Ciel son amere complainte,
Puis d'vne voix cassee esperdûment criant,
Auec ces mots plaintifs les Esprits va priant.

 O vagabonds Esprits, ô malheureuses ames,
Qui bruslez dans la glace, & gelez dans les flames,
Vous qui ne sentez point en ces lieux malheureux
De tourment si cruel que le mal amoureux:
Encor que la pitié n'ait point ici de place,
Resistez par pitié contre cil qui pourchasse
De m'oster la couronne, & se faire Empereur
De ces lieux pleins d'effroy, de silence & d'horreur.
Opposez vostre force à la sienne cruelle,

RODOMONT.

Et soyez animez par ma iuste querelle.
Si vous me secourez en ceste extremité,
Par le fleuue de Styx, par ceste obscurité,
Par le fuzeau des Sœurs, par leurs trames fatales,
Et par les crins retors des Fureurs infernales
Ie iure & vous promets de si bien m'employer,
Que vos Dames vn iour pour leur iuste loyer
Viendront en ces bas lieux, & sentiront la peine
Que merite à bon droit toute Dame inhumaine.
 Et vous foibles Esprits, qui sentez seulement
(Francs des flammes d'Amour) l'ordinaire tourment
Qu'on endure aux enfers pour quelque erreur commise,
Si vous me secourez, ie vous mets en franchise:
Ie veux qu'on vous deliure, & que sans endurer
Vous puissiez ici bas pour plaisir demeurer,
Si lon peut ici bas quelque plaisir attendre,
Et si quelque soulas aux Enfers se peut prendre.
 Ainsi dict Proserpine, & les Esprits tenus
Au plus profond d'Auerne en bruyant sont venus
Rauder à l'entour d'elle, esmeus de sa promesse,
Et veulent sans delay monstrer leur hardiesse.
 Agrican le premier braue s'est presenté,
Agramant vient apres, & l'esprit redouté
Du vaillant Mandricard, qui brusle de combatre
Et veut de Rodomont l'outrecuidance abatre.
 Le Ciel tout courroucé de leurs si longs debats,
Pour les faire cesser courbe le sein en bas,
S'anime de fureur, & de sa dextre armee
Delasche la tempeste & la foudre allumee:
On n'oit rien qu'vn tonnerre esclatant & bruyant,
On ne voit rien qu'esclairs sifflans en tournoyant.

V iij

Et tombent coup sur coup, comme fleches pendantes,
Du Ciel dans les Enfers de grands flammes ardentes.
  La terre qui s'estonne en ces extremitez,
D'oüir l'Enfer qui tremble, & les Cieux irritez,
Bruire, éclairer, tonner, pense toute craintiue
Que c'est la fin du Ciel & d'Enfer qui arriue:
Tout ce qui est en haut, en bas de tous costez,
Immortels & mortels sont tous espouuantez.
  L'Ombre de Rodomont de son corps separee
Est seule en cest effroy qui demeure asseuree,
Qui menace le Ciel, l'air & les elemens,
Et despitant l'Enfer, & tous ces tremblemens:
S'elle trouuoit la Mort comme elle a bien enuie,
Elle la contraindroit de luy rendre sa vie,
Et veut malgré Pluton & les Manes ombreux
Establir son empire aux Enfers tenebreux.
Chacun fuit au deuant, quelque part qu'il s'auance,
Et luy qui continue en sa fiere arrogance,
Saute dessus le pont, & s'en fait possesseur:
Car de crainte surpris le Chien engloutisseur,
Et les tristes Fureurs de sang entretachees
S'estoyent au fond d'Auerne honteusement cachees.
  Pluton à ceste fois ne sçait que deuenir
Et pense voir encor Hercule reuenir
Auec ses compagnons pour rauir Proserpine,
Pressez du feu d'Amour ardant en leur poitrine:
Il bruit, il se tourmente, & de fureur attaint,
Maudissant sa fortune, il sanglote & se plaint.
  Les esprits Stygieux sont esmeus de liesse,
Voyant leur fier tyran en paine & en destresse:
Mais luy qui voit sa perte & n'ha point de repos,

RODOMONT.

Les inuoque à son aide, & leur dit ces propos.
  Helas! chers Citoyens de ces lieux effroyables,
Maintenant au besoing soyez-moy secourables:
Et si n'auez pitié de mes gemissemens,
Prenez au moins pitié de vos cruels tourmens.
Car qui s'opposera, braue, à ce temeraire
Ie le rens deliuré de toute sa misere,
Du gel, du feu, du fer, & des maux rigoureux
Que Minos fait souffrir aux esprits malheureux:
Et sera le premier aupres de ma personne,
Comme tenant de luy mon sceptre & ma couronne.
  A ces mots de Pluton on voit de toutes parts
Sortir du creux d'Enfer les plus braues soldarts,
Ceux qui durant leur vie auoyent troublé la terre,
Cerueaux ambicieux, par vne iniuste guerre:
Les tyrans connoiteux, leurs meurtriers inhumains,
Qui du sang innocent auoyent souillé leurs mains:
Les traistres, les mutins, les semeurs de querelles,
Les esprits enuieux, les amis peu fidelles,
Ceux qui auoyent le droict par argent violé,
Ou vendu laschement leur pays desolé,
Chacun à qui mieux mieux veut monstrer son courage,
Mais Pluton les renuoye, & leur tient ce langage.
  Non ce n'est point en vous qu'il me faut esperer,
Esprits foibles & vains, allez vous retirer:
Il faut qu'vn Chef vaillant, vn conducteur d'armee,
Vn qui ait en cent lieux planté sa renommee
Par le glaiue tranchant, & qui d'vn braue effort
Aux guerriers plus fameux ait fait trouuer la mort.
Courageux & vaillant s'arme pour ma defense,
Et contre ce hautain espreuue sa puissance.

V iiij

L'esprit du Roy Gradasse entendant tout ceci,
Cesse (dit-il) Pluton, de te mettre en soüci.
Car puis qu'vn Chef vaillant, vn conducteur d'armee,
Vn qui ait par le fer planté sa renommee,
Vn qui ait fait trembler les plus braues guerriers,
Vn qui soit couronné de cent mille Lauriers,
Se doit armer pour toy, c'est moy qui le doy faire,
T'aidant contre le Ciel, si le Ciel t'est contraire.

Au seul bruit de mon nom qui volle en mille lieux,
I'ay rempli de frayeur les plus audacieux,
I'ay rendu par mon bras l'Espagne surmontee,
I'ay fait trembler de peur la France espouuentee,
Et suis venu à bout de deux vœux que i'ay faits,
Qui eussent peu courber le Dieu Mars sous le faix.

Pour les premiers essais de ma verte ieunesse,
Fuyant les voluptez & la molle richesse,
Peste des grans seigneurs, d'vn cœur bouillant & chaud
Ie fey vœu de combatre & Roland & Renaud:
I'eu le cheual de l'vn, de l'autre i'eu l'espee
Au sang des ennemis à toute heure trempee.

L'Esprit audacieux ne cessoit de conter
Sans le fier Mandricard, qui ne peut supporter
Sa parolle orgueilleuse, ains tout plein de furie
L'œilladant de trauers horriblement s'escrie.

Cest effroy des humains, ce guerrier si vaillant
Eschauffé d'vn beau sang & d'vn cœur si bouillant,
Ne s'est peu garantir auec tant de puissance,
Qu'il n'ait esté captif sous mon obeissance.
Astolfe qui n'est point de ces grands Cheualiers
Qu'on renomme pour estre au combat des premiers,
D'vne lance doree inutile à la guerre

Luy feit perdre la selle estendu contre terre:
Et encor il se vante, & pour mieux s'auancer
Il menace les Cieux, & nous veut deuancer,
Nous dont la renommee en tous lieux espanduë,
Immortelle & durable à bon droit s'est renduë.
 Gradasse est tout esmeu d'vn courroux vehement,
Et le veut dementir: mais l'esprit d'Agramant
Le deuance à parler en voix terrible & forte
Et regardant Pluton commence en ceste sorte. (tient?
 Pourquoy font-ils debat d'vn droict qui m'appar-
Car puis que cest honneur par les armes nous vient,
On ne me le sçauroit iustement contredire:
I'ay veu trente deux Rois vassaux de mon Empire,
I'ay eu plus de guerriers à mon commandement,
Qu'on ne voit de flambeaux la nuict au firmament:
I'ay fait planer les monts, i'ay tari les riuieres
Par le nombre infini de mes troupes guerrieres:
I'ay fait de sang humain les plaines ondoyer,
Et la mort nuict & iour par les champs tournoyer.
 Pluton tu le sçais bien, la memoire est recente
Combien par ma valeur d'Esprits ont fait descente
Dans ces lieux tenebreux: Caron le sçait assez,
Qui de les traietter eut les membres lassez.
Mais à fin qu'à mon droict rien plus ils ne pretendent,
Monstre-nous le papier des Ombres qui descendent
Auant terme aux Enfers: on cognoistra comment
I'ay plus accreu ton regne en deux iours seulement,
Qu'eux en toute leur vie, & que ma dextre armee
A peuplé de suiets ta grand'salle enfumee.
 Ainsi ces trois Esprits de propos combatoyent,
Et pour gaigner l'honneur leurs gestes racontoyent:

V y

Mais Pluton ennuyé de tant ouïr debatre,
Tasche à les appaiser, pour les faire combatre
L'ame du Roy d'Arger, qui tousiours cependant
Estoit desſus le pont hardiment attendant.

Cessez (leur dit Pluton) cessez vostre querelle,
Vne plus iuste cause au combat vous appelle :
Quant à vos differens en quelque autre saison
Le iuste Rhadamant vous en fera raison.
Mais puis qu'en tant de lieux vostre gloire est cogneuë,
Puis que iusques ici vous l'auez maintenuë
Claire & haute en degré, faites pour l'aduenir
Qu'auec le mesme honneur puiſſiez l'entretenir.
,, Qui acquiert fait beaucoup, mais il fait d'auantage
,, Qui l'ayant bien acquis garde son heritage.
Si vous auez bien fait quand vos corps ont vescu,
Or' qu'en estes priuez d'vn courage inuaincu
Faites encores mieux, monstrans par vostre force
Que les corps ne sont rien qu'vne debile escorce.

Ainsi le Dieu d'Enfer animoit ses esprits,
Quand le preux Mandricard, qui d'ardeur est espris,
S'escrie : O Roy des morts, laisse moy l'entreprise,
De punir ce vanteur qui tes forces mesprise,
Ie le rans sans pouuoir, captif de ta grandeur :
Mais deuant (s'il te plaist) appaise vn peu l'ardeur
De la rage d'Amour qui me tient tout en flame,
Et qui comme vn Vautour se repaist de mon ame.
Tous ces autres tourmens puniſſeurs des mesfaits,
Les cris, l'horreur, l'effroy, les serpens contrefaits,
La faim du Phrygien, le trauail des Belides,
Le fouët ensanglanté des fieres Eumenides,
Et tout le plus cruel qui soit ici dedans,

RODOMONT.

La torture, la rouë, & les flambeaux ardans
Ne me blessent point tant que l'amoureuse rage
Qui d'ongles & de dents cruellement m'outrage.
S'il te plaist pour vn peu sa rigueur moderer,
Laisse moy faire apres, ie te veux asseurer
Non sans plus du Payen qui braue te fait craindre,
Mais ie veux Iupiter & Neptune contraindre
De te payer tribut, & que victorieux
Tu sois Dieu de la Mer, des Enfers, & des Cieux:
Il reste seulement que l'amour qui me tuë
D'vn trespas renaissant, sa fureur diminuë.

 Il se tourne à ces mots regardant fierement,
Comme par vn desdain, Gradasse & Agramant.

 Retournez (ce dit-il) retournez sur la terre,
Miserables Esprits, recommencez la guerre:
Que l'vn pour vne espee estonne l'Vniuers,
Faisant voller au vent mille estendars diuers,
Et que l'autre agité d'vne folle ieunesse
Sur vn courroux vengeur fonde sa hardiesse:
Ie n'ay point fait ainsi, tous mes faits entrepris
Ont eu l'Amour pour guide, & sa mere Cypris.
Celuy seul est vaillant, qui deuôt sacrifie
Au puissant Dieu d'Amour ses armes & sa vie:
Mais de grace, Pluton, cherche de m'alleger,
Ie pourray mieux apres te sortir de danger.

 Helas (ce dict Pluton) que veux-tu que ie face
Si la rage d'Amour comme toy me pourchasse?
Et si ses poignans traicts acerez de rigueur,
Iusqu'au fond des Enfers viennent percer mon cœur?
Et bien qu'incessamment sa fureur me possede,
Ie n'ay peu, malheureux, trouuer vn seul remede

Qui m'en puiſſe exempter: mais plus ie vais auant
Plus ie voy ce tyran contre moy s'eleuant.

 Voulant continuer, les ruiſſeaux qui deſcendent
Bouïllonnans de ſes yeux, le parler luy defendent:
Et va laſchant du cœur des ſoũpirs enflammez,
Dont deux fagots d'Enfer ſoudain ſont allumez.

 L'Ombre de Rodomont ſur le pont ſe promeine
Continuant touſiours, orgueilleuſe & hautaine,
De menacer Pluton, de bruire & de crier,
Et les Eſprits damnez, au combat desfier.

 Le vaillant Mandricard pour reſiſter ſe monſtre,
Rodomont qui le voit ſoudain vient à l'encontre,
Tenant par l'vn des pieds Caron tout effroyé.
Apres que le Payen eut long temps tournoyé
Le vieillard miſerable à l'entour de ſa teſte,
Il l'eſlance en bruyant comme vn trait de tempeſte
Droict contre Mandricard: & l'attaint tellement
Que l'Eſprit eſtourdi perd tout le ſentiment.
Il tombe en chancelant, & Caron tout de meſme
Tombe aux pieds de Pluton qui deuiẽt froid & bleſme,
Et qui eſt de ce coup tellement eſtonné
Qu'il a de grand frayeur ſon ſceptre abandonné:
Ce ſceptre eſtoit de fer d'vne barre maßiue,
Ayant vn croc au bout de grandeur exceßiue.
Rodomont l'apperçoit, qui tout ſoudainement
S'approche, & ſe courbant le ſaiſit hardiment.
Ayant ce croc au poing, il ne ſçauroit plus croire
Que les plus redoutez de la region noire
Oſent luy faire teſte: il commence à fraper
Pour renuerſer le pont, & garder d'eſchaper
Ceux qui voudront fuir: autant de coups qu'il donn̈e

RODOMONT.

De son crochet de fer, tout l'abysme resonne:
Les Esprits font sortir de grands gemissemens,
Et maints tout esperdus rentrent aux monumens.

 L'ame de Mandricard du grand bruit esueillee
Tenoit la veuë en bas toute rouge & souillee
De honte & de despit, & voit en se leuant
Vn gros nœu de serpens enflammez par deuant,
Marquetez tout par tout de couleur bleuë & verte,
Qui iettoyent par les yeux & par la bouche ouuerte
De grand's pointes de feu: le suc qui degoutoit
Tous les lieux d'alentour de venin infectoit.
Luy qui les recueillit d'vne allegresse pronte
Les iette à Rodomont pensant vanger sa honte:
Mais il n'en fait que rire, & comme en se iouant
D'vne main les suffoque & les va secouant.

 L'Esprit plus que iamais transporté de colere,
Voyant le peu de cas que son fier aduersaire
Fait de tous ses efforts, saute dessus le pont,
Puis de toute sa force il hurte Rodomont,
Et le choque si fort que l'Ombre malheureuse
La teste contre bas tombe en l'eau tenebreuse,
L'eau se fend au dessous & reiaillist en haut.

 L'Esprit est tout troublé de ce dangereux saut,
Et commence à nager pour gaigner le riuage,
Bruslant au fond de l'eau de fureur & de rage:
D'vne sueuse escume il est tout degoutant,
Et va l'eau par la bouche & par les yeux iettant.

 Pluton lors tout ioyeux animoit la canaille,
Sus compagnons (dit-il) qu'on saute la muraille,
Qu'on garde ce hautain de reuenir à port,
Qu'on luy face sentir vne seconde mort:

Si quelqu'vn le peut faire, à cestuy-là i'ordonne
D'vn cyprés mortuaire vne riche couronne.

 Mandricard entendant tout l'Enfer s'esmouuoit
Aux propos de Pluton, luy qui ne veut auoir
Vn second en sa gloire acquise à tant de peine,
Du creux de l'estomach pousse vne voix hautaine.

 Si tu ne veux (dit-il) Pluton, t'en repentir,
Donne ordre à tes Esprits qu'ils ne puissent sortir:
Ou sinon contre toy ie tourneray mes armes,
Et tremperay mes mains au sang de tes gensd'armes.

 Cependant Rodomont ayant bien trauaillé,
Malgré tous leurs efforts sort de l'eau tout mouillé
Si possedé de rage & d'ardeur violente
Que le fier Mandricard le voyant s'espouuente.
Rodomont s'en approche & le tient embrassé,
L'estreint estroictement & le rend tout froissé,
Luy fait tirer la langue, & fait que du martyre
L'Esprit tombe à l'enuers sans que plus il respire.
Le Payen ne s'arreste & marche plus auant
Vers la porte d'Enfer sa victoire suiuant:
Pluton pour l'empescher luy iette vne fiole
Pleine du desespoir, & du mal qui raffole
Les amoureux ialoux: mais luy qui n'en fait cas,
La reçoit dans la main & rispand tout en bas.

 Garde Roy des Enfers, garde ta mercerie
(Dit-il en se mocquant) pour la forcenerie
De ces foux abusez, esperdus, insensez,
Qui des ieux d'vn enfant se sentent offensez:
De moy ie ne crain point ny les feux, ny la glace,
Ny les monstres hideux, ny tout ce qui s'amasse
D'horrible en tes Enfers, & de plus odieux:

RODOMONT.

Et m'estonne aussi peu des Enfers & des Cieux,
Qu'Aquilon au sortir de sa cave desclose
Fait cas de rencontrer vn voile qui s'oppose.
   Ainsi dist Rodomont, qui s'altere en parlant,
Et qui sent au dedans vn feu si violant
De trauail, de sueur, de passion & d'ire,
Qu'il abandonne tout, courant droict sans mot dire
Vers le fleuue d'Oubli tout noir & tout troublé,
Pour estancher sa soif d'vn long traict redoublé.
Mais il n'eut pas baissé la teste pour y boire
Que tout au mesme instant il perdit la memoire,
Et ne se souuient plus des combats entrepris,
Ny de retourner voir Pluton & ses esprits,
Qui s'estoyent resolus, defaillus de courage,
De luy porter les clefs & de luy faire hommage.
   Luy qui de fait aucun ne s'est plus souuenu,
Se remet au chemin dont il estoit venu:
Il passe derechef l'infernale riuiere,
Et derechef encore il reuoit la lumiere
De nostre beau Soleil, deçà delà courant,
Et ne seiourne point en vn lieu demourant,
Iusqu'à tant qu'à la fin il se trouue en la place,
Où gisoit son corps mort tout gasté par la face,
Puant & corrompu: les os en blanchissoyent,
Et cent mille corbeaux à l'entour croassoyent.
Alors tout furieux de voir sa sepulture,
Court apres les corbeaux qui prenoyent leur pasture
Des restes du Cadaure il les chasse, il les suit:
Les monts, riues, & bois retentissent du bruit,
Et ne cesse iamais, ardant à la poursuite,
Regardant tous les lieux où s'egare leur fuite.

Mais ainſi qu'il les ſuit criant horriblement,
Il ſe trouue à la fin contre le monument
De l'heureuſe Yſabelle au ciel victorieuſe,
Pour auoir par ſa fin fait preuue glorieuſe
De foy, de chaſteté, d'vn cœur conſtant & fort,
Et que la vraye amour ſe monſtre apres la mort.

 Le Payen tout ſoudain recognoiſt la tour forte,
Il recognoiſt le pont, il recognoiſt la porte,
Il recognoiſt le fleuue, & cognoiſt les eſcus
De tant de Cheualiers qu'il y auoit vaincus,
Encor qu'il euſt perdu toute autre ſouuenance:
Car le fleuue d'Oubli contre Amour n'ha puiſſance.
L'Eſprit à ceſte fois tout coy s'eſt arreſté
Adorant le ſainct lieu, tombeau de fermeté.

 Et pource que des corps priuez de ſepulture
Les Eſprits ſont errans cent ans à l'aduanture,
L'Eſprit de Rodomont qui doit errer autant,
Erre autour du tombeau ſes amours lamantant
On le voit quelquefois apparoiſtre viſible,
Plus grand qu'il ne ſouloit, plus fier & plus terrible,
Courant deſſus le pont, & hurle toute nuict,
Faiſant tout reſonner d'vn effroyable bruit:
Et touſiours en criant il ſemble qu'il appelle
Rodomont Rodomont, Yſabelle Yſabelle.

FIN DE LA MORT
DE RODOMONT.

IMITATION DE LA
COMPLAINTE DE BRA-
DAMANT, AV XXXII
chant de l'Arioste.

Oncques sera-til vray qu'il faille que ie suiue
Vne, helas! qui me fuit & se cache de moy?
Doncques sera-til vray qu'il faille que ie viue
Tousiours desesperé sous l'amoureuse loy?
Souffriray-ie tousiours l'orgueil qui me maistrise
Riant lors que mon œil plus de larmes espand?
Me faut-il estimer celle qui me desprise?
Me faut-il reclamer celle qui ne m'entend?

 Las que mon esperance est douteuse & petite
Celle dont l'œil diuin de mon ame est vainqueur,
Recognoist les mortels si peu pour son merite (cœur:
Qu'il ne faut moins qu'vn Dieu pour vaincre vn si beau
Encor si quelque Dieu poingt d'amour & de gloire,
A si digne combat hazardoit son pouuoir,
Ie suis aussi certain qu'elle auroit la victoire,
Comme ie suis douteux qu'il la peust emouuoir.

 Elle sçait la rebelle ingratement hautaine,
Si mon cœur son esclaue est ferme à l'adorer,
Et pour le nom d'Amant que merite ma peine,
Du seul titre de serf ne me daigne honorer,

Son œil cruel & beau voit le mal qui me presse
Et ne s'auance point pour me donner confort:
Elle voit que ie meurs implorant sa rudesse,
Et differe à m'aider lors que ie seray mort.

    Arreste amour cruel arreste vn peu la belle,
Il semble qu'elle volle, & ie ne puis marcher,
Où fay que ie retourne en ma saison nouuelle,
Quand ses yeux ny tes traits ne m'auoient sçeu toucher:
Mais ah que mon attente est folle, & miserable
De prier vn tiran qui s'egaye aux douleurs,
Car plus il est prié moins il est exorable,
Et ne vit que de cris, de sanglots, & de pleurs.

    Mais dequoy las chetif! dequoy me doy-ie plaindre
Fors que de mon desir qui m'eleue trop haut?
Et me passant en l'air en vn lieu veut attaindre
Où il se brusle l'aile, & tombe d'vn grand saut?
Lors vn vain Esperer des plumes me rattache,
Ie reuole & retombe ainsi que i'auois fait.
Voyla comme en souffrant ie n'ay point de relasche,
Et ce qu'vn iour auance vn autre le desfait.

    I'accuse mon desir, mais de meilleure sorte
En me plaignant de moy ie me dois accuser.
Car seul de ma raison ie luy trahis la porte,
Tant il sçeut finement ma simplesse abuser:
Et depuis à clos yeux comme il veut il me guide,
Et ny puis resister: car il s'est fait trop fort.
Ioint que pour l'arrester ie n'ay ny frein ny bride,
Et si suis tout certain qu'il m'emporte à la mort.

    Mais ie me plains de moy qui n'ay point fait de faute
Que de vous aimer trop, m'en puis-ie repentir?
Certes non. Et qui plus ma iennesse peu caute

COMPLAINTE.

Des traits de vos regards n'eust sceu se garantir.
Devoy-ie vser de force, ou d'vn art secourable,
Pour ne voir vostre teint à l'Aurore pareil,
,, Vos yeux & vostre bouche? Il est trop miserable
,, Qui refuse de voir la clairté du Soleil.

 Cesse ô chant mortuaire, & trouuant l'inhumaine,
Qui met toute sa gloire à meurtrir & blesser,
Dy luy qu'elle peut viure & contante & hautaine,
Puis qu'en la mort des siens gist son plus doux penser.
Si tu treuue' au retour que de fureur contrainte
Ma pauure ame affligee ait ce corps delaissé,
Honore mon trespas d'vne petite plainte,
Et fay voir que l'Amour m'a mal recompensé.

FIN.

IMITATION DE L'ARIO-
STE AV XXXIIII. CHANT.

Ce n'estoit de mon bien que la fainte d'vn
 songe,
Et mon mal au contraire est vn ferme réueil
Mon bon-heur s'est passé, comme vn coulant
 sommeil,
Et ma peine eternelle obstinément me ronge.
 Pourquoy mes sens trompez en veillant n'auez-vous
Le plaisir qu'en songeant i'ay veu de la pensee?

Que ne iouïssez vous de la gloire passée,
Et du bien fugitif qui m'a semblé si doux?
 Soubs quel astre, ô mes yeux, le Ciel vous fit-il estre,
Que clos d'vn doux sommeil vous voyez tout mon bien,
Et qu'ouuers, mon plaisir s'esuanouïsse en rien,
Ains qu'au leuer du iour ma nuict commence à naistre.
 Le Veiller importun m'est combat inhumain,
Et le Songe amoureux me flatte d'vne treue.
Las mon Songe est menteur, & l'ennuy qui me gréue
Ainsi que mon Réueil se trouue tout certain!
 Si du faux naist ma paix, & le vray me fait guerre,
Et si iamais au vray ie n'ay peu m'esiouïr,
Faites de grace (ô Dieux !) que ie ne puisse ouïr
Vn mot de verité tant que seray sur terre.
 Et si le dur Réueil me peut tant trauailler,
Et que le Songe doux de soucis me deliure,
Accordez à mes vœux ce qui me reste à viure
Que ie songe tousiours sans pouuoir m'esueiller.
 Le Réueil, comme on dit, à la vie est semblable,
Et la Mort au Sommeil : mais contraire est mon sort.
Car le triste Veiller m'est pire que la Mort,
Et le Songe m'est vie heureuse & fauorable.
 Toutesfois s'il est vray qu'vn Sommeil gracieux
Nous figure la Mort, & le Veiller la Vie,
Las! de viure en veillant i'ay perdu toute enuie:
Pource (ô Mort) haste toy de me clorre les yeux.

FIN DES IMITATIONS
DE L'ARIOSTE.

ANGELIQVE.

CONTINVATION DV SVBIET DE L'ARIOSTE.

A MONSEIGNEVR LE DVC D'ANJOV, DEPVIS ROY DE France & de Pologne.

LIVRE PREMIER.

Ie chante vne beauté des beautez la premiere,
Le paradis des yeux, & la viue lumiere
Qui comme vn clair Soleil ici bas s'espādoit
Du tēps que Charlemaigne aux François commandoit:
Celle qui receloit des aîtraits pour surprendre
Les braues qui pensoyent contre Amour se defendre,
Qui surmonta Renaud, Ferragut, & Roland:
Mais sans se donner soing de leur mal violant,
Ny de tant de combats qu'ils auoyent eus pour elle,
Se fist tousiours cognoistre aussi fiere que belle.

Race des Dieux de France, honneur de l'vniuers,
Mon Prince, mon Seigneur, le support de mes vers,
Laissez vn peu la charge où vostre esprit s'applique,
Pour ouyr les regrets de la belle Angelique,
Et la griefue douleur qui son ame oppressa,

Quand ingrat & ialoux son Medor la laissa,
Medor qui tenoit seul sa pensee assernie,
Son cœur, son petit œil, son idole & sa vie.
　Amour voulant vn iour punir ses cruautez,
Et vanger les Amans qu'elle auoit mal traittez,
Luy tira droict au cœur vne fleche diuine,
Et rompit le glaçon qui geloit sa poitrine:
Luy fit aimer Medor vn ieune homme incognu,
Vn mignon qui fut seul pour amant retenu,
Et qui iouit tout seul de la despouille aimee,
Recueillant la moisson par tant d'autres semee:
Trop rare & digne prix de ce nouuel amant,
Qui des trauaux d'autruy receut le payement!
　O Palladin Roland, ô Roy de Circassie,
O valeureux Renaud, que vous sert, ie vous prie,
De vous estre aux hazards si librement trouuez,
Et d'auoir tant de fois les dangers esprouuez,
Rendans en mille endroits vostre vertu notoire,
Puis qu'vn beau Ganymede en rapporte la gloire?
Et que ce qui vous est si iustement acquis
Est sans aucun trauail par vn autre conquis,
Vn autre qui triomphe en heureuse abondance,
Et vous autres chetifs en mourez d'indigence?
　Or ce ieune Adonis d'Angelique adoré
Eut le chef tout couuert d'vn petit poil doré,
Qui flotte mollement quand le vent qui s'y ioue,
Raui de sa beauté, doucement le secouë:
Vne toison subtile au menton luy naissoit,
Qui comme vn blond duuet mollement paroissoit
Prime, douce, & frisee, & nouuellement creuë
Comme petits floccons de soye bien menuë.

ANGELIQVE.

De coral fut sa bouche, & son œil grossissant
Tressailloit de clairté comme vn nouueau croissant:
Il eut le teint de lis & d'œillets mis ensemble,
Ou comme la couleur d'vne rose qui tremble,
Nageant tout lentement dessus du laict caillé:
Bref, il semble à le voir d'vn pré bien esmaillé,
Qui decouure au Soleil mille beautez nouuelles,
Quand la verte saison rend les campagnes belles.
Amour n'est point si beau, Angelique n'eust sçeu
Se garder d'enflammer aux rais d'vn si beau feu:
Aussi la belle amante au fond du cœur blessee
Rien plus que son Medor ne lige en sa pensee.
Elle est tousiours aupres, & ne pourroit durer
S'il falloit tant soit peu de luy se separer.
C'est son Dieu, c'est son tout, c'est l'ame de son ame:
Et luy qui sent au cœur vne pareille flame,
N'ha plaisir qu'à la voir, & à se contenter
De toutes les douceurs qu'vn amant peut gouster.

Soit quand Phebus reuient de la marine source,
Soit quand il a fourni la moitié de sa course,
Où soit quand il descend de ses cheuaux lassez,
Il voit presque tousiours ces Amans embrassez.
Ores dans son giron Angelique est couchee,
Ores dedans sa main tient la teste panchee,
Et se mire en ses yeux, & or' en se haulsant
Elle va son esprit sus la leure suçant:
Elle languit dessus sans dire vne parolle,
Et à peu que son ame en ces ieux ne s'enuolle,
Son cœur est tout esmeu d'amoureux tremblemens
Et luy qui la regarde en ce doux mouuement
D'vn œil à demi clos tout raui s'esmerueille

De voir tant de beautez sur sa bouche vermeille,
Et de mille baisers longs & delicieux
Va repaissant son ame, & sa langue, & ses yeux.
Ils passerent deux mois en ceste douce guerre,
Iouissans à souhait d'vn paradis en terre
Au logis d'vn pasteur, où leur contentement
Et leur parfait amour eut son commencement.

Or il aduint vn iour qu'Angelique eut enuie,
Pour mieux continuer ceste agreable vie,
De reuoir son Royaume, & de s'en retourner
Pour faire son Medor nouueau Roy couronner.
Du Soleil tout-voyant la vermeille courriere
Chassoit l'humide Nuict par sa viue lumiere,
D'vne couleur dorée enrichissant les cieux,
Quand ces ieunes amans partirent de ces lieux,
Prenans congé deuant des gracieux ombrages,
Des antres, des rochers, des prez, & des riuages,
Et laissans pour tesmoins de leurs plaisirs passez
Sur l'escorce des bois leurs noms entrelacez.

Tandis la Renommée, hastiue messagere,
Met ses ailes aux piés, vollant prompte & legere
Aux quatre parts du monde, & par tout en passant
Va de ce nouueau fait la merueille annonçant,
Et crie à pleine voix qu'Angelique la belle,
Celle qui se monstroit si hautaine & rebelle,
A changé sa rigueur en douce priuauté,
Et qu'vn panure soldat iouist de sa beauté,
Vn More bas de race, & plus bas de courage,
Pour ie ne sçay quel fard qui luist en son visage.

Si iamais amoureux ont esté trauaillez
Estans de Ialousie & d'Amour tenaillez,

ANGELIQVE. 491

Les amans d'Angelique à ceste fois le furent,
Lors que sans y penser ces nouuelles ils sçeurent.
Ce ne sont que regrets & soupirs enflammez,
Ce ne sont que sanglots sur l'arene semez,
L'air retentit par tout de leurs cris pitoyables:
Ils inuoquent la Mort, recours des miserables,
L'œil iamais ne leur seiche, & de propos cuisans
Blaspheme nt la Fortune, & les astres nuisans.
Mais comme leur amour fut de diuerse sorte,
Ils sentirent aussi de leur passion forte
Les effects differens: & cest aspre courroux
Aux vns estoit extreme, & aux autres plus doux.
Car selon qu'ils aimoyent d'amour grande ou petite,
Fureur petite ou grande au dedans les irrite.

 Or le premier de tous qui le fait entendit,
Fut le Comte Roland vn iour qu'il se perdit
Cherchant vn Cheualier: car sa triste aduenture
Le conduit dans vn pré tout fleuri de verdure,
Aupres de la fontaine, où les Amans heureux
Cueilloyent de leurs amours tant de fruicts sauoureux.
 Là fut-il assailli d'vne ardante tristesse
Recognoissant le nom de sa fiere Maistresse,
Et celuy de Medor, engrauez par endrois
De la main d'Angelique en l'escorce des bois:
Mais c'estoit peu de cas, & la ialouse flame
Ne prenoit comme point de vigueur en son ame,
N'eust esté le pasteur hoste des deux Amans,
Qui luy fit les discours de leurs contentemens,
Et comme leur amour auoit là pris naissance,
Dont sans beaucoup languir ils eurent iouïssance.
Ce fut lors que le Comte ardemment allumé,

X

Eut de mille cousteaux l'estomach entamé:
Ce fut lors qu'il ouurit à son dueil la carriere,
Ce fut lors qu'il maudit la celeste lumiere,
Ses cris furent de rage & de fureur guidez,
Et ses yeux furent faicts deux torrens desbordez,
Qui couloyent nuict & iour d'vne longue entre-suitte,
Laschant maints tourbillons de sa poitrine cuitte.
En fin luy defaillant le vent pour soupirer,
Ne pouuant plus du cœur vne plainte tirer,
Et de ses tristes yeux la source estant tarie
Sa debile raison fit place à la furie:
Bref, il courut les champs du mal qui l'agitoit,
Piés nuds, estomach nud, ignorant qu'il estoit.

 Renaud le sçeut apres, mais ayant cognoissance
Long temps auparauant par longue experience,
De l'amour feminine, & de sa fermeté,
Il creut fort aisément telle legereté,
Et la dissimula d'vne façon plus sage,
Bien qu'il sentist au cœur de grand's pointes de rage.
Il se plaignit pourtant, mais ce fut tellement
Qu'on n'aperceuoit point son ennuy vehement,
Ny le poignant despit qui blessoit sa pensee.
Car il tenoit sa langue & sa léure pressee,
Soupirant sans mouuoir comme tout esperdu,
Et parlant dans le cœur sans qu'il fust entendu:
Puis quand il eust fait trefue à sa douleur terrible,
Et qu'elle l'eut remis en estat plus paisible.

 Sera-til vray (dit-il) que i'aille plus suiuant
Vne ingrate, muable aussi tost que le vent?
Qui de flamme nouuelle à toute heure est saisie,
Suiuant pour tout conseil sa seule fantaisie,

ANGELIQUE.

Sans foy, sans iugement, qui a mis à mespris
Tant de grands Cheualiers de ses beautez espris,
Pour suiure vn estranger inconnu par le monde,
Qui n'a rien qu'vn beau teint & la perruque blonde?

 Ainsi parloit Renaud, & sur l'heure il sentit
Vn desdain violant qui sa flamme amortit:
Il n'a plus dans le cœur l'affection premiere,
Sa volonté n'est plus de l'amour prisonniere,
Sa Dame luy desplaist, & ne trouue plus beaux
Ses yeux qui luy sembloyent deux celestes flambeaux:
Il iuge pallissant le coral de sa iouë,
Et ne sçauroit souffrir que personne la louë,
Mais en s'appellant sot il nomme malheureux
L'an, le mois, & le iour qu'il deuint amoureux.

 Il reste Sacripant, lequel ne sent encore
La bruslante poison qui les autres denore;
Mais trop plus que iamais ha le cœur enflammé:
Chetif, qui meurt d'Amour & qui n'est point aimé!
Toutefois il le pense, & son mal il soulage
Croyant que pour le moins nul ne l'est dauantage.

 C'estoit en la saison que les prez sont couuerts,
Les forests & les champs d'accoustremens tous verds,
Que l'air est chaud d'Amour, & que le doux Zephyre
Nauré d'vn poignant traict si tendrement soupire,
Lors que les petits bleds seulement verdoyans
S'enflent au gré du vent comme flots ondoyans,
Que Progné se lamente, & que le bois resonne
Des accords de sa sœur qui ses plaintes entonne.

 Il estoit fort haute heure, & le Soleil bien haut,
Pour la saison si douce estoit ardant & chaud,
Quand ce gentil amant, dont la gloire esuentee

Estoit en mille endroits par sa vertu plantee,
Se trouua dans vn bois de sommeil agraué,
Ayant long temps deuant maint haut fait acheué.
Vn bois que la Nature auoit fait pour complaire,
Où couloit par dedans vne eau luisante & claire,
D'arbrisseaux & de fleurs ombragee à l'entour,
Dont le flot tremblotant sembloit parler d'Amour:
L'air rit à l'enuiron, & les haleines douces
Des Zephyres mollets d'agreables secousses
Font bransler le fueillage, & vont refraichissant
Celuy qui trauaillé s'y repose en passant.
Sacripant y demeure, & couché sur l'herbage
Pense à se reposer au frais de ce riuage,
Du trauail & du chaud, & de l'Amour cruel
Qui luy ronge le cœur, vautour perpetuel.
    Ah! chetif, que fais-tu? fuy ce lieu, ie te prie:
Car bien qu'il soit plaisant, que l'herbe y soit fleurie,
Le fueillage agreable, & le vent adouci,
Si ne dois-tu pourtant y demeurer ainsi.
Las! ne l'entens-tu point? ce ruisseau qui murmure,
Pleure & plaint de pitié ta prochaine aduenture.
Mais ie parle à vn sourd, l'Archer malicieux
L'a priué de l'ouye aussi bien que des yeux.
    Ce Roy s'arresta là, n'ayant en la pensee
Que l'vnique beauté dont son ame est blessee,
Il en fait cent discours en son entendement,
Il se dit bien-heureux d'aimer si hautement,
Voire est si hors d'esprit en ses amours qu'il pense
Que mesme son tourment luy sert de recompense.
    Mais comme il est ainsi songeant & rauassant,
De l'vn de ses pensers vn autre renaissant,

ANGELIQVE.

Suruient vn meſſager qui entre en ce bocage
Pour y paſſer le chaud & ſe mettre à l'ombrage.
Sacripant ſe retourne en le voyant venir,
(Las on ne peut fuir ce qui doit aduenir!)
Il l'enquiert d'où il eſt, quel chemin il veut prendre,
Et qui luy fait ainſi ſon voyage entreprendre.

   Le Courrier qui le iuge à ſon geſte hautain
Quelque grand Cheualier : Ie ſuis (dit-il ſoudain)
Meſſager d'Angelique, & ce mot vous ſuffiſe,
Vne que le Ciel meſme admire, honore & priſe,
Qui ſert de iour au monde, & dont l'œil gracieux
Recelle tous les traits qui ſurmontent les Dieux.
C'eſt elle qui m'enuoye en diuers lieux eſtranges,
Pour annoncer ſa gloire & ſes dignes loüanges :
Et pour faire ſçauoir qu'vn Cupidon nouueau,
Vn petit Dieu d'Amour tout celeſte & tout beau,
La rend de ſes beautez doucement embraſee,
Et comme il en iouiſt & luy eſt eſpouſee,
C'eſt vn Dieu pour certain digne d'eſtre adoré.
Mais voyez, (ce dit-il) ſon portraict figuré,
Et luy faites honneur, c'eſt vne choſe ſainte :
Car du pinceau d'Amour ceſte image eſt depeinte.

   Ainſi dict le Courrier, deſpliant de la main
Vn parchemin couuert qu'il portoit dans le ſein,
Où ſe voyoit au vif la belle portraicture
Du bien-heureux Medor, chef-d'œuure de Nature.
Ah Dieu que de beautez s'eſbatoyent là dedans!
Que d'appas, que de traits, que de flambeaux ardans,
Que de lis, que d'œillets, que d'amoureuſes graces,
Que d'agreables morts, de douceurs, & d'audaces!
L'œil y reſtoit perdu, l'eſprit tout eſtonné,

X iiij

Et le corps plein de feu de cœur abandonné.
　Si tost que Sacripant y eut ietté la veuë,
Il la sent aussi tost couuerte d'vne nuë :
Vne froide sueur par les membres luy court,
Il perd les sentimens, muet, aueugle, & sourd :
Son cœur enflé de rage au dedans se matine,
Et pour sortir dehors combat dans sa poitrine :
Sa ioüe est toute teinte en mortelle couleur,
Son ame est languissante en extreme douleur,
D'amertume & de fiel sa bouche est toute pleine,
Et tombe dessus l'herbe ayant perdu l'haleine.
　Qui a veu quelquefois vn qui n'y pense pas,
Par vn triste recit conduit pres du trespas,
Qui perd les mouuemens, la parole & l'ouye,
Et ne monstre d'vne heure aucun signe de vie :
Il a veu Sacripant de son long estendu
Ayant auec l'esprit tout sentiment perdu,
Il ne respire point, & reste en telle sorte
Qu'on ne peut l'estimer qu'vne personne morte.
En fin les yeux baignez vers le Ciel eleuant,
Par vn ardant soupir monstre qu'il est viuant :
Lors il ouure la bonde à ses larmes bruslantes,
Il fait de ses deux yeux deux riuieres coulantes,
Et de son estomach sans cesser haletant,
De grands flots de soupirs coup sur coup vont sortant.
Il reprend le portrait tout priué de soymesme,
Et tremble en le voyant de passion extréme,
Tient l'œil fiché dessus, qui coule sans repos,
Et demeure long temps sans dire vn seul propos :
Mais voyant le Courrier il tasche à se contraindre,
Et retient au dedans l'ennuy qui le fait plaindre.

ANGELIQVE.

Va mon amy (dit-il) annonce le discours
En mille lieux divers des nouuelles amours
De ta belle Maistresse, helas trop variable!
Et luy conte au retour pour nouuelle agreable
Que Sacripant est mort, qu'il est froid & transi,
Et que pour bien aimer on le guerdonne ainsi.
  Ayant dit ces propos en voix basse & plaintiue,
S'enfuit au fond du bois d'vne course hastiue,
Taxant & maudissant par cris desesperez
Les astres sans raison contre luy coniurez.
Tout ha pitié de luy: les rochers qui l'entendent,
Esmeus de ses regrets, par le milieu se fendent:
Et les petits oiseaux de sa douleur touchez
Demeurent tous muets sur les branches perchez.
  Le Messager surpris d'vne telle merueille
Le suit tant comme il peut de l'œil & de l'oreille,
Pour en sçauoir l'issuë, & s'approchant de prés
Se musse doucement dans vn lieu bien espés,
D'où sans estre apperceu faisant vn coy silence,
Il oit tous ses regrets, & voit sa contenance:
Contenance si triste & pitoyable à voir,
Qu'elle eust peu l'Enfer mesme à douleur esmouuoir.
Car il se laisse aller à ses tristes pensees,
Et mille passions contrairement poussees:
Le courroux, la douceur, la rage, la pitié,
La haine bien conceuë, & la vraye amitié
Se font guerre en son ame, & ne veulent permettre
Qu'à vne des deux parts il se puisse remettre.
Ainsi comme vn vieux Chesne agité rudement
Par deux vents ennemis soufflans diuersement,
L'air sifle du grand bruit de leur forte secousse:

X iiij

L'vn le pousse deçà, & l'autre le repousse
A l'enui l'vn de l'autre, & diriez à les voir
Qu'il y a de l'honneur à qui le fera cheoir.

Durant que ces pensers font guerre ainsi diuerse,
Le Roy qui n'en peut plus se iette à la renuerse
Sur l'herbe, où sans parler demeure longuement,
Puis parlant en soymesme il dit tout bassement.

Qui donnera conseil à mon ame oppressée?
Doy-ie pas, pour vanger mon amour offensee,
Aller non au Catay, mais iusqu'en celle part
Où le Soleil iamais ses rayons ne depart,
Pour trouuer l'ennemi d'où procede ma perte,
Luy fendre l'estomach, voir sa poitrine ouuerte,
M'abreuuer de son sang me nourrir de sa chair,
Et de son cœur indigne Angelique arracher,
Rendant par quelque fait euident tesmoignage,
Combien la Ialousie en soy porte de rage?
Mais las! que dy-ie? où suis-ie? Ay ie donc arresté
De vouloir offenser la diuine beauté,
Qui me retient si ferme en son obeissance?
O Dieux pardonnez-moy s'il vous plaist ceste offense!
Car elle est innocente, & suis tout asseuré
Qu'elle a de mes malheurs mille fois soupiré,
Et qu'elle a grand regret de son amour faulsee.
Mais quoy? le Ciel cruel contre moy l'a forcee,
Et luy a fait choisir ce nouuel amoureux.
Hé que ne peut le Ciel malin & rigoureux!
Vy donc en doux repos, ô ma belle Deesse,
Que iamais ton Medor pour autre ne te laisse:
Ayez tousiours vn cœur, vn vouloir, vne foy,
Et tout vostre malheur puisse tomber sur moy.

ANGELIQVE.

Il se faisoit ià tard, & l'œil qui nous esclaire
Auoit presque mis fin à son cours ordinaire,
Toutesfois sa lumiere encor apparoissoit,
Mais en se retirant peu à peu s'abaissoit:
L'amant de plus en plus ses sanglots renouuelle
Il fait sortir du chef vne source eternelle,
Et pourroit-on iuger, voyant couler ses pleurs,
Qu'il pretend de noyer sa vie & ses malheurs.
Il tient les bras croysez, & tout transi regarde
Phebus qui de pitié sa carriere retarde,
Et les yeux vers le Ciel incessamment fichez
Sort ces derniers regrets de sanglots empeschez.

Oyseaux qui voletez par ces lieux solitaires,
Eaux, chesnes, & buissons, mes loyaux secretaires,
Oyez à ceste fois ce qui doit m'aduenir,
Puis de mes actions perdez le souuenir.
Vents cessez vn petit, que ma voix espanduë
Ne soit point autre part qu'en ce bois entenduë:
Et toy luisant Soleil arreste vn peu ton cours,
Et assiste à la fin de mes malheureux iours,
Ce sera bien tost fait: car ie veux en peu d'heure
Voir la fin de ma vie & du mal que i'endure.
Et toy Ciel inhumain qui tousiours m'as suiui
Comme vn fier ennemi, sois nunmoins assouui
De ma mort auancee, & du sang que ie tire
Par ce fer de mon corps, pour appaiser ton ire.

Ce dict, en s'esleuant de fureur transporté
Se saisit du poignard qu'il portoit au costé,
Le baise en soupirant, puis d'ardeur violante
Au creux de l'estomach iusqu'aux gardes le plante:
Le retire aussi tost rouge, escumeux & chaud,

X v

Puis se laisse tomber les yeux leuez en haut.
Le sang va contremont d'vne force soudaine,
Comme on voit quelquefois les eaux d'vne fontaine
Reiaillir en bruyant d'vn cours haut eslancé
Par le petit pertuis d'vn grand tuyau percé.
  Le messager y court, qui voit comme il sanglotte,
Qu'il a les yeux mourans, & que son ame flotte
Sur vne mer de sang qui ne veut s'estancher,
Alors en haletant tasche à le desseicher.
Le Roy qui le cognoist vers luy dresse la face:
Dy comme tu m'as veu (dit-il d'vne voy basse)
Et voulant acheuer, vn sanglot il tira,
Et son esprit au ciel comme vent soupira.
  Le Ciel commençoit fort d'obscurcir son visage,
La clairté peu à peu faisoit place à l'ombrage,
Et desia dans le bois rien plus ne se voyoit
Qu'vn grand vaile obscurci qui les cœurs effroyoit.
Parquoy le Messager qui sent son ame atteinte
Ne voulant demeurer toute la nuict en crainte
Aupres de ce corps mort, en pleurant le laissa,
Et pour gaigner logis autre part s'adressa.
Son cœur est tout serré d'vn fait si pitoyable,
Il doute si c'est songe ou chose veritable:
Et luy tarde beaucoup qu'il ne trouue où loger,
Pour faisant ce recit son esprit alleger.
  Tant que la nuict dura les Nymphes des fontaines,
Celles des clairs ruisseaux, celles qui sont aux plaines,
Et dans les bois sacrez, toutes grosses d'ennuy
Pleurerent Sacripant, & firent dueil sur luy,
Honorans à l'enuy son obseque derniere:
L'vne arrosoit sa playe auec eau de riuiere,

ANGELIQVE.

L'autre essuyoit le sang: l'autre qui soupiroit,
La paupiere des yeux doucement luy serroit:
L'autre tenoit sa teste en son giron couchee,
L'autre amassoit des fleurs & en faisoit ionchee,
L'autre en plaignant sa mort la rigueur maudissoit,
Et quelqu'vne à l'escart l'œil au Ciel adressoit
Faisant priere ainsi : Pere de toutes choses,
Qui as fait, qui maintiens, qui conduis, qui disposes,
Qui iuges droictement, & qui plein d'equité
Regardes les ingrats d'vn œil tout despité,
Voy ce sang d'vn martyr qui te requiert vengeance,
Et puni iustement d'vne ingrate l'offense:
Ingrate, outrecuidee, & qui n'estime pas
Que tu voyes du ciel les choses d'ici bas.
Fay, Pere, qu'elle porte vne peine cruelle
Pour auoir fait mourir vn amant si fidelle:
Ou si tu ne le fais, à bon droit les humains
Diront qu'en vain tu tiens le tonnerre en tes mains,
Que tu n'as point de soing de ce monde où nous sommes,
Et que c'est pour neant que te craignent les hommes.
 Ainsi prioit la Nymphe , & le maistre des Dieux
Trois fois en se courbant tonna dedans les cieux,
Et d'vn esclair subtil fit scintiller la nuë,
Signe que la priere au ciel estoit venuë.

FIN DV PREMIER LIVRE
D'ANGELIQVE.

MESLANGES,
CONTENANS

LES
DIVERSES AMOVRS.

BERGERIES, ET MASQVA-
RADES.

EPITAPHES.

DIVERSES AMOVRS,
ET AVTRES OEVVRES
MESLEES,
DE
PHILIPPES DES PORTES.

PLAINTE.

SEROIT-IL bien possible? ô Dieu qu'ayie entendu!
Celle à qui les destins & mes yeux m'ont rendu,
Qui viuoit toute en moy, dont i'estoy la pensee,
Nostre amour a faulsee.
O Foy! Foy dont le nom est si grand en vertu!
S'il est vray que tu sois, où te retires-tu?
Ah! tu m'as abusé! i'esprouue à mon dommage
Que tu n'es que langage.
Il n'y a dans les cœurs ny Foy ny Verité:
Il n'y a point de Dieux, c'est vn conte inuenté,
Et ne se trouue au Ciel ny raison ny iustice
Pour l'humaine malice.
Si les Dieux estoyent vrais qu'elle a tant inuoquez
Ils ne souffriroyent pas d'auoir esté mocquez,

Et qu'ainsi de leur nom elle se fust seruie
Pour abuser ma vie.
Seuls les Dieux reclamez, ne m'ont pas abusé,
Il a fallu s'aider de maint geste embrasé,
Les pleurs y ont eu part, les soupirs & les plaintes,
Et les œillades feintes.
Auec tant d'ennemis qui n'eust esté domté?
Mais, ô le beau laurier qu'elle aura merité,
Ayant sçeu deceuoir vn amoureux fidelle
Qui ne croyoit qu'en elle!
Il n'estoit grand besoin de s'en trauailler tant,
Vn seul trait de ses yeux tous mes sens enchantant
Ne suffisoit que trop pour me forcer à croire
Que la neige estoit noire.
Celuy qui maintenant s'en pense estre adoré,
Comment de son amour peut-il viure asseuré,
Puisqu'on ne peut trouuer d'assez ferme cordage
Pour vne ame volage?
S'il se fie aux sermens, les sermens m'ont deceu,
S'il croit à ses regars, d'eux mon mal est issu,
S'il voit pleurer ses yeux, en nos amours premieres
Ils versoyent des riuieres.
L'air tant que son esprit n'est propre aux changemens,
Ce qu'elle ha luy desplaist, & se sert des amans,
Comme lon fait des fleurs qui ne nous semblent belles,
Qu'estans toutes nouuelles.
Sa parole & son cœur sont tousiours differans,
C'est vn Astre vrayment, mais c'est des plus errans,
Et la Lune est tardiue en sa course pressee
Aupres de sa pensee.

AMOVRS.

Son infidelité l'hellebore sera
　Qui du cerueau troublé ma fureur chassera,
　Et comme vn autre Achil' guarira salutaire,
　　Le coup qu'elle a sceu faire.
Qu'elle n'espere donc me pouuoir ratraper,
　Deux fois vn mesme lieu ne me fait point choper,
　Contre tous ses attraits & sa force magique
　　I'ay l'anneau d'Angelique.

SONNETS.

1.

Dieux que de tourbillons, de gresle & de nuages
　Que ie sens en l'esprit vn tonnerre grondant!
　Est-il en la Sicile vn fourneau plus ardant?
　Les marteaux de Vulcan forgent-ils tant d'orages?
Yeux plus traistres que beaux, qui faisiez les messages
　D'vne ame ingrate & feinte à ma mort pretendant,
　Si ie le pensoy bien ie gaigne en vous perdant,
　Mais las qu'en y pensant ie supporte de rages!
Si faut-il se resoudre, & sans plus me flater,
　Retrancher de mon Tout ce qui le peut gaster,
　Ha i'en suis resolu, la chose est asseuree!
Aux cœurs sans loyauté sot qui garde sa foy.
　Si sa legereté la separa de moy,
　Ma constance à iamais l'en tiendra separee.

II.

Si ie puis desloger l'ennemi trop couuert
 Qui se campe en mes os & qui s'y fortifie,
 Ie le dis haut & clair, Venus ie t'en desfie
Que iamais plus mon cœur aux amours soit ouuert.
La Cour qui m'a tant pleu ne m'est rien qu'vn desert,
 Tout m'est subiect de dueil, me trauaille & m'ennuye,
 Mes yeux sont degouttans d'vne eternelle pluye,
 Qui fait que sans meurir ma ieunesse se pert.
Si seroit-il bien temps de penser à moymesme,
 Mon œil deuient obscur, i'ay le visage blesme,
 Et plus tant de vapeur n'escume en mes esprits:
Ie ne veux rien d'Amour fors qu'il me licencie.
 Ie l'ay suiui dix ans les plus beaux de ma vie,
 Ie le seruiroy mal ayant les cheueux gris.

III.

Non non ie veux mourir plustost que d'endurer
 Qu'vn autre aille cueillant la moisson de ma peine,
 Si parfaite beauté n'est pas vne fontaine
Où chacun puisse aller pour se desalterer.
Si le plus grand des Dieux vouloit vous adorer,
 Contre luy de fureur mon ame seroit pleine:
 Côment donc souffrirois-ie vne personne humaine?
„ Les Rois & les Amans veulent seuls demeurer.
Descouurez à nos yeux quel est vostre courage,
 Gardant celuy des deux qui vous plaist d'auantage,
 Sans ainsi feintement l'vn & l'autre abuser.
I'aime mieux n'auoir rien, que si i'estois le maistre
 De la moitié d'vn bien qui tout à moy doit estre.
 Vne si belle fleur ne se peut diuiser.

POVR LE PREMIER
IOVR DE L'AN.

L'An comme il a cessé rentre au mesme voyage,
Perdurable en trauaux, par sa fin renaissant:
Mes desirs comme luy ne vont point finissant,
Et son cours violant ne leur peut faire outrage.

L'An fini, toute fin à mes maux puisse mettre:
L'An nouueau de mon heur soit le commencement.
Ie croy qu'il aduiendra, si le cœur d'vn amant
Par zele & par ardeur du bien se peut promettre.

Car tout ce que l'Amour peut allumer de flame,
Tout ce que les destins en sçaurayent amasser,
Tout ce qu'en entretient l'espoir & le penser,
Tout autant i'en recelle & conserue en mon ame.

L'an desia quatre fois a fourni sa carriere
Depuis que le beau iour de vos yeux m'esclaira,
Mais qu'il se renouuelle autant qu'il luy plaira,
Ie continueray ferme en ma course premiere.

Il est vray qu'en quatre ans, excusez mon offense,
Ainsi que des saisons les tours sont inconstans
I'auoüe auoir senti maint changement de temps,
Mais la force d'Amour causoit ceste inconstance.

Bien souuent dans l'esprit i'ay serré maint orage,
I'ay clos en mesme lieu la glace & la chaleur,
I'ay voulu me tuer pour vous causer douleur,
Si fort la ialousie a troublé mon courage!

Quels tonnerres d'Esté furent iamais semblables?

Combien dedans le cœur ay-ie senti d'hyuers?
Quel Printemps, quel Automne en changemens diuers
Peurent onc egaller mes pensers variables?

Ie me suis efforcé cent fois de vous desplaire,
I'ay fait mille desseins de plus ne vous aimer,
Mais sans trop de rigueur on ne m'en peut blasmer.
Estre sage en aimant Dieu ne le sçauroit faire.

Amour par tels discords entretient sa puissance,
La longue paix le matte, & le rend surmonté,
L'amant comme la mer soit tousiours agité,
Puis que la Cyprienne aux flots print sa naissance.

Toutesfois ie connois qu'en ma rage insensee
Le transport aueuglé bien souuent m'a deceu,
Ie connoys que le faux pour le vray i'ay receu,
Et deteste en pleurant mon offense passee.

Pardonnez moy, Deesse, & perdant la memoire
De ces longues erreurs, n'y pensez nullement:
Et pour le temps suyuant songeons tant seulement
A combler nostre amour d'heur, de ioye & de gloire.

Rendons-la si parfaite, & si claire, & si belle
Qu'elle serue d'exemple aux siecles à venir:
Et que l'effort des ans au lieu de la finir
Face que sa memoire à iamais soit nouuelle.

STANSES.

Vel secours faut-il plus que i'attende à ma
peine,
Si ce n'est par la mort, qui m'est toute certaine,
Puis que mes longs soupirs, ma foy, mon amitié,

AMOVRS.

Le brasier de mon cœur, l'effroy de mon visage
Ne peuuent esmouuoir vostre obstiné courage
A se laisser toucher d'vn seul trait de pitié:
Tantale aupres de moy bien-heureux se peut dire,
Son trauail est petit: tout le bien qu'il desire
C'est d'auoir quelque pomme & sa soif estancher:
Ou moy ie brusle, helas! & mourant ie pourchasse
Vn bien pour mon secours, qui tout autre surpasse,
Mais qui croist le desir d'autant qu'il est plus cher.
O que le feu d'Amour est d'estrange nature!
Mon cœur sans defaillir luy sert de nourriture,
Ie n'ay sang ny poulmon qui n'en soit consommé:
Mais different en tout de la commune flame,
Encor que ie vo9 touche il n'émeut point vostre ame,
Et rien qui soit en vous n'en peut estre allumé.
Ie te dispite, Amour, & maudy ton empire:
Que me sert qu'en mon cœur tous tes traits ie retire?
Que me sert que le Ciel m'ait à toy destiné?
Que me sert que iamais de moy tu ne t'enuole,
Si tout remply de toy ie pers temps & parole,
Et ne puis amollir vn courage obstiné?
Non, ie n'auray iamais en vos yeux de fiance,
Leurs regards sõt trompeurs, par leur douce influẽce
Et par des traits piteux ils me font esperer:
Ie vous pense vaincue, & que mon mal vous touche,
Mais voulant l'essayer, vn mot de vostre bouche,
Ou vostre blanche main me contraint retirer.
Belle & cruelle main, que vous m'estes mauuaise!
Ie vous laue de pleurs, tout rauy ie vous baise,
Ie sacre à vostre honneur mille vers amoureux,
Du feu de mes soupirs i'eschauffe vostre glace:

Mais rebelle toufiours vous m'empefchez la place,
Dont le trop de defir me rend fi langoureux.
Il faut faire autrement, puis que rien ie n'auance
Par tant de vains respects, vfons de violence:
Si la douceur n'y fert, gaignons-la par affaut.
Ie le veux, mais en vain: toute lafche & pefante
Ma vigueur s'affoiblift, mon ame eft languiffante,
Et par trop de defir la puiffance me faut.
Seul but de mes defirs, ma celefte Deeffe,
Helas! voyez-vous point la fureur qui me preffe?
I'afpire à l'impoffible & fuy ce que ie puis:
Vn chaos amoureux dans mon ame s'affemble,
Ioye & dueil, mal & bien, i'ofe & bruflãt ie tréble,
Ie ne fçay que ie fay, ie ne fçay qui ie fuis.
Fut-il iamais tyran fi cruel que Madame?
Par mille doux baifers elle attife ma flame,
Et fe plaift de me voir peu à peu deffeicher:
Parmy ces priuautez, ie l'efprouue inhumaine.
Car la cruelle, helas! me laiffe à la fontaine
Sans fouffrir que ie boiue, & que i'ofe y toucher.
Que dira-t-on de moy fi l'on fçait ma fimpleffe?
DESPORTES tout vn iour a tenu fa Maiftreffe
A part, fans compagnie, auec elle enfermé
Baifant fes beaux cheueux, fes yeux, & fon vifage,
Et n'ofa le couard hazarder d'auantage:
Dites qu'vn tel amant eft digne d'eftre aimé.

IIII.

Quand du doux fruit d'Amour ie me rens poursuiuant,
 Le seul digne loyer de ma perseuerance,
 Vous pensez m'arrester, opposant pour defense
Ie ne sçay quel honneur, qui est moins que le vent.
Moy ie mets comme humain le plaisir en auant,
 Et l'heureux paradis de ceste iouissance,
 Qui vous deust decharmer de la feinte apparence
De ce songe d'honneur, qui vous va deceuant.
Mais parlons librement, & me dites Madame,
 Sentez-vous de l'honneur quelque parfection,
 Qui plaise au goust, au cœur, à l'esprit, ou à l'ame?
C'est vne vieille erreur, qui aux femmes se treuue.
 Car leur honneur ne gist qu'en vaine opinion,
 Et le plaisir consiste en chose qui s'espreuue.

V.

O soupirs bien aimez, que ma douce rebelle
 Tire de ce beau sein, mon superbe vainqueur,
 Dites moy s'il vous plaist, nouuelles de mon cœur,
Comme il vit en prison, ce qu'il fait auec elle.
Le cœur qui fut à toy reconneu pour fidelle
 N'est plus troublé d'ennuis, de peine, ou de rigueur:
 La beauté que tu sers a guari sa langueur,
 L'aime, le fauorise, & sien mesme l'appelle.
Est-il vray, chers soupirs? Rien n'est plus asseuré.
 Mais sera-til long temps en ce lieu bien-heuré?
 Faut-il point re douter que sa Dame l'en chasse?
Cependant que ie parle & qu'ils sont emportez,
 Amour iure ses traits, ma flamme, & vos beautez,
 Que iamais plus mon cœur ne changera de place.

VI.

Hé! que n'est-il permis auſſi bien qu'à mes yeux,
  A tous mes autres ſens d'exercer leur puiſſance?
  L'accez qui m'affoiblit perdroit ſa violence,
  Et ſans plus deſpiter ie beniroy les cieux.
O iour bien fortuné, iour clair & radieux,
  Où de tant de beautez mon œil eut iouiſſance,
  Que le ſeul ſouuenir chaſſe au loin ma ſouffrance,
  Et d'vn homme mortel me rend eſgal aux Dieux.
Ie vey dans vn beau ſein ſur deux fraiſes nouuelles
  Amour comme vne abeille errer d'vn vol ſoudain,
  Laiſſant dedans les cœurs mille pointes mortelles.
Ie le vey le mechant, le meurtrier, l'inhumain
  O ſi lon m'euſt permis d'y mettre vn peu la main
  Ie l'euſſe bien puni de mes peines cruelles.

VII.

Que me ſert d'aimer tant, & que lon m'aime auſſi,
  Puiſqu'à nos volontez toute choſe eſt contraire?
  Il le faut dire, Amour, tu n'es rien que miſere,
  Trauail, perte de temps, fureur, trouble & ſoucy.
Maintenant ſans proffit on implore mercy
  D'vne dame cruelle, eſclaue & tributaire,
  L'abſence vne autre fois fait qu'on ſe deſeſpere,
  Ou la peur d'vn riual nous rend le cœur tranſi.
Les graces que tu fais pour couurir ta couſtume,
  C'eſt ſous vn peu de miel cent tonneaux d'amertume,
  Et pour vn prompt eſclair vn long aueuglement.
Ah maudit ſoit le iour qui premier me veit naiſtre
  Sous vn ſi noir deſtin qu'helas il me faut eſtre
  D'vn enfant ſans pitié le triſte eſbatement.

VIII.

Deux que le trait d'Amour touche bien vivement,
  N'ont rien qu'vn seul penser, qu'vn desir, qu'vne
    flame,
  Ce n'est dedãs deux corps qu'vn esprit & qu'vne ame
  Et leur souverain bien gist en eux seulement.
Ils ont en mesme temps mesme contentement,
  Mesme ennuy d'vn seul coup leurs poitrines entame:
  Bref leur vie & leur mort pend d'vne seule trame,
  Et côme vn simple corps ils n'ont qu'vn mouuemêt.
Cét amour qui si rare en la terre se treuue,
  Ne fait qu'vn de nos cœurs : les effets en font preuue:
  Nous n'auons qu'vn vouloir, qu'vn ardeur, qu'vn desir.
  Qui nous peut honorer d'assez digne louange?
  ,, L'esprit qui se diuise & qui se plaist au change
  ,, N'est point touché d'amour, mais d'vn sale plaisir.

IX.

Mon cœur qui iusqu'icy t'es si bien maintenu
  Des fortunes d'amour tresloyal secretaire,
  Sans que la langue prompte, ou l'œil trop volontaire
  Ait onc rien descouuert qui te soit aduenu:
Si iamais vn secret fust par toy retenu
  Bien serré sous la clef, c'est or qu'il le faut faire,
  Cachant mesme aux pensers le celeste mystere,
  Par qui d'homme mortel Dieu ie suis deuenu.
O s'il m'estoit permis de raconter mon aise,
  Quel roc plein de glaçons ne deuiendroit fournaise?
  Quel cœur aux traits d'amour ne se lairroit ouuert.
Quel amant tout rauy ne beniroit ma vie?
  Quel Dieu du plus haut ciel sur moy n'auroit enuie?
  Mais ah! c'est trop, mon cœur, tu seras descouuert.

X.

C'estoit vn iour d'Esté de rayons esclaircy
(I'en ay tousiours au cueur la souuenãce empraint)
Quand le ciel nous lia d'vne si ferme estrainte
Que la mort ne sçauroit nous separer d'ainsi.
L'an estoit en sa force & nostre amour aussi,
Nous faisions l'vn à l'autre vne aimable cõplainte:
I'estoy ialoux de vous, de moy vous auiez crainte,
Mais rien qu'affection ne causoit ce soucy.
Amours, qui voletiez à l'entour de nos flames
Comme gays papillons, où sont deux autres ames
Qui redoutent si peu les efforts enuieux?
Où la foy soit si ferme? où tant d'amour s'assemble?
Qui n'ayent qu'vn seul vouloir tousiours d'accord
ensemble,
Fors qu'ils se font la guerre à qui s'aimera mieux?

XI.

Ie n'ay plus dans le cœur que la branche estimee,
Qu'Amour de la main droitte y sçeut si bien plãter,
Autre fleur ne pourroit mon desir contenter,
Autre graine en mes vers ne doit estre semee.
I'espere auec le temps que sa belle ramee
Pourra par mes escrits iusqu'aux astres monter,
Et que les Florentins cesseront de vanter
La desdaigneuse Nymphe en laurier transformee.
Ma foy viue tousiours pour racine elle aura,
L'eau sortant de mes yeux d'humeur luy seruira,
Mon amour de chaleur, mon espoir de fueillage.
Puissé-ie en ses rameaux mes bras entrelasser,
Et sur l'arbre estendu mon trauail delasser,
Ou prendre vn peu de frais sous vn si bel ombrage?

Ie ne

AMOVRS.

XII.

Ie ne veux plus penser que la fureur de Mars
    Ardemment allumee au milieu de la France,
    Ait pouuoir desormais de me faire nuisance,
Bien que ie m'auenture au plus fort des hazars.
Car si i'ay soustenu l'effort de vos regars
    Pleins de feux, pleins de traits poussez de violence,
    Hardy ie ne craindray qu'autre chose m'offense,
Et ne douteray point les plus braues soldars.
Les balles que vos yeux ont tiré dans mon ame,
    Ont comblé mon esprit de martyre & de flame:
    Mais vous m'auez blessé par vn si doux effort,
Que s'ils font de tels coups en l'armee ennemie,
    Huguenots tuez-moy, ie vous donne ma vie,
    Ie ne sçaurois mourir d'vne plus belle mort.

Contre vne Nuict trop claire.

Nuict, ialouse Nuict, contre moy coniuree,
    Qui renflammes le ciel de nouuelle clairté,
    T'ay-ie donc auiourd'huy tāt de fois desiree
    Pour estre si contraire à ma felicité?
Pauure moy! ie pensoy qu'à ta brune rencontre
Les cieux d'vn noir bandeau deussent estre voilez:
Mais comme vn iour d'Esté clair tu fais ta monstre,
Semant parmi le ciel mille feux estoilez.
    Et toy sœur d'Apollon, vagabonde courriere,
    Qui pour me découurir flambes si clairement,
    Allumes-tu la nuict d'aussi grande lumiere,
    Quand sans bruit tu descens pour baiser ton amant?
        Helas! s'il t'en souuient, amoureuse Deesse,

Y

Et si quelque douceur se cueille en le baisant,
Maintenant que ie sors pour baiser ma Maistresse,
Que l'argent de ton front ne soit pas si luisant.

Ah! la fable a menty, les amoureuses flammes
N'eschaufferent iamais ta froide humidité:
Mais Pan qui te cogneut du naturel des femmes,
T'offrant vne toison vainquit ta chasteté.

Si tu auois aimé, comme on nous fait entendre,
Les beaux yeux d'vn berger de long sommeil touchez,
Durant tes chauds desirs tu aurois peu apprendre
Que les larcins d'Amour veulent estre cachez.

Mais flamboye à ton gré, que ta corne argentee
Face de plus en plus ses rais estinceler:
Tu as beau decouurir, ta lumiere empruntee
Mes amoureux secrets ne pourra deceler.

Que de fascheuses gens! mon Dieu quelle coustume
De demeurer si tard en la ruë à causer!
Ostez-vous du serain, craignez-vous point le rheume?
La nuict s'en va passee allez vous reposer.

Ie vay, ie vien, ie fuy, i'escoute & me promeine,
Tournant tousiours mes yeux vers le lieu desiré:
Mais ie n'auance rien, toute la ruë est pleine
De ialoux importuns dont ie suis esclairé.

Ie voudrois estre Roy pour faire vne ordonnance
Que chacun deust la nuict au logis se tenir:
Sans plus les Amoureux auroyent toute licence,
Si quelque autre failloit ie le feroy punir.

O Somme, ô doux repos des trauaux ordinaires,
Charmant par ta douceur les pensers ennemis,
Charme ces yeux d'Argus, qui me sont si contraires,
Et retardent mon bien, faute d'estre endormis.

Mais ie pers (malheureux!) le temps & la parolle,
Le Somme est assommé d'vn dormir ocieux:
Puis durant mes regrets la nuict prompte s'enuolle,
Et l'Aurore desia veut defermer les cieux.

Ie m'en vay pour entrer que rien ne me retarde,
Ie veux de mon manteau mon visage boucher:
Mais las! ie m'apperçoy que chacun me regarde,
Sans estre découuert ie ne puis m'approcher.

Ie ne crains pas pour moy, i'ouuriroi vne armee
Pour entrer au seiour qui recelle mon bien:
Mais ie crains que Madame en peust estre blasmee,
Son repos mille fois m'est plus cher que le mien.

" Quoy? m'en iray-ie donc? mais que voudrois-ie faire?
Aussi bien peu à peu le iour se va leuant.
" O trompeuse esperance! Heureux cil qui n'espere
" Autre loyer d'Amour que mal en bien seruant.

CHANSON.

DONCQVES té tyran sans merci
Qui pour moy n'eut iamais des ailes,
N'a point maintenant de souci
Des vassaux qui luy sont fideles?
Doncques ceux qui plus viuement
Ont de son feu l'ame saisie
Il laisse outrager durement
Par l'Enuie & la Ialousie?
Rien rien ne profite la foy,
L'ardeur, le zele, & le martyre,
D'autres qu'Amour donnent la loy,
Et faut à leur gré se conduire.

Y ij

Ce Dieu qui veit au temps passé
Sous luy toute force asseruie,
Maintenant luy mesme est forcé
Par les Ialoux & par l'Enuie.
Las! il faut mon pié retarder
D'aller où le desir me porte,
Mon œil n'ose plus regarder
L'obiect qui seul me reconforte:
Ma main tremble & n'ose tracer
L'image qu'au ciel i'ay choisie,
Et voy tous mes vers effacer
Par l'Enuie & la Ialousie.
Ie me defens de respirer,
De peur d'éuenter ma tristesse:
Ma bouche vn mot n'ose tirer,
Craignant de nommer ma Maistresse:
Et pour rendre moins descouuerts
Les feux qui saccagent ma vie,
I'erre sauuage en ces deserts
Fuyant les Ialoux, & l'Enuie.
Mais si les propos enuieux,
O ma claire & celeste flame,
Separent mes yeux de vos yeux,
Ils n'en separent point mon ame,
Tousiours vostre vnique beauté
M'est presente en la fantaisie:
Tel bien ne me peut estre osté
Par l'Enuie & la Ialousie.
Car si vostre chaste froideur,
Et vos rigueurs pleines de glace
N'ont rien peu contre mon ardeur,

AMOVRS.

Moins y peut toute autre menace.
Plus d'ennuis s'iront eleuans,
Mieux de moy vous serez seruie,
Tousiours ferme aux flots & aux vents
Tant des Ialoux que de l'Enuie.

CHANSON.

Qve m'a serui de vous auoir seruie
 Sept ans entiers à mon mal coniuré,
 Le plus souuent de vos yeux separé,
 Non de vos yeux, mais de ma propre vie?
Que m'a serui d'auoir perdu mon ame,
 Mes pleurs, mon temps, mon repos, ma raison,
 Et que vostre œil ait seché par sa flame
 Les belles fleurs de ma ieune saison?
Que m'a serui ceste allegresse feinte,
 Qui seurement ma douleur receloit:
 Et quand l'amour plus ardant me brusloit,
 M'estre gardé de lascher vne plainte?
Que m'a serui ceste libre apparance
 Dont i'abusoy vos vallets curieux:
 Et pour chasser toute leur desfiance
 Auoir donné tant de loix à mes yeux?
Que m'a serui la peine que i'ay prise
 A gouuerner vn mari mal-plaisant:
 Et tant de iours auec luy m'amusant
 Perdre à l'oüir le peu de ma franchise?
Que m'ont serui ces mespris ordinaires,
 Qui l'empeschoyent de deuenir ialoux:
 Ces libertez, & ces feintes coleres,

Dont quelquefois vous entriez en courroux?
Que m'ont serui tant d'errantes pensees,
 Qui m'égaroyent loin des gens & du bruit?
Que m'ont serui sous l'horreur de la nuict
 Tant de sanglots & de larmes versees?
Helas de rien! Tout me porte nuisance,
 Et mes respects vous rendent sans pitié:
Car vous croyez qu'en telle patience
 I'ay peu de mal & fort peu d'amitié.
Si i'aimoy bien, ie ne pourroy cognoistre
 Tant de dangers que ie vais euitant.
„ Vn fort desir tout conseil va domtant.
„ Auec l'Amour la Raison ne peut estre.
De tels propos, tyrans de mon courage,
 Vous me blasmez au lieu de m'estimer.
Qui voit si clair & qui demeure sage
 (Ce dites-vous) ne sçauroit bien aimer.
Ah! ie l'aduoüe, & tiens pour veritable
 Que loin d'Amour la sagesse s'enfuit:
I'en sers de preuue, aimant ce qui me nuit,
 Et bannissant ce qui m'est profitable.
Respondez-moy, ma mortelle Deesse,
 Vous qui m'auez en rocher transmué:
Est-ce monstrer d'auoir quelque sagesse
 Que d'adorer vos yeux qui m'ont tué?
Quelle fureur peut estre tant extréme,
 Qu'estre tousiours de soucis agité?
Pour l'appetit chasser la volonté,
 Aimer vn autre & se haïr soymesme?
N'estre iamais vne heure en mesme sorte,
 Pallir, rougir, esperer, & douter,

AMOVRS.

Aux ennemis laisser libre la porte,
 Et pour les sens la raison reietter?
Mais plus encor insensé ie m'outrage
 Car en pouuant mon ardeur moderer
 Par mes soupirs, ie ne veux soupirer,
 Ny me douloir pour brusler dauantage.
C'est peu de cas qu'vn mal qui se peut dire,
 Aupres du mal dans l'esprit retenu,
 Quand en son dueil on est contraint de rire,
 Le conseruant pour le rendre inconnu.
Si toutesfois vous croyez le contraire,
 Et que ie pense, en faisant autrement
 Vous asseurer d'aimer plus ardemment:
 Bien, ie suiuray la coustume ordinaire.
Mes passions ne seront plus contraintes,
 En tous endroits nostre amour se dira:
 L'air refrapé ne bruira que mes plaintes,
 Et sur mon front ma douleur se lira.
Sans nul esgard par tout ie vous veux suiure,
 I'ay trop long temps languy loin de vos yeux:
 N'esperent plus les propos ennieux
 Me separer du bien qui me fait viure.
Aucun respect de mari ny de frere
 Ne me pourra desormais abuser:
 A tous propos sans peur de leur desplaire,
 Deuant leurs yeux ie viendray vous baiser.
Vallets fascheux, qui par vostre presence
 De voir mon bien m'auez tant sçeu garder,
 Ne pensez plus me pouuoir retarder:
 Bien peu me chault qu'en ayez cognoissance.
Sur ses beautez i'auray tousiours la veuë,

Mes chauds soupirs plus ie ne retiendray:
Ie baiseray ce bel œil qui me tuë
Et de mon mal tout haut ie me plaindray.
M'aduienne apres ce qu'il faut que i'attende
De ces hazars, ie veux tout endurer:
Aumoins ma mort pourra vous asseurer
Que non la peur, mais l'amour me commande.

XIII.

Non non n'estimez point pour m'estre ainsi rebelle.
Et pour fauoriser vn autre plus que moy,
D'esbranler par ces flots le rocher de ma foy:
Car ie demeureray tousiours ferme & fidelle.
Ie confesseray bien que l'angoisse mortelle
Quelquefois me transporte & me rend hors de moy:
Mais ie reprens courage alors que ie vous voy,
Et me plais d'endurer pour Maistresse si belle.
Payez ma fermeté d'autant de cruautez,
Que i'adore en vos yeux d'admirables beautez,
Ie ne plaindray ma vie en si triste auanture.
Seulement ie me plains & suis tout embrasé,
Quand ie cognois qu'vn autre est plus fauorisé,
Et que la parenté vous sert de couuerture.

AMOVRS.

XIIII.

Quand ie pense aux douleurs dont i'estoy tourmenté
  Durant que ie vinoy sous l'amoureux empire:
  Ce penser me transporte, & fait que ie souspire,
  Touché du souuenir de ma captinité.
C'est en vain (dy-ie alors) que quelque autre beauté
  Entreprend desormais de me penser reduire.
  Car en me souuenant de mon passé martyre,
  Ie sçauray mieux garder ma chere liberté.
Voila ce que i'asseure, & que ie pense faire,
  Mais voyant vos beautez, ie croy tout le contraire,
  Et cours aueuglément au malheur preparé.
Adieu donc Liberté, tu m'as assez suiuie,
  Ie ne redoute plus le trauail enduré:
  En si belle prison ie veux perdre la vie.

DIALOGVE.

D.

Donques ces yeux bien aymez,
A la fin se sont armez,
De feux, d'esclairs, & d'orage?
Donc pour ne voir le tourment
Qui me presse iniustement
Vous destournez le visage?
Dieux que la femme est prôpte à châger de courage!

L. Donc pour loyer d'amitié,
O cœur plein de mauuaistié,
Tu te plais quand tu m'abuses?
Et couurant ta faulsité,
Tu penses que ma bonté

  Tousiours se paye d'excuses?
  Mais pour te croire plus ie cognoy trop tes ruses.
D. Helas! où prenez-vous ce courroux vehement
  Contre vn qui ne veut rien que vous rendre seruie?
L. Mais toy-mesme où prés-tu ce nouueau changement,
  S'il est vray que ie t'aime, & que tu sois ma vie?
D. A bon droit les siecles vieux
  Nous ont peint Amour sans yeux,
  Monstrans comme il se doit croire:
  Trop d'ardeur le plus souuent
  Nos sentimens deceuant
  En rapporte la victoire,
  Et fait iuger le blanc estre vne couleur noire.
L. L'ardeur ne m'aueugle en rien,
  Ce qui est ie le voy bien,
  Ie trouue chaude la flame,
  Le iour me semble luisant,
  Et ne faux point en disant
  Qu'Amour ne loge en ton ame,
  Ou s'il te va bruslant c'est pour vne autre Dame.
D. Peusse-ie à descouuert mon cœur vous faire voir,
  Vostre image sans plus s'y trouueroit empreinte.
L. Mais peusse-ie aussi tost guarison receuoir
  Au mal que tu me fais, comme ie sçay ta feinte.
D. Quelle preuue ou quelle foy
  Vous puis-ie donner de moy,
  Qui ces creances efface?
L. Rien ne sçauroit m'asseurer,
  Car quelle foy peut iurer
  Vn cœur si plein de fallace,
  En qui iamais l'Amour ny la foy n'eurent place?

AMOVRS.

D. La mort que ie sens venir
Pour mes angoisses finir,
Vous monstrera le contraire.
L. Ah trompeur! tu vas pensant
Que ce propos soit puissant
Pour adoucir ma colere?
Ie cognoy ta feintise & ta ruse ordinaire.
D. Puissé-je donc mourir si i'aime autre que vous.
L. Les sermens amoureux ne font moindre l'offense.
D. Qui peut donc appaiser vostre iuste courroux?
L. Le desir esperé d'vne prompte vengence.
D. Moderez ceste fureur.
Il n'y a si grande erreur
Qu'vne forte amour n'oublie.
L. Mais il n'est amour si fort
Quand souuent on luy fait tort,
Qui ne se change en furie.
Grand' amour en grand' haine est souuent conuertie.
D. Les courroux des vrais amans
Font par leurs embrazemens
Que l'amour plus fort s'enflame.
L. Helas ie l'espreuue assez.
Car tant d'outrages passez,
Au lieu d'esteindre ma flame,
La font plus violente & plus viue en mon ame.
D. Quelle preuue, ô mõ bien, m'en peut rendre asseuré?
Comment croiray-ie helas! que vostre ire est passée?
L. Vous redonnant mon cœur que i'auois retiré,
Et n'aimant rien que vous qui m'auiez delaissée.

XV.

Ie voyois foudroyer d'vn effort incroyable
　Les murs d'vne cité que l'ennemi tenoit:
　La place estoit en feu, l'air autour resonnoit
Horrible de fumee & de bruit effroyable.
Le rebelle ennemi d'vn courage indomtable,
　Canonnant sans cesser nostre choc soustenoit:
　L'vn couroit à l'assaut, l'autre s'en reuenoit
Remportant pour loyer vne playe honorable.
Or comme ie pensois estre hors du danger, (ger,
　Deux yeux qu'Amour luy mesme auoit voulu char-
　Me vindrent dans le cœur mortellement attaindre.
Las! les plombs ennemis ne m'auoyent point blessé,
　Les balles de vos yeux sont beaucoup plus à craindre,
　Qui m'ont en mille endroits cruellement percé.

XVI.

Ie la doy bien haïr ceste main ennemie
　Qui decocha sur moy tant de traits rigoureux,
　Et du sang de ma playe encor tout chaloureux,
M'escriuit dans le cœur le nom de Parthenie.
Toutesfois ie l'adore, & la peine infinie
　N'en sçauroit retirer mon œil trop desireux,
　Peussé-ie luy donner cent baisers amoureux
Pour vanger mon outrage & la rendre punie.
Ce bel amas de neige excessif en froideur
　Pourroit en le pressant refraichir mon ardeur,
　Si le secours d'vn mal se prend de son contraire.
Mais puis qu'vn si grand prix à ma foy n'est promis,
　Au moins baisons son gand. Il est tousiours permis
　De baiser le dessus d'vn sacré reliquaire.

AMOVRS.

XVII.

Se peust-il trouuer peine en amour si diuerse
  Que ce cruel enfant ne m'ait fait endurer?
  A-til en son royaume vne seule trauerse,
  Où ie ne me sois veu mille fois esgarer?
En mon cœur chacun iour sa rigueur il exerce,
  Ayant tousiours dequoy mon esprit martyrer:
  Et croy que sur moy seul pour me desesperer,
  De tous les amoureux tous les tourmens il verse.
I'ay demeuré quatre ans viuant en liberté,
  Sans ioye & sans douleur auprés d'vne beauté,
  De tous les dons du ciel heureusement pourueuë.
Apres vn si long temps il m'en vient enflammer,
  Et comme si i'auois vne nouuelle veuë
  Ie la sers, ie l'adore, & meurs de trop l'aimer.

XVIII.

Si ce n'est qu'amitié, c'est la plus enflammee,
  Et qui mieux tout à coup va gaignant les esprits
  Qu'autre qui fut iamais: n'en desplaise à Cypris,
  Les brandons de son fils ne sont rien que fumee.
Expert i'en puis parler: mon ame accoustumee
  Dans les fourneaux d'Amour plus ardemment épris,
  Recognoist à l'essay que tout n'est rien au prix
  De ceste amitié neuue en mon sang allumee.
Quoy? ie ne puis dormir! ô Dieu quelle amitié,
  Qui comme vne fureur me poursuit sans pitié,
  Et qui du desespoir les desirs fait renaistre!
Bref, qui fait qu'à tous vents mon vaisseau ie remets!
,, Non ce n'est amitié: l'amitié n'est iamais
,, Du Prince à son suiet, de l'esclaue à son maistre.

XIX.

Six iours? ah Dieu c'est trop! six iours sans l'auoir veuë
  Plus fascheux a passer qu'vn long siecle d'ennuis!
  Ie les appelle iours, c'estoyent obscures nuicts:
  Car mes yeux aueuglez n'ont iour que de sa veuë.
Le mal qui tient au lict ma puissance abbatuë
  Ne m'est grief, que d'autant que voir ie ne la puis:
  Medecins qui iugez du tourment où ie suis,
  Pour Dieu faites qu'il cesse, ou que tost il me tuë.
Vostre art ne sçauroit-il me donner le pouuoir
  D'aller iusqu'au chasteau seulement pour la voir?
  Trouuez-moy ce moyen, ma langueur est finie.
Sinon, retirez-vous, c'est en vain consulté:
  Saignee, herbes, onguents ne font pour ma santé,
  Mon mal & son remede est l'œil de Parthenie.

COMPLAINTE.

Vu que i'eu bien le cœur de me separer d'elle
  Voyant ses deux beaux yeux si chaudement
      pleurer,
  Ie l'auray bien aussi pour me desesperer
  Et finir par ma mort mon angoisse immortelle.
Mourons donc, & monstrons en ce dernier ouurage
  Qu'il est tousiours en nous d'eschapper du malheur:
  Si le coup de la mort me fait quelque douleur,
  Celuy de mon depart m'en fit bien dauantage.
Mais quel fleuue de sang peut lauer mon offense
  Et l'erreur que i'ay faite en m'esloignant de vous?
  Il n'est point de trespas qui ne me fust trop doux:
  Il faut qu'vn plus grand mal m'en face la vengeance.

Entre cent mille horreurs ie veux trainer ma vie,
   Troublé, desesperé, trauaillé sans cesser:
   Et le dur souuenir d'auoir peu vous laisser
Sera de mon esprit l'eternelle furie.
I'auray pour me gesner tousiours en la memoire
   Les biens que i'ay perdus, vos beautez, vos discours,
   Tant d'estroittes faueurs, tant de nuits, tant de iours
Qu'Amour ne m'espargnoit vn seul poinct de sa
O deuoir rigoureux, grande est la tyrannie   (gloire.
   Que si superbement tu exerces en moy:
   Puis que ces doux plaisirs n'ont rien peu contre toy,
Et que pour t'obeir toute amour i'ay bannie?
Bannie! helas nenni! quant & moy ie la porte,
   C'est le sang & l'esprit dont ie suis composé:
   Et le cruel deuoir qui me rend maistrisé,
Au lieu de l'affoiblir la fait tousiours plus forte.
Il est vray qu'il a peu ceste fois me contraindre,
   Mais c'est ce qui l'augmente irritant son effort:
   Amour n'est rien que flâme, & la flâme ard plus fort
Quand par vne closture on la pense restraindre.
I'accuse mon deuoir d'vne erreur que i'ay faite,
   Moy qui par trop d'esgard me suis veu deceuoir,
   Car falloit-il cognoistre en terre autre deuoir
Qu'estre tousiours aupres de beauté si parfaite?
Mais qu'eust-on dit de moy? I'eusse laissé mon maistre,
   Seruiteur infidele, ingrat & malheureux.
   Ah! i'ay trop de raison pour vn homme amoureux,
Auec tant de respects Amour ne sçauroit estre.
Ce Dieu sur tous les Dieux n'auroit pas la maistrise
   Si tousiours par sagesse il se laissoit guider:
   Pour ne cognoistre rien l'amant se doit bander,

Et faut que toutes loix pour sa Dame il mesprise.
Ceux qui ne sont touchez de l'amoureuse flame,
    Dont le sang est moins chaud, & le poil plus grison,
    Gardent seuls le deuoir, l'honneur & la raison,
    Ie dois tout violer pour complaire à Madame.
Et puis mon ieune Roy n'a pas l'ame sauuage,
    Amour assez de fois l'a soumis à sa loy:
    Quand il eust sçeu mon mal, prenant pitié de moy,
    Il m'eust bien dispensé d'vn si fascheux voyage.
Aussi bien ie le suy separé de moymesme,
    Sans cœur & sans esprit qu'en vos yeux i'ay laissé,
    Et n'ay plus que le corps tout palle & tout glacé,
    Animé seulement de ma douleur extréme.
Mais que le fier destin à son gré me promeine
    D'vn & d'autre costé par les temps plus diuers,
    Sous l'Ourse en la Scythie, entre cent mille hiuers,
    Tousiours de vostre amour mon ame sera pleine.
Mes yeux pourront bien voir mainte chose admirable,
    Autre ciel, autre terre, autre peuple indomté:
    Mais ils ne verront point loin de vostre beauté,
    D'obiet qui les contente & leur soit agreable.

COMPLAINTE.

Las *plus ie vais auant, plus ie suis outragé*
    D'vn regret inhumain, qui me tient assiegé
    Depuis le triste iour que i'ay laissé Ma-
        dame,
Et que ie ne voy plus la clairté de ses yeux,
Ardans flambeaux d'Amour, serains & gracieux,
Qui comme vn beau Soleil esclairoyent à mon ame!
    Amour qui ne veut point mes tristesses finir,

AMOVRS.

Trauaille mon esprit d'vn poignant souuenir
Mettant deuant mes yeux tant de faueurs laissees,
Tant d'heureuses beautez, tant de contentemens,
De discours, de baisers, de doux languissemens,
Et tant de briefues nuicts si doucement passees.

Ie cognoy maintenant qu'il me faisoit gouster
Les plaisirs amoureux, non pour me contenter,
Ny pour pitié qu'il eust de ma peine soufferte:
Mais à fin qu'en perdant ceste felicité,
Ie fusse puis apres aisément emporté
Par le dur souuenir d'vne si grande perte.

O mer que i'abandonne auec mille douleurs,
Ie fay croistre tes eaux par les eaux de mes pleurs,
Et fay par mes soupirs esleuer vn orage:
Las! ie serois heureux si la force du vent
Me noyoit à ce bord sans passer plus auant,
Afin que mon esprit errast sur ce riuage.

Celuy qui bien au vif d'Amour n'est point épris,
Abandonnant les yeux dont son cœur est surpris,
Appelle ceste absence vne aigre departie:
Mais de moy ie l'appelle vn rigoureux tourment,
Vne angoisse, vne rage, & vn gemissement,
Qui n'ha point d'autre fin que la fin de la vie.

Las ie croy que le Ciel m'auoit predestiné
Pour souffrir des trauaux deuant que d'estrené,
Et pour n'auoir iamais de repos sur la terre:
I'ay couru sur la mer mille & mille dangers,
Et supporté, chetif, aux pays estrangers
Le froid, le chaud, la faim, les prisons & la guerre.

Mais pour tant de mechefs dont i'estois assailli,
Iamais ie ne me vey le cœur lasche & failli,

Tousiours d'vn ferme esprit i'y faisois resistance,
Maintenant au besoing le courage me faut,
Et voulant resister à ce dernier assaut,
Ie pers soudainement l'esprit & la puissance.

Quand celuy qui voyage est surpris de la nuit,
Et qu'il s'est esgaré du chemin qu'il poursuit,
Il ha pour son recours la clairté de la Lune:
Mais las! où me faut-il desormais retirer
Suiuant l'aueugle Amour qui m'a fait esgarer,
Puis que ie ne voy plus ma lumiere opportune?

Quand le Nautonnier sage est au milieu de l'eau,
Et que les vens esmeus combattent son vaisseau,
Vers vn Signe luisant pour guide il se retire:
Mais las! que puis-ie faire en l'amoureuse mer?
Ie voy les vens esmeus, & les flots escumer,
Et si ie ne voy plus mon bel astre reluire.

Viuant comme ie vy, dolent & soucieux,
I'accompare à mon sort ces monts audacieux,
Qui semblent faire aux Dieux vne autrefois la guerre:
Ils sont voisins du Ciel, & mon hautain penser
Iusqu'au plus haut des Cieux s'est bien osé hausser
Pour choisir la beauté que i'adore en la terre.

Ils sont couuerts de neige en perdant leur soleil:
Dés que ie pers le mien mon sort est tout pareil,
I'ay le cœur tout serré de glace & de froidure.
Ils sont pleins de rochers, & mon dueil vehement
M'a priué tout d'vn coup d'ame & de sentiment,
Et m'a changé l'esprit en vne roche dure.

Si ie n'eusse eu le cœur en rocher transmué,
L'excessiue douleur aussi tost m'eust tué,
Par vne seule mort mettant fin à mes peines:

J'eusse esté sous le faix mille fois abbatu,
Sans durer aux soucis dont ie suis combatu,
Et souffrir immortel mille morts inhumaines.
  Soit de iour, soit de nuict, ie ne puis reposer:
Car mon iuste regret ne se veut appaiser,
Mes pensers importuns ne me font point de trefue,
Tant plus ie vais auant plus ie suis tourmenté,
Ie souhaitte le iour durant l'obscurité,
Et souhaitte la nuict quand le Soleil se leue.
  I'ay pour tout reconfort vn espoir mensonger,
Qui veut contre mon gré mes douleurs alleger
Par le doux appareil d'vn retour desirable:
Mais cest espoir est vain. Car faut-il esperer
Qu'auec tant de tourmens ie puisse assez durer,
Pour attendre vn retour vainement fauorable?

XX.

Liberté precieuse en mes vœux adoree,
  Qui depuis si long temps m'auois voulu laisser,
  Te puis-ie donc encore, ô Deesse, embrasser,
  Affranchi des liens qui mon ame ont serree?
T'ayant trop follement en la France esgaree
  Depuis tant de saisons, eussé-ie peu penser
  Que si loin en Poloigne il fallust m'adresser
  Pour voir sous ta faueur ma franchise asseuree?
I'estois serf doublement: mon Roy me retenoit,
  Et l'œil d'vne beauté mille loix me donnoit:
I'ay congé de mon Prince, & Madame me laisse:
Car depuis mon depart son cœur elle a changé.
  O moy trois fois heureux qui me voy deschargé
  D'vn coup, à mon honneur, de Maistre & de Maistresse.

XXI.

Ie ne veux plus aimer vn cerueau si volage,
 Fantastique, incertain, qui n'a rien d'arresté:
 I'ay trop souffert d'ennuis par sa legereté,
 I'ay trop fermé les yeux, à mon propre dommage.
Et si pour l'aduenir il faut que ie m'engage
 Aux attraits enchanteurs de quelque autre beauté,
 Deuant que mon esprit rentre en captiuité,
 Ie voudray voir le cœur plustost que le visage.
I'ay bien serui quatre ans, & n'ay rien auancé:
 Maintenant que l'Espoir m'a du tout delaissé,
 Au plus fort de mon mal ma guarison s'espreuue.
De ce prompt changement ie sçay que vous rirez,
 Mais pourtant quelquefois vous me confesserez,
 Qu'vn tel amant que moy tous les iours ne se treuue.

XXII.

Ie l'aime bien pour la douce puissance
 Dè ses beaux yeux si prompts à decocher,
 Pourtant d'attraits dont ie n'ose approcher,
 Pour ses propos tant vrais en apparence:
Mais ie la hay pour sa grande inconstance,
 Pour tant d'amours qu'elle ne peut cacher,
 Pour se laisser de chacun rechercher,
 Et des Amans ne faire difference.
On ne voit point au ciel tant de clairtez,
 Ny tant de fleurs en Auril par les plaines,
 Que son visage est orné de beautez.
Il n'y a point aux Enfers tant de peines,
 Ny sur la mer tant de flots despitez,
 Qu'elle refait & fait d'amours soudaines.

AMOVRS.

XXIII.

Comme vn chien que son maistre a long temps caressé,
 S'il aduient qu'à la longue il change de nature,
 S'enfuit, puis s'en reuient, esperant qu'il ne dure,
 Et pour six coups de fouët ne peut estre chassé.
En fin d'ardante soif & de faim trop pressé,
 Se voyant defaillir faute de nourriture,
 Est contraint autre part chercher son aduenture,
 Changeant pour vn nouueau celuy qui l'a laissé.
I'en ay fait tout ainsi, dedaigné de Madame,
 I'ay couru, i'ay tourné pensant flechir son ame,
 I'ay demandé pardon triste & desconforté :
Mais puis qu'en ses courroux si ferme elle demeure,
 Ie me pourchasse ailleurs de peur que ie ne meure,
 Non par mon inconstance, ains par necessité.

XXIIII.

Prince, à qui les destins en naissant m'ont soumis,
 Quelle fureur vous tient d'aimer ceste infidelle ?
 L'air, les flots, & les vents sont plus arrestez qu'elle.
 Puisse vne telle erreur troubler mes ennemis !
Son œil, par qui tant d'heur vous est ore promis,
 Abusa mon esprit par la mesme cautelle :
 Ce coral souriant, qui les baisers appelle,
 Mille fois ses thresors à souhait m'a permis.
Comment peut en l'aimant vostre ame estre asseuree ?
 Me laissant pour vous prendre elle s'est pariuree,
 Ce cœur qu'elle dit vostre estoit n'agueres à moy :
Elle eut pour me domter toutes les mesmes armes,
 C'estoyët mesmes sermëts, mesmes vœux, mesmes lar-
 Vous pourrez-vo⁹ fier à qui n'ha point de foy ? (mes,

CHANSON.

Quand vous aurez vn cœur plein d'amo
    & de foy,
Pur, entier & constant, pour m'offrir c
    eschange
    De celuy si loyal que vous auez de moy,
    Ne vous desfiez point qu'autre part ie me range.
Mais tandis qu'en m'aimant ou feignant de m'aimer
    Ie vous verray voller pour tant d'amours nouuelles,
    N'esperez s'il vous plaist de pouuoir m'enfermer:
    Car comme vostre esprit le mien aura des ailes.
Ie ne suis point de ceux qu'en doute il faut tenir,
    A fin que leur ardeur dure en sa violence:
    La seule affection peut mon feu maintenir,
    Qui s'esteint aussi tost que i'entre en mesfiance.
I'aime mieux peu de bien l'ayant en seureté,
    Qu'vn plus riche thresor prest à faire naufrage:
    I'aime mieux m'asseurer d'vne moindre beauté
    Que d'vne autre iouïr plus belle & plus volage.
Vostre bouche & vos yeux riches de mille appas,
    Meritent bien qu'on meure en leur obeissance,
    Mais vostre esprit leger ne le merite pas:
    A ce que l'vn contraint, l'autre nous en dispense.
Amour est vn desir de iouïr & d'auoir
    Pour soy tant seulemēt l'obiet qui beau nous semble,
    Iamais de compagnon il ne veut receuoir,
    Cupidon ne sçauroit lier trois cœurs ensemble.
Ne vous estonnez donc que si soudainement
    Cognoissant vostre humeur autre part ie me iette,
    C'est que ie veux bastir sur meilleur fondement,
    A fin que mon amour au vent ne soit suiette.

XXV.
A l'Inconstance.

Je t'en vien rendre grace, ô deesse Inconstance,
    Pasc du triste seruage où i'ay tant supporté, (pense,
    Qu'vn seul des maux soufferts me transit quand i'y
    Deuant à ta faueur l'ame & la liberté:
Vn songe imaginé que lon dit Fermeté
    M'auoit si bien pipé par sa belle apparance,
    Qu'abhorrant tout secours i'embrassoy ma souffrāce
    Et renforçoy les fers dont i'estois arresté,
Celle en fin qui seruoit à mon feu de matiere,
    Oubliant ses sermens & changeant la premiere
    M'a fait voir que la foy n'estoit qu'vn nom trōpeur:
Et mon ame aussi tost de toy fauorisee,
    A rompu ses liens, sa prison a brisee,
    Et de toute constance a deliuré mon cœur.

XXVI.

Frisez vos blonds cheueux, adoucissez vos yeux,
    De propos enchanteurs vostre bouche soit pleine,
    Lâchez des soupirs feints, dressez la veuë aux cieux,
    Pleurez, cōtraignez-vous, vostre esperāce est vaine:
Ie n'y retourne plus. Tant de cris furieux,
    Tant de iours consommez en angoisseuse peine,
    Pour le poignant regret de vous voir si soudaine,
    Feront qu'à l'aduenir ie me garderay mieux.
L'experience apprend, mon mal m'a rendu sage,
    O malheureux qui aime vne Dame volage,
    Et de ses feints propos se laisse deceuoir!
Non non si iamais plus vostre douceur m'abuse,
    Ie ne veux ny pitié ny pardon receuoir:
    Car la seconde erreur n'est pas digne d'excuse.

XXVII.

Non, ie ne me plains pas de l'auoir adoree,
  Ny que pour l'estimer i'aye tout mesprisé,
  Ie me plains seulement que mon cœur peu rusé
Ait creu fonder en elle vne amour asseuree.
Ah! maudite esperance à mon mal coniuree,
  Tu m'as bien ceste fois traistrement abusé,
  Quand apres tant de peine en l'aimant enduree
Vn nouueau sans merite est plus fauorisé.
I'ay trouué la fontaine, on m'en oste l'vsage,
  I'ay cultiué la plante vn autre a le fruitage,
  On reçoit le payment du temps que i'ay serui.
Destin malencontreux des amants miserables,
  Que sert d'auoir Neptune & les vents fauorables,
  Si le bien dans le port d'vn corsaire est raui?

VILLANELLE.

M'Ostant le fruit de ma fidelle attente,
  On veut helas que ie sois vn rocher,
  Que ie me taise, & que rien ie ne sente:
  Mais si grand dueil que ie ne puis cacher
Fend ma poitrine, & fait que ie m'escrie.
  Il est aisé de tromper qui se fie.
Ie m'asseuroy, plein d'amoureuse flamme.
  Sur des sermens qui souuent m'ont deceu:
  Mais quel serment peut iurer vne femme?
  Helas trop tard pour mon bien ie l'ay sçeu!
O que mon cœur est pressé de furie!
  Il est aisé de tromper qui se fie.
Si tu te plains, ame volage & feinte

Du chaud dessit mon courage irritant,
Las contre toy i'ay bien plus iuste plainte:
Tu fais le mal & ie le vay sentant,
C'est tout le fruict de t'auoir bien seruie.
Il est aisé de tromper qui se fie.
Iamais ton nom en mes vers ne se lise,
Afin qu'au moins on ne puisse auerer
Qui fut l'esprit si rempli de feintise:
Ie t'aimoy trop pour te deshonorer.
En ma douleur il suffit que ie die,
Il est aisé de tromper qui se fie.
Rens moy mon cœur, desloyale maistresse,
Ce n'est raison que tu l'ayes à toy:
Pour sa bonté trop grande est ta finesse.
Il est fidelle & tu n'as point de foy.
Assez tu as sa franchise asseruie.
Il est aisé de tromper qui se fie.
Heureux amant, goustant la iouïssance
Du fruict que i'ay tant de fois sauouré,
Sermens, soupirs, faueurs en abondance,
De son amour ne te rende asseuré.
A tels appas elle arresta ma vie:
I'en fus trompé, iamais ie ne m'y fie.

Z

XXVIII.

Ces discours enchanteurs par mes vers tant prisez,
　Ne sont que bas propos d'vne sotte ieunesse:
Ces yeux prompts en regars, trompeurs & déguisez
　N'ont pas tant de clairté, d'attraits, ny de rudesse.
Ceste viue couleur qui rauit & qui blesse
　Les esprits des Amans de la feinte abusez,
Ce n'est que blanc d'Espagne: & ces cheueux frisez
　Ne sont pas ses cheueux, c'est vne faulse tresse.
Trompeur aueugle-né tu m'as long temps deceu,
　Mais en fin le Dédain pour conseil i'ay receu:
Tu m'aueuglois les yeux, & il m'ouure la veuë.
Adieu volage enfant, adieu vaine beauté,
　Vostre legere foy, que trop tard i'ay cogneuë,
Me fait rompre mes fers pour viure en liberté.

CHANSON.

AH Dieu, que la flamme est cruelle,
　Dont Amour me fait consumer!
Ie sers vne Dame infidelle,
　Et ne puis cesser de l'aimer.
La marine est plus arrestee,
　Et du ciel les hauts mouuemens,
Bref tout ce qu'on lit de Protee,
　Ne s'egale à ses changemens.
Ores ie suis seul en sa grace,
　Ce n'est qu'amour, ce n'est que feu,
Vn autre aussi tost prend ma place,
　Et feint ne m'auoir iamais veu.
Ce nouueau fier de mon dommage,
　Qui se forge vn Destin constant,
Aussi tost se trouue en naufrage,
　Et me voit au port tout contant.

J'ay fait par art & par nature
 Tout ce qu'vn amant peut penser,
 Afin d'arrester ce Mercure,
 Sans iamais y rien auancer.
Las! ce qui plus me desespere
 C'est qu'auec tout ce que i'en voy,
 Mon esprit ne s'en peut distraire,
 Et l'adore en despit de moy.
Si ialoux ie franchis sa porte
 Iurant de n'y plus retourner,
 Mon pied malgré moy m'y rapporte,
 Et ne sçauroy l'en destourner.
C'est tousiours accord ou querelle,
 (O miserable que ie suis!)
 Ie ne sçauroy viure auec elle,
 Et sans elle aussi ie ne puis.

XXIX.

Puis donc qu'elle a changé de flamme & de courage,
 Et que son cœur tout mien s'est ailleurs diuerti,
 C'est à moy maintenant à prendre autre parti,
 Et si ie l'aimois bien l'abhorrer d'auantage.
O Dieu que i'auray fait vn desiré naufrage,
 Et que de ce malheur grand heur sera sorti
 Si mon feu de tout poinct se peut rendre amorti
 Et que des eaux d'Oubly ie face mon breuuage!
Helas depuis deux mois que i'y suis resolu,
 La voyant, ie voudrois ne l'auoir point voulu,
 Et faut que ma raison loin de moy se departe,
Ie rehume à longs traits l'amoureuse poison.
 Hé que feray-ie donc pour auoir guarison?
 Il faut vaincre en fuyant ainsi que fait le Parthe.

XXX.

Ce mignon si fraizé qui sert d'homme & de femme,
  A vostre esprit leger nouuellement surpris:
  Il est vostre Adonis, vous estes sa Cypris,
  Il vous nomme son cœur, vous l'appellez vostre ami.
Souuent entre vos bras il modere sa flame,
  Et se mire en vos yeux qui serf le tiennent pris:
  Pour luy ceux du passé vous sont tous à mespris,
  Bref il n'est point d'amant mieux traité de sa dame.
O trop credule Enfant, auant qu'il soit long temps,
  Voyant de ceste mer les reflus inconstans,
  Tu maudiras les Dieux, ta vie, & ta fortune.
Expert i'en puis parler, qui lasche & tout trempé
  Du peril fraischement par miracle eschapé,
  Paye au port tout ioyeux mon offrande à Neptune.

X·X·X·I.

Il faudra bien qu'vne femme soit belle,
  D'œil & de port chastement composé,
  Et que l'esprit n'en soit trop aduisé,
  Pour m'abuser & me fier en elle.
Il n'y a rien qui soit plus infidelle,
  Ny cœur si feint, si traistre & si rusé
  Que d'vne Femme: animal deguisé,
  Qui iour & nuict ne discourt que cautelle.
A faire mal gist son entendement,
  Peu de ceruelle & moins de iugement
  La font superbe, erratique, inconstante.
A quel malheur nous ont soumis les Cieux?
  La plus fidelle aimeroit beaucoup mieux
  N'auoir qu'vn œil que d'vn estre contente.

XXXII.

J'auoy fait mille efforts pour rompre vne prison
Où la seule fureur rangeoit ma fantaisie,
Sans que le cours des ans, la peur, la ialousie
Eussent peu dedans moy reloger la raison.
Sentant au creux des os la brulante poison,
Dont mon ame insensee estoit toute saisie,
Forcé ie m'abandonne à ceste frenaisie
N'esperant iamais plus d'y trouuer guarison.
Mais en fin de bon-heur ie sçeu que ma maistresse
Fauorisoit vn sot sans grace & sans addresse,
Durant qu'elle s'en mocque & s'en rit auec moy:
Lors vn noble desdain vient gaigner mon courage,
Qui m'affranchit du tout de l'amoureuse loy.
Doy-ie pas bien aimer le sot qui m'a fait sage.

XXXIII.

Quand ie portois le ioug de vostre tyrannie,
Priué comme de cœur, d'yeux & de iugement,
Ie vous craignois si fort que l'ombre seulement
D'vn seul de vos desdains m'estoit peine infinie.
Mais or' qu'auecques moy la raison s'est vnie
I'ay perdu ceste crainte, & cognois clairement
Que i'estois bien troublé d'aimer fidellement
Celle de qui la foy pour iamais s'est bannie.
Foudroyez maintenant, pleuuez flammes & dards,
D'audace & de courroux aigrissez vos regards,
Changez à tous obiets vostre cœur infidelle,
Et par despit de moy les autres caressez,
Iamais vous ne tiendrez mes esprits enlacez,
Soyez ferme ou legere, ou piteuse ou cruelle.

Z iiij

XXXIIII.

Ie l'aimay par dessein la connoissant volage
  Pour retirer mon cœur d'vn lieu fort dangereux,
  Aussi que ie vouloy n'estre plus amoureux
En lieu que le profit n'auançast le dommage.
Ie duray quatre mois auec grand auantage,
  Goustant tous les plaisirs d'vn amant bien-heureux,
  Mais en ces plus beaux iours, ô destin rigoureux!
Le deuoir me força de faire vn long voyage.
Nous pleurasmes tous deux, puis quand ie fu parti
  Son cœur n'agueres mien fut ailleurs diuerti,
  Vn reuint, & soudain luy voila ralliee:
Amour, ie ne m'en veux ny meurtrir ny blesser,
  Car pour dire entre nous ie puis bien confesser
  Que plus d'vn mois deuant ie l'auois oubliee.

XXXV.

Fort Sommeil de quatre ans qui m'as sillé la veuë,
  M'assoupissant du tout en la nuict des amours,
  Où est ce rare esprit? où sont ces hauts discours?
Et ceste grand' beauté qu'est-elle deuenuë?
Or' que la cognoissance vn peu m'est reuenuë,
  Ie voy que le suget de mes douloureux iours,
  N'estoit rien que feintise & qu'impudiques tours
D'vne que pour mon bien trop tard i'ay reconnuë.
Ie rougis de ma honte, & voy trop clairement
  Qu'Amour n'est point aueugle, ains les siens seulemét,
  Puis qu'il leur ved du fard pour des beautez diuines.
Ie t'embrasse, ô Dédain, fin de tous mes malheurs,
  Par toy ie recognois qu'au lieu de belles fleurs
  Ie cueillois des chardons & de seiches espines.

AMOVRS.

XXXVI.

Ie connoy par essay que nostre esprit s'irrite
 Et s'aigrit de fureur quand il est empesché,
 Ainsi qu'vn grand torrent dont le cours est bouché,
 Contre l'empeschement s'obstine & se despite.
Vne Alcine impudique en tous charmes instruite
 Par vengence du Ciel & pour quelque peché
 En ses foibles liens me tenoit attaché,
 Bien qu'elle n'eust discours, ny beauté, ny merite.
Par pitié seulement ie l'aimoy quelque peu,
 En fin sans y penser mon cœur deuint en feu
 La voyant toute en proye à mainte amour nouuelle.
Ce despit furieux m'a trauaillé quatre ans
 Essayant d'arrester ses pensers inconstans,
 Et n'en eusse fait cas s'elle eust esté fidelle.

ODE.

Ependant que l'honnesteté
 Seruoit de bride à ta beauté,
 Empreinte au plus vif de mon ame:
 Quand te sentois brusler mon cœur,
Ie me plaisois en ma langueur,
Et nommois heureuse ma flame.
Les filés de tes blonds cheueux,
 Primes, frisez, retors en nœus
 De cent mille façons nouuelles,
 Serroyent tellement mes esprits,
Que iamais ie n'eusse entrepris
De rompre des chaisnes si belles.
Ton œil, qui les Dieux esmouuoit,

Z iiij

Contraignant tout ce qui viuoit,
Sous l'amoureuse obeissance:
Et le doux effort de ton teint
M'auoyent si viuement atteint,
Que ie tremble encor quand i'y pense.
Bref, Ingrate, i'estois tant tien,
Que ie mettois mon plus grand bien
A te peindre en ma fantaisie
Pleine de tant de raritez,
Que mesme les diuinitez
S'en esmouuoyent de ialousie.
Quantefois vne froide peur
M'a gelé le sang & le cœur?
Combien de fois mon ame atteinte
A craint que le maistre des Dieux
Encore vn coup quitrast les cieux,
Touché de ton œillade sainte?
Toutesfois or' en vn moment
Ie ne sens plus tant de tourment,
Mon ame n'est plus si craintiue,
Ton poil ne me semble si beau,
Ton œil ne me sert de flambeau,
Ny ta couleur ne m'est plus viue.
Sçais-tu pourquoy? C'est pour auoir
Ainsi manqué de ton deuoir,
Engageant ta gloire estimee.
Car ton honneur qui reluisoit,
Plus que la beauté me plaisoit,
Qui n'est sans honneur que fumee.
Encor si pleine de pitié
Tu l'eusses fait par amitié,

Ie ne dirois que ce fust vice:
Mais de mespriser ses amis,
Pour vne si lasche auarice,
Ce mal ne peut estre remis.

CHANSON.

TROMPE' d'attraits subtils & deguisez,
Long temps mon ame en vous fit sa demeure,
Et ne pensois voir oncq arriuer l'heure
Que nos esprits fussent moins embrasez.
Puis il vous pleut de changer sans raison
A tous les vents tournant vostre courage,
Dont ie senti tant d'aigreurs & de rage
Que i'en rompi mes fers & ma prison.
Il est bien vray que souuent du depuis
Auec regret i'en ay eu souuenance,
Et blasphemant vostre aueugle inconstance
Sans reposer i'ay passé maintes nuicts.
Mais cest ennuy peu à peu m'a laissé,
Rien plus de vous en l'esprit ne me passe:
Et maintenant ie vous rens plus de grace
Du changement que du plaisir passé.
Car vos douceurs fort long temps m'ont deceu
Dans leurs filés ma liberté fut prise:
Et le dédain m'a remis en franchise
En m'apprenant ce qu'onc ie n'auois sçeu.
Franc maintenant ie chante & vay disant
Que le dédain est vn ius salutaire,
Propre à la veüe & qui la rend plus claire,
Purgeant d'Amour le venin plus nuisant.

XXXVII.

Est-il vray qu'autrefois i'aye tant enduré
   Pour des yeux que ie voy sans plaisir & sans peine?
   Où sont tant d'hameçons dont elle estoit si pleine?
   Qu'est deuenu ce poil crespement blon-doré?
Ie regarde esbahi son teint decoloré,
   Dont l'esclat autrefois la rendoit si hautaine,
   Et me moque à par-moy de ma poursuite vaine,
   Remerciant le temps qui m'en a retiré.
Ce que de mes amis le conseil salutaire,
   L'absence & les dédains en moy n'auoyët sçeu faire,
   Le cours du temps l'a fait de mon amour vainqueur:
Et guarissant mon ame en fin m'a rendu sage,
   Car lors qu'il vous osta les roses du visage,
   Lors mesme il m'arracha les espines du cueur.

XXXVIII.

De tout poinct maintenant libre ie me puis dire,
   Le fer de la Raison mon cordage a trenché,
   Celle par qui mon œil iamais n'estoit seiché
   Ore en la contemplant m'est vn subiect pour rire.
Ce que d'elle autrefois Amour me feit escrire
   Lors que son trait de flamme au cœur m'estoit caché,
   Sont tous propos d'vn homme à la gesne attaché,
   Qui dit ce qui n'est point forcé par le martyre.
Le bruit de ses beautez, volant par l'vniuers,
   N'est qu'vn conte à plaisir, que i'ay feint en mes vers
   Pour voir si ie pourray bien chanter vne fable:
Bref ie n'y recognois vn mot de verité,
   Sinon quand i'ay parlé de sa legereté,
   Car lors ce n'est plus conte ains discours veritable.

XXXIX.

Ceste fureur d'Amour de Raison la maistresse,
 Aueugle, impatiente, & qu'on ne peut cacher,
 Veiller, pleurer, iurer, s'appaiser, se fascher,
 Lettres, faueurs, regars ce sont tours de ieunesse:
I'en ay fait le voyage, & faut que ie confesse
 Que iamais ieune cœur ne se veit mieux toucher,
 Et n'eusse iamais creu qu'on me peust arracher
 L'aiguillon qui dix ans m'a tourmenté sans cesse.
Mais six lustres si tost n'ont mon aage borné,
 Que du chemin passé ie me suis destourné
 Tout honteux que si tard i'aye esté variable:
Et dy quand de quelcune à tort ie suis repris,
,, Qu'amour à l'homme meur n'est que perte & mépris,
,, Au lieu que sa folie au ieune est profitable.

XL.

Ceux qui liront ces vers qu'en pleurant i'ay chantez,
 Non pour gloire ou plaisir, ains forcé du martyre,
 Voyans par quels destroits Amour m'a sçeu cõduire,
 Sages à mes despens fuiront ses cruautez.
Quels Esprits malheureux nuict & iour tourmentez,
 Souffrent vn mal si grand que le mien ne soit pire?
 Il ne se peut penser, comment le veux-ie dire,
 Ou peindre en du papier si grandes nouueautez?
Ie cherchois obstiné des glaçons en la flamme,
 Foiblesse au diamant, constance en vne femme,
 Pitié dans les Enfers, le Soleil en la nuict.
I'ay ioüé tout mon aage à ce vain exercice,
 I'ay recueilli des pleurs, & semé du seruice,
 Et de mes longs trauaux repentance est le fruict.

DIVERSES STANSES.

Pour le Roy CHARLES IX.

CESSE, Amour, tes rigueurs, mets fin à ta
    poursuite,
Voy que deuant ton vol ie retarde ma fuite
Et retourne au chemin que i'auoy delaissé:
Comme vn serf fugitif, l'œil en bas ie m'accuse,
Ie me iette à tes piés, les fers ie ne refuse.
,, Vn Dieu doit pardonner quand il est offensé.

  I'auoüe auoir failli: la faute est excusable,
Qu'vn Roy tel que ie suis, courageux, redoutable,
Qui sçait bien commander à vn peuple indomté,
Mais qui ne sçait que c'est de seruice & de crainte,
N'ait peu du premier coup flechir sous la contrainte,
Et se soit essayé de viure en liberté.

  Moy que les cieux amis en ieunesse ont fait estre
De tant de nations le Monarque & le maistre,
Se faut-il estonner si m'estant veu domter,
Et ma libre vertu prisonniere estre mise,
Ie me sois efforcé de la mettre en franchise?
,, Tousiours le changement est fascheux à porter.

  Ie confesse auoir fait d'vn rebelle courage,
Tout ce que peut vn Prince ennemi du seruage:
Le repos ocieux en trauail i'ay mué,
I'ay comblé mon esprit de soucis & d'affaires,
Et forcé pour vn temps mes regars volontaires,
Les priuant à regret des yeux qui m'ont tué.

  I'ay mille iours entiers, au chaud, à la gelee,
Erré la trompe au col par mont & par valee,

Ardant, impatient, crié, couru, brossé,
Mais en courant le Cerf emplumé de vistesse,
Tandis m'y pauure serf d'vne belle Maistresse,
I'estoy d'Amour cruel plus rudement chassé.

Ce n'est pas sans raison qu'on te donne des ailes,
Vn carquois plein de traits, & de flammes cruelles,
Enfant victorieux, ie l'essaye au besoin:
Tu sçais lors que ie veux de toy libre me rendre,
Comme vn oiseau de proye en volant me reprendre:
Tu as les feux de pres, & les flesches de loin.

Tout ce que i'ay tenté pour le bien de mon ame
N'a serui que de gomme & de soulphre à ma flame,
Ie me suis fait nuisance en me pensant aider.
,, Sus donc rentrons au ioug. C'est estre temeraire
,, De vouloir resister quand on ne le peut faire.
,, L'homme sage obeit ne pouuant commander.

Mais ie suis tout confus quand il faut que ie pense
De quels yeux, de quel front, & de quelle asseurance
Ie me presenteray pour demander merci.
Las! que pourray-ie dire en voyant ma Deesse?
I'abaisseray la veuë & pleureray sans cesse:
Les pleurs pourroyent causer vn rocher endurci.

La Royauté me nuist & me rend miserable,
Iamais à la grandeur Amour n'est fauorable.
Si ie n'estoy point Roy ie seroy plus contant,
Ie la verroy sans cesse, & par ma contenance,
Mes pleurs & mes soupirs elle auroit cognoissance
Que ie sens bien ma faute & qu'en suis repentant.

Digne obiet de mes yeux qui m'auez peu contraindre
Par tant d'heureux efforts, vostre hôneur seroit moindre
Si i'auois obey dés le commencement:

Deux fois vous m'auez mis en l'amoureux cordage,
Deux fois ie suis à vous: c'est l'estre dauantage,
Que si vous m'auiez pris vne fois seulement.
 Il est bien mal-aisé qu'vne amour vehemente
Soit tousiours en bonasse & iamais en tourmente:
Venus mere d'Amour est fille de la mer,
Comme on voit la marine & calme & courroucee,
L'amant est agité de diuerse pensee.
,, Qui dure en vn estat ne se peut dire aimer.
 Estre chaud & glacé, s'asseurer en sa crainte,
Couurir mille douleurs d'vne allegresse feinte,
Renoüer son lien apres l'auoir desfait,
Monstrer de n'aimer point lors qu'on est tout en flame,
Vouloir en mesme temps bien & mal à sa Dame,
Ce sont les signes vrais d'vn amoureux parfait.
 De ces diuersitez l'Amour est agitee,
Et par le desplaisir sa ioye est augmentee,
S'enrichist de sa perte, & renaist en mourant:
Les ennuis, les rigueurs, & toute autre amertume
D'absence & de courroux font que son feu s'allume,
Qui foible s'esteindroit en repos demeurant.
 Expert i'en puis parler, mon ardeur retenuë
Au lieu de s'amortir plus chaude est deuenuë,
Et de ma resistance a pris accroissement.
Comme on voit vn ruisseau de paisible nature
S'accroistre & faire bruit trouuant vne clesture,
Et n'estant empesché couler tout doucement.
 O ma seule Deesse, ô belle Calliree,
Comme dans vostre temple en mon cœur adoree,
Helas! i'ay trop souffert esloigné de vos yeux.
Voyez ma repentance & m'ostez hors de peine,

», Faillir aucunesfois est vne chose humaine,
», Pardonner & sauuer c'est l'office des Dieux.

COMPLAINTE.

Vers masculins.

Vi fera de mes yeux vne mer ondoyer,
A fin qu'à ce depart ie m'y puisse noyer?
Et quel dueil assez prompt me fera trespasser,
O France, entre tes bras auant que te laisser?
Quel Dieu plein de pitié me faut-il reclamer.
Qui me vienne en rocher maintenant transformer,
Non pour estre sans ame & pour rien ne sentir,
Mais plustost pour iamais de ce lieu ne partir?
Pensees trop inhumains, douleurs qui me troublez,
Desspoirs violans en mon ame assemblez,
Trauaux, soucis, regrets, ie vous inuoque tous,
Ne voulant plus auoir d'autre suite que vous.
Tout plaisir desormais loing de moy soit chassé.
Et s'il me reste rien du bien que i'ay passé,
Que s'en soit seulement l'eternel souuenir,
Pour tousiours ma douleur plus viue entretenir.
O France, où i'ay receu tant d'honneurs meritez.
Tant planté de lauriers, tant d'ennemis domtez,
Ie te voy, me perdant, toute en pleurs te bagner:
Ie veux donc de mes pleurs les tiens accompagner.
Comme vn cruel Lyon par les bois trauersant
A la Biche trop foible vn fan va rauissant:
Le destin que les Dieux ne sçauroyent empescher

Me vient d'entre tes bras tout de mesme arracher.
Mais bien qu'vn tel ennuy presse assez ma vertu,
Si ne m'eust-il iamais de tout poinct abatu:
Et la douleur des miens, qu'ore il me faut quitter,
Pouuoit bien m'affoiblir non pas me surmonter.
Ainsi qu'vn haut Sapin par les vens menacé,
Bien qu'il soit esbranlé n'est pourtant renuersé:
Mais quand le fer cruel vient son pié destrancher,
Malgré sa resistance est contraint de broncher.
Mon cœur creu par la peine en ce poinct resistant,
Aux plus rudes efforts estoit tousiours constant:
Et quand quelque douleur me pensoit esmouuoir,
Tousiours pour l'empescher i'opposois mon deuoir.
Mais si grand desespoir ma raison va forçant
Que pour y resister ie me trouue impuissant,
Et me laisse aux ennuis par contrainte emporter,
N'ayant rien que les pleurs pour me reconforter.
Amour, l'aueugle enfant, m'auoit ouuert les yeux,
Pour me faire cognoistre vn chef-d'œuure des cieux:
Mais si tost que mon cœur s'est mis à l'adorer,
Le malheur me le cache & m'en fait separer.
Tout ce que pour mon bien i'auois voulu choisir,
L'espoir de mes trauaux, la fin de mon desir,
Par vn cruel orage, helas ie va perdant,
Et dés le poinct du iour ie voy mon Occident!
Que deuiendra mon cœur esloigné de son bien?
Que ferez-vous mes Yeux? vous ne verrez plus rien,
Vostre soleil s'en va, fermez-vous desormais!
Ceste absence aussi bien vous aueugle à iamais.
Pourquoy, maudit Amour, l'as-tu voulu grauer
Si belle en mon esprit pour soudain m'en priuer?

AMOVRS.

Puis que ie ne pouuois long temps la regarder,
Tu deuois par pitié comme toy me bander.
D'auoir veu sa beauté tout mon mal est venu,
Mais ie me plains d'Amour, & ie luy suis tenu:
L'heur de voir vne fois tant de perfections
Ne se peut acheter d'assez de passions.
Comme vn nouueau Printemps sa ieunesse florist,
Sa grace au mesme poinct no° blesse & nous guarist
Et tant d'astres au ciel la nuict ne sont plantez,
Qu'on voit luire en son front d'admirables beautez.
Amour par ses beaux yeux son empire maintient,
Il y donne ses loix, s'y retire & s'y tient,
Et luy mesme d'amour s'est si bien affolé,
Que pour plus n'en partir son plumage a brulé.
De là ce grand vainqueur tirant visiblement
Ne blesse que les Dieux & les Rois seulement,
Comme digne conqueste, & ne veut employer
Les beaux traits de ses yeux pour vn moindre loyer.
Comme de l'Ocean tous fleuues ont leurs cours,
Puis y vont retournant apres diuers destours:
Ainsi de sa beauté toute beauté prouient,
Et commançant par elle en elle elle reuient.
Ou comme le Soleil honneur du Firmament,
Va de ses clairs rayons toute chose allumant:
A toutes les beautez son œil sert de flambeau,
Et quand il ne luit point rien n'apparoist de beau.
Ceux qu'vn si cher thresor a rendu desireux,
Ne font plus cas de rien, tout est trop bas pour eux,
Leur esprit seulement vers le ciel est porté,
Et leur ciel n'est ailleurs qu'auec sa deïté.
Comment donc malheureux enduré-ie en viuant

Que d'vn tel paradis le ciel m'aille priuant?
Et pour vne grandeur qu'on me vient presenter
Puis-ie helas! de ses yeux à iamais m'absenter?
Miserable grandeur, source de tous malheurs,
La butte des soucis, du soing & des douleurs,
Helas pourquoy si fort s'allons-nous adorant,
Pour vn songe d'honneur nos esprits martyrant?
L'honneur tant desiré n'est qu'vne vision,
Qui troublant nos esprits par son illusion
Fait quitter l'heur present pour follement chercher
Vne ombre qu'on ne peut voir, sentir ny toucher.
Quel royaume assez grand, quels ports, quelles citez
Pourront plaire à mes sens de douleurs transportez?
I'aimerois beaucoup mieux moins de commandement.
,, Que sert l'authorité qui n'ha contentement?
Comme vn que le Soleil sans lumiere a laissé
Dans vn bocage espais de buissons herissé,
Le chemin qu'il tenoit ne sçauroit plus choisir,
Et ce qui luy plaisoit luy cause desplaisir.
Ainsi ne voyant plus l'œil du mien adoré,
Ie seray miserable à toute heure esgaré:
Et ce qui plus contente vn esprit curieux,
Loing de vous, mon soleil, sera triste à mes yeux.
Prenant congé de vous, ie le veux prendre aussi
De tant de beaux pensers conseruez iusqu'ici:
Ie veux de tous plaisirs pour iamais me bannir
Et le seul desespoir auec moy retenir.
Adieu traits & regards si doux & rigoureux,
Adieu seul paradis des esprits amoureux,
Adieu diuins propos dont le Ciel m'est ialous
Las faut-il pour iamais prendre congé de vous!

AMOVRS.

Adieu rares beautez dont mon cœur est blessé.
  Mais que pensé-ie faire, ô moy pauure insensé?
  Pourquoy vous dy-ie adieu pour cet esloignement,
  Puis qu'helas! ie ne pars que de moy seulement?
Ie ne pars que de moy, puis qu'il me faut laisser
  En vos yeux mon esprit, mon cœur & mon penser,
  Et que ie n'ay plus rien qui me rende animé
  Que l'ardant feu d'Amour dont ie suis consommé.

STANSES.

AH Dieu! faut-il partir? est-ce donc l'ordonnance
  Du Ciel trop rigoureux, maistre de ma puissance,
  Que ie doiue esprouuer vn si cruel malheur?
  Comment pourray-ie viure esloigné de mon ame?
  Non non si ie ne meurs en vous laissant Madame,
  Iamais fidelle amant ne mourut de douleur.
Ie mourray, i'en suis seur: & mon ame esgaree
  Par ce cruel depart de son corps separee,
  Me laissera tout froid, palle, & sans mouuement:
  Et si ie dure apres, ce ne sera pas vie,
  Plustost Amour au lieu de mon ame rauie
  Animera mon corps de son feu vehement.
Abusé que ie suis! mais que pensé-ie faire?
  Ie pars pour captiuer vne ville aduersaire,
  Moy qu'Amour tient au ioug sans relasche aresté.
  Si ie suis prisonnier doy-ie esperer la prendre?
  Ie vay pour assaillir, & ne me puis defendre
  Seulement d'vn enfant dont ie suis surmonté.
Que me sert le renom d'auoir dés mon enfance

Acquis par mes trauaux le repos de la France,
Et l'effort des mutins inutile rendu,
S'il faut que pour son bien à mon mal ie consente,
Et que de vos beaux yeux si souuent ie m'absente?
Repos de mon pays tu m'es trop cher vendu!
I'aimerois beaucoup mieux que le ciel m'eust fait naistre
Sans nō, & sans honneur, pourueu que ie peusse estre
Tousiours aupres de vous doucement langoureux,
Baiser vos blonds cheueux & vostre beau visage,
Et n'auoir autre loy que vostre doux langage:
I'aurois assez d'honneur si i'estois tant heureux.
Que le monde estonné vante ma renommee,
Qu'elle soit par le Ciel comme vne astre allumee,
Que sur mon ieune front cent lauriers soyēt plātez,
Que i'eleue vn trophee à iamais perdurable:
,, L'hōneur est moins q̃ rien quād l'hōme est miserable.
,, Mon heur & mon honneur gist tout en vos beautez.
Ceux des siecles passez, amoureux de la gloire,
Auec arcs triomphaux consacroyent leur victoire,
Ou la faisoyent durer par les doctes escrits:
Et moy vaincu de vous, rien plus ie ne demande
Sinon qu'à vostre honneur ma desfaite s'entende,
Et qu'on sçache comment de vos yeux ie fu pris.
O beaux Yeux mes vainqueurs, doux flambeaux de ma
Vostre belle clairté s'en va m'estre rauie!   (vie,
Ie vous laisse, ô beaux Yeux, contraint de m'auancer:
Mais ie suis transporté de ma fureur extréme,
Ie ne vous laisse point, ie me laisse moymesme.
Laissant l'ame & le cœur n'est-ce pas me laisser?
Ie n'emporte de moy qu'vne charge mortelle,
Pleine de passions & d'angoisse cruelle,

Que ie n'espere pas supporter longuement:
Mais quand mon corps mourra, ma foy restera viue.
Car l'esprit par la mort de l'amour ne se priue:
Celuy n'aime pas bien qui le croit autrement.

COMPLAINTE.

De pleurs en pleurs, de complainte en com-
          plainte
Ie passe, helas! mes languissantes nuits,
Sans m'alleger d'vn seul de ces ennuis,
Dont loin de vous ma vie est si contrainte.
Douce maistresse, ardeur de mon courage,
Mon cher desir, ma peine & mon tourment,
Que mon destin, las! trop soudainement
Par vostre absence a changé de visage.
O temps heureux, quand le Ciel fauorable
Me faisoit voir vos diuines beautez!
O doux propos, ô biens si peu goustez,
Vn si grand heur n'a guere esté durable:
Comme la rose à l'espine est prochaine,
,, Comme le iour par la nuict est raui,
,, Comme l'espoir de la peur est suiui,
,, L'humain repos est voisin de la peine.
Le Dieu volant qui pour moy n'a point d'ailes,
Tant de faueurs m'auoit fait receuoir,
Non pour mon bien, mais pour me faire voir
Qu'il garde aux grands les douleurs plus cruelles.
Que i'auois d'heur viuant en sa presence!
Que i'ay d'ennuy m'en trouuant esgaré!
Lequel des deux est plus demesuré,

Le bien de voir, ou le mal de l'absence?
Ie n'en sçay rien : le dueil qui me commande
De iugement trop fort me va priuant:
Mais ie sçay bien, & sens en l'esprouuant,
Qu'il ne peut estre vne angoisse plus grande.
Helas! pourquoy le mal qu'Amour me donne
Ne finist-il comme a fait mon plaisir?
Que ne s'esteint mon violant desir,
Lors que l'espoir de tout poinct m'abandonne?
Ie m'esbahi qu'estant loin de Marie,
Mon feu cruel ne cesse aucunement:
Si toute flamme a besoin d'aliment,
Et si la mienne en ses yeux fut nourrie.
Ie m'esbahi comme ie puis tant viure
Sans mon esprit dont ie suis separé:
Ie m'esbahi comme i'ay tant duré
En ces tourmens qu'vne absence me liure.
Ie n'ay penser qui n'outrage mon ame.
Ie ne voy rien qui ne soit desplaisant,
Le bien perdu me va tyrannisant,
Le souuenir de cent pointes m'entame.
Eier Souuenir, importune Memoire,
Pour mon repos vueillez vn peu cesser,
Ne faites plus passer & repasser
Par mon esprit les beaux iours de sa gloire.
O douces nuicts, ô gracieuses veilles
De cent plaisirs ma vie entretenant!
O iours si courts, las si long maintenant!
O chauds regards! ô beautez nompareilles!
Si pour iamais vne terre incogneuë
Me doit cacher ses thresors precieux,

De grace, Amour, aueugle moy les yeux,
Pour autre obiet ie n'aime pas ma veuë.
Ah pauure moy! pendant que ie souspire,
Toute esperance en mes larmes noyant,
Quelqu'vn peut estre, à son gré la voyant,
Feint l'amoureux, & plaint vn faux martyre.
Quiconque sois, mets fin à ta poursuite,
Et recognois que c'est trop presumer:
Il n'appartient qu'à moy seul de l'aimer.
Toute autre amour pour elle est trop petite.
Et vous Deesse, heureux feu de ma vie,
S'il est ainsi que vostre grand' beauté
N'ait rien d'egal que ma fidelité,
Ne permettez d'vn autre estre seruie.

STANSES.

Amour guide ma plume, & me donne l'addresse
Pour dignement loüer vne ieune deesse,
Qui préd les deitez aux filés de ses yeux,
Qui réd les plº hautains sous son obeissáce
Et qui ouure ici bas par sa douce presence
Ce qui est de plus rare au cabinet des cieux.
  Angelique beauté, ie sacre à la memoire
Ces vers leger-vollans, courriers de vostre gloire,
Qui n'atteindront iamais au ciel de vostre honneur:
Pour aspirer si haut ma force est trop petite,
Ie sçay mon impuissance & vostre heureux merite,
Et sçay qu'il vous faudroit vn plus diuin sonneur.
  Que le luisant Soleil, quand il fait sa carriere,

S'arreste à regarder & deuant & derriere,
En la terre & au ciel d'vn & d'autre costé.
Il dira qu'il ne voit tant de beautez ensemble,
Que tout le plus parfait en vous seule s'assemble,
Et mesme que vos yeux font honte à sa clairté.

Celuy qui delibere, & qui ferme s'obstine
De ne loger iamais l'Amour en sa poitrine,
Qu'il s'arreste à vous voir seulement vne fois,
Puis qu'il s'enfuye apres s'il en a la puissance,
Faisant comme deuant à l'Amour resistance,
Et ne recognoissant son empire & ses loix.

Vous auez pour compagne vne Grace amiable,
La Chasteté vous suit doucement venerable,
Qui empesche qu'Amour ne vous fait soupirer:
La Vertu, la Douceur, l'Honneur, la Courtoisie,
Toutes ont dedans vous leur demeure choisie,
Et vous font ici bas des humains adorer.

Qui voit vos yeux diuins heureusement reluire,
Il peut dire qu'il voit, quand le iour se retire,
La Lune qui se monstre en vn temps obscurci,
Ou qu'il voit du Soleil la lumiere enflammee,
Quand il veut commencer sa course accoustumee,
Et que l'eau de la mer le rend plus esclairci.

Le printemps gracieux, mignon de la Nature,
Ne nous estale point tant de riche peinture,
Tant de roses, d'œillets, & de lis blanchissans,
Comme vos doux regards font naistre de fleurettes,
D'agreables desirs, de douces amourettes,
Et de hautains pensers qui nous font languissans.

Telle qu'on voit Diane auec sa chaste suitte,
Quand aux Cerfs plus legers elle donne la fuitte,

Ayant

Ayant l'arc dans le poing & la trousse au costé:
Bien qu'elle ait à l'entour mille & mille pucelles,
Elle apparoist tousiours sur toutes les plus belles,
Et leurs perfections font lustre à sa beauté.

Tout ainsi l'on vous voit à la Court apparoistre,
Et parmy les beautez, vostre beauté s'accroistre,
Et rien qu'on puisse voir ne vous peut egaler:
Vos propos gracieux domtent le plus sauuage,
Et vostre poil doré c'est le plaisant fueillage
Où les petits Amours apprennent à voler.

Les hauts monts de Sauoye où vous prinstes naissance,
De vos fieres beautez donnent bien cognoissance:
Ils sont tousiours remplis de neige & de froideur,
Et vous auez vn teint qui la neige surpasse:
Mais helas! vostre cœur est tout serré de glace,
Et si de vostre froid vous causez vne ardeur.

Quand i'admire, estonné, tant de graces parfaittes
Dont vous rendez si bien les volontez sugettes,
I'estime Amour heureux d'auoir les yeux bandez:
Car s'il auoit la veuë, il ne se pourroit faire
Que de tant de beautez libre il se peust distraire,
Et se prendroit luy mesme aux laqs que vous tendez.

Mais ie m'abuse trop: car voulant entreprendre
De pouuoir par mes vers vos vertus faire entendre,
I'entreprens de compter les estoiles des Cieux,
Les fueilles que l'Hiuer fait tomber du bocage,
Et les flots de la mer au temps d'vn grand orage,
Quand les vents se font guerre & sont plus furieux.

PLAINTE.

MA Foy mal recognuë, Amour, & la Fortune,
Font que le Ciel cruel de regrets m'importune:
Ma Foy me rend trop ferme aux assauts du
    malheur,
Et ne me veut souffrir d'alleger ma douleur,
Encor que iustement ie le peusse bien faire,
Puis qu'à mon plus grand bien elle est toute contraire.
    Amour d'autre costé sans esgard à ma Foy,
Foule aux pieds ma franchise & triomphe de moy,
Laissant viue en mon ame vne immortelle braise:
Et ma Foy toutefois ne veut que ie l'appaise,
Ains que plustost ie meure, & qu'en ceste ardeur
Mon cœur serue d'hostie à l'amoureuse ardeur.
    Et la Fortune encor, sans raison mutinee,
Rend, las! plus que ces deux ma vie infortunee:
Car c'est par sa rigueur que ie me voy priuer
Des fleurs de mon printemps par vn fascheux hiuer,
Las c'est par sa rigueur que ie languy captiue,
Et me voy ieune & belle enterrer toute viue.
    O Cieux fiers & cruels, ay-ie donc merité
Durant mes plus beaux iours telle captiuité?
Que n'auez-vous plustost, si i'auoy fait offense,
Mis en poudre mon corps pour plus douce vengeance?
Helas que i'eusse eu d'heur, si le cruel flambeau
Qui brusloit à ma nopce eust orné mon tumbeau,
Finissant tant de morts dont il faut que ie meurs!
Toutefois en souffrant cest espoir me demeure,
Que la mort que j'attens, m'ouurira quelque iour
Les prisons de la Foy, de Fortune & d'Amour.

XLI.

Quoy que face le Ciel,ie seray tousiours telle,
   On perd temps d'essayer à forcer mon vouloir:
   Tous les assauts des vens contre vn roc n'ont pouuoir:
Ma foy c'est vn rocher qui iamais ne chancelle.
I'ay iuré sainctement d'estre tousiours fidelle
   Sous l'empire d'Amour: ie luy veux faire voir
   Que ie puis pour ma foy mille morts receuoir.
Car mourir pour sa foy c'est vne chose belle.
Les faueurs, la grandeur, les biens, l'esloignement,
   La rigueur des parens, leur courroux vehement
   De ce ferme vouloir ne me peuuent distraire.
L'or s'affine au fourneau: ma foy fait tout ainsi,
   Elle s'affine au feu d'ennuis & de souci,
   Et paroist aux malheurs plus costante & plus claire.

CHANSON.

Las que nous sommes miserables,
   D'estre serues dessous les loix
   Des hommes legers & muables
   Plus que le fueillage des bois.
Les pensers des hommes resemblent
   A l'air, aux vents, & aux saisons,
   Et aux girouettes qui tremblent
   Au gré du vent sur les maisons.
Leur amour est ferme & constante
   Comme la mer grosse de flots,
   Qui bruit, qui court, qui se tourmente,
   Et iamais n'arreste en repos.
Ce n'est que vent que de leur teste,

De vent est leur entendement:
Les vents encore & la tempeste
Ne vont point si legerement.
Ces soupirs qu'ils sortent sans peine
De leur estomach si souuent,
N'est-ce vne preuue assez certaine
Qu'au dedans ils n'ont que du vent?
Qui se fie en chose si vaine
Il seme sans espoir de fruict:
Il veut bastir dessus l'arene,
Où sur la glace d'vne nuict.
Ils font des Dieux en leur pensée,
Qui comme eux ont l'esprit leger,
Se riant de la foy faulsée
Et de voir bien souuent changer.
Ceux qui peuuent mieux faire accroire
Et sont menteurs plus asseurez,
Entr'eux sont eleuez en gloire,
Et sont comme Dieux adorez.
Car ils prennent pour grand louange
Quand on les estime inconstans:
Et disent que le temps se change,
Et que le sage suit le temps.
Mais las! qui ne seroit esprise
Quand on ne sçait leurs fictions,
Lors qu'auec si grande feintise
Ils soupirent leurs passions?
De leur cœur sort vne fournaise,
Leurs yeux sont deux ruisseaux coulans,
Ce n'est que feu, ce n'est que braise,
Mesme leurs propos sont bruslans.

Mais cest ardant feu qui les tuë,
 Et rend leur esprit consommé,
 C'est vn feu de paille menuë,
 Aussi tost esteint qu'allumé.
Et les torrens qu'on voit descendre
 Pour nostre douceur esmouuoir,
 Ce sont des appas à surprendre
 Celles qu'ils veulent deceuoir.
Ainsi l'oiseleur au bocage
 Prend les oiseaux par ses chansons:
 Et le pescheur sur le riuage
 Tend ses filés pour les poissons.
Sommes-nous donc pas miserables
 D'estre serues dessous les loix
 Des hommes legers & muables
 Plus que le fueillage des bois?

STANSES DV MARIAGE.

I.

DE toutes les fureurs dont nous sommes pres-
  sez,
 De tout ce que les cieux ardemment cour-
  roucez
Peuuent darder sur nous de tonnerre & d'orage,
D'angoisseuses langueurs, de meurtre ensanglanté,
De soucis, de trauaux, de faim, de pauureté,
Rien n'approche en rigueur la loy de Mariage.

II.

Dure & sauuage loy nos plaisirs meurtrissant,
Qui, fertile, a produit vn Hydre renaissant
De mespris, de chagrin, de rancune & d'ennis:

Du repos des humains l'inhumaine poison,
Des corps & des esprits la cruelle prison,
La source des malheurs, le fiel de nostre vie.

III.

On dit que Iupiter ayant pour son peché
Sur le dos d'vn rocher Promethee attaché,
Qui seruoit de pasture à l'Aigle insatiable,
Ne se contenta pas de tant de cruauté.
Mais voulut pour monstrer qu'il estoit despité,
Rendre le genre humain de tout poinct miserable.

IIII.

Il enuoya la Femme aux mortels ici bas,
Ayant dedans ses yeux mille amoureux appas,
Et portant en la main vne boüette feconde
Des semences du Mal, les Procés, le Discord,
Le Souci, la Douleur, la Vieillesse, & la Mort :
Bref, pour doüaire elle auoit tout le malheur du monde.

V.

Venus dessus son front mille beautez sema,
Pithon d'autant d'attraits sa parolle anima,
Vulcan forgea son cœur, Mars luy donna l'audace :
Bref, le Ciel rigoureux si bien la deguisa,
Que l'homme épris de flamme aussi tost l'espousa,
Plongeant en son malheur toute l'humaine race.

VI.

De là le Mariage eut son commencement,
Tyran iniurieux, plein de commandement,
Que la liberté fuit comme son aduersaire :
Plaisant à l'abordee : à l'œil, doux & riant :
Mais qui sous beau-semblant, traistre nous va liant
D'vn lien que la Mort seulement peut desfaire.

V I I.

Il tient dessous ses piés le Repos abbatu,
De cordage & de fers son corps est remplu:
Le Soing est à costé le Trauail le regarde,
La Peur, la Ialousie & le mal incognu,
(Mal par opinion) qui rend l'homme cornu:
Puis vient le repentir chef de l'arriere-garde.

V I I I.

Le Dueil, & les Courroux apres le vont suiuans:
Amour fuit, le voyant, leger comme le vent,
Bien que le nom d'Amour masque sa tyrannie.
Car ce puissant vainqueur & des Dieux & des Rois,
(Magistrat souuerain) n'est point suget aux loix,
Et de toute sa Court la contrainte est bannie.

I X.

Helas! grand Iupiter, si l'homme auoit erré
Tu le deuois punir d'vn mal plus moderé,
Et plustost l'assommer d'vn esclat de tonnerre
Que le faire languir durement enchaisné,
Hoste de mille ennuis, au dueil abandonné,
Trauaillant son esprit d'vne immortelle guerre.

X.

On parle des Enfers où les maux sont punis,
Vn cruel magazin de tourmens infinis,
Du Chien tousiours beant, des Sœurs pleines de rage,
Des douleurs de Titye & des autres Esprits:
Mais ie ne puis penser que ce soit rien au prix,
Ne qu'il y ait Enfer si grand que Mariage.

X I.

Languir toute sa vie en obscure prison,
Passer mille trauaux, nourrir en sa maison

Vne femme bien laide, & coucher aupres d'elle:
En auoir vne belle, & en estre ialoux,
Craindre tout, l'espier, se gesner de courroux,
Y a-til quelque peine en Enfer plus cruelle?

XII.

Ie t'ay tant de regrets, de soucis & d'ennuis,
Tant de iours ennuyeux, tant de fascheuses nuicts,
Tant de rapports semez, tant de plaintes ameres:
Qui les pensenombrer, aura plustost conté
Les fleurettes de May, les moissons de l'Esté,
Et des plaines du Ciel les flambeaux ordinaires.

XIII.

Hé donc parmi ces maux que n'auons-nous des yeux,
Pour cognoistre en autruy la vengeance des Dieux,
Euitant sagement nostre perte asseuree?
Mais au fort du peril nous nous allons ruer,
Nous forgeons (malheureux!) le fer pour nous tuer,
Et beuuons la poison par nos mains preparee.

XIIII.

Si d'vn sommeil de fer nos yeux n'estoyent pressez,
La Nopce seulement nous apprendroit assez.
Quel heur & quel repos son lien nous appreste:
Le son des tabourins, les flambeaux allumez,
L'appareil, la rumeur, les bruits accoustumez,
N'est-ce vn presage seur de prochaine tempeste?

XV.

Escoutez ma parole, ô Mortels esgarez,
Qui dans la seruitude aueuglement courez,
Et voyez quelle femme au moins vous deuez prendre:
Si vous l'espousez riche, il se faut preparer
De seruir, de souffrir, de n'oser murmurer,

AMOVRS.

Aueugle en tous ses faits, & sourd pour ne l'entendre.

XVI.

Dedaigneuse & superbe elle croit tout sçauoir,
Son mari n'est qu'vn sot, trop heureux de l'auoir:
En ce qu'il entreprend elle est tousiours contraire,
Ses propos sont cuisans, hautains & rigoureux:
Le forçat miserable est beaucoup plus heureux
A la rame & aux fers d'vn outrageux Corsaire.

XVII.

Si vous la prenez pauure, auec la pauureté
Vous espousez aussi mainte incommodité:
La charge des enfans, la peine & l'infortune,
Le mespris d'vn chacun vous fait baisser les yeux,
Le soing rend vos esprits chagrins & soucieux.
,, Auec la pauureté toute chose importune.

XVIII.

Si vous l'espousez belle, asseurez-vous aussi
D'en'estre iamais franc de crainte & de souci:
L'œil de vostre voisin comme vous la regarde,
Vn chacun la desire: & vouloir l'empescher,
C'est esgaller Sisyphe & monter son rocher.
,, Vne beauté parfaite est de mauuaise garde.

XIX.

Si vous la prenez laide, adieu toute amitié:
L'esprit tenant du corps est plein de mauuaistié.
Vous aurez la maison pour prison tenebreuse,
Le Soleil desormais à vos yeux ne luira:
Bref, on peut bien penser s'elle vous desplaira,
Puis qu'vne femme belle en trois iours est fascheuse.

XX.

Celuy n'auoit iamais les Nopces esprouué,

Qui dit qu'aucun secours contre Amour n'est trouué,
Depuis qu'en nos esprits il a fait sa racine.
Car quand quelque beauté vien nos cœurs embraser,
La voulons-nous hair? Il la faut espouser.
Qui veut guarir d'Amour, c'en est la medecine.

XXI.

Mille fois Iupiter d'Amour tout esgaré
Pour les yeux de sa sœur a plaint & soupiré:
Toutesfois il la hait dés qu'il l'a espousée,
Et luy desplaist si fort, que pour s'en estranger
En beste & en oiseau ne feint de se changer,
Ne trouuant rien fascheux pour la rendre abusée.

XXII.

C'est vn estrange cas, que le palais des Dieux
Ne s'est peu garantir des debats furieux
Naissans du Mariage, autheur de toutes plaintes
Et que ce Iupiter que tout l'vniuers craint,
Agueté de Iunon cent fois s'est veu contraint
De couurir sa grandeur sous mille estranges feintes.

XXIII.

La Nopce est vn fardeau si fascheux à porter,
Qu'elle fait à vn Dieu son empire quitter.
Elle luy rend le ciel vn enfer de tristesse,
Et trouue en ses liens tant d'infelicité,
Qu'il aime mieux seruir en terre vne beauté,
Que iouir dans le ciel d'vne espouse Deesse.

XXIIII.

A l'exemple de luy qui doit estre suiui,
Tout homme qui se trouue en ses laqs asserui,
Doit par mille plaisirs alleger son martyre,
Aimer en tous endroits sans esclauer son cœur,

AMOVRS.

Et chasser loin de luy toute ialouse peur:
Plus vn homme est ialoux, plus sa femme on desire.

XXV.

O supplice infernal en la terre transmis
Pour gesner les humains, gesne mes ennemis,
Qu'ils soyent chargez de fers, de tourmēs & de flamme:
Mais fuy de ma maison, n'approche point de moy,
Ie hay plus que la mort ta rigoureuse loy,
Aimant mieux espouser vn tumbeau qu'vne femme.

ADIEV A LA POLONGNE.

ADIEV Polongne, adieu plaines desertes,
  Tousiours de neige ou de glace couuertes,
  Adieu païs d'vn eternel adieu:
Tō air, tes mœurs m'ont si fort sçeu déplaire
Qu'il faudra bien que tout me soit contraire
  Si iamais plus ie retourne en ce lieu.
Adieu maisons d'admirable structure,
  Poisles adieu, qui dans vostre closture
  Mille animaux pesle-mesle entassez,
Filles, garçons, veaux & bœufs tout ensemble,
Vn tel mesnage à l'aage d'or ressemble,
  Tant regretté par les siecles passéz.
Quoy qu'on me dist de vos mœurs inciuiles,
  De vos habits, de vos méchantes villes,
  De vos esprits pleins de legereté,
Sarmates fiers, ie n'en voulois rien croire,
Ny ne pensois que vous peussiez tant boire:
  L'eussé-ie creu sans y auoir esté?
Barbare peuple, arrogant & volage,

Vanteur, causeur, n'ayant rien que langage:
Qui iour & nuict dans vn poisle enfermé
Pour tout plaisir se iouë auec vn verre,
Ronfle à la table, ou s'endort sur la terre,
Puis comme vn Mars veut estre renommé.
Ce ne sont pas vos grand's lances creusees,
Vos peaux de loup, vos armes déguisees
Où maint plumage & mainte aile s'estend,
Vos bras charnus ny vos traits redoutables,
Lourds Polonnois, qui vous font indomtables:
La pauureté seulement vous defend.
Si vostre terre estoit mieux cultiuee,
Que l'air fust doux, qu'elle fust abreuuee
De clairs ruisseaux, riche en bonnes citez
En marchandise, en profondes riuieres,
Qu'elle eust des vins, des ports, & des minieres,
Vous ne seriez si long temps indomtez.
Les Othomans, dont l'ame est si hardie,
Aiment mieux Cypre, ou la belle Candie,
Que vos deserts presque tousiours glacez:
Et l'Alemand qui les guerres demande,
Vous dédaignant, court la terre Flamande,
Où ses labeurs sont mieux recompensez.
Neuf mois entiers pour complaire à mon maistre,
Le grand HENRY, que le Ciel a fait naistre
Comme vn bel astre aux humains flamboyant,
Pour ce desert i'ay la France laissee,
Y consumant ma pauure ame blessee
Sans nul confort sinon qu'en le voyant.
Face le Ciel que ce valeureux Prince
Soit bien tost Roy de quelque autre prouince,

Riche de gens, de citez & d'auoir:
Que quelque iour à l'empire il paruienne,
Et que iamais ici ie ne reuienne,
Bien que mon cœur soit bruslant de le voir.

A ma Damoiselle de CHASTEAVNEVE.

IE ne veux desormais m'enquerir d'auantage
Que tu peux auoir fait, larron malicieux,
  De tant de ieunes cœurs surpris en tant de lieux,
  Laissant mesmes au Ciel marque de ton outrage.
Tu nous les rauissois pour bastir cest ouurage,
  Ce royal CHASTEAVNEVE, ton palais glorieux,
  Où tu vas reposer las d'outrager les Dieux,
  Y retirant tes feux, tes traits, & ton cordage.
Deuant ce CHASTEAVNEVE pour embellir le front,
  Tu pès les plus beaux cœurs, côme les Chasseurs font
  Des grands cerfs & sangliers qu'à force ils peuuent
    prendre.
Le mien s'y fust peu voir au plus haut lieu planté:
  Mais pource que sans crainte il t'auoit resisté,
  O cruel, par despit tu l'as reduit en cendre.

Sur son pourtraict à I. DE-COVR,
peintre du Roy.

TV t'abuses, DE-COVR, pensant representer
DV CHASTEAVNEVE d'Amour la Deesse
  immortelle:
Le Ciel peintre sçauant l'a pourtraitte si belle,

Que son divin tableau ne se peut imiter.
Comment sans t'esblouir, pourras-tu supporter
 De ses yeux flamboyans la planete iumelle?
 Quelle couleur peindra sa couleur naturelle,
 Et les graces qu'on voit sur son front volleter?
Quel or egalera l'or de sa blonde tresse?
 Quels traits imiteront ceste douce rudesse,
 Ce port, ce teint, ce ris, ces attraits gracieux?
Laisse au grand Dieu d'Amour ce labeur temeraire,
 Qui d'vn trait pour pinceau la sçaura mieux pour-
  traire,
 Non dessus de la toile, ains dans le cœur des Dieux.

Pour vn Miroir.

CE Miroir bien-heureux, à qui ie porte enuie
 Pour le bien d'estre à vous qui luy doit aduenir,
 Vous fera le voyant quelquefois souuenir
 D'vne à qui vostre amour sert d'esprit & de vie:
Et croyez que le temps, la fortune & l'enuie,
 Ou quelque autre accident qui me puisse aduenir,
 Mon cœur de vostre cœur ne sçauroit desunir,
 Vos celestes vertus m'ont trop bien asseruie.
Voyant en ce miroir vos yeux que i'aime tant,
 Pensez comme du ciel ie m'iray lamentant
 Loing de ces chauds regars & de ce beau visage.
Mais à tort toutesfois ie me plaindroy des cieux:
 Car bien que mon destin m'esgare en divers lieux,
 Tout par tout dans le cœur ie porte vostre image.

AMOVRS.

Pour des pendans d'oreille, de teste de Mort.

IE vous donne vne mort, present mal conuenable
A la viue clairté de vos yeux amoureux:
  Mais que pourroit donner vn esprit malheureux,
  Qui ne soit deplaisant, funeste & larmoyable?
Vn qui fuit tout espoir d'estat plus fauorable,
  Qui trouue aigre la ioye, & le pleur doucereux,
  A qui la clairté fasche, & qui n'est desireux
Que de voir comme luy tout amant miserable.
S'il faut offrir au ciel ce qu'on aime plus fort,
  Son cœur desesperé n'aime rien que la mort,
  Dont l'image effroyable en sa face est depeinte.
Donc, ô beauté du ciel, ne vous offensez pas
  Si souffrant loin de vous tant de viuans trespas,
  A sa mort veritable il offre vne mort feinte.

Pour mettre deuant vn Petraque.

LE labeur glorieux d'vn esprit admirable
Triomphe heureusement de la posterité,
  Comme ce Florentin qui a si bien chanté
  Que les siecles d'apres n'ont trouué son semblable,
La beauté n'est ainsi: car elle est perissable.
  Mais Laure auec ses vers vn trophee a planté,
  Qui fait que l'on reuere à iamais sa beauté,
Et qui rend son laurier verdissant & durable.
Celle qui dans ses yeux tient mon contentement,
  La passant en beauté, luy cede seulement   (telle:
  En ce qu'vn moindre esprit la veut rendre immor-
Mais i'ay plus d'amitié s'il fust mieux escriuant.
  Car sa Laure mourut, & il resta viuant:
  Si Madame mouroit, ie mourrois auec elle.

Sur les vers d'vne Dame.

Myrtis, Corinne, & la Muse de Grece
Sapphon qu'Amour fist si haut soupirer,
Tous leurs escrits n'oseroyent comparer
A ces beaux vers qu'a chantez ma maistresse.
Qui veut sçauoir de quels traits Amour blesse,
Sans voir vos yeux trop prompts à martyrer,
Lise ces vers qu'habile il sçeut tirer
De vostre esprit digne d'vne deesse.
Pensers, desirs, soupirs, feux & glaçons,
Sont les sugets de ces belles chansons,
Où seule à part vous retenez vostre ame.
Cœur n'est si froid qui n'en fust allumé:
Cachez-les donc à mon mal bien aimé.
Car sans les voir ie n'ay que trop de flame.

Pour vne Faueur semee de diuerses branches.

Le Ciel qui mieux que moy vous peut fauoriser,
Soit à vostre grandeur pour iamais fauorable,
Couronnant vos vertus d'vn renom si durable
Que la force du temps ne le puisse briser.
Desia vos faicts guerriers par tout vous font priser,
Plantant sur vostre front maint trophee honorable:
Puis ceste grand' douceur, & ce cœur immuable
Maugré les ans vainqueurs vous peut eterniser.
Il restoit que l'Amour vous mist sous son empire,
Comme il fait tous les Dieux, à fin qu'on vous peust
Pacifique, immuable, amoureux, & guerrier: (dire
Et qu'vne qui vous est sainctement asseruie
Vous offrist à bon droit en vous offrant sa vie,
L'oliuier, le palmier, le meurte, & le laurier.

A ma Damoiselle DE SVRGERES.

Comme on voit au Printemps le bouton rougissant,
  Amoureux du Soleil, languir en son absence:
  Puis en le renoyant changer de contenance,
D'odeurs & de beautez, le Ciel resiouissant.
Tout ainsi mon esprit tristement languissant
  Durant l'obscure nuict des miseres de France,
  Voyant de vos beautez l'agreable presence
S'egaye & veut encor se monstrer florissant.
Or si la sainte ardeur qui vient de vous l'enflame,
  Ie vous nomme à bon droit le Soleil de mon ame,
  M'efforçant de monstrer sa divine clairté:
Que si selon mon cœur i'y pouuoy satisfaire,
  Le vice deuiendroit de soymesme aduersaire,
  Voyant de vos vertus l'admirable beauté.

A ma Damoiselle IEANNE DE BRISSAC.

Comme quand il aduient que l'humaine pensee,
  Compagne d'vn desir vainement curieux,
  Entreprend de voler iusqu'au plus haut des cieux,
Pour voir des deïtez la grand' troupe amassee:
Alors qu'elle presume estre bien auancee,
  C'est lors qu'elle cognoist son vol audacieux.
  Car tousiours le chemin s'esloigne de ses yeux,
Et ne voit point de fin à l'œuure commencee.
Tout ainsi qui voudra, plein de temerité,
  S'essayer de trouuer fin à l'infinité
  Des graces qui vous font diuinement reluire,
En pensant s'auancer ses labeurs accroistront.
  Car d'vn subiect fini cent mille autres naistront,
  Et faudra qu'à la fin tout court il s'en retyre.

A ma Damoiselle de la Chastaigneraye,
HELIETTE DE VIVONNE.

O Beaux cheueux chataims d'vne qui ce nom porte,
Ondez, crespes & longs, où les Ieux inconstans
Et les petits Amours, comme oiseaux voletans,
S'emprisonnent l'vn l'autre en mainte & mainte
sorte.
O bel œil qui d'Amour rens la maiesté forte,
Clair, brun, fier, & piteux, seul Soleil de ce temps,
Le bois sec reuerdit au retour du printemps,
Et le tien fait fleurir mon esperance morte.
Il faudroit estre roche, acier ou diamant,
Pour ne deuenir flamme & mourir doucement
Aupres d'vne beauté de beautez si pourueue.
O celestes rayons qui me donnez la loy,
Ie voudrois estre Argus alors que ie vous voy,
Et ne vous voyant point estre priué de veuë.

BERGERIES ET MASQVARADES.

CHANSON.

Bien-heureux qui peut passer sa vie,
Entre les siens franc de haine & d'enuie,
Parmi les champs, les forests & les bois,
Loin du tumulte & du bruit populaire:
Et qui ne vend sa liberté pour plaire
Aux foux desirs des Princes & des Rois.

Il n'a souci d'vne chose incertaine,
Il ne se paist d'vne esperance vaine,
Vne faueur ne le va deceuant,
De cent fureurs il n'a l'ame embrasee,
Et ne maudit sa ieunesse abusee,
Quand il ne trouue à la fin que du vent.

Il ne fremit quand la mer courroussee
Enfle ses flots, contrairement poussee
Des vents esmeus souflans horriblement:
Et quand la nuict à son aise il sommeille,
Vne trompette en sursaut ne l'esueille
Pour l'enuoyer du lict au monument.

L'ambition son courage n'attise,
    D'vn fard trompeur son ame il ne deguise,
    Il ne se plaist à violer sa foy,
    Les grands seigneurs sans cesse il n'importune,
    Mais en viuant content de sa fortune
    Il est sa Court, sa faueur, & son Roy.
Ie vous rens graces, ô Deïtez sacrées
    Des monts, des eaux, des forests & des prees,
    Qui me priuez de pensers soucieux,
    Et qui rendez ma volonté contente,
    Chassant bien loin la miserable attente,
    Et les desirs des cœurs ambitieux.
Dedans mes champs ma pensee est enclose,
    Si mon corps dort mon esprit se repose,
    Vn soin cruel ne le va denorant :
    Au plus matin la fraischeur me soulage,
    S'il fait trop chaud ie me mets à l'ombrage,
    Et s'il fait froid ie m'eschauffe en courant.
Si ie ne loge en ces maisons dorées,
    Au front superbe, aux voûtes peinturees
    D'azur, d'esmail, & de mille couleurs,
    Mon œil se paist des thresors de la plaine
    Riche d'œillets, de lis, de mariolaine,
    Et du beau teint des printanieres fleurs.
Dans les palais enflez de vaine pompe,
    L'ambition, la faueur qui nous trompe,
    Et les soucis logent communément :
    Dedans nos champs se retirent les Fees
    Royne des bois à tresses decoiffees,
    Les Ieux, l'Amour, & le Contentement.
Ainsi viuant rien n'est qui ne m'agree,

BERGERIES.

J'oy des oyseaux la musique sacree,
Quand au matin ils benissent les cieux:
Et le doux son des bruyantes fontaines,
Qui vont coulant de ces roches hautaines
Pour arrouser nos prez delicieux.
Que de plaisir de voir deux Colombelles
Bec contre bec entremoussant des ailes,
Mille baisers se donner tour-à-tour!
Puis tout raui de leur grace naïue,
Dormir au frais d'vne source d'eau viue
Dont le doux bruit semble parler d'Amour!
Que de plaisir de voir sous la nuict brune,
Quand le Soleil a fait place à la Lune,
Au fond des bois les Nymphes s'assembler,
Monstrer au vent leur gorge descouuerte,
Danser, sauter, se donner cotte-verte,
Et sous leurs pas tout l'herbage trembler!
Le bal fini, ie dresse en haut la veuë
Pour voir le teint de la Lune cornuë,
Claire, argentee, & me mets à penser
Au sort heureux du pasteur de Latmie:
Lors ie souhaitte vne aussi belle amie,
Mais ie voudrois en veillant l'embrasser.
Ainsi la nuict ie contente mon ame,
Puis quand Phebus de ses rais nous enflame,
I'essaye encor mille autres ieux nouueaux:
Diuersement mes plaisirs i'entrelasse,
Ores ie pesche, or' ie vais à la chasse,
Et or' ie dresse embuscade aux oiseaux.
Ie fay l'amour, mais c'est de telle sorte
Que seulement du plaisir i'en rapporte,

N'engageant point ma chere liberté:
Et quelques laqs que ce Dieu puisse faire
Pour m'attraper, quand ie m'en veux distraire
I'ay le pouuoir comme la volonté.
Douces brebis, mes fidelles compagnes,
Hayes, buissons, forests, prez & montagnes,
Soyez tesmoins de mon contentement:
Et vous (ô Dieux) faites, ie vous supplie,
Que ce pendant que durera ma vie,
Ie ne cognoisse vn autre changement.

I.

Recherche qui voudra les apparens honneurs,
Les pompes, les thresors, les faueurs variables,
Les lieux haut esleuez, les palais remarquables,
Retraites de pensers, d'ennuis & de douleurs:
I'aime mieux voir vn pré bien tapissé de fleurs,
Arrousé de ruisseaux au vif-argent semblables,
Et tout encourtiné de buissons delectables
Pour l'ombre et pour la soif durãt les grãs chaleurs.
Là franc d'ambition, ie voy couler ma vie
Sans ennuier aucun, sans qu'on me porte enuie,
Roy de tous mes desirs, contant de mon parti.
Ie ne m'appaste point d'vne vaine esperance,
Fortune ne peut rien contre mon asseurance,
Et mon repos d'esprit n'est iamais diuerti;

BERGERIES.

II.
D'vne Fontaine.

Ceste fontaine est froide, & son eau doux-coulante
　A la couleur d'argent semble parler d'amour:
　Vn herbage mollet reuerdit tout autour,
Et les arbres font ombre à la chaleur bruslante.
Le fueillage obeït à Zephir qui l'esuente
　Soupirant amoureux en-ce plaisant seiour:
　Le Soleil clair de flamme est au milieu du iour,
Et la terre se fend de l'ardeur violente.
Passant, par le trauail du long chemin lassé,
　Bruslé de la chaleur, & de la soif pressé,
　Arreste en ceste place où ton bon-heur te meine,
L'agreable repos ton corps delassera,
　L'ombrage & le vent frais ton ardeur chassera,
　Et ta soif se perdra dans l'eau de la fontaine.

III.

Quel destin fauorable ennuyé de mes peines,
　Rompra les forts liens dont mon col est pressé?
　Par quel vent reuiendray ie au port que i'ay laissé
Suiuant trop follement des esperances vaines?
Verray-ie plus le temps qu'au doux bruit des fontaines
　Dans vn bocage espais mollement tapissé
　Nous recitions nos vers? moy d'Amour offensé,
Toy bruyant de nos Rois les victoires hautaines?
Si i'eschappe d'ici, DORAT, ie te promés
　Qu'Apollon & Cypris ie suiuray desormais,
　Sans que l'ambition mon repos importune:
Les venteuses faueurs ne me pourront tenter,
　Et de peu ie sçauray mes desirs contenter,
　Prenant congé de vous Esperance & Fortune.

IIII.

Sur la Bergerie de REMY BELLEAV.

Qvand ie ly tout raui, ce discours qui soupire
 Les ardeurs des Bergers, ie t'appelle menteur,
 (Pardonne moy) BELLEAV, de t'en dire l'autheur:
Car vn homme mortel ne sçauroit si bien dire.
Amour qui tient les Dieux au ioug de son empire,
 A de rechef contraint Phebus d'estre pasteur,
 Qui pour charmer sa peine & l'œil son enchanteur,
Doit auoir fait ces vers, tesmoins de son martyre.
O Phebus, ô grand Dieu des Poëtes inuoqué,
 Parmy nos champs François si tu as remarqué
 Quelque herbe ou quelque fleur qui les cœurs peut
  contraindre,
Change œil d'Hippolyte, & le rens enflammé:
 Ou bien s'il faut que i'aime & ne sois point aimé,
 Fay qu'en si beaux regrets mõ mal ie puisse plaindre.

DISCOVRS.

Qve faites-vous Mignons, mon desiré souci,
Le souci d'Apollon & des Muses aussi?
Amis qui i'aime mieux, qu'vne ieune pu-
 celle
N'aime les belles fleurs de la faison nouuelle,
Ores que faites vous à la suitte du Roy?
Est-il possible au moins qu'ayez souci de moy,
De moy, qui chacun iour au ciel rien ne demande,
Que l'heur de tost reuoir vne si chere bande?
Et bien qu'absent de vous, mille contentemens,
Chassent de mon esprit tous fascheux pensemens,

BERGERIES.

Ie ne puis toutesfois, quelque esbat qui me tienne,
Faire tant que tousiours de vous ne me souuienne:
Ie ne pense autre chose, & l'obstiné desir
Que i'ay de vous reuoir, amoindrit le plaisir
Dont i'entretien ma vie, or' que la Chienne ardente
De chaleur & de soif à l'egal nous tourmente:
Et qu'au clair de la nuict les Satyres cornus,
Les Siluains cheure-piés, & les Faunes tout nuds
Vireuoltent en rond & font mille gambades,
Pour eschauffer les cœurs des fuitiues Naiades,
Et des Nymphes des bois: & or' que sans cesser
Le Forgeron des dieux, hastif fait auancer
Haletant & suant, & tout couuert de poudre,
Le tonnerre grondant, les esclairs & la foudre.
  Dés la pointe du iour, que l'Aube qui reluit
A fait esuanoüir les frayeurs de la nuict,
Ie choisi quelque mont dont la cyme est hautaine,
Et m'y traçant chemin tout pensif ie rameine
Et tourne en mon esprit mille & mille discours
Des succés incertains de vos vaines amours.
Ie crains la cruauté de vos fieres maistresses,
I'ay part à vos soupirs, ie gouste vos tristesses,
Et tout ce qui vous vient d'amertume & de doux,
Fidelle compagnon, ie porte comme vous.
Puis ie beni le Ciel, qui contant me fait viure,
Ie rens grace au Démon qui m'a gardé de suiure
Les faux pas d'vn aueugle, & qui fait reboucher
Ses traits lors qu'il les veut contre moy decocher.
  Vn autre iour plus gay ie m'en vais à la chasse,
Ie cherche vn liéure au giste ou ie suis à la trace,
Ou auecques les chiens, qui de leurs longs abois

Bb

Font esclater les monts, les rochers, & les bois:
Or' auec vn Autour ie fay tomber de crainte
L'innocente Perdrix: or' sous vne voix feinte
Ie prens la simple Caille, entr'imitant son chant:
Quelquefois ie retourne auec le Chien couchant
Luy dresser autre embusche, & le soir ie deuise,
Quand elle est dans le plat, comme ie l'ay surprise.

Puis las de ce mestier i'en choisis vn nouueau,
Et garni de filés ie vay chasser sur l'eau
A la Truite & à l'Vmbre, où si bien ie m'espreuue
Qu'vn Saumon quelquefois dans mes filés se treuue,
Or' anecques la ligne, & le traistre hameçon,
Or' auecques le feu ie fay guerre au poisson:
I'en salle vne partie, & l'autre frais ie mange,
Et mille fois le iour de passetemps ie change.

Ie fay faucher le foin, dont les diuerses fleurs
Gisent egalement veufues de leurs honneurs;
Ores demi lassé ie me couche sur l'herbe,
Ores plus mesnager i'aide à serrer la gerbe,
A faire des plongeons, & les bien entasser;
De crainte que le vent les face renuerser.

Si c'est vn iour de feste, ou de quelque reinage,
Ou qu'on chomme le iour d'vn patron de village,
Ie m'en vais à la dance, où courent à monceaux
De tous les lieux prochains les ieunes pastoureaux,
Mon Dieu que de plaisir de voir nos montagneres
Blanches comme le laict, dispostement legeres,
Bondir en petits saults, reculer, auancer,
Et de mille façons leurs bransles compasser!

Là le plus amoureux à qui mieux mieux s'efforce:
,, Car Amour tout par tout fait cognoistre sa force,

,, Et trauaille aussi bien à ranger sous ses loix
,, Les plus simples Bergers, comme les plus grans Rois,
Adon en sert de preuue, & le pasteur d'Amphryse,
Et l'ami de la Lune, & le vieillard Anchise,
Et le sac d'Ilion, pastoureaux amoureux,
Qui furent en aimant mille fois plus heureux,
Iouïssans à souhait des plus grandes Deesses,
Que mille & mille Rois chargez de leurs richesses.
,, Car l'Amour au village est simple & peu rusé,
,, Il s'est tant seulement pour la Court desguisé,
,, Et pour les grans Seigneurs, & pour les Damoiselles,
,, Mais il retient aux champs ses façons naturelles.
Il y demeure enfant plein de simplicité,
Il va nud, pour monstrer qu'il n'est point acquesté
Par argent ny presens, & sans vser de feinte
Il guarit aussi tost comme il donne l'atteinte,
Et non comme en ces lieux, où l'argent ha pouuoir
Par dessus la beauté, la grace & le sçauoir.

   Mais moy qui n'ay senti la cuisante poincture
De l'archer Paphien, i'aime mieux la verdure,
L'ombrage & la fraischeur des forests & des bois,
Que les saults & les ieux de tous ces villageois.
Aussi le plus souuent tout seul ie me retire
Au milieu d'vn taillis, où ie me mets à lire:
Mais ie n'ay commencé qu'vn sommeil gracieux
Me clost, sans y penser, la paupiere & les yeux.

   O champs plaisans & doux, ô vie heureuse & sainte,
Où francs de tout souci, nous n'auons point de crainte
D'estre accablez en bas, quand plus ambicieux
Et d'honneurs & de biens nous voisinons les cieux,
Où nous viuons contans, sans que la chaude rage

D'auancer en credit nous bruſle le courage:
Où nous ne craignons point l'effort des médiſans,
Où nous n'endurons point tant de propos cuiſans,
Où nous n'auons ſouci de tant nous contrefaire
Et ployer le genoil, meſme à noſtre aduerſaire:
Où tant de vains penſers, d'erreurs, d'affections,
De veilles, de trauaux, d'ennuis, d'ambitions,
De geſnes, de regrets, de deſirs, de miſeres,
De peurs, de deſeſpoirs, de fureurs, de coleres,
De remors inhumains & de ſoucis mordans,
Comme loups affamez, ne nous rongent dedans,
Nous iauniſſans la face, & la deſpite Enuie
D'vne ſeule douleur ne trouble noſtre vie.

O gens bien fortunez qui les champs habitez
Sans enuier l'orgueil des pompeuſes Citez!
Que ie plains Nicolas, Bonnet, & la Fallaiſe,
Qui contens comme moy ne iouiſſent de l'aiſe
Que ie reçois ici deliuré de l'amour
Et du ſoing importun qui les ſuit à la Cour.

Voila Mignons des Dieux, les plaiſirs qui me ſuiuent,
Compagnon des Siluains qui par les foreſts viuent:
Voila ce que ie fais or' que l'Eſté bruſlant
Touſiours en s'auançant ſe fait plus violant,
Et que Phebus laiſſant le Lion effroyable
Viſitera bien toſt la Vierge pitoyable.

Mais tant d'heureux plaiſirs qu'ici ie puis auoir,
Sans regret i'abandonne, afin de vous reuoir:
Et la beauté des champs, & l'abri des bocages,
Et la couleur des prez, & le frais des riuages.
Car ie vous aime plus cent mille & mille fois
Que les champs, que les prez, les riues & les bois.

METAMORPHOSES.

Mon promt & peu sage penser,
 Qui peut haut & bas s'eslancer,
 Et se feint cent formes nouuelles,
Vn iour fantastique & leger
 En Rose me voulut changer
 Royne des fleurettes plus belles:
Croyant que la ieune beauté
 Qui rend mes iours sans liberté
 Pourroit sur moy ietter la veuë,
Et de ses doigts victorieux
 Me poser au sein glorieux,
 Le seiour du Dieu qui me tuë.
Espoir trompeur tu m'as deceu,
 Si grand prix ie n'ay point receu,
 Car sa rigueur qui me fait guerre,
Ne m'a d'vn regard consolé,
 Mais d'vn pied cruel m'a foulé
 Comme vn ver rampant sur la terre.
Depuis quand la viue clairté
 Du ciel aux plus grands iours d'Esté
 De chaud & de soif nous martyre,
La voyant languir foiblement
 Il me change aussi promtement
 Aux moites soupirs de Zephyre.
L'esuentant d'vn air addouci
 I'esperoy de pouuoir aussi
 Temperer mes flammes cruelles:
Baiser ses yeux mes ennemis,
 Et du sein, qui ne m'est permis,

Bb iij

Refraichir les pommes iumelles.
Mais tousiours contraire à mes vœux
  Dés que ses plus tendres cheueux
  S'esmeurent sous ma douce haleine,
  Et que ma fraicheur la toucha,
  Toute en ses habits se cacha,
  Trompant mon attente & ma peine.
En rosee il me change apres,
  En ombre & en brouillas espés,
  Que Phebus des vapeurs eleue:
  Ombre pour la suiure en tous lieux,
  Brouillas pour couurir ses beaux yeux,
  Humeur pour arroser sa gréue.
Mais cest art peu me secourut,
  Car dés que le feu m'apparut
  Dont mon ame est toute embrasee,
  L'ombre à sa clairté se perdit,
  Le brouillas promte elle fendit,
  Et secha l'humide rosee.

V.

Lycaste & Philemon qu'vn seul trait a blessez,
  Et qui n'ont leurs pareils en amour pure & sainte,
  O celeste Venus, te consacrent en crainte
  Auec des myrtes verds ces lis entrelacez.
Fauorise leurs vœux à toy seule addressez,
  Fay que leur claire ardeur ne soit iamais esteinte,
  Et que leur pure foy chasse au loing toute feinte,
  Rendant par sa blancheur les beaux lis effacez.

BERGERIES.

Ainsi qu'vn seul filet ces fleurettes assemble,
  Qu'vn seul nœu pour tousiours lace leurs cœurs en- (semble,
  Et qu'aucun accident ne le puisse trencher.
Fay qu'vn mesme vouloir regne en leur fantaisie,
  Qu'ils n'espreuuent iamais que c'est que ialousie,
  Et l'enuieuse dent ne les puisse toucher.

DIALOGVE.

Berger, quelle aduenture estrange,
  D'ennuis fraischement t'a priué?
  Amour est cause en moy d'vn change,
  Dont tant de bien m'est arriué.
Quel succes assez fauorable
  Pouuoit t'exenter de souci?
  Aimer d'amour ferme & durable
  En lieu qu'on m'aimast tout ainsi.
La gloire où ton esprit se fonde
  Est-elle pour long temps durer?
  Si rien de ferme est en ce monde,
  Ie m'en dois tousiours asseurer.
Si ta Maistresse estoit volage,
  Ton mal seroit-il vehement?
  Las! changez ce triste langage,
  Ie meurs en l'oyant seulement.
Qui sçait si quelque autre plus belle
  Pourroit ton cœur faire changer?
  Ie n'ay point de cœur que pour elle,
  Et d'autre ie ne puis iuger.
Feins vn peu que dedans ton ame
  Se loge vne autre affection.

Pour Dieu qu'en vous seruant, Madame,
Ie n'vse point de fiction.
Dy vray, l'amour qui te surmonte
Est-il si plein de fermeté?
Qui vous en peut mieux rendre conte
Que vostre admirable beauté?
Quelquefois i'en prens asseurance,
D'autresfois i'en doute bien fort.
L'heur fauorable à ma constance,
En ce seul poinct me fait grand tort.

BAISER.

Fay que ie viue, ô ma seule Deesse,
Fay que ie viue, & change ma tristesse
En plaisir gracieux:
Change ma mort en immortelle vie,
Et fay, mon Cœur, que mon ame rauie
S'enuolle entre les Dieux.
Fay que ie viue, & fay qu'à la mesme heure
Baissant les yeux, entre tes bras ie meure,
Languissant doucement:
Puis qu'aussi tost doucement ie reuiue,
Pour amortir la flamme ardante & viue
Qui me va consumant.
Fay que mon ame à la tienne s'assemble,
Range nos cœurs & nos esprits ensemble
Sous vne mesme loy:
Qu'à mon desir ton desir se rapporte:
Vy dedans moy comme en la mesme sorte
Ie viuray dedans toy.
Ne me defens ny le sein ny la bouche,

BERGERIES.

Permets, mon Cœur, qu'à mon gré ie les touche
 Et baise incessamment,
 Et ces beaux yeux ou l'Amour se retire:
Car tu n'as rien qui tien se puisse dire,
 Ny moy pareillement.
Mes yeux sont tiens, des tiens ie suis le maistre:
 Mon cœur est tien, le tien à moy doit estre,
 Amour l'entend ainsi.
Tu es mon feu, ie dois estre ta flame,
Et dois encor, puis que ie suis ton ame,
 Estre la mienne aussi.
Embrasse moy d'vne longue embrassee,
 Ma bouche soit de la tienne pressee,
 Suçans egalement
De nos amours les faueurs plus mignardes,
Et qu'en ces ieux nos langues fretillardes
 S'estreignent mollement.
Au paradis de tes léures decloses
 Ie vay cueillant de mille & mille roses
 Le miel delicieux:
Mon cœur s'y paist, sans qu'il se rassasie
De la douceur d'vne saincte ambrosie
 Passant celle des cieux.
Ie n'en puis plus, mon ame à demi folle,
 En te baisant par ma bouche s'enuole
 Dedans toy s'assemblant:
Mon cœur halette à petites secousses:
Bref ie me fons en ces liesses douces,
 Soupirant & tremblant.
Quand ie te baise, vn gracieux Zephyre,
 Vn petit vent moite & doux qui soupire,

P v

Va mon cœur esuentant :
Mais tant s'en faut qu'il esteigne ma flame.
Que la chaleur qui deuore mon ame,
  S'en augmente d'autant.
Ce ne sont point des baisers, ma Mignonne,
  Ce ne sont point des baisers que tu donne:
    Ce sont de doux appas
Faits de nectar, du sucre & de canelle,
Afin de rendre vne amour mutuelle
    Viue apres le trespas.
Ce sont moissons de l'Arabie heureuse,
  Ce sont parfums qui font l'ame amoureuse
    S'esiouir en son feu :
C'est vn doux air embasmé de fleurettes
Où comme oiseaux vollent les amourettes,
    Les Plaisirs & le Ieu.
Parmy les fleurs de ta bouche vermeille
Amour oiseau volle comme vne aberlle,
    Amour plein de rigueur.
Qui est ialoux des douceurs de ta bouche:
Car aussi tost qu'à tes léures ie touche
    Il me picque le cœur.

VI.

AH mon Dieu ie me meurs ! il ne faut plus attendre
  De remede à ma mort, si tout soudainement,
Phyllis, ie ne te vole vn baiser seulement,
Vn baiser qui pourra de la mort me defendre.

Certes ie n'en puis plus, mon Cœur, ie le vay prendre,
    Non feray, car ie crains ton courroux vehement,
    Quoy? me faudra-til donc mourir cruellement
    Pres de ma guarison qu'vn baiser me peut rendre?
Mais las! ie crains mon mal en pourchassant mon bien.
    Le doy-ie prendre ou non? pour vray ie n'en sçay rie:
    Mille debats confus agitent ma pensee.
Si ie retarde plus i'auance mon trespas.
    Ie le prendray: mais non ie ne le prendray pas:
    Car i'aime mieux mourir que vous voir courroucee.

STANCES.

S'IL est vray, comme on dit, que les plus belles ames
    Meuuent les plus beaux corps & leur donnent pouuoir,
    Quelle ame est assez belle, àfin de vous mouuoir,
    Astres clairs, qui versez tant de celestes flames?
Il pleut de vos regars vne douceur extrême
    Comblant les chastes cœurs d'aise & d'embrazement,
    Qui fait croire qu'Amour quittant le firmament
    Pour vous donner esprit s'est fait esprit luy-mesme.
Beaux Yeux mes chers Soleils, las! par quelle auanture
    Faut-il que si souuent vos rais me soient celez?
    Ceux du commun Soleil ne sont tant reculez,
    Et la nuict pour chacun si longuement ne dure.
Ie suis vostre Phenix, ô lumiere immortelle,
    En cendre à vos rayons ie me vay reduisant.
    Ainsi parloit Philon, baisant & rebaisant
    Deuôt, les yeux diuins de Lycaste la belle.

EPIGRAMME.

IE voulu baiser ma Rebelle,
Riant elle m'a refusé :
Et apres sans penser à elle,
Toute en pleurs elle m'a baisé.
De son dueil vint ma iouissance,
Son ris me rendit malheureux.
Voila que c'est, vn amoureux
A du bien quand moins il y pense.

AVTRE EPIG.

SI dessus vos léures de roses
Ie voy mes liesses decloses,
Mon esprit, ma vie, & mon bien,
Vous ne pouuez me les defendre :
Il faut que chacun ait le sien,
Par tout le mien ie puis reprendre.

AVTRE.

I'Aimois vn peu Phyllis, mais lors qu'elle m'aima
Dans mon sang eschaufé du soulphre elle sema :
Mes yeux auparauant la iugeoyent assez belle,
Et depuis ie la trouue vne Venus nouuelle.
Phyllis continuez, aimez tousiours ainsi,
Mes feux & vos beautez continueront aussi :
Mais en ne poursuiuant les amours commencees
Vous rendez vos beautez & mes flammes passees.

STANSES.

IVPITER, s'il est vray que tu fusse amou-
  -reux,
 Quand ton poil de toreau deceut vne pu-
  celle,
Que tu pouuois te dire à bon droit bien-heureux
Portant dessur le dos vne charge si belle!
Dans l'eau que tu fendois d'vn pied souple & leger
L'heur si prest d'arriuer t'enflammoit la pensee:
Et l'Amour te faisoit oublier de nager,
Pour voir ce que monstroit sa cotte retroussee.
Mais quel heur de ce Dieu me pourroit esgaler,
 Si las! en quelque forme ou vraye ou contrefaite,
 Par la faueur d'Amour ie vous pouuoy voler,
 Vous qui trop plus qu'Europe estes belle & parfaite?
Ah! non ie ne voudroy vers vous me déguiser
 Et rendre en vous trompant ma grand' flamme
  amortie:
Or ne vous faschez donc si i'ose vous baiser,
Et si troublé d'Amour ie pers la modestie.

EPIGRAMME.

BLanche aux yeux verds femme du vieux Tityre,
Autant de fois que sa vache elle tire
Dit bassement d'vn courage marri,
Ie ne voy point que ma tache finisse:
Car toute nuict ie fay mesme exercice
Tirant le bout qui pend à mon mari.

BERGERIES.
AVTRE.

IE t'apporte ô Sommeil, du vin de quatre annees,
Du laict, des pauots noirs aux testes couronnees,
Vueilles tes aislerons en ce lieu desployer,
Tant qu'Alizon la vieille accroupie au foyer
(Qui d'vn poulce retors, & d'vne dent mouillee
Sa quenouille chargee a quasi depouillee)
Laisse cheoir le fuzeau, cesse de babiller,
Et de toute la nuict ne se puisse esueiller:
Afin qu'à mon plaisir i'embrasse ma rebelle
L'amoureuse Ysabeau qui souspire aupres d'elle.

ODE.

QVAND tu ne sentirois aucun feu d'amitié,
 Quand tu n'aurois cogneu que c'est que de
  pitié,
 Quãd tu aurois le cœur d'vne beste felõne,
Quand tu aurois sucé le sang d'vne Lyonne,
Si te seroit-ce ennuy de me voir en ce point
 Transir de grand' froidure.
 Car l'ayant veu venir ie n'ay pris qu'vn pourpoint
 Pour toute couuerture.
N'ois-tu les Aquilons soufflans horriblement
 Qui font par leur effort mouuoir ce tremblement?
 N'entens-tu point Caurus qui donne à la trauerse,
Et sans dessus dessous toute chose renuerse?
Les forests en font bruit, où superbe il combat
 Contre les souches fortes.
N'ois-tu pas bien aussi le terrible debat
 Des fenestres & portes?

BERGERIES.

a neige couure tout, tout est paué de blanc,
 L'excessiue froideur m'a tout gelé le sang.
 Ie ne puis plus parler,tant la glace me serre:
 Mes nerfs sõt tous retraits,mes dens se font la guerre
 D'vn choc continuel : & toute ma chaleur
   Au cœur est deualee,
 Et commence desia comme aussi fait mon cœur,
   A se faire gelee.
Helas! aueugle Amour, où est ton grand pouuoir?
 Où est ce feu diuin qui peut tout esmouuoir,
 Qui des plus puissãs Dieux fait bouillir la poitrine,
 Qui brusle les Enfers, la terre & la marine?
 I'estimois que ton feu feroit à ma froideur
   Abandonner la place:
 Mais ce froid au contraire a changé ton ardeur
   Et tous tes traits en glace.

DIALOGVE.

QVE ferez-vous, dites Madame,
 Perdant vn si fidelle Amant?
 Ce que peut faire vn corps sans ame,
 Sans yeux, sans pouls, sans mouuement.
 N'en aurez-vous plus souuenance
 Apres ce rigoureux depart?
 Au cœur qui oublie en absence
 L'Amour n'a iamais eu de part.
De tant d'ennuis qui vous font guerre,
 Lequel vous donne plus de peur?
 La crainte qu'en changeant de terre
 Il puisse aussi changer de cœur.

N'vsez iamais de ce langage,
  A sa foy vous faites grand tort.
C'est vn euident tesmoignage
  Pour monstrer que i'aime bien fort.
Son amour si ferme & si sainte
  Doit tenir vostre esprit contant,
Ie ne puis que ie n'aye crainte
  De perdre ce que i'aime tant.
Auriez-vous beaucoup de tristesse
  S'il venoit à changer de foy?
Tout autant que i'ay de liesse,
  Sçachant bien qu'il n'aime que moy.
Quel est le mal qui vous offense,
  Attendant ce departement?
Tel que d'vn qui a eu sentence
  Et attend la mort seulement.
Quoy? vous pensez donques, à l'heure
  Qu'il s'en ira, mourir d'ennuy?
Il ne se peut que ie ne meure,
  Mon esprit s'en va quant & luy.
Si tel accident vous arriue,
  Vostre amour ne durera pas.
La vraye amour est tousiours viue,
  Et ne meurt point par le trespas.

COMPLAINTE.

CHERCHEZ, mes tristes Yeux, cherchez de
  tous costez,
Vous ne trouuerez point ce que vous souhaitez,
Vous ne verrez plus rien qui vous soit agreable:

Et vous riches tresors du Printemps desirable,
O Prez, tesmoings secrets de mon contentement,
Où pleine de desir i'attendoy mon amant,
Accusant quelquefois sa trop longue demeure,
Las! portez le regret de son esloignement,
Et plaignez de pitié la douleur que i'endure.
  Ce fut ici qu'il me dist sa pensee,
  Dont ie feigny me sentir offensee,
  L'appellant temeraire:
  Mais ma feinte colere
  Voyant ses pleurs, fut bien soudain passee.
Car eussé-ie voulu contre Amour me defendre?
Helas douce riuiere où est mon cher Philandre?

Voicy bien tous les lieux où ie le souloy voir,
  Quand au commencement Amour par son pouuoir
Rangea mon ame libre en son obeissance.
I'eu pres de ce buisson sa premiere accointance,
Et senti dans mon cœur la sagette d'amour,
Qui perça le rocher que i'auois à l'entour,
Et le chaste rampart de ma poitrine dure.
Mais si tost que ie pense à ce malheureux iour
Ie sens renouueler la douleur que i'endure:
  Ie recognoy ceste basse valee,
  Où quelquefois à l'escart reculee
  I'entretenoy mon ame
  En l'amoureuse flame,
  Par vn penser dont i'estoy consolee:
Et disois en mon cœur sans qu'on me peust entendre,
Helas douce riuiere où est mon cher Philandre?

Voyla le clair ruisseau si souëfuement coulant,
Où pour passer le chaud du Soleil violant,
Ie souloy demeurer sur l'herbage estenduë,
De mon fidelle Amant bien souuent attenduë.
Las tout est bien ici : les bois delicieux,
Les coustaux, les buissons, & les prez gracieux,
Ie voy le clair ruisseau, i'enten son doux murmure:
Mais les voyant, sans voir le Soleil de mes yeux,
Ie sens renouueller la douleur que i'endure.
 Aucunesfois mon ame ie contente:
 Car la trompant ie me le represente,
 Dedans ceste prairie.
 O douce tromperie,
 Qui mes esprits heureusement enchante!
Mais presque aussi soudain mon mal me vient reprēdre.
Helas douce riuiere où est mon cher Philandre?

Bien souuent ie l'appelle en criant dans ce bois,
Mais rien sinon Echo ne respond à ma voix,
Dont ie meurs de douleurs s'il aduient que ie pense
Qu'il ne me respond point faute de souuenance,
Ou que quelque autre amour son cœur a fait changer:
Lors pleine de fureur me pensant bien vanger,
Ie l'appelle infidelle, inconstant & pariure,
Et dis en sanglotant! Helas cruel Berger,
Regarde à tout le moins la douleur que i'endure!
 Mais tout soudain ma triste fantasie
 Auec raison pert ceste ialousie,
 Car sa foy trop loüable
 Est constante & durable,
 Et d'autre ardeur son ame n'est saisie.

BERGERIES.

Car son cœur est à moy, nulle n'y peut pretendre.
Helas douce riuiere où est mon cher Philandre?

Quand ie suis en ces lieux ie n'y fay que penser,
Qu'egarer mon esprit, songer & rauasser,
Demeurer sans mouuoir comme vne souche morte.
Les Pasteurs de ces champs me voyant de la sorte
Chacun à qui mieux mieux vont criant apres moy:
Voy tes troupeaux, Bergere, esperdus comme toy,
Demeurans sans repaistre & fuyans la verdure.
Las! tout cela ne fait qu'augmenter mon esmoy,
Et tousiours redoubler la douleur que i'endure.
  Voyla comment, ô ma seule pensee,
  Loin de tes yeux mon ame est oppressee,
  Ie languy solitaire,
  Rien ne me sçauroit plaire,
  Trop est en moy la tristesse amassee,
Qui fait de mes deux yeux deux grands fleuues descendre,
Helas douce riuiere où est mon cher Philandre?

VILLANELLE.

Rozette pour vn peu d'absence
Vostre cœur vous auez changé,
Et moy sçachant ceste inconstance
Le mien autre part i'ay rangé,
Iamais plus beauté si legere
Sur moy tant de pouuoir n'aura:
Nous verrons volage Bergere,
Qui premier s'en repentira.

Tandis qu'en pleurs ie me consume
　　Maudissant cest esloignement,
　　Vous qui n'aimez, que par coustume,
　　Caressiez vn nouuel amant.
　　Iamais legere girouette
　　Au vent si tost ne se vira:
　　Nous verrons, Bergere Rozette,
　　Qui premier s'en repentira.
Où sont tant de promesses saintes,
　　Tant de pleurs versez en partant?
　　Est-il vray que ces tristes plaintes
　　Sortissent d'vn cœur inconstant?
　　Dieux que vous estes mensongere!
　　Maudit soit qui plus vous croira:
　　Nous verrons, volage Bergere,
　　Qui premier s'en repentira.
Celuy qui a gaigné ma place
　　Ne vous peut aimer tant que moy:
　　Et celle que i'ayme vous passe
　　De beauté, d'amour & de foy.
　　Gardez bien vostre amitié neuue,
　　La mienne plus ne varira,
　　Et puis nous verrons à l'espreuue
　　Qui premier s'en repentira.

BERGERIES.

VI.

Bien-heureux le destin qui de moy fut vainqueur,
   Ordonnant que pour vous bassement ie soupire,
   Bien-heureux mes yeux bruns, dont vous tenez
     l'empire,
   A tous autres suiets pleins d'extreme rigueur:
Ma ieune gayeté n'est que morne langueur
   Quand ie suis loin de vous, mon desiré martyre
   C'est vostre seule amour qui m'anime & m'inspire,
   Vous me seruez de sang, d'esprit, d'ame & de cœur.
Dieux, si vous estes Dieux, versez, ie vous en prie
   Tous vos courroux sur moy plustost que ie varie,
   Et me faites souffrir mille morts pour le moins.
Ainsi disoit Florelle, & pour plus d'efficace
   Elle escriuit ces mots tous dessus de la glace,
   Presens les vents marins qui seruoyent de tesmoins.

COMPLAINTE.

Vand ie viens à penser à mon cruel mal-
   heur,
Et au poinct desastré de ma triste naiss-
   sance,
Ie me sens si pressé d'angoisseuses douleur,
Qu'il faut qu'en soupirant mille plaints ie commèce.
Ie sens l'air de regrets, ie despite les cieux
   Tout forcené de rage:
Et les torrens de pleurs, que debordent mes yeux,
   Me noyent le visage.
Desolé que ie suis! à quoy puis-ie aspirer?
   Où faut-il que ie tourne? helas que doy-ie faire,
   Si ie ne cognoy rien qui me face esperer,
   Et si ie ne voy rien qui ne me soit contraire?

Tout obiet me desplaist, toute chose me nuit,
 Le Ciel, l'air, & la terre,
La chaleur & le froid, la lumiere & la nuict
 A l'enui me font guerre.
Si i'ay quelque plaisir, c'est helas seulement
 Quand i'inuoque la mort pour finir ma destresse.
Pour luy faire pitié ie luy dy mon tourment,
 Et le mal importun qui iamais ne me laisse.
Mais i'ay beau raconter ce qui me fait douloir
 A ceste inexorable:
Car helas ie ne puis ie ne puis l'esmouuoir
 A m'estre fauorable:
Lors que ie la requiers de finir mon esmoy,
 Elle ferme l'oreille à ma iuste priere.
Si i'en veux approcher, reculer ie la voy:
 Si ie vais au deuant, elle fuit en arriere,
Et dit que c'est en vain que d'elle ie pretens,
 Secours en mon dommage.
Car les dieux qui ne sont de mes malheurs contens,
 M'en gardent d'auantage.
Ils veulent que ie vine, à fin de faire voir
 Toute l'ire du ciel dans vn homme assemblee,
Et tout ce que l'Enfer dedans soy peut auoir
 Pour tourmenter vne ame, & la rendre troublee.
Car l'eternelle nuict ne conue point d'horreur,
 De tourmens & de flame,
De pleurs, de peurs, de morts, de remors, de fureur,
 Qui ne loge en mon ame.
Ie ne sçay qui ie suis, ie ne me cognoy point,
 Sinon que pour vn homme où tout malheur abonde.
Las! ie me sens reduit à vn si piteux point,

BERGERIES.

Que me faschant de moy ie fasche tout le monde :
Et ce qui plus me trouble, & me fait blasphemer
 Nature & la fortune,
C'est que ie ne sçauroy seulement exprimer
 L'ennuy qui m'importune.
Il faut que ie le couure & l'estouffe au dedans,
 Pour ne le pouuoir pas assez tristement plaindre,
Dont ie viens à sentir mille charbons ardans,
Que larmes & soupirs n'ont puissance d'esteindre :
Seulement ie me plais, me mettant à penser
 Que tel est mon martyre,
Que quand le ciel voudroit plus fort se courroucer
 Ie ne puis auoir pire.
S'il aduient quelquesfois qu'outre ma volonté,
 Du logis où ie suis i'abandonne la porte,
Ie chancelle à tous pas d'vn & d'autre costé,
Tant l'extreme douleur hors de moy me transporte.
Ie ne parle à personne, & chemine incertain,
 Comme il plaist à ma rage :
Si quelcun me rencontre, il me prend tout soudain
 Pour vn mauuais presage.
Bien que ie sois comblé de toute affliction,
Et que mon iuste dueil par le temps ne s'appaise,
Mes amis seulement n'en ont compassion,
Et semble qu'en mon mal tout le monde se plaise :
Mesme aux plus durs assauts de ma calamité
 I'entr'oy comme vn murmure
De ceux qui vont disans que i'ay bien merité
 Le tourment que i'endure.
C'est trop c'est trop languy sans espoir de secours,
 Pour finir ma douleur il faut que ie me tuë,

Ie veux haster la fin de mes malheureux iours,
M'outreperçant le cœur d'vne lame pointuë:
Mais helas! ie ne sçay si par ce doux trespas
  I'auray banni mes peines,
 Et crains de les porter (maudite Ombre) là bas
  Tousiours plus inhumaines.
C'est assez, ma Chanson; il est temps de cesser
Et d'arrester le cours de ton dueil larmoyable:
Mais en m'abandonnant où te puis-ie addresser
S'il ne s'en trouue vn seul tant que moy miserable?
Va donc où tu voudras, & me laisse endurer
  La douleur qui m'affole,
Aussi bien c'est en vain que ie veux esperer
  Que ton chant me console.

COMPLAINTE.

Ie suis las de lasser les hommes & les dieux,
Ie suis las de verser tant de pleurs des mes
  Non pas yeux, mais fontaines: (yeux,
Ie suis las de passer tãt de fascheux destours,
Ie suis las d'appeller la Mort à mon secours,
  Pour la fin de mes peines.
Ces monts, ces prez, ces eaux, ces rochers, & ces bois
Sont lassez de respondre aux accens de ma voix
  Enrouëe & cassee:
Ah cieux trop inhumains, pourquoy donc seulement
La douleur, qui me suit croissant incessamment,
  N'est-elle point lassee?
On voit changer les iours, les mois, & les saisons;
Le soleil se remuë en ses douze maisons,
  Toute chose se change,
Rien n'est dessous le Ciel qui soit ferme & constant
                                              SINON

Sinon l'aspre regret qui me va tourmentant
  D'vne fureur estrange.
Que maudit soit Amour, ses traits & son carquois!
  Que maudit soit le iour que ie suiui ses loix
    Pleines de tromperie!
Iamais Venus la douce aux flancs ne l'a porté,
Il est fils de Cerbere, & ieune il a teté
    Le sang d'vne Furie.
De libre que i'estois il m'a mis en prison,
  Il a chassé bien loin la diuine raison
    Qui conduisoit mon ame:
Il a rendu mes yeux ennemis de mon cœur:
I'estois homme de chair, & or' par sa rigueur
    Ie suis homme de flame.
Ah! Prez où ie prenois tant de contentement,
  Ie sens en vous voyant, dans mon entendement
    Mille nouuelles breches:
Las! vous me souliez plaire, & vous me tourmentez:
Vostre verd m'est obscur, & vos douces beautez
    Me semblent toutes seiches.
O vie heureuse & libre, ô mon plaisir passé,
  Hé pourquoy si soudain m'auez-vous delaissé
    D'vne fuitte inconnuë?
Et vous chefs desolez de ma calamité,
Dites, mes tristes Yeux, où est ma liberté?
    Qu'est-elle deuenuë?
Or' mon pauure troupeau gist maigre & languissant
  Sans boire & sans manger, bellant & gemissant
    Pour l'ennuy que ie porte:
Mon chalumeau n'est plus dans ces bois entendu,
Et mon triste Rebec est demeuré pendu

A ceste branche morte.
Las! ils ne sont pas seuls qui plaignent mon malheur,
Les rochers l'ont pleuré, les oiseaux de douleur
En ont fait mille plaintes :
Pan mesme en a gemi ayant la larme à l'œil,
Et les Nymphes des bois en ont porté le dueil
De grand' pitié contraintes.
Mais qui me fait rentrer en ce dur souuenir,
Qui refraischit ma playe, & sert d'entretenir
Mon rigoureux martyre?
Quoy? mon Cœur, d'endurer n'es-tu donc pas lasse?
Et toy mon triste Esprit, l'ennuy que i'ay passé
Te doit-il pas suffire?

COMPLAINTE

Lieux de moy tant aimez, si doux à ma naissance,
Rochers qui des saisons desdaignez l'inconstance,
Francs de tout changement :
Effroyables deserts, & vous bois solitaires
Pour la derniere fois soyez les secretaires
De mon dueil vehement :
Ie ne suis plus celuy, dont la grace & la veuë
Rendoit ceste contree en tout temps si pourueuë
D'amours & de plaisirs :
Qui donnoit à ces eaux vn si plaisant murmure,
Tant d'émail à ces prez, aux bois tant de verdure,
Aux cœurs tant de desirs.
Ma fortune amiable a tourné son visage,

BERGERIES.

Mon air calme & serain n'est plus rien qu'vn orage
   D'ennuis & de malheurs.
Mes iours les plus luisans sont changez en tenebres,
Et mes chants de victoire en complaintes funebres,
   Mes plaisirs en douleurs.
Quand i'approche de vous, belles fleurs Printanieres,
   Vostre teint se flestrit, les prochaines riuieres
      Cerchent d'autres destours:
Ie fay tarir l'humeur de ces fontaines claires,
Qui craint que de mes yeux les sources mortuaires
   Ne profanent son cours.
Pleust au Ciel, dont les loix me sont si rigoureuses,
   Que ie fusse entre vous, ô grands masses pierreuses,
      Vn rocher endurci.
On dit qu'vne Thebäine y fut iadis changee,
Hé pourquoy ne fait donc mon angoisse enragee
   Que ie le sois aussi?
Helas! ie le suis bien: car se pourroit-il faire,
   Si i'auoy d'vn mortel la nature ordinaire,
      Que ie peusse porter
Si long temps les efforts des ennuis & des peines?
Non, ie suis vn rocher, dont on voit cent fontaines
   Nuict & iour degouter.
I'ay le cœur si comblé d'amertume & d'oppresse,
   Que par contagion ie rens pleins de tristesse
      Ceux qui parlent à moy:
Et qui pense adoucir le regret qui m'entame
Sent en me consolant couler dedans son ame
   La tristesse & l'esmoy.
De tous plaisans discours mon courage s'offense,
   Vn mal tel que le mien estant sans esperance

Cc ij

Est aussi sans confort :
Ce qui sonne plus doux à mes tristes oreilles,
Ce sont cris de hibous, d'importunes corneilles,
Et d'oiseaux de la mort.
La mort est seule propre au dueil qui me possede,
Mon mal est venu d'elle, en elle est mon remede.
O vous pleins d'amitié,
Qui plaignez mes douleurs d'vne main secourable
,, Auancez mon trespas. Meurtrir vn miserable
,, C'est acte de pitié.
Que n'accourt à mes cris quelque beste sauuage,
Qui d'excessiue faim sentant croistre sa rage,
Me deuore les os?
Mourant ie beniroy sa cruauté meurtriere :
Car l'heure de ma fin sera l'heure premiere
De mon plus doux repos.
Nymphes de ces forests mes fideles nourrices,
Tout ainsi qu'en naissant vous me fustes propices,
Ne m'abandonnez pas
Quand i'acheue le cours de ma triste auanture:
Vous fistes mon berceau, faites ma sepulture,
Et pleurez mon trespas.

COMPLAINTE.

Quelle manie est egale à ma rage?
Quel mal se peut à mon mal comparer?
Ie ne sçauroy ny crier ny pleurer,
Pressé du dueil qui grossit mon courage.
Helas i'estouffe, & la fureur soudaine
Me clost l'ouye, & m'aueugle les yeux!

BERGERIES.

Mais ce m'est heur de ne voir plus les cieux,
 Les cieux cruels coupables de ma peine.
Au vase estroit maintenant ie resemble,
 Qui tout plein d'eau goutte à goutte la rend:
 Mon œil aussi larme à larme respand
 Ce qu'en mon cœur de riuieres s'assemble.
Maudit le iour que premier ie vey luire,
 Pour estre esclaue à si forte douleur!
 Le Ciel alors pleuuant tout son malheur
 Versa sur moy ce qu'il auoit de pire.
Astres maudits, qui trop pleins de licence,
 Maux & plaisirs aux humains destinez,
 Puis qu'en naissant de nous vous ordonnez,
 Que naist la faute, ou que sert l'innocence?
Helas de rien! i'en puis seruir de preuue,
 Qui n'ay iamais vn tourment merité:
 Et toutesfois par vostre cruauté
 Plus miserable au monde ne se treuue,
Tout est bandé pour me faire la guerre,
 Par mes amis mille ennuis ie reçoy.
 Que doy-ie faire? Il n'y a point pour moy
 De Dieux au ciel, ny de Fortune en terre.
Dans les Enfers cherchons donc allegeance,
 Parmi l'effroy, les fureurs, & les cris,
 Accompagné des malheureux esprits,
 Qui pour ma peine oubliront leur souffrance.
Hastons la mort, seul but du miserable:
 Mais tout ainsi que mes iours ont esté
 Couuerts d'ennuis, d'horreur, d'obscurité,
 Soit mon trespas horrible & detestable.

CARTELS ET MASQVARADES.

Pour les Cheualiers du Phenix.

AVX DAMES.

Ous le Ciel plus serain vers l'heureuse
contree
D'où part le beau Soleil refaisant son en-
tree,
Et où d'vn feu plus doux ses rais sont allumez,
Naist l'oiseau merueilleux, dont nous sommes nommez,
Miracle de nature, & son plus bel ouurage:
L'or, le pourpre & l'azur s'esclate en son pennage,
Il s'engendre soymesme, & presqu'en vn moment
Se sent viure au berceau qui fut son monument.
Car lors qu'il a passé dix siecles de sa vie,
Et que le cours du temps, dont la force est rauie
L'a rendu plus debile, au Soleil recourant
Et couché sur le haut d'vn Palmier odorant
S'offre heureuse victime à la flamme celeste
Pour renaistre plus beau de sa cendre qui reste.
Auantureux oiseau! de qui l'embrazement
Et la vie & la mort naist du Ciel seulement.

L'Amour qui dans nos cœurs loge & préd nourritu
Oiseau tant renommé tient de ceste nature,
Il ressemble au Phenix, son destin est pareil,
Qu'on les nomme tous deux les oiseaux du Soleil:

Car de deux beaux Soleils vient la flamme immortelle
Qui de sa propre fin nostre amour renouuelle.
Lors que les longs trauaux, le temps ou la rigueur
De sa force premiere ont donté la vigueur.
Donc, ô vous nos Soleils par qui sont retournees
Auec vn seul regard toutes nos destinees,
Qui nous faites mourir & renaistre à l'instant
Consommez dans vn feu dont l'esprit est contant:
Or' que la longue peine en aimant supportee
De nos ieunes desirs a la force mattee,
Et qu'il semble qu'Amour decline en vieillissant,
Chassez la pesanteur qui le rend languissant,
Raieunissez sa vie, ô flambeaux salutaires,
A cest embrazement nous courrons volontaires
Innoquant vos rayons, afin d'estre bruslez,
Et d'vn second trespas nous voir renouuellez,
Trop heureux de penser que la flamme diuine
Qui nous doit consommer ait celeste origine.

POVR VNE MASQVA-
RADE DE FAVNES.

Assemblez-vous, ô Deïtez sacrees
De ces taillis, de ces eaux, de ces prees,
Assemblez-vous en ce lieu gracieux
Pour receuoir trois diuines Princesses,
Trois belles sœurs immortelles Deesses,
Qui vont semant mille amours de leurs yeux.
Dessous leurs pas naissent les fleurs décloses,
Leurs doux regars font espanir les roses,
Ce bois en prend vne viue couleur:

Cc iiij

Chacun des Vents son haleine retire,
Fors seulement le gracieux Zephyre,
Qui de soupirs allege sa chaleur.
Les chauds desirs, la ieunesse agreable,
L'espoir craintif, la constance immuable,
L'heureux repos, les douces cruautez,
Oiseaux legers volent à l'entour d'elles,
Et doucement esuentent de leurs ailes
Les feux cuisans qu'allument leurs beautez.
Amour captif d'vne si belle bande,
De tous les lieux où vainqueur il commande
A retiré ses thresors precieux
Dedans ces trois qui font aux Dieux la guerre:
Aussi durant qu'elles seront en terre
Le paradis ne sera plus aux cieux.
Mon cœur saisi de flammeches nouuelles,
Est si raui de tant de choses belles,
Qu'il a plaisir en son nouueau tourment:
Heureux qui souffre en leur obeïssance,
Puis que le mal est douce recompense,
Et la douleur vaut tout contentement.
Tu as en vain ta clairté retiree,
Soleil ialoux, dans la mer azuree,
Ou tu languis en paresseux seiour:
Car loin de toy les beaux yeux de ces Dames,
Soleils luisans, chauds d'amoureuses flames,
Chassent l'ombrage & nous donnent le iour.

MASQVARADES.
VERS RECITEZ EN VNE MASQVARADE.

Il n'est point d'autre liberté,
Que d'estre serf d'vne beauté.

Nuict, du Ciel la fille aisnee
Guidant tant d'astres nompareils,
Se veit-il onc vne iournee
Luisante en si diuins Soleils?
   Il n'est point, &c.

Qui voit vne troupe si belle
  Sans l'amour le vienne toucher,
Il est fils d'vne ourse cruelle
Ou porte vne ame de rocher.
   Il n'est point, &c.

Que d'amours en leurs beaux visages,
  Qu'en leurs yeux viuent de trespas!
Autrefois de moindres cordages
Ont tiré les Dieux ici bas.
   Il n'est point, &c.

D'vn regard disposer des ames,
  Vaincre & commander en tous lieux,
D'vn glaçon tirer mille flames
C'est le moindre effort de leurs yeux.
   Il n'est point, &c.

Sont-ce pas de douces contraintes
  Que de seruir si dignement?
Iamais nous ne ferons de plaintes
Languissans d'vn si beau tourment.
   Il n'est point d'autre liberté
   Que d'estre serf d'vne beauté.

POVR MONSEIGNEVR LE DVC D'ANJOV.

Ces vers furent recitez en la Comedie de I. A. de Baif.

LORS que le preux Achille estoit entre les Dames
 D'vn habit feminin deguisé finement,
 Sa douceur agreable en cest accoustrement
Allumoit dans les cœurs mille amoureuses flames,
En voyant ses attraits, sa façon naturelle,
 Les beaux lis de son teint, son parler gracieux,
 Les roses de sa iouë, & l'esclair de ses yeux,
On ne l'estimoit pas autre qu'vne pucelle.
Mais bien qu'il surpassast la plus parfaite image,
 Qu'il eust la grace douce & le visage beau,
 Le teint frais & douillet, delicate la peau,
Il cachoit au dedans vn genereux courage:
Dont il remplit depuis mille preuues certaines,
 Faisant sur les Troyens les siens victorieux,
 Et s'acquist tel renom par ses faits glorieux
Qu'il offusqua l'honneur des plus grans Capitaines.
Ainsi ceste beauté qu'on voit en vous reluire
 Vous fait comme celeste à bon droit admirer:
 Amour dedans vos yeux s'est venu retirer,
Et de là sans faillir mille fleches il tire.
Mais bien que vous ayez vne douceur naifue,
 Et que rien de si beau n'apparoisse que vous,
 Que vos yeux soyent rians, vostre visage doux,
Vous auez au dedans vne ame ardente & viue,

MASQVARADES.

Et serez comme Achille au milieu des allarmes,
 Foudroyant les plus forts, tuant & renuersant.
 Et tout ainsi qu'vn ours se fait voye en passant,
Vous passerez par tout par la force des armes.
Heureux en qui le Ciel ces deux tresors assemble,
 Qu'il ait la face belle, & le cœur genereux:
 Vous qui estes guerrier, aimé & amoureux,
Nous faites voir encor Mars & Venus ensemble.

STANSES.
A LA ROYNE.

Pour vn balet de xij. de ses filles.

DOVZE Filles d'Afrique, honneur de leur
 contree,
En qui du plus haut ciel la puissance est
 monstree,
Dont les yeux prennent tout, & ne sont iamais pris,
Auoyent fait vn dessein de passer leur ieunesse
Tousiours en liberté, n'adorans pour maistresse
Que la Chasteté seule, empreinte en leurs esprits.
Filles, si vous voulez (leur dist la voix certaine
 De l'oracle d'Ammon) vostre foy n'estre vaine,
Et qu'vn si beau desir finisse heureusement,
Il faut aller en France où le ciel vous appelle:
Là toutes les Vertus dont la gloire est si belle,
Couurent leur deité d'vn mortel vestement.
La Royne du pays en beautez admirable,
Est la Chasteté mesme, & viue & remarquable
Elle parle en sa bouche, elle luit en ses yeux:
Passez vostre bel aage à si digne seruice,

Et luy bruslez vos cœurs en deuôt sacrifice.
C'est estre en liberté que de seruir les Dieux.
Elles s'acheminoyent au destiné voyage
  Toutes pleines de flamme & d'aise en leur courage.
  Le trauail leur est doux esperant si haut pris,
  Lors que douze Geás, qui n'ont dieux q̃ leurs armes,
  Marchans pour les rauir, comblent leurs yeux de
    larmes,
  De frayeur leur poitrine, & leur bouche de cris.
Tout espoir leur defaut, & toute aide celeste,
  Quand ces petits guerriers, dont la taille & le geste
  Est semblable aux amours, courent à leur support:
  Et bien qu'vn tel secours causast peu d'esperance,
  Leur bras eut tãt d'adresse & leur cœur d'asseurãce,
  Que les monstres cruels furent tous mis à mort.
Depuis par leur conduitte & leur force incroyable
  Elles ont surmonté maint danger effroyable,
  Auant que d'aborder à ce port desiré :
  Mais tant de maux soufferts & de peines passees
  Maintenant à souhait leur sont recompensees,
  Voyans l'astre immortel en leurs vœux adoré.
Royne, honneur de nostre aage & sa gloire premiere,
  Si vostre œil tout diuin est leur seule lumiere,
  Adorans sainctement son pouuoir nompareil,
  Fauorisez le zele & la foy de leurs ames,
  Et pour humble present vous le soleil des Dames,
  Receuez de leurs mains l'image du Soleil.

MASQVARADES.

CARTEL.

L'HOMME est bien malheureux qui pen-
se en bien aimant
Recevoir à la fin quelque contentement,
Et se voir satisfait au prix de son service.
Car si l'Amour est Dieu, c'est vn Dieu d'iniustice.
Vn enfant, vn aueugle, vn tyran inhumain,
Qui porte au lieu de sceptre vn flambeau dans la main,
Dont il brusle les cœurs de flammes eternelles,
Et tourmente plus fort ceux qui sont plus fideles.
   De ce mechant Amour iniuste & rigoureux
Quatre amans estrangers, courtois & genereux
Ont fait (à leur malheur!) beaucoup d'experiences,
Et tiré des rigueurs pour toutes recompenses,
Apres auoir long temps fidellement aimé,
Nourrissans dans le cœur vn brasier allumé:
Apres auoir passé les plus cruels allarmes,
Et de sang & de pleurs souuent baigné leurs armes:
Apres auoir souffert, serui, pleuré prié,
Et n'auoir leur esprit qu'en vn lieu dedié,
Lors qu'ils pensoyent cueillir le doux fruit de leurs peines
Ont receu pour tout bien des esperances vaines,
Des propos incertains, des refus, des rigueurs,
Qui leur font supporter mille extremes langueurs,
Et mourir malheureux en cruelle souffrance,
Pitoyable loyer de leur obeissance.
   Or bien que ces guerriers si durement traitez,
Peussent estre à bon droit contre Amour despitez,
Et blasphemer ses traicts, son pouuoir & sa flame:
Chacun d'eux en mourant honore tant sa Dame,

Qu'il inuoque son nom au milieu du tourment,
Et reçoit son trespas comme vn doux payement.
Voire & sont eschauffez, d'ames si genereuses,
Qu'ils veulent maintenir leurs douleurs amoureuses,
Passer toutes douceurs, & qu'ils sont plus heureux
Que les plus iouïssans & contans amoureux.
   Or donc si quelque Amant cheri de sa Maistresse
A desir d'essayer au combat leur addresse,
Au hazard de sa vie il la peut esprouuer
S'il veut tout aussi tost en armes se trouuer:
Soit pour courre vne bague, & pour donner carriere,
Ou rompre à camp ouuert vne lance guerriere,
Donner six coups d'espee, & soudain faire voir
Au combat de la pique vn amoureux deuoir.
Car ils s'asseurent tant en leur iuste querelle
Qu'ils esperent l'honneur d'entreprise si belle.

CARTEL.

Sur la mort d'Amour.

LE dueil que nous portons aux habits & aux ames
  N'est pour nos parens morts, nos amis, ou nos femmes,
Plus iuste occasion noircist nos vestemens:
C'est pour la mort d'Amour iadis tant redoutable,
Que la race mortelle, ingratte & miserable
Par force a fait mourir entre mille tourmens.
Luy qui fut vn Démon nompareil en puissance
  Apres auoir long temps fait au mal resistance
   (Les Démons de tout poinct immortels ne sont pas)

MASQVARADES.

En fin a veu sa vie esteinte & consumée
Non d'vn coup de pistole au milieu d'vne armée.
La feinte & l'inconstance ont causé son trespas.
Tout ainsi comme vn corps fort & sain de nature
S'alterant à la longue en sa temperature,
Se voit de maux divers l'vn sur l'autre assaillir:
Or s'il se plaint d'vn bras, or d'vne autre partie,
Tant qu'il sente d'vn coup sa puissance amortie,
Et luy faille à la fin tout entier defaillir.
Ainsi de ce Démon la deité cognue,
Ayant tant de saisons sa vigueur maintenue,
Tousiours plein de ieunesse, entier, pur, saint, & beau
A la fin peu à peu dans luy se sont glissees
Les infidelitez, les legeres pensees,
La feinte & les mespris qui l'ont mis au tombeau.
Nous trois fusmes presens à ce piteux office,
Detestans la fureur de l'humaine malice,
Mere des changemens qui le faisoyent perir:
Nous l'eussions bien voulu racheter de nous mesmes,
Mais nos cris furẽt vains, nostre aide & nos blasphe-
Tout remede en ce temps ne l'eust peu secourir. (mes:
Or comme cet Amour fut mis en sepulture,
Vn volage Desir de mauuaise nature,
Double, fardé, trompeur, pariure & mensonger,
Se fist son successeur par meschantes cautelles:
Mais du deffunct Amour il n'a rien que les aisles,
Pour voler en tous lieux comme oiseau passager.
C'est luy qui maintenant du nom d'Amour s'honore,
Qui commande en sa place, & que le peuple adore:
C'est le prince & le dieu des amans de ce temps,
C'est luy qui verse aux cœurs tãt de durables flámes,

Et qui rend auiourd'huy si constantes les femmes
Que les flots & les vens sont beaucoup plus constas.
L'autre estoit de deux cœurs vne vnion parfaite,
Que l'oublieuse mort n'eust sçeu rendre desfaite,
L'Oubly sur cestuy ci d'heure en heure est vainqueur
L'autre à vn but sans plus addressoit son attente,
Quelle amour maintenant d'vn obiect est contente?
Selon le temps qui court c'est n'auoir point de cœur.
Aussi pour tant de biens comblans l'humaine vie,
Tant d'estroittes faueurs dont l'ame estoit rauie,
De desirs mutuels, de doux languissemens,
Ce ne sont auiourd'huy que trompeuses caresses,
Feins regards, feints souspirs, peu certaines promesses,
Pensers dissimulez, mespris & changemens.
Plus d'amour veritable en la terre n'habite,
Il n'y a plus d'amant qui ce beau nom merite,
Tel tiltre à l'aduenir ne doit estre permis:
Car puis que leur desir à toute heure varie,
Et que leur dernier but n'est rien que tromperie,
Il faut au lieu d'amans les nommer ennemis.
Or c'est ce qui nous fait en main les armes prendre,
Pour maintenir à tous ce qu'auons fait entendre,
Qu'il n'y a plus d'amour ny de vrais amoureux,
Afin que telle erreur n'abuse plus les Dames,
Et qu'on s'aille mocquant des glaçons & des flames,
De tant d'esprits legers à credit langoureux.
Donc si quelcun de ceux qui se donnent la gloire
D'aimer parfaitement, & qui le font accroire,
Demeure en son erreur follement endurci,
Qu'il s'auance au combat plein du dieu qui le donte
A fin qu'vn de nous trois face voir à sa honte
Qu'Amour est mort du tout & les Amans aussi.

POVR LA MASQVARADE DES CHEVALIERS FIDELLES.

Stanses recitees par vn des Flamines.

Foy grand deïté iadis tant reuerée
Des innocentes mœurs de la saison dorée,
Mais dont rien que le nom en ce temps n'est
    cognus:
Fille de Iupiter, & sa ministre sainte,
Qui ioins la terre au ciel d'vne aimable contrainte,
Et par qui ce grand Tout en deuoir est tenu:
    Fauorise, & conduis, ô Deesse immortelle
    Ceste troupe guerriere amoureuse & fidelle.
Ce sont neuf Cheualiers deuots à ton seruice,
Qu'vn depit genereux de l'humaine malice
D'vn des coings de la terre a conduits en ces lieux:
Amour est le suiect de leur iuste querelle:
Ils ne sçauroyent souffrir que l'audace mortelle
Le conduise en triomphe à la honte des Dieux.
    Aide vn si beau dessein, fortune leur prouësse,
    Et deliure vn grãd Dieu toy plus grande Deesse.

La Foy.

Allez mes Cheualiers, marchez à la bonne heure,
Ie vous suiuray par tout : ma plus chere demeure
Sera dedans vos cœurs pleins de ma deïté:
Pour auoir constamment gardé la foy promise,
Ie vous ay reseruez à si haute entreprise,
Ornant de ce laurier vostre fidelité.

Le Chœur de tous les Flamines.

Dames qui par vos yeux rompez tous les ombrages,
Changeant la nuict en iour, esclairez leurs courages,
Et de vos doux regars animez leur valeur.
Rien ne leur donne crainte ayant reste assistance,
Sinon peu leur vaudra leur fidelle constance:
Si vous n'en faites cas la Foy n'est que malheur.

Pour la masquarade des Visions.
La Nuict.

Hors de mon humide seiour
Ennemy du bruit & du iour
Ie sors des Dieux la plus aisnee,
Auec mes Astres argentez,
Pour voir vos diuines beautez.
Honorant vn saint Hymenee.

Paisible en mon char ie conduis
Le Sommeil charmeur des ennuis,
Le repos & l'oubly des peines:
A fin qu'en tout contentement
Vous puissiez passer doucement
De ce soir les heures soudaines.

L'Aurore.

Fille du Chaos solitaire,
En ce lieu que penses-tu faire
Auec ces larueux appareils?
Si Phebus d'vn regard te chasse,
Comment pourras-tu trouuer place
Parmi tant de plus beaux Soleils?
Mere des soucis & des craintes
Fuy d'ici, remmene tes feintes,

MASQVARADES.

t tous ces fantosmes défais:
etourne en tes demeures sombres,
ans plus receler sous tes ombres
‘honneur des Cheualiers parfaits.

Pour des Cheualiers portant des testes d'Hydra.

L'HYDRE D'AMOVR.

Quoy se peuuent mieux nos desirs com-
  parer,
Et les tourmens diuers qu'on nous fait en-
  durer
Qu'au serpet merueilleux dont Lerne estoit couuerte,
Qui plus estoit blessé plus ses forces croissoyent?
Car pour vn chef coupé sept autres luy naissoyent,
Trouuant vie en sa playe, & profit en sa perte.
Par sentence des cieux Amour cruel serpent
Nourri dedans nos cœurs s'y traine & va rampant:
Pour vn chef qu'on luy tranche on en voit sept re-
  naistre,
Traictemens rigoureux, trauail, peine & langueur
Au lieu de l'affoiblir maintiennent sa vigueur:
Ce qui deust le tuer le conserue en son estre.
Plus fertile qu'vn Hydre il produit des tourmens,
Des fureurs, des regrets, des soucis vehemens,
Et non point sept à sept, ains sans nôbre & sans côte:
Si l'espoir fauorable en a tranché quelcun,
Mille & mille à l'instant en renaissent pour vn,
Il n'y a ny rigueur, ny douceur qui les donte.
Quel secourable Hercule à nostre aide arriuant
Pourra faire mourir vn serpent si viuant,

Et de l'Hydre d'Amour deliurera nos ames?
Las! pour nostre secours peu vaudra son effort
Puis qu'auecques du feu l'Hydre fut mis à mort,
Quand le nostre au côtraire est nourri dans les flames.

Autre masquarade.

CEs deux enfans de Mars, dont la gloire indontee
Aux deserts plus cachez, par le fer s'est plantee,
La terreur des Leuant, en tous lieux redoutez,
Du butin qu'ils ont fait courans toute la terre
Viennent payer ces vœux, non au Dieu de la guerre
Mais à vos yeux vainqueurs, Deesses des beautez.
Ce sont six prisonniers grands d'honneurs & de race,
Qui de tout l'Vniuers faisoyent trembler l'audace,
Auant que la Fortune eust soubmis leur valeur:
Beaux, courtois, & discrets, en l'Auril de leur aage,
De qui les accidens n'ont flechi le courage,
Mais sont moins abbatus plus il ont de malheur.
Acceptez ce present d'vn œil doux & propice,
Retenant les captifs pour vous faire seruice,
Ou pour les immoler à vostre cruauté:
Ils sont tous resolus d'endurer vostre empire,
Et, quoy qu'il en arriue, vn seul d'eux ne desire
Que si belle prison se change en liberté.
Que pour eux la rigueur loin de vous soit bannie:
Aux Ours & aux Lions propre est la felonnie,
Mais non aux Deitez qui dominent sur nous.
,, Vne beauté cruelle est vn monstre en nature.
,, La fierté des Lions se lit en leur figure,
,, Où le visage est beau le cœur doit estre doux.

MASQVARADES.
STANSES DE LA CHASSE.
AVX DAMES.

I.

Nous sommes six chasseurs de la belle Cypris,
Nourris en ses forests de Paphos & d'Eryce,
Entre les ieux mignars : où nous auons appris
De Nature & d'Amour ce plaisant exercice,
Qui par diuers sentiers, & par lieux incognus
En chassant iour & nuict, sommes ici venus
Bien fournis de courtaux, de limiers & de toiles,
Pour chasser aux forests des ieunes Damoiselles.

II.

On dit que leurs taillis sont assez frequentez,
Et que tout ce terroir est fort propre à la chasse,
Les piqueurs seulement ne sont pas bien montez,
Leurs courtaux & leurs chiens sont de mauuaise race:
Ils n'ont iamais appris comme l'on doit chasser,
Faire enceinte és deuants, rembuscher, & lancer,
Requester, redresser, mettre bien sa brisee:
Mais souuent redresser c'est chose malaisee.

III.

Ce n'est pas peu de cas de chasser comme il faut,
A la perfection mainte chose est requise:
Les piqueurs bien rusez souuent sont en defaut,
Et sans plus redresser laissent leur entreprise,
Pour estre bon chasseur, il faut premierement
Estre ferme & bien roide, & piquer viuement,
Garder l'ordre & le temps, & l'art, & la mesure,

IIII.

Il faut vn bon limier, penible & pourfuiuant,
Néruenx, le rable gros, & la narine ouuerte,
Qui roidiſſe la queuë & s'allonge en auant
Si toſt qu'il ſent la beſte, ou qu'il l'a deſcouuerte:
Et lors c'eſt le plaiſir quand vn Veneur parfaict
Le ſçait tenir de court, ou lay laſcher le traict,
L'arreſter, l'eſchauffer comme il ha cognoiſſance
Ou que la beſte ruſe, ou bien qu'elle s'auance.

V.

Tous endroits pour courir ne ſont pas approuuez,
Et chacune foreſt n'eſt duiſante à la chaſſe:
Les champs mareſcageux, qui ſont trop abbreuuez,
Bien ſouuent à nos chiens ont fait perdre la trace.
Les lieux d'autre coſté raboteux & pierreux
Sont faſcheux à piquer, & ſont fort dangereux,
Qui veut que ſans danger le plaiſir l'accompagne,
Il n'eſt que de chaſſer en la plaine campagne.

VI.

Ces couſtaux verdiſſans en gazons releuez,
Qui commencent encor à pouſſer vn herbage,
Des Chaſſeurs bien experts les meilleurs ſont trouuez,
Mais ils veulent des chiens qui ſoyent de grand courage,
Vn chien foible de reins ſe rompt ſoudainement,
On a beau forhuer & ſonner hautement;
Quand il a fait vn cours, ſa force diminuë,
Et ſans plus requeſter il va branlant la queuë.

VII.

Nos chiens ne ſont pas tels, mais touſiours vigoureux,
Eſchauffez du plaiſir vont ſupportant la peine:
Ils ne craignent l'Hiuer, ny l'Eſté chaloureux,

MASQVARADES.

Va cri les rescousit, & les met en haleine,
Et sans estre en defaut, legers comme le vent,
Tousiours bien aueutez le droict ils vont suiuant:
Et n'y a lieu si fort, ne si serré boccage
Qu'ils n'y mettent la teste, & n'y treuuent passage.

VIII.

Quel plaisir pensez-vous qu'vn chasseur doit auoir
Poursuiuant finement vne beste rusee,
Qui tournoye en son fort pensant le deceuoir,
Ou qui donne le change & fait sa reposee:
Quand apres grand trauail il la voit commencer
A se feindre le corps & sa teste baisser,
Chanceler coup sur coup, à la fin renuersee
Tomber à sa mercy toute molle & lassee?

IX.

Dames, qui par vos yeux amoureusement doux
Rendez comme il vous plaist vne ame assuiettie,
Sans perdre ainsi le temps, chassez auecques nous,
Et la chasse en commun vous sera departie:
Prestez-nous seulement vos bois & vos forests,
Nous fournirons de chiens, de courtaux, & de rets,
Et bien que sur nous seuls la peine soit remise,
Vous aurez le plaisir, & le fruict de la prise.

POVR LA MASQVARADE DES
CHEVALIERS AGITEZ.

Plainte en forme d'Echo.

OV suis-ie? ô miserable! où m'a ietté l'orage?
Est-ce plaine, est-ce mont, est-ce bois, ou
 riuage
Qui benin me reçoit, & me va secourant,

Des naufrages d'Amour le piteux demourant?
Malheureuse ma vie à souffrir condamnee!
Quel destin me poursuit d'vne haine obstinee?
Le ciel veut-il nommer vne mer de mon nom,
Où si c'est le courroux de quelque autre Iunon? Non.
Nõ, Dieux! qui me respõd? quel bruit me fait la guerre
Quoy n'auray-ie repos sur l'eau ny sur la terre?
  Mais ô fille de l'Air, Echo, n'est-ce point toy
Qui viens à ce besoin consoler mon esmay? Moy.
Narcisse à tes langueurs puisse estre secourable,
Belle & gentile Nymphe aux amans fauorable.
Dy moy que ie dois estre en si grand desconfort? Fort.
Quel remede est plus propre au trauail que i'endure?
  Dure.
Hé! n'ay-ie pas duré fidelement seruant?
Qu'ay-ie en fin recueilly si long temps poursuiuãt? Vẽt.
Dĩc que doy-ie plus faire en ce malheur extréme? Eme.
Helas! i'aime si fort que ie m'en hay moy-mesme:
Mais ie n'auance rien: les destins trop constans
Contre ma loyauté sont tousiours combatans. Atans.
Et bien, i'attendray donc, sans que tant de trauerses
De flots, de vents, d'escueils & d'iniures diuerses,
Dont foible & sans secours ie me trouue assailly
Puissent rendre vn seul iour mon courage failly,
Non que l'espoir m'allege au mal que ie supporte,
,, L'esprit n'est pas constant que l'espoir reconforte,
,, Mais celuy seulement qui sans rien esperer
,, Peut d'vn cœur inuaincu toute chose endurer.

EPITA-

EPITAPHES.

DE TIMOLEON DE COSSE' COMTE DE BRISSAC.

Mort contente toy, ton char est honoré
D'vne riche despouille, & de trop belles armes:
Tu peux bien t'assouuir si tu te pais de larmes,
Car onc homme ne fut si iustement pleuré.
Mars ne doit desormais se tenir asseuré,
Ains redouter craintif, & fuir les allarmes,
Voyant deuant ses yeux entre mille gens-d'armes
Le ieune Mars Gaulois palle & defiguré.
Mais las! que sçay-ie moy si Mars esmeu d'enuie,
A point forcé la Mort à le priuer de vie?
O Mars, s'il est ainsi, tu t'es bien abusé!
Car s'il a remporté tant d'honneur sur la terre,
Or' qu'il est immortel il sera plus prisé,
Et sera reueré comme Dieu de la guerre.

De luy-mesme.

Brissac estoit sans peur, ieune, vaillant & fort,
Il est mort toutesfois: Passant ne t'en estonne.
Car Mars le Dieu guerrier pour monstrer son effort,
Se prend aux plus vaillans, & aux lasches pardonne.

De DIANE DE COSSE´ Comtesse de Mansfeld.

Qvand le Soleil nous laisse, & que tout radieux
Il va luire à son tour parmi l'autre hemisphere,
Tout se couure d'ombrage, & ce qui souloit plaire
Prend vn visage triste, & se fait ennuyeux.
Ainsi, chaste DIANE, en quittant ces bas lieux,
Pour faire luire au ciel ta flamme ardante & claire,
Quel nuage de pleurs, quel horreur solitaire,
Quelle ombre & quelle nuit laisses-tu sur nos yeux?
Helas! ton occident d'autant plus nous ennuye
Qu'il vient deuant le soir, & que ta belle vie
Presque dés le matin nous couure sa clairté.
Mais que dy-ie? ah ie fauls, tant l'ennuy me transporte!
Ta vertu luist tousiours, la Mort n'est assez forte
Pour faire que son iour nous soit iamais osté.

De Madame la Mareschalle DE BRISSAC.

De palme & de lauriers tout autour soit planté
Ce sacré monument: car le corps qu'il enserre
En viuant triompha dés vices de la terre,
Et l'orna de vertus, d'honneurs & de bonté.
BRISSAC fut son espoux, ce guerrier indomté,
Qui fut des ennemis la foudre & le tonnerre:
BRISSAC fut son enfant, cest astre de la guerre,
Qui trop tost des François retira sa clairté.
Tant que des faits Gaulois durera la memoire,
De ces preux cheualiers sera viue la gloire.
Elle donc mere & femme à deux si grands guerriers,

EPITAPHES.

Qui sema de lauriers & de palmes la France,
Doit auoir son tombeau pour digne recompanse;
Au lieu de belles fleurs tout semé de lauriers.

DE SEBASTIEN DE LVXEM-BOVRG Duc de Martigues.

Celuy que la mort mesme en viuant redoutoit
Lors qu'il ouuroit les flancs de la mutine armee,
Et qui chaud d'vn beau sang & de gloire animee,
Sans crainte de la Mort aux dangers se iettoit:
Ceste fatale Sœur qui tousiours l'aguettoit
D'enuieuse fureur & d'ire enuenimee,
Se meslant dans l'estain d'vne balle enflammee,
Perça son front vainqueur où la Gloire habitoit.
Puis se resiouissant d'vn si piteux ouurage:
Voy (ce dit-elle alors) que te sert ton courage,
Et comme les plus forts sont subiets à ma loy.
Tu t'abuses (dit-il) ô Mort pleine d'enuie:
Car ie laisse vn renom qui n'a point peur de toy,
Et vay reuiure au ciel d'vne immortelle vie.

Du sieur de SILLAC.

C'Est en vain desormais que la mere Nature
Trauaille à faire voir des ouurages parfaits,
Puis qu'ils sont par la mort si promptement defaits,
Et que le plus parfait est celuy qui moins dure.
Peintres mal-auisez, qui par vostre peinture
Faites la mort sans yeux, reformez vos pourtraits:
Tousiours au plus beau but elle addresse ses traits,
Et n'en tire iamais vn seul à l'auanture.

Dd ij

Elle a choisi SILLAC entre mille soldars,
SILLAC choisi d'Amour, d'Apollon & de Mars,
Et d'vn coup de trois Dieux l'attente elle a rauie.
Mais las! elle est sans yeux: car s'elle eust veu les pleurs
Qu'ont respandu sur luy les beaux yeux de ses sœurs,
Elle eust esté contrainte à luy rendre la vie.

De CLAVDE DE BASTARNAY
sieur d'Anton.

Iuste posterité qui liras la vaillance
De tant de grans guerriers à iamais glorieux,
Qui par le fer vainqueur se sont ouuerts les cieux,
Achetant de leur sang le repos de la France:
Honore incessamment l'heureuse souuenance
Du vaillant Bastarnay digne race des Dieux,
Qui dés le doux printemps de ses ans gracieux
S'offrit pour son pays d'vne belle asseurance.
Pour le recompenser de sa fidelité
Les Dieux benins luy ont le corps mortel osté,
Luy donnant dans le Ciel vne gloire immortelle.
Car il luit maintenant en astre transformé,
Et sera bien-heureux à bon droict estimé,
Qui naistra desormais sous planette si belle.

A la France.

DV sommeil qui te clost les yeux & la pensée,
Sus reueille toy, France, en ceste extremité:
Voy le Ciel contre toy par toymesme irrité,
Et regarde en pitié comme tu t'es blessee.

C'est assez, contre toy ta vengence exercee,
　C'est assez, en ton sang ton bras ensanglanté:
　Et quand ton cœur felon n'en seroit contenté,
Pourtant de t'affoller tu dois estre lassee.
Toy qui fus autrefois l'effroy de l'estranger,
　Or' tu es sa risee, & soumise au danger,
　Tandis que dessus toy tu t'acharnes cruelle,
Qu'il sorte pour domter ton cœur envenimé,
　Et face comme on voit vn grand loup affamé,
　Qui de tout vn troupeau separe la querelle.

De GILLES BOVRDIN Procureur general du Roy.

Bourdin eut vn esprit veillant incessamment,
　Et vn corps endormi chargé d'aage & de graisse.
L'esprit prompt se plaignoit du corps tousiours dormāt:
Le corps lourd, de l'esprit qui n'auoit point de cesse.
Le Ciel pour appaiser ces estranges discords,
　A fait venir la Mort ce pendant qu'il sommeille,
Qui d'vn somme eternel a fait dormir son corps,
Afin que son esprit plus à son aise veille.

De BREVET, Eunuque & Chantre excellent.

A M. Nicolas Secretaire du Roy.

Dans ce tumbeau tout parfumé de roses,
　D'vn Amphion les cendres sont encloses,
Qui tout diuin les rochers esmouuoit,

Dd iij

Qui de sa voix leur inspiroit des ames,
Qui comme Orphée estoit hay des femmes,
Et mieux que luy les trauaux deceuoit.
Peut estre (Amy) ta voix melodieuse
Dans ce tumbeau soupire vne chanson
Pour NICOLAS : mais la terre enuieuse,
De tes fredons nous dérobe le son.

De la Barbiche de Madame de VILLEROY.

CEste Chienne au vif contrefaite
Estoit de beauté si parfaite
Qu'on ne veit onc rien de si beau :
Le poil blanc dont elle fut riche
L'honora du nom de Barbiche,
Nom qui n'est point clos du tumbeau.
Car vne sçauante Deesse
Qui fut ici bas sa maistresse,
Luy fait part de sa deité,
Et par mille vers memorables,
Et mille pourtraits honorables
La sacre à l'immortalité.
Apres qu'elle eut passé sa vie
De mille delices suiuie,
Bien aimant, bien aimee aussi,
Baisant le beau sein de sa dame
Doucement elle rendit l'ame.
Qui ne voudroit mourir ainsi ?

EPITAPHES.

Orſi le ciel qui tout embraſſe,
 Comme iadis, aux chiens fait place,
 Il ne faut douter nullement
 Que ceſte Barbiche ſi belle
 Bien toſt d'vne clairté nouuelle
Ne flambe au haut du firmament.

De IEAN DES IARDINS, Medecin du Roy, qui mourut ſubitement.

APres auoir ſauué par mon art ſecourable
 Tant de corps languiſſans que la Mort menaçoit,
 Et chaſſé la rigueur du mal qui les preſſoit,
 Gaignant còme Eſculape vn nom touſiours durable:
Ceſte fatale Sœur, cruelle, inexorable
 Voyant que mon pouuoir le ſien amoindriſſoit,
 Vn iour que le courroux contre moy la pouſſoit,
 Finit quant & mes iours mon labeur profitable.
Paſſant, moy qui pouuois les autres ſecourir,
 Ne dy point qu'au beſoin ie ne me peu guarir:
 Car la Mort, qui doutoit l'effort de ma ſcience,
Ainſi que ie prenois ſobrement mon repas,
 Me print en trahiſon, ſain & ſans desfiance,
 Ne me donnant loiſir de penſer au trespas.

De Damoiſelle IEANNE de LOYNES, pour M. SOREAV ſon mary.

HElas Ciel inhumain, & toy dur Monument,
 Vous auez entre vous partagé ma richeſſe!
 L'vn a raui l'eſprit de ma chere Maiſtreſſe,

L'antre enserré son corps qui luy sert d'ornement.
Desolé que ie suis! pour tout allegement
  Mes yeux noircis de pleurs en ces deux parts ie dresse:
  Or' ie les leue au ciel, & or' ie les abbaisse
Vers ce lieu qui retient mon seul contentement.
Las! si mes iustes cris se peuuent faire entendre,
  Puis que mon cher thresor vous ne voulez me rendre,
  Ciel, & tumbeau de grace octroyez moy ce bien.
Ciel rauis mon esprit comme cil de Madame,
  Assemble-les ensemble: & toy, cruelle lame,
  Sers de tumbe à mon corps comme tu fais au sien.

De Madame MARGVERITE Duchesse de Sauoye.

TV nous veux perdre, ô Dieu plein de vengence,
Tu nous veux perdre, & ton cœur despité,
  Comme vn torrent respand sa cruauté
  Noyant du tout nostre foible esperance.
Il ne restoit rien d'entier de la France,
  De pur, de sainct, d'vne antique bonté,
  Que MARGVERITE humaine deité,
Et ta rigueur couure ceste influence.
Que ferons-nous, ô chetifs, desormais?
  L'appuy des bons, le recours & la paix
  Reuolle au ciel, sa premiere origine.
Ton cœur (ô Dieu) deuoit estre assouui
  Du sang Gaulois, du Roy si tost raui,
  Sans arracher ceste plante diuine.

EPITAPHES.

Sur les Cœurs de Messieurs les Cardinaulx de Lorraine & de Guise.

Pour Madame de S. Pierre leur sœur.

Deux cœurs sacrez à Dieu sõt clos sous ceste pierre
Deux des plus grans prelats que l'Europe ait cõ-
Leur sœur pour tout thresor se les est retenus, (nus:
Qui quant & ces cœurs morts le sien viuant enserre.
Quel desert si caché, quel recoing de la terre
 N'est plein de leurs combats pour la foy soustenus?
 En quel lieu leurs trauaux ne sont ils paruenus,
 Leur constance, leur zele, & leur fidelle guerre?
En vain de vostre temps, Athletes glorieux,
 Qui pour prix Olympique auez acquis les cieux,
 Tant de monstres cruels l'Eglise ont combatue:
Honorant vostre tumbe on doit peindre en ce lieu
 La foy, la verité, l'ardente amour de Dieu,
 Et grondant sous vos pieds l'heresie abatue.

Sur la mort de LOYS DV GAST maistre de Camp de la Garde du Roy.

NE semez point des fleurs sur la tumbe sacree
 Du valeureux le GAST, viue flamme de Mars,
 Mais des marques de guerre, escus, lances & dards:
Autre ornement funebre à sa cendre n'agree.
Qu'on n'entende à l'entour les accens miserables
 Des Nymphes, des Pasteurs, des Amours lamentans:
 Mais que la forte voix des meilleurs combatans
Celebre son obseque & ses faits memorables.
Iamais le Ciel ne meit plus d'addresse & de grace,
 Ny de force en vn corps ny cœur plus asseuré:
 Et s'il ne l'eust si tost d'entre nous retiré

Dd v

La France auroit son Mars aussi bien que la Thrace
Dés sa premiere enfance en vertus accomplie
Ayant d'vn beau desir le courage embrasé,
Il s'estoit comme vn but en l'esprit proposé
Que pour aimer la gloire il faut hair la vie,
En cent & cent combats, dont France est trop fertile,
Soustenant de son Roy le fidele parti,
Cent fois les plus vaillans son effort ont senti,
Et l'estimoyent des siens le rempart & l'Achille.
En fin demeuré sauf des guerres plus cruelles,
Durant qu'en temps de paix il se va moins gardant,
Vn soir on le massacre, & tombe en respandant
Plus d'höneur que de sang de vingt playes mortelles.
O rigoureux destins dont France est combatue!
Mars au discord commun luy rauit ses enfans,
Puis ceux qu'on voit rester vainqueurs & triöphäs,
Au giron de la Paix laschement ou les tue.

De luy-mesme.

LE Gast qui sous Brissac nourriture auoit prise,
Et qui seul imita ses desseins genereux,
Est le cœur grand & beau l'esprit auantureux,
Pour luy dès plus haut ciel basse estoit l'entreprise.
En ce temps traistre & feint il vescut sans feintise,
N'estima les plus grands, mais les plus valeureux:
D'argent il fit ionchee: & ne fut desireux
Pour tout bien que de gloire ouuertement acquise.
Il aida ses amis, ses ennemis chassa,
Et tous ses compagnons en faueurs surpassa,
Fut fidelle à son maistre, & gaigna son courage,
En fin la nuict, au lict, foyble & mal disposé
Se voit meurtri de ceux qui n'eussent pas osé
En plein iour seulement regarder son visage.

DE REMY BELLEAV.

O Qu'vn grand reliquaire est clos en peu d'espace!
  Viateur, prens y garde, en ce lieu si serré
  Auec vn seul BELLEAV tu peux voir enterré
Phebus, Amour, Mercure, & la plus chere Grace.
I'auois creu iusqu'ici que la celeste race
  S'exemptoit du passage aux mortels preparé,
  Mais ie voy par sa fin le contraire aueré,
Voyant mourir en luy tout le chœur de Parnasse.
Iamais plus rare esprit d'vn corps ne fut vestu,
  Ce n'estoit que douceur, que sçauoir, que vertu,
  Dont mainte grand' lumiere en terre estoit rendue.
Maintenant d'vn cercueil tous ces biens sont enclos.
  Non, ie faux : le Tombeau n'enserre que les os,
  Et par tout l'vniuers sa gloire est espandue.

Sur la mort de IAQVES de LEVY sieur de Quelus.

Q VELVS que la Nature auoit fait pour plaisir,
  Côme vne œuure accôplie, admirable & diuine,
  Portoit Amour aux yeux, & Mars en la poitrine,
Rien d'egal entre nous ne se pouuoit choisir.
Le voyant on brusloit d'enuie ou de desir,
  Il fut de grand courage, & d'antique origine,
  Ayant l'ame inuincible aux vertus toute encline,
Que la soif d'amasser n'eust sceu iamais saisir.
En fin croyant trop fort son cœur & sa ieunesse
  Vn combat sans pitié de trois à trois se dresse,
  Où comme ils moustrêt tous maint valeureux effort,
L'vn des siens est tué : deux du parti contraire.
  Luy blessé peut guarir, mais il ne le veut faire.
  Ayant honte de viure apres son ami mort.

De luy-mesme.

QVe lus auoit du Ciel les beautez plus parfaites,
  Il n'estoit point humain, l'œil, le geste & le port
  L'accusoyēt pour vn Dieu: croyōs pas qu'il est mort,
  Que les deitez mesme au trespas sont subiettes.
La fin de Sarpedon, de Memnon & d'Achille
  Iamais au cœur des Dieux n'esmeut tāt de douleurs,
  Phœbus sur Hyacinthe espandit moins de pleurs,
  Et l'ennuy de son fils luy sembla plus facile.
Au bruit de son trespas soudain Venus la belle
  Eschauffa tout le ciel de souspirs infinis,
  Renouuellant l'obseque & le duëil d'Adonis,
  Et pour mourir sur luy se souhaitta mortelle.
Diane aux noms diuers, qui les forests habite,
  Encor que la pitié peu la puisse esmouuoir,
  Brisa son arc d'angoisse, estimant de reuoir
  Le beau corps tout sanglāt du trop chaste Hippolyte.
Les Graces sans confort rompans leurs blondes tresses
  Ensemoyent son tombeau, qui de lis blanchissoit,
  La Ieunesse affligee à l'entour gemissoit,
  L'honneur, la Courtoisie, & mille autres Deesses,
Et bref les Deitez furent toutes contraintes
  En ce triste accident de monstrer leur ennuy:
  La Beauté seulement ne fcit lors point de plaintes,
  Car elle print naissance & mourut quand & luy.

Sur la mort du ieune Maugiron.

AMOVR ayant là haut quelque malice faite
Courrouça Iupiter, & fut bãni des cieux:
Luy qui cherche en la terre vn beau lieu pour retraite,
Comme il voit Maugiron vient loger en ses yeux.
Là plus chauds que les siens des brandons il aduise
Et des traits acerez d'vn plus aigre souci,
Dequoy fier & contant tout l'Olympe il mesprise,
Et veut forcer les Dieux à luy crier merci.
Mais deuant se iouant des feux dont il abonde
Dés qu'il en tire aux cœurs vn essay seulement,
On croit que Phaëthon vient rebruler le monde,
Fors que chacun se plaist en cest embrazement.
Iupiter qui voit tout, son malheur considere
S'il ne romps les desseins de l'enfant Cyprien,
Ie sçauray, ce dit-il, plein d'ardente colere,
Qui sera le plus fort de ces feux ou du mien.
D'entre tous les esclairs, le tonnerre & l'orage
Choisissant vn long traict de trois pointes ramé,
L'eslance à Maugiron, qui plein d'ardant courage
Marchoit lors à l'assaut pour son Roy tant aimé.
Ceste diuine foudre ainsi roide iettee
Long temps contre l'esclair de ses yeux combatit,
Tous deux estoyent du Ciel: en fin elle est domtee,
Mais deuant de ses yeux le gauche elle amortit.
Apres ce grand combat Amour croist en audace,
Car il recognoist bien dés qu'il s'est asseuré
Qu'il n'a pas moins d'attraits, ny de force et de grace,
Et que tousiours son coup droit aux cœurs est tiré.

J'asseure vn fait certain, bien que tel il ne semble,
  Depuis il fut plus beau, plus clair, plus redouté:
  Car le feu de ses yeux s'vnit lors tout ensemble
  Et perça tous les cœurs de plus viue clairté.
Le grand Iupiter mesme en eut l'ame rauie,
  Mais pour punir Amour à regret & forcé
  Enioint à Lachesis de luy trencher la vie.
,, Vn Dieu sans se venger n'endure estre offensé.
Ceste fatale Sœur qui iamais ne repose,
  Et n'aime que le sang, la tristesse & l'ennuy,
  Comme pour son ami courageux il s'expose,
  L'estēd mort dessus l'herbe & l'Amour quāt & luy.
Plusieurs ont soustenu que là Mort rigoureuse
  Pour plaire à Iupiter n'auança son trespas,
  Mais que de ses beautez, elle estoit amoureuse,
  Et voulant en iouir le rauit d'ici bas.

De luy mesme.

Quel nouueau Diomede alteré de mon sang,
  T'a meurtri cher enfant? disoit Venus la belle.
  O celeste impuissance! ô cruauté nouuelle!
  Qu'vn Dieu mesme en ce tēps desmortels ne soit frāc!
Lauant de pleurs son corps, d'où sortoit vn estang
  De couleur Tyrienne, à sa tresse est cruelle,
  Et par maint chaud soupir de puissance iinmortelle
  S'efforce à r'animer ce marbre froid & blanc.
Ce n'est pas Cupidon, c'est Maugiron, Deesse,
  Luy dist quelcun tout bas pour l'oster de tristesse:
  Mais elle iette alors des cris plus enflammez,
Et sent de sa douleur, la poison plus amere.
... Car ainsi que d'Amour de l'autre elle estoit mere,
,, Et les derniers enfans sont tousiours mieux aimez.

Sur la mort de Madamoiselle de ROSTAIN.

LA clairté du Soleil deuint palle & desfaite
Sur le point que Rostain d'entre nous disparut.
Rostain? non, mais le iour que la Beauté mourut.
Car Rostain fut le nom de la Beauté parfaite.
Elle seruit en terre aux Graces de retraite:
Amour sous son adueu toute France courut,
Qui la veit, l'adora. Clothon qui la ferut
Ne fust qu'elle est aueugle, eust esté sa suiette.
Rostain, autrefois l'aise, or' le dueil de nos yeux,
Clair flambeau d'ici bas, luisant Soleil des Cieux,
Les destins aux amans ta lumiere ont voilee,
A fin que leurs esprits trop en terre arrestez,
Recogneussent le Ciel pour seiour des beautez,
Te voyans si soudain dans le Ciel reuolee.

DE CLAVDE DE L'AVBESPINE Secretaire des Commandemens.

TOut ce que la Nature & le Ciel fauorable
Pouuoyent pour rendre vn homme heureux par-
faitement,
L'AVBESPINE l'auoit, L'AVBESPINE or-
nement
De ce siecle maudit ingrat & miserable,
Estoit grand & beau, dispos, ieune, amiable,
Riche en biens, aux honneurs auancé iustement.
Pur, sans ambition, qui marchoit droitement,
Tres-fidelle à son Prince, & aux bons secourable.

Le Ciel qui l'auoit fait craignant de l'offenser,
Ici bas longuement ne l'a voulu laisser
Dans vn pays de sang, de meurtres & de guerre:
Mais amoureux de luy, comme vn pere tresdoux,
En l'auril de sa vie il l'a cueilli de terre,
Et en a fait vn Dieu qui aura soin de nous.

De luy-mesme.

SI les Dieux par pitié se fussent peu flechir,
Ils n'eussent de ce corps si tost l'ame enleuee:
Mais ils ne pouuoyent pas de l'esprit s'enrichir,
Sans que la pauure terre en demeurast priuee.

De luy-mesme.

L'AVBESPINE mourant aux beaux iours de sõ aage,
Et le bandeau fatal couurant ses yeux esteints,
La France en souspiroit, l'air resonnoit de plaints,
Et la mort despitoit son malheureux ouurage.
Comme il est arriué iusqu'au dernier passage,
L'esprit sain departant de ses membres mal-sains,
Ioyeux il leue au Ciel & la veuë & les mains,
Et fit ouir ces mots auec vn doux langage:
Seigneur tu me prens ieune, & ie meurs nonobstant
Sans regretter le monde heureusement contant,
Veu tes longues erreurs & l'abus qu'il enserre:
Louange à ta bonté qui prent de moy souci,
Donnant cesse à ma peine. Et finissant ainsi,
Rendit son ame au Ciel & son corps à la Terre.

Autour de mon esprit, qui iamais ne repose
Iour & nuict vont errant effroyables tombeaux,
Conuois, habits de dueil, mortuaires flambeaux,
La porte de mes sens ne reçoit autre chose.

Helas! que le Destin iniustement dispose
　Des ouurages mortels plus parfaits & plus beaux,
　Tuant les Rossignols il laisse les Corbeaux,
　Espargnant les buissons il moissonne la rose.
Entre tant de milliers, son coup malicieux
　A bien sçeu remarquer ce chef-d'œuure des Cieux,
　Et rauir tout l'honneur de ce monde où nous sommes.
Ce qu'est l'herbe à la terre, à l'herbage les fleurs,
　L'or aux autres metaux, la blancheur aux couleurs,
　Cher amy, tu l'estois à la race des hommes.

Du Latin de M. DE PIMPONT.

O Le plus doux souci iadis de ma pensee,
Maintenant le regret dont elle est si pressee,
Qui sans moy, trop cruel, es party de ce lieu,
Damon, ie te saluë, & si te dis adieu:
Ie t'espan de mes yeux ces offrandes funebres,
Mes yeux ores couuerts d'eternelles tenebres.
Ie t'offre ces cheueux sur ta tombe semez,
Presens de toy, mon cœur, autrefois tant aimez.
　Voy cōme vn double amour vn double autel te dresse,
Voy de quels desespoirs i'entretien ma tristesse,
Et que la cendre helas! qui reste icy de toy,
Sente en beuuant mes pleurs, mon office & ma foy.
Nostre amour plein de feu passe aux nuicts eternelles,
Il trauerse le Styx en ramant de ses ailes,
Par tout il t'accompagne & te veut ramener,
Mais en vain: car iamais tu n'en peux retourner.
　Au moins donne toy garde, ô seul bien de ma vie,
Que des eaux de Lethés ne prennes quelque enuie:
Retien de nos desirs la memoire à iamais,
Ainsi que saintement du cœur ie te promés

Que la course des ans, la mort, l'onde & la flame
N'effaceront iamais ton portraict de mon ame.

Pourquoy contre mon gré ce corps est-il si fort
　Que ma iuste douleur ne le puisse desfaire?
　Qui retient tant mon ame en ce lieu de misere
Sans renoler au ciel où gist tout son confort?
Las! tout ainsi qu'Amour auec vn seul effort
　Trauersa nos deux cœurs & n'en fit qu'vn vlcere,
　Pourquoy le Ciel ialoux, enuieux & contraire
N'a-til fini nos iours par vne seule mort?
La femme d'Amphion, instement affligee
　Par son dueil excessif en rocher fut changee,
　Qui ses enfans meurtris semble encore pleurer.
Que ie serois heureuse ayant telle aduenture!
　Car ie pourrois seruir d'aimable sepulture
　A celuy dont la mort ne me peut separer.

O Bië heureux Esprits nouueaux Anges des cieux,
　Le seul ardent desir de mon cœur miserable,
　Dont la memoire sainte est en moy si durable
Que tousiours ie vous porte en l'esprit & aux yeux.
Si de la vraye amour rien n'est victorieux,
　Et que nostre amitié n'en eust onc de semblable,
　Tournez vers moy la veuë & douce & fauorable,
Et ne m'abandonnez sans guide en ces bas lieux.
Voyez moy tout en pleurs sur vostre sepulture
　Qui plains, non vostre mal, mais ma triste anature,
　Laissé seul icy bas de miseres rempli:
N'endurez plus long temps mon ame estre captiue,
　Mais impetrez du Ciel que bien tost ie vous suiue,
　Puis que mon heur sans vous ne peut estre accompli.

EPITAPHES.

Our faire vne guirlande à son chef blondissant
La soigneuse pucelle, à qui le cœur soupire
Du plaisant mal d'Amour, cueille au mois de Zephyre
La rose apres l'œillet, puis le lis blanchissant.
Ainsi la prompte main du monarque puissant,
Qui de tout l'Vniuers a borné son Empire
Pour couronner son chef trois lumieres retire,
Qui rendoyent nostre siecle heureux & florissant.
France, qui tousiours folle est sanglante & couuerte
Du massacre des siens, ne feit onc tant de perte,
Ny le Ciel tant de gain qu'au iour de leur trespas:
Le Soleil n'a depuis rien veu qui leur ressemble,
C'estoyët trois ieunes Mars, & trois Amours ensëble,
Qui sous l'habit mortel conuersoyent icy bas.

Daphnis gisoit au lict mortellement attaint,
Daphnis l'heur de nostre aage & sa gloire premiere:
Son œil iadis si clair defailloit de lumiere,
Comme vn ray du Soleil, qui la nuict se destaint.
Amour sur son cheuet se tourmente & se plaint
Nommãt les Cieux cruels, & la Parque meurtriere,
Que ceste mort, dit-il, soit mon heure derniere
Puis que ie pers les yeux qui m'ont rendu si craint.
Les amis de Daphnis aux regrets s'abandonnent,
L'air se fend à leurs cris, les hauts Cieux en resonët,
Seul ie ne pleure point, ô chetif que ie suis!
Si c'est que la douleur tout en rocher m'enserre,
Niobe ainsi que moy fut bien changee en pierre,
Et ne laisse pourtant de pleurer ses ennuis.

De l'annee M. D. LXX.

Ie te doy bien haïr, malencontreuse Annee,
 Qui m'as durant ton cours tant de maux fait auoir
 Et tant d'ennuis diuers sur mon chef fait pleuuoir,
 Que i'en laisse ma vie au dueil abandonnee.
Le iour que commença ta course infortunee
 Ie fu remis captif sous l'amoureux pouuoir,
 Où i'eu mille douleurs pour cacher mon vouloir,
 Et receler ma playe au cœur enracinee.
I'auois vn seul amy, sage, heureux & parfait,
 La mort en son printemps sans pitié l'a desfait,
 Comblant mes yeux de pleurs & mon ame de rage.
Depuis ie fu six mois dans vn lict languissant,
 Et or' pour m'acheuer, quand tu vas finissant,
 Ie trouue que Madame a changé de courage.

Aux Ombres de C. de L'AVBESPINE Secretaire des Commandemens.

Pensant à toy i'ay fini cest ouurage,
 Cher L'AVBESPINE, heureux ange des cieux,
 Et ce penser tiroit de mes deux yeux
 Des pleurs amers roulans sur mon visage.
Tandis la fiéure enuenimoit sa rage
 Au suc mortel de mon dueil ennuyeux,
 Pour tourmenter d'vn bras plus furieux
 Mes sens troublez & faillis de courage.
Depuis six mois que tu partis d'icy,
 Hoste d'vn lict ie languy sans mercy,
 Criant sans cesse à Dieu qu'il me deliure:
Non qu'il octroye à mon corps guarison,
 Mais que l'esprit franc de ceste prison,
 Oyseau leger au ciel te puisse suiure.

Regrets funebres sur la mort de Diane.

I.

Entre les dons du Ciel qui sont de plus haut pris,
Il n'est rien de si cher qu'vne amour ferme et sainte,
Aucun bien n'est parfait sans ceste douce estrainte,
Qui de chaisnes d'Aymant vnit les beaux esprits.
Deux corps par sa vertu d'vn vouloir sont compris,
Ils ont mesme desir, mesme espoir, mesme crainte,
Tousiours d'vn mesme trait leur poitrine est atteinte
Et rien que rueille l'vn de l'autre n'est repris.
Mais en tant de douceurs & d'agreables flames,
S'il aduient que la mort rompe vne de ces trames,
Quels desespoirs pareils & quels gemissements?
Est-il nuict infernale en horreur plus feconde?
Dieux vous deuez, du tout oster l'amour du monde,
Ou trencher d'vn seul coup la vie aux vrais amāts.

II.

Vn Soleil clair de flamme apparut à nos yeux,
Par qui des vrais amours la force estoit connuë,
Tousiours clair, tousiours beau, sās eclipse et sās nuë,
Qui passoit en splendeur l'autre Soleil des Cieux.
Las! faut-il que l'enuie ait place entre les Dieux?
Phebus voyant sa gloire estre moins reconnuë
Esmeut la Mort cruelle à son secours venuë,
Qui couurit d'vn bādeau ses beaux traits radieux.
Comme quand l'Arondelle a perdu sa nichee,
Elle crie, elle vole amerement touchee,
Ne peut laisser son nid, y fait maint & maint tour,
Ainsi le pauure Amour gemit, soupire & pleure,
Sans partir du tombeau vole & reuole autour,
Ayant perdu les yeux où il fit sa demeure.

III.

O peu durables fleurs de la beauté mortelle!
  Vne seconde Aurore, vn Soleil de ce temps,
  Vne ieune Deesse helas! en son Printemps
Sent l'iniuste rigueur de la Parque cruelle.
Mais elle n'est pas morte, Amour la renouuelle
  En mille & mille esprits des amans plus constans,
  Qui des yeux & du cœur maintes larmes sortans
S'arrachent les cheueux & sanglottent sur elle.
Quand le bandeau fatal ses beautez nous voila,
  Amour rompant son arc d'entre nous s'enuola
  Laissant ceste prouince en discorde & en guerre.
Le Ciel comme lon dit, la voulut retirer,
  Pour apprendre aux mortels trop prompts à s'esgarer
  Que la beauté parfaite est ailleurs qu'en la terre.

IIII.

Ce cœur qui t'aima tant, & qui fut tant aimé
  De toy, chere Phyllis, sera ta sepulture,
  Le plus riche thresor du Ciel & de Nature
Dans vn moindre tombeau ne doit estre enfermé.
Mon œil par ton trespas en ruisseau transformé,
  Ne voit plus d'autre obiect que ta douce peinture,
  Helas pourquoy du Ciel n'ay-ie egale auanture
Au Sculpteur qui rendit son ouurage animé?
Si le chaud & l'humeur sont causes de la vie,
  I'espere encor vn iour l'effect de mon enuie
  Par tant d'eaux & de feu que ie pousse dehors:
Mes yeux versent l'humeur, mon estomach la flame,
  Et puis pour t'inspirer il ne faut que mon ame,
  Nous n'en n'eusmes iamais qu'vne seule en deux
    corps.

EPITHAPHES.

V.

Comme on veit parmy l'air vn esclair radieux
   Glisser subitement, & se perdre en la nuë,
   Ceste ame heureuse & saincte aux mortelz incõnuë
Coula d'vn ieune corps pour s'envoller aux Cieux.
Mon penser la suiuit au defaut de mes yeux
   Iusqu'aux voûtes du Ciel tout clair de sa venuë,
   Et voit qu'en tant de gloire où elle est retenuë
Elle ha dueil que ie sois encore en ces bas lieux.
Mais tu n'y seras guere ô Deesse, à m'attendre,
   Car ie n'estoy resté que pour cueillir ta cendre,
   Et ta memoire sainte orner comme ie doy:
Maintenant que i'ay fait ce deuoir pitoyable,
   Las de pleurer, de viure, & d'estre miserable,
   I'abandonne la terre & vole aupres de toy.

VI.

Vante toy maintenant, outrageuse deesse,
   D'auoir fait tout l'effort de ta plus grand' rigueur,
   Priuant Amour de traits, d'allaigresse mon cœur,
La terre d'ornement, de gloire & de richesse.
On ne sçait plus que c'est de vertu ny d'adresse,
   L'honneur triste languit sans force & sans vigueur,
   Bref de cent deitez ton bras s'est fait vainqueur,
Morte gist la beauté, la grace & la ieunesse:
L'air, la terre & les eaux cest outrage ont pleuré,
   Le monde en la perdant sans lustre est demeuré,
   Côme vn pré sans couleurs, vn bois sans robe verte:
Tandis qu'il en iouit il ne la cognent pas,
   Moy seul ie la cognen qui la pleure icy bas,
   Cependant que le Ciel s'enrichît de ma perte.

VII.

Auec vn si beau nœu l'Amour m'auoit contraint,
  Qu'encor qu'il soit rôpu i'en sês tousiours l'estrainte,
  Il m'auoit embrasé d'vne flamme si sainte,
  Que quand elle defaut ma chaleur ne s'esteint.
Iamais plus, ô mon Cœur, tu ne seras atteint,
  Ie me suis despouillé d'esperance & de crainte,
  Contre vn aueugle enfant ie ne fay plus de plainte,
  La Mort & non l'Amour a fait pallir mon teint.
La Constance & la Foy de moy tant reueree
  Plus ferme que iamais au cœur m'est demeuree,
  Qui destourne bien loin toute autre passion.
Que la Mort donc se vante ayant frappé Madame,
  Qu'elle a tranché d'vn coup dans vne seule trame
  La beauté de ce monde & mon affection.

VIII.

Tout le iour mes deux yeux sont de pleurs degoutans,
  Puis quand la Nuict paisible au repos nous appelle,
  Ma douleur s'enuenime & deuient si rebelle,
  Que du tout ie me lasche aux regrets esclatans.
En si piteux estat ie despense mon temps,
  Me paissant de mon cœur qui sans fin renouuelle,
  Depuis que des hauts Cieux l'ordonnance cruelle
  Des saisons de ma vie arracha le Printemps.
Tel amas de tristesse en mon ame s'assemble
  Que ie n'y puis penser que d'horreur ie ne tremble,
  M'estonnant que mon cœur du fardeau n'est domté.
Ah despiteuse mort! ah rigoureuse vie!
  L'vne a presque en naissant mon attente rauie,
  L'autre icy me retient contre ma volonté.

Puis

EPITAPHES.

IX.

Puis-ie bien tant souffrir mon ame estre captiue
   Pouuant rompre d'vn coup sa caduque prison?
   Fiere loy des destins, iniuste & sans raison
De vouloir que par force vn homme en terre viue!
Quel espoir desormais faut-il plus que ie suiue?
   I'ay veu seicher mes fleurs en leur prime saison,
   Le doux miel de mes iours se changer en poison,
   Ma nef faire naufrage estant pres de la riue.
O Mort mon seul recours qui t'esloignes de moy,
   Las! si ie suis mortel & suiet à ta loy,
   Ne m'espargne donc plus & me mets de ton nombre.
La Mort contrerespond: I'en ay fait mon deuoir,
   Mais sur les corps mortels seulement i'ay pouuoir,
   Et ce qui fut ton corps n'est plus maintenant qu'ombre.

COMPLAINTE.

Contre le temps ma douleur se rend forte,
Et quand son cours toutes choses emporte,
   Elle y resiste, & prend ferme racine
   Au lieu plus vif de ma triste poitrine.
Loing tout confort: au dueil qui me possede,
   Conseil, raison, esperance & remede
   Comme ennemis mon esprit vous reiette,
   Car son angoisse à vos loix n'est suiette.
De mes amis qu'vn seul ne s'auanture
   A me parler fors d'vne sepulture,
   De sang, de mort, d'ombres noires & feintes,
   D'effroy, de cris, de soupirs & de plaintes.

Toute lumiere est horrible à ma veuë,
  Rien ne me plaist que l'ennuy qui me tuë:
  La nuict m'est iour, mon repos c'est ma peine,
  Que i'aime mieux plus elle est inhumaine.
O pauure corps, iusqu'à quelle iournee
  Retiendras-tu mon ame emprisonnee
  En tant de fers, la gardant qu'elle volle
  Apres son bien dont l'espoir me console?
La seule mort a causé ma tristesse,
  La seule mort y pourra mettre cesse,
  Ne m'empeschant plus longuement de suiure
  Cest autre moy, pour qui i'aimois à viure.
Toute douceur de mon ame est bannie,
  Ie me consomme en langueur infinie,
  Le ciel me fasche, & rien ne me peut plaire
  Que de mon mal la memoire ordinaire.
Fier accident que sans fin i'imagine:
  Las qui l'eust creust qu'vne grace diuine,
  Vn port celeste, vne beauté parfaite
  Si promptement par la mort fust defaite?
Mais c'est l'erreur des œuures de Nature:
  Iamais le beau guere en terre ne dure,
  Le Ciel ialoux aussi tost l'en retire,
  Afin qu'en haut nos pensers il attire.
L'humaine vie à bon droit se compare
  Aux vaines fleurs dont le Printemps se pare,
  Au froid d'Esté, au fueillage d'Automne,
  Et au Soleil quand l'Hiuer il rayonne.
Ta gloire, Amour, de tout point est tombee,
  La fiere Mort t'a trousse a desrobee,
  Rompu tes traits dont ma playe est sortie,

EPITAPHES.

   Brisé ton arc, & ta flamme amortie.
Ne vante plus ta puissance indomtee,
   Toute victoire à ce coup t'est ostee:
   C'est maintenant qu'aueugle on te peut dire
   Ayant perdu l'astre de ton empire.
O triste Auril, à grand tort on t'appelle
   Du plaisant nom d'Aphrodite la belle
   Mere d'Amour, par qui tout prend naissance,
   Puis qu'en mon cœur tu meurtris l'esperance.
Las que me sert ta saison tant aimee,
   Qui le Printemps est des autres nommee,
   Si pour serain ou pour chaleur qu'il face
   Ie ne sens rien que nuages & glace?
Champs, prez & bois prennent tous couleur verte,
   Seul par le noir ie tesmoigne ma perte,
   Et n'ay pour fleurs en mon ame emassees
   Que souci double & fascheuses pensees.
Donc que l'an change en saisons differentes,
   Ie seray ferme & mes plaintes constantes:
   Et quand le ciel sera plus clair de flame,
   Toûjours le dueil obscurcira mon ame.

FIN.

TABLE DES POESIES
contenuës en ce Volume.

SONNETS.

AH' mon Dieu ie me meurs!	396
Aimons-nous, ma Deesse	117
A la beauté du Ciel	241
A mon terrestre Ciel	207
Amour a mis mon cœur	34
Amour, à qui i'ay fait	184
Amour, brûle mon cœur	32
Amour, choisis mon cœur	214
Amour de sa main propre	87
Amour en mesme instant	169
Amour, vn oiseau vollant	6
Amour peut à son gré	249
Amour quand fûs-tu né?	21
Amour qui vois mon cœur	150
Amour sçeut vne fois	148
Amour si i'ay souffert	100
Amour, s'il t'en souuient	267
Amour, trie & choisi	78
A pas lents & tardifs	190
A peine vn doux Printemps	259
Arreste vn peu, mon cœur	79
Aspre & sauuage cœur	390

TABLE.

Auec vn si beau nœud	658
Au nid des Aquilons	216
Auoir pour toute guide	189
Au saint siege d'Amour	91
Autour de mon esprit	650
Autour des corps	199
Aux plus rudes assaux	140
Ayant brulé d'Amour	10
Ayant trois ans entiers	199
Beaux nœuds crespes & blons	132
Beaux yeux, par qui l'Amour	272
Belle & cruelle main	131
Belle & guerriere main	97
Bien-heureux le destin	607
Bien que le mal d'Amour	196
Bien que l'onde pesante	245
Bien que ma patience	204
Bien qu'vne fiéure ardente	195
Bien souuent Hippolyte	ibid.
Ce bras qui m'a tiré	246
Ce cœur qui t'aima tant	656
Ce iour vn pauure amant	185
Celle à qui mes escrits	111
Celle qui de mon mal	210
Celle à qui i'ay sacré	21
Celuy que l'Amour range	19
Celuy qui n'a point veu	151
Ce mignon si fraizé	542
Ce Miroir bien-heureux	576
Ce n'est assez	192
Cent & cent fois le iour	122

Ee iij

TABLE.

Cent fois tout courroucé	270
Car la faueur	262
Ces discours enchanteurs	540
Ces eaux qui sans cesser	26
Ces froideurs, ces desdains	245
Ces pleurs tirez du cœur	262
Cesse, ô maudite main	208
Cesse, ô trop foible esprit	150
Ceste belle ennemie	240
Ceste fontaine est froide	585
Ceste fureur d'Amour	549
Ceste humeur qui m'aueugle	127
Cest habit trop heureux	242
Cest œil du firmament	233
C'estoit vn iour d'esté	514
Ceux que trop d'auarice	242
Ceux qui liront ces vers	549
Chacun iour mon esprit	131
Chacun nous est contraire	283
Chassez de vostre cœur	98
Chaste sœur d'Apollon	139
Chercher depuis trois iours	271
Chere & chaste Deesse	279
Cheueux, present fatal	116
Comme on voit au Printemps	579
Comme on voit parmi l'air	657
Comme quand il aduient qu'vne place	209
Comme quand il aduient	209
Comme vn chien que son maistre	535
Comme vn pauure malade	34
Daphnis gisoit au lict	653

TABLE.

De ces yeux rigoureux	255
Demain, i'espere voir	256
Depuis deux ans entiers	201
Depuis que sous vos loix	94
De quels couteaux	215
Dés le iour que mon ame	3
De tout poinct maintenant	548
Deux clairs Soleils	179
Deux que le trait d'Amour	513
Dieu des hommes perdus	128
Dieu qui fais de mon cœur	149
Dieux que de tourbillons	505
Doncques sera-til vray	22
Douce fin de mes vœux	240
D'où vient qu'vne beauté	116
Dressez moy sans cesser	128
Du bel œil de Diane	5
D'vne douleur poignante	231
Durant les grans chaleurs	6
Durant que ie vous chante	237
Durant qu'vn feu cruel	186
Du sommeil qui te closst	638
Echo, nymphe iadis	258
Elle pleuroit	16
Eloignant vos beautez	13
Encore aucunefois	95
En fin l'Amour cruel	261
En moy seul la douleur	278
En pire estat	115
Entre les dons du Ciel	655
Espoir faux & trompeur	280

Ee iiij

TABLE.

Espouuantable Nuict	108
Est-il vray qu'autrefois	548
Fort Sommeil de quatre ans	544
Franc du triste seruage	537
Frisez vos blons cheueux	537
Grand Iupiter	168
Helas chassez	29
Helas de plus en plus	27
Helas que veux ie faire?	257
Hé ne suffit-il pas	85
Hé que n'est-il permis	512
Heureux anneau	27
I'accompare Madame	35
Iamais au grand iamais	136
Iamais d'vn si grand coup	120
Iamais fidelle Amant	111
I'attens en transissant	283
I'auoy creu que l'espoir	252
I'auoy fait mille efforts	543
I'ay couru, i'ay tourné	143
I'ay dit à mon Desir	230
I'ay fait de mes deux yeux	119
I'ay languy malheureux	165
I'ay long temps voyagé	31
I'ay par long temps	35
I'ay tant souffert d'ennuis	130
I'ay tant suiui l'Amour	36
Icare est cheut ici	145
Ie connoy par essay	545
Ie croy que tout mon lict	191
Ie la doy bien haïr	526

TABLE.

Ie l'aimay par deſſein	544
Ie l'aime bien	534
Ie le confeſſe, Amour	18
Ie me laiſſe bruler	4
Ie m'eſtoy dans le temple	124
Ie me trauaille aſſez	24
Ie me veux rendre Hermite	84
Ie n'ay plus dans le cœur	514
Ie ne me plains	17
Ie ne puis par mes pleurs	279
Ie ne puis pour mon mal	148
Ie ne ſuis point ialoux	97
Ie ne veux deſormais	575
Ie ne veux plus aimer	534
Ie ne veux plus penſer	515
Ie pars, non point de vous	254
Ie porte plus au cœur	259
Ie recherche à toute heure	28
Ie reſſemble en aimant	188
Ie ſçay qu'ell'ont des yeux	86
Ie ſens fleurir	152
J'eſtoy dans vne ſale	202
J'eſtoy ſans cognoiſſance	126
Ie ſuis chargé d'vn mal	11
Ie ſuis repris	32
Ie te l'auois bien dit	29
Ie vay contant les iours	216
Ie verray par les ans	270
Ie veux iurer ces vers	217
Ie vous donne vne mort	577
Ie vous offre ces vers	1

TABLE.

Ie voy mille clairtez	244
Ie voyois foudroyer	526
I'excufe le mari	119
Il faudra bien	542
Iunon royne des Dieux	105
La beauté de noſtre aage	263
La Foy, qui pour ſon temple	135
La garniſon d'ennuis	258
La Mort qui porte enuie	192
Langue muette	214
L'arc de vos bruns ſourcils	154
Las ! ie ne verray plus	114
Las ie ſçay bien	5
Las ! on dit que l'eſpoir	33
L'aſpre fureur	9
Las que me ſert de voir	14
Las que me ſert quand	15
Las que puis-ie auoir	167
Las qui languit iamais	10
Las temperez vn peu	276
Las trop ininſte Amour	80
L'eau tombant en lieu bas	197
Le Ciel qui mieux que moy	578
Le iour malencontreux	277
Le iour que ie fu né	4
Le labeur glorieux	577
Le penſer qui m'enchante	2
Le rayon d'vn bel œil	250
Le robuſte animal	130
Les celeſtes beautez	235
Les combats renommez	244

TABLE.

Le Sculpteur excellent	237
Le serain de mes iours	271
Les sanglots continus	76
Les premiers iours qu'Amour	26
Le temps leger s'enfuit	245
Le tyran des Hebreux	212
Liberté precieuse	533
Loin du nouueau Soleil	186
Lors que le trait	15
Lycaste & Philemon	592
Ma belle & chere mort	273
Ma bouche à haute voix	167
Madame, Amour, Fortune	85
Madame, apres la mort	33
Malheureux fut le iour	25
Malheureux que ie suis!	87
Ma nef passe au destroit	36
Marchans qui recherchez	18
Mari ialoux	118
Ma vie à vn enfer	110
Mer, qui quelquefois calme	282
Mes yeux accoustumez	215
Mettez moy sur la mer	168
Miserables trauaux	281
Mon cœur qui iusqu'ici	513
Mon Dieu, mon Dieu	16
Mon Dieu que de beautez	153
Myrtis, Corinne	578
Ne dites plus, Amans	113
Non, ie ne me plains pas	538
Non non, ie veux mourir	507

TABLE.

Non non, n'estimez point	522
Nuict mere des soucis	277
Ny les dédains	9
O beaux cheueux chatains	580
O beaux Yeux inhumains	169
O bien-heureux esprits	652
O champs cruels volleurs	191
O doux venin mortel	188
O Foy, qui dans mon ame	278
O iournee inconstante	235
O lict s'il est ainsi	3
O miserables Yeux	252
O mon Cœur plein d'ennuis	185
O mon petit Liuret	80
O Mort, tu pers ton temps	125
On lisoit en ses yeux	257
On ne voit rien	7
On verra defaillir	138
O peu durables fleurs	656
Or' que bien loin de vous	23
Or' que mon beau Soleil	13
O sagesse ignorante	283
O songe heureux & doux	24
O souspirs bien-aimez	510
O vers que i'ay chantez	141
Où sont ces chastes feux	281
Parmi ses blons cheueux	230
Par vos graces, Madame	20
Pauure cœur desolé	280
Pendant que mon esprit	139
Plus i'ay de cognoissance	232

TABLE.

Pour alleger	250
Pource que ie vous aime	250
Pour estre absent	14
Pour faire vne guirlande	653
Pour me recompenser	20
Pourquoy contre mon gré	652
Pourquoy ne l'aimeroy-ie	236
Pourquoy si folement	154
Pourquoy si plein d'orgueil	151
Pour tant d'ennuis diuers	202
Prince, à qui les destins	535
Priué des doux regards	81
Puis donc qu'elle a changé	541
Puis-ie bien tant souffrir	659
Puis-ie pas à bon droit	22
Puis que ie ne fay rien	31
Puis que mon plus bel aage	96
Puis que par ton secours	77
Puis que pour mon malheur	105
Puis que tous les malheurs	269
Puis que vous le voulez	147
Puis qu'il vous plaist Madame	129
Puis qu'on veut que l'image	37
Puissent tousiours durer	268
Quand du doux fruict d'Amour	511
Quand i'admire estonné	137
Quand i'approche de vous	25
Quand ie li tout raui	586
Quand ie pense aux douleurs	523
Quand ie portois le ioug	543
Quand ie pouuois me plaindre	146

TABLE.

Quand ie suis tout le iour	147
Quand ie vous voy si belle	249
Quand ie voy flamboyer	209
Quand la fiere beauté	28
Quant l'ardente ieunesse	246
Quand le soleil doré	179
Quand l'ombrageuse nuict	212
Quand nous aurons passé	125
Quand premier Hippolyte	187
Quãd quelq̃ fois ie pẽse à ma premiere vie	164
Qu'auancé-ie en l'aimant	260
Que d'agreables feux	273
Que ie hay l'inconstance	137
Que ie suis redeuable	213
Quel ciel noirci de pluye	255
Quel destin fauorable	585
Quel martyre assez fort	284
Quel supplice infernal	127
Que maudits soyent mes yeux	124
Que me sert d'aimer tant	512
Que ne suis ie endormi	267
Que trop d'amour me seiche	95
Qui fait plainte d'Amour	170
Qu'il souffre incessamment	229
Qui veut fermer l'entree	243
Qui voit vos yeux diuins	232
Qu'on m'arrache le cœur	121
Qu'on ne me prenne pas	276
Quoy que face le Ciel	565
Quoy que vous en pensiez	133
Qu'vne secrette ardeur	153

TABLE.

Rauy de mon penser	213
Recherche qui voudra	584
Rendez-vous plus cruels	211
Se fascher des propos	275
Se peut-il trouuer peine	527
Si c'est aimer	17
Si ce n'est qu'amitié	527
Si ceste grand' beauté	187
Si doucement	203
Si l'aime autre que vous	138
Si l'aime iamais plus	30
Si ie me fiés à l'ombre	79
Si ie puis desloger	282
Si la foy plus certaine	8
Si la fureur d'Amour	203
Si la loy des Amours	284
Si l'amour de ma foy	140
Si la pitié	30
Si la vierge Erigone	260
Si le mari ialoux	84
Si le pasteur de Troye	211
Si les pleurs que i'espans	201
S'il est vray que le Ciel	11
S'il n'y a rien si froid	198
Si l'outrageuse loy	285
Simulacres diuins	247
Si par vostre beauté	233
Si tost qu'au plus matin	19
Si trop en vous seruant	234
Si vostre esprit diuin	251
Si vous m'aimez, Madame	98

TABLE.

Si vous voulez.	91
Six iours? ah Dieu c'est trop	528
Solitaire & pensif	23
Sommeil, paisible fils	210
Souci chaud & glacé	208
Sur le tombeau sacré	135
Tant d'amour, tant de foy	119
Tant d'outrageux propos	189
Tourne mon Cœur	200
Tout le iour mes deux yeux	658
Trois fois les Xanthiens	234
Tu t'abuses, Decour	575
Vallon ce Dieu tyran	8
Vante toy maintenant	657
Venus cherche son fils	146
Vers, engeance maudite	269
Vn iour l'aueugle Amour	7
Vn Soleil clair de flamme	655
Vn yuoire viuant	236
Voicy du gay printemps	2
Vostre bouche ô Deesse	120
Vostre cœur s'est changé	112
Vouloir ambitieux	204
Vous l'auiez inuenté	113
Vous le voulez	96
Vous me cachez vos yeux	164
Vous m'auez tant appris	275
Vous n'estes point mes yeux	198
Vous n'aimez rien que vous	230
Vous qui fuyez les pas	247
Vous voulez estre Hermite	84

TABLE.

Voyant le beau Soleil 243
Vrays souspirs qui sortez 272
Yeux qui guidez mon ame 90

CHANSONS.

Ah Dieu que la flamme est cruelle 540
Amour grand vainqueur des vainqueurs 133
Amour oyant tant renommer 249
Blessé d'vne playe inhumaine 192
Celuy que le Ciel tout puissant 122
Ceux qui peignent Amour sans yeux 12
Doncques ce tyran sans mercy 518
Douce liberté desiree 161
En quel desert 81
Helas que faut-il que ie face 274
Helas que me faut-il faire 65
Ie ne veux iamais plus penser 93
L'Amour qui loge en ma poitrine 64
Las en vous esloignant, Madame 114
Las que nous sommes miserables 565
La terre nagueres glacee 101
Le mal qui me rend miserable 221
M'ostant le fruit 538
O beaux ennemis de mon cœur 256
O bien-heureux 581
O Nuict, ialouse Nuict 516
Pour faire qu'vne affection 223
Pour voir ma fin toute asseuree 218
Pour vous aimer 170
Quand ie pense aux plaisirs 66

TABLE.

Quand vous aurez vn cœur	536
Quel feu par les vents animé	171
Que m'a ferui	519
Que n'ay-ie la langue aufsi prompte	193
Que vous m'allez tourmentant	136
Que ie fuis redeuable	165
Rozette pour vn peu d'abfence	605
Sçauez-vous ce que ie defire	219
Si toft que voftre œil m'euft bleffé	225
Sus fus mon Lut	40
Tant que i'ay eu du fang	217
Trompé d'attraits	547
Vn doux trait de vos yeux	92

ODES.

Cependant que l'honnefteté	545
De mes ans la fleur fe deftaint	285
Quand tu ne fentirois	600

STANSES.

Ah Dieu faut-il partir?	557
Alors qu'auprès de vous	252
Amour, guide ma plume	561
Belle & fiere Deeffe	142
Ceffe, Amour, tes rigueurs	550
De la Chaffe	631
Douze filles d'Afrique	621
D'où vient qu'vn beau	163
En fin les Dieux benins	263
Iupiter s'il eft vray	599

TABLE

Lors que i'escry ces vers	155
Lors qu'vn de vos rayons	117
Du Mariage	567
Priué du bel astre amoureux	239
Quand au matin	194
Quand i'espreuue en aimant	205
Que ie vous plains	262
Quel secours faut-il plus	508
Si ie langui	196
Si l'angoisse derniere	226
S'il est vray comme on dit	597
Soit que mon haut desir	248
Sommeil qui trop cruel	126
Sont-ce dars ou regars	238
Vous m'auez fait ietter	277

HYMNES TIERCES.

Pleurs & soupirs	99
Si iamais plus	74

DIALOGVES.

Ah Dieu que c'est	43
Amour ame des cœurs	38
Berger quelle aduenture estrange	593
Doncques ces yeux bien aimez	523
Que ferez-vous, dites Madame	601
Que sera-ce de vous	254
Qui vous rend ô mes Yeux	132

EPIGRAMMES.

Blanche aux yeux verds	599

TABLE.

I'aymois vn peu Phyllis	598
Ie t'apporte, ô Sommeil	600
Ie voulu baiser ma Rebelle	598
Si dessus vos léures de roses	ibid.

COMPLAINTES.

Cherchez mes tristes yeux	602
Contre le temps	659
Cruelle loy d'Amour	158
De pleurs en pleurs	559
Depuis l'aube du iour	57
Ie suis las de lasser	610
Ie veux maudire Amour	61
Las ie me meurs	60
Las plus ie vais auant	530
Lieux de moy tant aimez	612
Ma foy mal recognuë	564
Or' que ie suis absent	44
Puis que i'en bien le cœur	528
Puis que le ciel cruel	41
Quand ie viens à penser	607
Quelle manie	614
Qui fera de mes yeux	552
Seroit-il bien possible?	503

ELEGIES.

Apres auoir passé	289
Ayez le cœur d'vn tygre	177
Beauté si chere aux yeux	332
Celuy n'auoit d'Amour	352
Celuy qui n'aime point	304

TABLE.

C'est en vain qu'on s'essaye	325
Comme le Pelerin	356
Comme dedans vn bois	311
De tous ceux qui d'Amour	310
En la saison premiere	319
Iamais foible vaisseau	180
Ie delibere en vain	156
Ie ne refuse point	381
Ie ne veux point blasmer	335
Ie recognoy ma faute	383
Las faut-il que mon mal	346
Le iour non iour pour moy	386
Lors que le trait d'Amour	349
Maistresse, en t'escriuant	343
Plus i'esloigne les yeux	298
Pour gage de ma foy	307
Que doit faire vn amant	329
Que ie fu malheureux	293
Que seruiroit nier	375
Rompons tous les presens	379
Si l'Amour est vn dieu	368
Vous qui pipez d'Amour	362
Vous qui tenez ma vie	338

CARTELS ET MASQVARADES.

A quoy se peuuent mieux	619
Assemblez-vous	617
Ce dueil que nous portons	624
Ces deux enfans de Mars	630
Douze filles d'Afrique	621
Hors de mon humide seiour	628

TABLE.

Il n'est point d'autre liberté	619
L'homme est bien malheureux	623
Lors que le preux Achille	620
O Foy grand' Deité	627
Où suis-ie ô miserable	633
Sous le Ciel plus serain	616

DISCOVRS.

Que faites-vous Mignons	586
Si l'Amour est vn Dieu	368
Chant d'Amour	47
Procez contre Amour	51
Contr'Amour	68
Priere au Sommeil	88
Songe	99
De la ialousie	106
Tombeau d'Amour	121
Grand Dieu d'Amour	159
Du cours de l'An	174
Pour vn mal d'yeux	262
La Pyromance	392
Aduenture I. Cleophon	399
Aduenture II. Eurylas	410
Pour le premier iour de l'an	507
Adieu à la Poloigne	573
Metamorphoses	591
Baiser	594

EPITAPHES.

De M. de Brissac	635
De Madame la Comtesse de Mansfeld	ibid.
De Madame la Mareschale de Brissac	ibid.

TABLE.

De M. de Martigues.	637
De M. de Sillac	ibid.
De M. d'Ancon	638
A la France	ibid.
De M. Bourdin	639
De Breuet, Eunuque	ibid.
D'vne Barbiche	640
De M. des Iardins	641
De Damoiselle Ieanne de Loynes	ibid.
De M. Marguerite Duchesse de Sauoye	642
De M. du Gast	643
De Remy Belleau	645
De M. de Quelus	ibid.
Du ieune Maugiron	647
De Madamoiselle de Rostain	649
Sur les Cœurs de messieurs les Cardinaux de Lorraine & de Guise	643
De M. de l'Aubespine	649. & 654
Regrets funebres sur la mort de Diane	655
De l'annee M. D. LXX.	654

IMITATIONS DE L'ARIOSTE.

Roland furieux.	431
Rodomont.	449
Imitation de la complainte de Bradamant	473
Autre imitation	475
Angelique	477

FIN DE LA TABLE.

.

www.ingramcontent.com/pod-product-compliance
Lightning Source LLC
Chambersburg PA
CBHW050102230426
43664CB00010B/1407